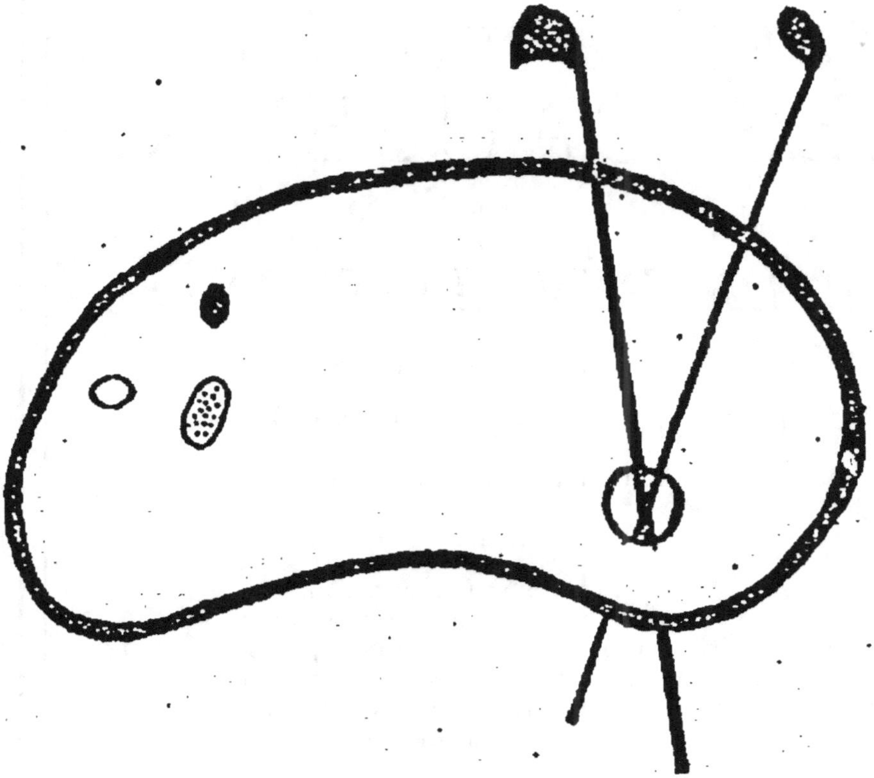

DEBUT D'UNE SERIE DE DOCUMENTS
EN COULEUR

BIBLIOTHÈQUE CONTEMPORAINE

VICTOR DU BLED

LES CAUSEURS
DE
LA RÉVOLUTION

AVEC UNE PRÉFACE

DU DUC DE BROGLIE

DE L'ACADÉMIE FRANÇAISE

RIVAROL, MAURY, DELILLE
MONTLOSIER, MALLET DU PAN, MIRABEAU
MARMONTEL, TALLEYRAND, BOUFFLERS, SÉGUR, LÉVIS
LAURAGUAIS, LA FAYETTE, NARBONNE, BEUGNOT
ARNAULT, FIÉVÉE, MICHAUD, ANDRIEUX
LEMERCIER, DUCIS, ETC.

PARIS
CALMANN LÉVY, ÉDITEUR
RUE AUBER, 3, ET BOULEVARD DES ITALIENS, 15
A LA LIBRAIRIE NOUVELLE
1889

NOUVEAUX OUVRAGES EN VENTE

Format in-8°

DUC D'AUMALE
Histoire des Princes de Condé, t. I à IV .... 30 »

A. BARDOUX
Madame de Custine, 1 vol. 7 50

DUC DE BROGLIE
Marie-Thérèse Impératrice, 1744-1746, 2 vol .... 15 »

DÉSIRÉ NISARD
Souvenirs et notes biographiques, 2 vol 7 50

EDMOND SCHERER
Melchior Grimm, 1 vol. 7 50

LUCIEN PEREY
Histoire d'une grande dame au XVIIIe siècle. — La princesse Hélène de Ligne. — La comtesse Hélène Potocka, 2 vol.. 15 »

COMTE DE RAMBUTEAU
Lettres du maréchal de Tessé, 1 vol. 7 50

ERNEST RENAN
Drames philosophiques, 1 vol.. 7 50
Histoire du peuple d'Israël, t. I 7 50

G. ROTHAN
La Prusse et son roi pendant la guerre de Crimée, 1 vol 7 50

Format grand in-18, à 3 fr. 50 c. le volume.

ANONYME vol.
La Neuvaine de Colette............ 1

L'AUTEUR DES HORIZONS PROCHAINS
Dans les prés et sous les bois 1

RENÉ BAZIN
Une Tache d'encre................ 1

PAUL BOURDE
En Corse......................... 1

RHODA BROUGHTON
L'Amour esclave et maître 1

ÉDOUARD CADOL
Mariage de princesse............. 1

MARQUIS DE CASTELLANE
Madame Béguin................... 1

ÉDOUARD DELPIT
La Vengeance de Pierre........... 1

ALBERT DURUY
L'Armée royale en 1789.......... 1

H. DE LA FERRIÈRE
Amour mondain, Amour mystique 1

A. GENNEVRAYE
Les embarras d'un capitaine de dragons 1

F. DE GIRODON-PRALON
Péché originel................... 1

GYP
Pauvres p'tites femmes !......... 1

COMTE D'HAUSSONVILLE
Prosper Mérimée — Hugh Elliott. 1

H. LAFONTAINE vol.
Thérèse ma mie.................. 1

ANATOLE LEROY-BEAULIEU
La France, la Russie et l'Europe. 1

EUGÈNE MANUEL
Poésies du Foyer et de l'Ecole.... 1

ADRIEN MARX
Petits mémoires de Paris......... 1

DÉSIRÉ NISARD
Considérations sur la Révolution française et sur Napoléon Ier... 1

RICHARD O'MONROY
La Brune et la Blonde............ 1

PAUL PERRET
Après le crime................... 1

A. DE PONTMARTIN
Souvenirs d'un vieux Critique, 9e série 1

HENRY RABUSSON
Le Mari de madame d'Orgevaut.. 1

J. RICARD
La Course à l'amour.............. 1

PIERRE SALES
Mariage manqué.................. 1

L. DE TINSEAU
Ma cousine Pot-au-Feu........... 1

LOUIS ULBACH
La Belle et la Bête............... 1

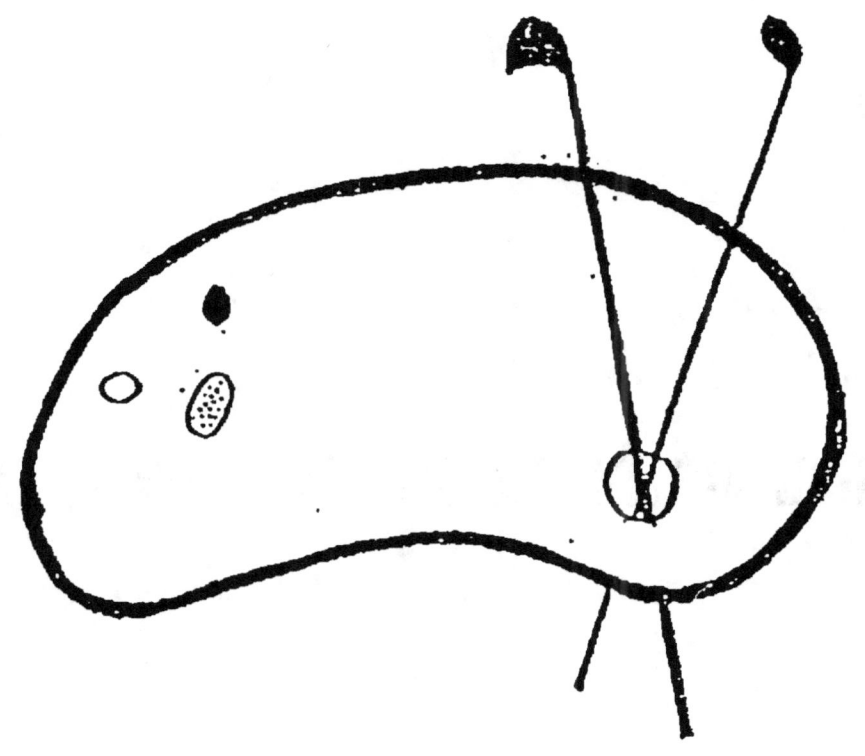

FIN D'UNE SERIE DE DOCUMENTS
EN COULEUR

LES
CAUSEURS DE LA RÉVOLUTION

DU MÊME AUTEUR

HISTOIRE DE LA MONARCHIE DE JUILLET, 2 vol. in-8, Paris, Dentu (Ouvrage couronné par l'Académie française).

UNE ANCIENNE COLONIE FRANÇAISE : LE CANADA (*Revue des Deux Mondes*, 15 janvier-15 février 1885).

RÉFLEXIONS D'UN CONSERVATEUR SUR LES BUDGETS DE LA RÉPUBLIQUE, broch. in-8, 7ᵉ éd., Paris, Oudin.

LES ALIÉNÉS EN FRANCE ET A L'ÉTRANGER (*Revue des Deux Mondes*, 15 octobre-1ᵉʳ novembre 1886).

LES SYNDICATS PROFESSIONNELS ET AGRICOLES, Paris, Guillaumin, in-18, 1888 (Étude parue dans la *Revue des Deux Mondes* du 1ᵉʳ septembre 1887).

LE RÉGIME MUNICIPAL DE PARIS (*Revue des Deux Mondes*, 15 septembre 1888).

Sous presse :

LES FEMMES D'ESPRIT DE LA RÉVOLUTION, 1 vol.

En préparation :

HISTOIRE DE LA COMMUNE DE PARIS DE 1789 A 1791, 2 vol.

Imprimeries réunies, B, rue Mignon, 2.

VICTOR DU BLED

LES
CAUSEURS
DE
LA RÉVOLUTION

RIVAROL, MAURY, DELILLE
MONTLOSIER, MALLET DU PAN, MIRABEAU
MARMONTEL, TALLEYRAND, BOUFFLERS, SÉGUR, LÉVIS
LAURAGUAIS, LA FAYETTE, NARBONNE, BEUGNOT
ARNAULT, FIÉVÉE, MICHAUD, ANDRIEUX
LEMERCIER, DUCIS, ETC.

AVEC UNE PRÉFACE
DU DUC DE BROGLIE
DE L'ACADÉMIE FRANÇAISE

PARIS
CALMANN LÉVY, ÉDITEUR
ANCIENNE MAISON MICHEL LÉVY FRÈRES
3, RUE AUBER, 3

1889
Droits de reproduction et de traduction réservés.

A

MONSIEUR LE DUC DE BROGLIE

DE L'ACADÉMIE FRANÇAISE

HOMMAGE DE MA PROFONDE

ET RECONNAISSANTE ADMIRATION

VICTOR DU BLED.

PRÉFACE

Mon cher monsieur du Bled,

Vous avez publié dans un recueil périodique une série d'études sur *les Hommes d'esprit et les Causeurs de la Révolution*, qui ont été lues avec un vif intérêt. Vous me demandez si la réunion de ces divers écrits ne serait pas de nature à présenter un tableau à la fois utile et curieux de l'état d'esprit de la société française pendant cette époque mémorable.

J'entre tout à fait dans cette pensée, et rien ne

me semble devoir être à la fois plus amusant et plus instructif. La variété des noms, le contraste et l'opposition des caractères que vous faites passer sous les yeux de vos lecteurs font deviner le plaisir et le profit qu'on peut tirer de ce rapprochement.

M. de Talleyrand disait, vous le savez, que ceux qui n'avaient pas vécu dans les années qui ont précédé la Révolution ne savaient pas ce que c'est que la douceur de vivre, et il expliquait volontiers à quoi tenait ce charme des jours de sa jeunesse, qu'il n'avait pas cessé de regretter. Les opinions étaient déjà très divisées en France que la société elle-même ne l'était pas encore. C'étaient des dissentiments tout à la surface, entre gens du même monde, se rencontrant dans les mêmes salons, prenant part aux mêmes plaisirs; des discussions sans violence animaient l'entretien sans l'aigrir. Les plus graves problèmes de philosophie, de morale, de législation étaient bien en cause; mais personne ne les prenait tout à fait au sérieux, et chacun les traitait en se jouant. Disciples aussi bien qu'adversaires des idées nouvelles s'entendaient pour déguiser la gravité du sujet par la grâce et l'élégance de la forme. On croyait pouvoir tout résoudre et tout réfuter avec un bon mot. Par une sorte d'enchantement, le poids de ce monde qui s'abîmait n'avait jamais paru si léger, aussi bien au gouvernement débile qui avait la charge de le porter, qu'aux ambitieux prétendants qui aspiraient à le soulever.

Vous nous rendez quelque chose de ces fêtes de l'esprit qui avaient laissé un si charmant souvenir à tous ceux qui les ont connues. Tous ces hommes dont vous ravivez l'image, il semble que, placés par vous dans le même cadre, on les entend converser ensemble, et échanger entre eux ces piquantes boutades, ces saillies inattendues que vous notez au passage. On se laisse aller d'autant plus facilement à cette imagination, qu'après tout, malgré la contrariété de leurs idées et la diversité des rôles qu'ils ont joués, ils restent du même temps, du même pays, presque de la même famille, ils parlent la même langue, c'est la même vivacité de trait et de tour : leurs attaques, leurs répliques et leurs réparties se ressemblent, tout en se croisant comme les gerbes d'un feu d'artifice.

Il n'y a qu'une seule illusion des contemporains que nous ne pouvons pas partager : vous ne pouvez pas oublier ni nous laisser ignorer que ces assauts d'escrime intellectuelle ne sont pas toujours restés pacifiques, et que ces causeurs si bien faits pour se comprendre à demi mot ont fini par se maudire, se proscrire, se frapper les uns les autres pour tomber ensemble, d'abord sous le joug brutal d'une démagogie imbécile, puis sous la main de fer d'un despote armé. Triste et mémorable exemple de l'insuffisance de l'esprit, quand il veut faire ses affaires à lui tout seul, sans s'appuyer sur la solidité des principes et l'énergie des caractères ! vous avez le bon goût de laisser tirer cette moralité à vos lecteurs, qui n'auront pas de peine à la dégager.

Recevez, mon cher monsieur du Bled, l'assurance de mes sentiments dévoués et très distingués.

Duc de Broglie.

Broglie, 15 août 1888.

LES CAUSEURS

DE

LA RÉVOLUTION

I

RIVAROL [1]

Le grand causeur de la Révolution. — Entrevue de Chênedollé avec Rivarol. — Discours sur l'universalité de la langue française. — *Journal politique national.* — Conseils à Louis XVI. — *Préface du Dictionnaire.* — Le Saint-Georges de l'épigramme. — Rivarol et Mirabeau. — Orateurs et improvisateurs. — Lally-

---

[1]. Né en 1753, mort en 1801. — Voir sur Rivarol l'excellent ouvrage de M. de Lescure, *Rivarol et la Société française pendant la Révolution et l'émigration*, 1753-1801, 1 vol. in-8, Plon. — *Œuvres choisies de Rivarol*, avec préface de M. de Lescure, 2 vol. in-12, Jouaust. — Sainte-Beuve, *Causeries du Lundi*, t. V, Garnier frères. — *Chateaubriand et son groupe littéraire*, t. II, étude sur Chênedollé, Calmann Lévy. — Cublières-Palmaizeaux, *Vie de Rivarol.* — Sulpice de la Platière, *Vie de Rivarol*, 2 vol. — Hippolyte de la Porte, *Notice sur Rivarol*, Paris, Fournier, 1829. — Arsène Houssaye, *Galerie du XVIIIe siècle.* — *Souvenirs de madame Vigée-Lebrun*, 3 vol. — Caro, *Journal des Savants*, septembre, octobre et novembre 1873. — Eugène Despois, *Liberté de penser*, février 1849.

Tollendal, le plus gras des hommes sensibles. — Cérutti, Lebrun, Condorcet. — Pourquoi ne nous avez-vous pas sauvés? — Le clair de lune de Rivarol. — Les incendiaires qui s'offrent pour être pompiers. — Véritable cause de la Révolution. — Rivarol, moraliste politique, précurseur de Joseph de Maistre et de Bonald. — Dans cette révolution, tout a été mauvais, jusqu'aux assassins. — Ou le roi aura une armée, ou l'armée aura un roi. — Pourquoi les modérés devaient succomber. — Les rois de France ont toujours péri ou se sont conservés par la *partie forte* de leur temps. — Rivarol journaliste et pamphlétaire. — Vers à Manette. — Erreurs des philosophes. — Une page sur la Terreur. — Rivarol ambassadeur *in partibus* de Louis XVIII. — La princesse Dolgorowka.

Lancé, jeune encore[1], dans ce Paris où la Providence lui paraissait plus grande qu'ailleurs, bientôt connu par une traduction de l'*Enfer* du Dante, et surtout par un *Discours sur l'universalité de la langue française*, qui révèle un écrivain de race, lui valut l'estime de Frédéric II et une pension de Louis XVI; admiré, fêté, applaudi par ces salons où la douceur de vivre et l'éternel féminin l'ont trop distrait de la gloire sérieuse; réunissant, par un rare privilège, les dons les plus opposés de l'esprit, l'esprit de trait qui *voit vite, brille et frappe*, l'esprit de cabinet qui cisèle à loisir l'épigramme, la profondeur, l'éloquence, la gaieté et le courage de l'esprit, l'esprit écrit et l'esprit parlé, écrivant en 1790 ce *Journal politique national* qui, par la hauteur des aperçus, la précision colorée du style, la vigueur des traits, rappelle un Retz, un Saint-Simon et le fit comparer à Tacite par Burke, tour à tour philosophe, polémiste et pamphlétaire, critique littéraire de premier ordre en causant (il n'aimait pas à écrire, et

1. Les notices qui forment ce volume ont paru dans la *Revue de la Révolution*, que dirige avec succès un lettré distingué, M. Gustave Bord.

détestait la plume, « cette triste accoucheuse de l'esprit, avec son long bec effilé et criard »), injuste envers les personnes, mais portant dans la sphère des idées un goût exquis et raffiné, conseiller paradoxal d'une royauté moribonde, défendant avec énergie, pour l'honneur du principe, une cour sur laquelle il ne gardait pas d'illusions, désabusé mais non détaché, et n'ayant jamais été corrompu par l'événement, émigré *malgré lui*, jugeant avec sévérité *l'émigration fate* de Bruxelles et *l'émigration brouillonne* de Coblentz, possédant à fond le don de l'expression, le secret de ces mots qui portent un écrivain à la postérité, et *sillonnent l'attention des hommes en ébranlant leur imagination*, ambassadeur officieux de Louis XVIII auprès de la cour de Berlin, Rivarol, qui partagea avec madame de Staël la royauté de la conversation pendant la fin du XVIIIe siècle, est de ceux dont on doit dire qu'ils n'eurent pas le temps de *remplir tout leur mérite*, et qui réalisent l'idéal de l'homme de talent (tel qu'il l'a défini lui-même) : le talent c'est un art mêlé d'enthousiasme. Mieux que personne, il *a causé la Révolution*, et l'on comprend cette fascination, cette sorte d'envoûtement qui attiraient Chênedollé et le retinrent deux ans auprès de ce virtuose de la parole dont Voltaire avait dit : « C'est là le Français par excellence, son esprit, c'est un feu d'artifice tiré sur l'eau[1] », qui, partout où il se montrait, réduisait au silence les causeurs les plus renommés, et forçait les

---

[1] M. de Maurepas, ayant désiré connaître Rivarol, se le fit présenter, et dans un moment d'enthousiasme s'écria : « C'est honteux qu'un homme de votre mérite soit ainsi oublié ; on ne donne plus rien qu'aux oisifs. — Monseigneur, répliqua Rivarol, de grâce ne

Allemands à se cotiser pour comprendre ses saillies.

Cette première entrevue fut un enchantement, un éblouissement, quelque chose de comparable aux délices d'un premier rendez-vous, à la joie du collectionneur qui découvre un chef-d'œuvre de la statuaire grecque enterré depuis deux mille ans, à l'extase du navigateur qui met le pied sur un nouveau continent. « Je ne voyais que Rivarol, dit Chênedollé, je ne rêvais qu'à Rivarol, c'était une vraie frénésie qui m'ôtait jusqu'au sommeil. » Enfin, le 5 septembre 1795, le marquis de la Tresne le présente à l'enchanteur, et, pendant trois heures il s'enivre de cette ambroisie littéraire. Henri Heine prétend qu'une poésie traduite est un clair de lune empaillé, et la comparaison ne s'applique que trop souvent à la parole ailée qu'on nous rapporte décolorée, destituée du geste, de la voix, du sourire, de l'émotion qui la multipliaient et la divinisaient en quelque sorte; mais Chênedollé, qui vécut longtemps auprès de Rivarol et put le peindre sous tous ses aspects, a rendu à merveille l'impression qu'il ressentit, et son récit a le charme d'un tableau achevé :

« Il commença et se lança dans un de ces monologues où il était vraiment prodigieux. Le fond de son thème était celui-ci : le poète n'est qu'un sauvage très ingénieux

---

vous fâchez pas ; je vais à l'instant me faire inscrire sur la liste ; dans peu, je serai un personnage. »

La première conversation de Rivarol avec Voltaire roule sur les mathématiques et sur l'algèbre. — « Qu'est-ce donc, demanda ironiquement Voltaire, que cette algèbre où l'on marche toujours un bandeau sur les yeux ? — Oui, riposta Rivarol, il en est des opérations de l'algèbre comme du travail de vos dentellières, qui, en promenant leurs fils au travers d'un labyrinthe d'épingles, arrivent sans le savoir à former un admirable tissu. »

et très animé, chez lequel toutes les idées se présentent en images. Le sauvage et le poète font le cercle; l'un et l'autre ne parlent que par hiéroglyphes, avec cette différence que le poète tourne dans une orbite d'idées beaucoup plus étendues. Et le voilà qui se met à développer ce texte avec une abondance d'idées, une richesse de vues si fines et si profondes, un luxe de métaphores si brillantes et si pittoresques, que c'était merveille de l'entendre.

» Il passa ensuite à une autre thèse qu'il posa ainsi : « L'art doit se donner un but qui recule sans cesse et » mettre l'infini entre lui et son modèle. » Cette nouvelle idée fut développée avec des prestiges d'élocution encore plus étonnants; c'étaient vraiment des paroles de féerie... J'étais tout oreilles pour écouter ces paroles magiques qui tombaient en reflets pétillants, comme des pierreries, et qui, d'ailleurs, étaient prononcées avec le son de voix le plus mélodieux et le plus pénétrant, l'organe le plus varié, le plus souple et le plus enchanteur. »

Les deux interlocuteurs ou plutôt les deux auditeurs se contentent de mettre de temps en temps un peu de bois sur le feu; on n'avait qu'à le toucher sur un point, qu'à lui donner la note, le merveilleux clavier répondait aussitôt par toute une sonate : Rivarol passa ainsi en revue tous les littérateurs du xviiie siècle. A Voltaire, il refuse le talent de la grande, de la haute poésie, même de la poésie dramatique, il ne le trouve supérieur que dans la poésie fugitive. « Voltaire a employé la mine de plomb pour l'épopée, le crayon pour l'histoire et le pinceau pour la poésie fugitive. »

Quant à Buffon, « son style a de la pompe et de l'ampleur, mais il est diffus et pâteux. On y voit toujours flotter les plis de la robe d'Apollon, mais souvent le dieu n'y est pas ». Le fils de Buffon, c'est « le plus pauvre chapitre de l'histoire naturelle de son père[1] ».

« Un écrivain bien supérieur à Buffon, poursuit Rivarol, c'est Montesquieu. J'avoue que je ne fais plus cas que de celui-là (et de Pascal toutefois), depuis que j'écris sur la politique; et sur quoi pourrait-on écrire aujourd'hui? Quand une révolution inouïe ébranle les colonnes du monde, comment s'occuper d'autre chose? La politique est tout, elle envahit tout, remplit tout, attire tout; il n'y a plus de pensée, d'intérêt et de passion que là? »

Rivarol, qui n'aime pas la nature et préfère une serre au plus magnifique paysage, n'admire qu'avec réserve Rousseau, le seul écrivain de son siècle dont le génie eut une âme, celui qui a le mieux rendu l'ivresse des champs et des bois; il voit en lui un maître sophiste qui ne pense pas un mot de ce qu'il dit ou de ce qu'il écrit : « Il a des cris et des gestes dans son style, et son éloquence épileptique a dû être irrésistible sur les femmes et les jeunes gens. Orateur ambidextre, il écrit sans conscience, ou plutôt il laisse errer sa conscience au gré de toutes ses sensations et de toutes ses affections. Aussi passionne-t-il tout ce qu'il touche... Il y a des pages dans *la Nouvelle Héloïse* qui ont été touchées d'un rayon de soleil... *Les Confessions*, le préambule de la *Profession de foi du Vicaire*, c'est avec quelques *Lettres Provinciales* et les *Chapitres sur l'homme* de Pascal, ce que nous avons de mieux écrit en notre langue. »

1. Buffon l'interrogeant un jour sur ce qu'il pensait de son fils, il s'en tira par cette flatteuse épigramme: « Il y a une si grande distance de vous à lui que l'univers passerait entre vous deux. »

Enfin défilèrent, transpercés de traits rapides, lancés avec une verve intarissable par celui qu'on appelait le Saint-Georges de l'épigramme, les auteurs de second ordre : et l'abbé Delille « qui n'est qu'un rossignol qui a reçu son cerveau en gosier », et Cérutti « qui a fait des phrases luisantes sur nos grands hommes de l'année dernière, espèce de limaçon de la littérature qui laisse partout où il passe une trace argentée, mais ce n'est qu'écume et bave »; et Chamfort qui « en entrant à l'Académie ne fut qu'une branche de muguet entée sur des pavots... », et Fontanes « qui passe son style au brunissoir et qui a le poli sans l'éclat », et Lebrun « qui n'a que de la hardiesse combinée et jamais de la hardiesse inspirée. Ne le voyez-vous pas d'ici, assis sur son séant dans son lit, avec des draps sales, une chemise sale de quinze jours et des bouts de manche en baptiste un peu plus blancs, entouré de Virgile, d'Horace, de Corneille, de Racine, de Rousseau, qui pêche à la ligne un mot dans l'un et un mot dans l'autre, pour en composer ses vers qui ne sont que mosaïques?... » et Mercier avec son *Tableau de Paris,* « ouvrage pensé dans la rue et écrit sur la borne »; — et Condorcet qui « écrit avec de l'opium sur des feuilles de plomb... »

Mirabeau obtint les honneurs d'une épigramme plus complète : « La tête de Mirabeau n'est qu'une grosse éponge toujours gonflée des idées d'autrui. Il n'a eu quelque réputation que parce qu'il a toujours écrit sur des matières palpitantes de l'intérêt du moment. Ses brochures sont des brûlots lâchés au milieu d'une flotte; ils y mettent le feu, mais s'y consument. Du reste, c'est un barbare effroyable en fait de style, c'est l'Attila de l'éloquence, et s'il y a dans ses gros livres quelques phrases bien faites, elles sont de Chamfort, de Cérutti ou de moi[1]. »

Il n'y a pas de grand homme pour son valet de chambre, — ni pour un critique pénétrant habitué à reviser ses émotions, à soumettre ses sentiments au contrôle du jugement. Or Chênedollé, enthousiaste passionné de Rivarol, était aussi un observateur perspicace et incorruptible, et, en même temps qu'il le met à côté de Chateaubriand et de Fontanes, parmi les trois hommes de lettres qu'il a le plus aimés, en même temps qu'il voit en lui un de Maistre, un Bonald, « un de ces génies heureux, incomplets, qui n'ont fait que montrer leurs forces », qu'il

---

1. Dans une discussion littéraire, Mirabeau s'emporta contre Rivarol et lui dit « qu'il était une plaisante autorité et qu'il devait observer la différence qu'il y avait entre leurs deux réputations ». « — Ah! monsieur le comte, fait Rivarol, je n'aurais jamais osé vous le dire. » Mirabeau inspire à Rivarol une sorte de haine mêlée de mépris qui s'échappe continuellement en invectives cruelles : « — Mirabeau était l'homme du monde qui ressemblait le plus à sa réputation, il était affreux. — Mirabeau, capable de tout pour de l'argent, même d'une bonne action. » — Mirabeau affectant à la tribune le geste de la statue de lord Chatam, et ayant profité de la plaisanterie faite par un enfant dont il tira parti dans une de ses harangues, Rivarol s'écrie : « — Que penser de l'éloquence d'un homme qui vole ses gestes à un mort et ses bons mots à un enfant? » Ailleurs il écrit que le portefeuille de Mirabeau était, comme celui des courtiers, rempli des effets d'autrui. — Il ne se montre guère plus indulgent pour Beaumarchais : « Son nom, dit-il, a toute la vogue d'un pont-neuf. » On lui attribue ce coup de griffe, cette *rivarolade* à l'adresse de l'auteur du *Mariage de Figaro* qui se plaignait d'avoir tant couru après les ministres qu'il en avait les jambes rompues : « — C'est toujours autant de fait. » Et une autre fois : « — Beaumarchais ne cherche qu'à faire parler de lui ; et s'il venait à être pendu, il demanderait, j'en suis sûr, la potence d'Aman. »

le loue d'avoir senti la nécessité de retremper la langue, de lui donner plus de mouvement, de créer en peignant, il ne peut s'empêcher de signaler ses défauts, le côté talon rouge et fat de son caractère, et combien cette conversation, si improvisée en apparence, sentait en réalité l'effort et le travail. Un autre admirateur, Montlosier, raconte que lorsque son imagination lui fournissait de nouveaux traits, il les écrivait sur des petits morceaux de papier qu'il fixait sur la glace, au devant de la cheminée, puis le soir, il les reprenait et les enchâssait avec beaucoup d'habileté dans sa conversation. Chênedollé va plus loin, il affirme que « son talent manque de probité, qu'il fait aux idées des caresses de courtisane et non d'honnête femme » et il formule cette curieuse observation : « Tout l'esprit de madame de Staël était dans ses yeux qui étaient superbes. Au contraire, le regard de Rivarol était terne, mais tout son esprit se retrouvait dans le sourire le plus fin et le plus spirituel que j'aie vu, et dans les deux coins de sa bouche qui avait une expression unique de malice et de grâce. » Le critique voudrait aussi que la conversation ne fût pas un assaut, mais une promenade qui se fait à droite et à gauche, en long et en large et même en serpentant.

Il y aurait beaucoup à dire sans doute sur le reproche de préparation savante et artificielle que Chênedollé dressait à Rivarol ? Où donc est l'homme d'esprit qui ne s'avise jamais de sculpter ses mots, de les répéter ? Et lorsque les plus grands orateurs semblent improviser, n'ont-ils pas leur canevas fait d'avance, tout au moins une profonde connaissance du sujet ? Mirabeau, Berryer, Guizot, Lamartine, Gambetta avaient presque toujours médité d'avance leurs effets les plus puissants, et ces tirades qui bouleversent les volontés, électrisent les âmes ou frappent la pensée comme le balancier frappe la médaille, ne jaillissent guère de leur cerveau sans effort. Loin de moi la pensée de nier les bonnes fortunes du génie, l'originalité, les mots tombés du ciel, nés en quelque sorte des entrailles de la discussion. Je crois seulement que l'improvisation n'est pas une sorte d'inspiration sacrée qui pousse l'orateur à parler au hasard, à l'exemple de la pythonisse sur son trépied, mais une faculté dans laquelle s'amalgament très heureusement les dons innés et les dons acquis; ainsi pensait le sage Montaigne lorsqu'il recommandait de *naturaliser l'art et d'artialiser la nature*.

Quoi qu'il en soit, Chênedollé restait sous le charme, captivé tantôt par l'éloquence de l'homme-mot, tantôt par ses saillies mordantes ou par l'art prodigieux d'évoquer les personnages sur lesquels s'exerçaient sa verve et sa gaieté. Rien de plus amusant, par exemple, que cette boutade où, mettant en scène Lally-Tollendal, « le plus gras des hommes sensibles », et faisant ressortir le contraste de sa gourmandise et de sa sensiblerie, il le représentait à souper, s'apitoyant sur les horreurs de la Révolution sans perdre un coup de dent : « Oui, messieurs, j'ai vu couler ce sang ! Voulez-vous me verser un verre de vin de Bourgogne ? — Oui, messieurs, j'ai vu tomber cette tête ? Voulez-vous me faire passer une aile de poulet ? » Le même procédé comique inspira à Colnet une jolie page où il nous montre La Harpe se surprenant en flagrant délit de gourmandise, s'en repentant à genoux avec force larmes et *meâ-culpâ*, puis s'empressant d'y retomber lorsqu'arrive le moment du dessert¹. C'est encore de Rivarol ce dialogue où, peignant les espérances naïvement robustes de certains prélats de l'émigration, il les représentait se promenant ensemble en avril 1792, dans le Parc, à Bruxelles, appuyés sur leur canne à bec-de-corbin. L'un d'eux, après un long silence, disait à son compagnon : « Monseigneur, croyez-vous que nous soyons en France au mois de juin? — Mais, monseigneur, répliquait l'autre, non sans avoir mûrement réfléchi, je n'y vois pas d'inconvénient. » Et ils recommençaient à lire leur bréviaire, un moment interrompu.

Rivarol d'ailleurs avait l'esprit le plus varié, et ses ripostes soudaines, rapides, fulgurantes déconcertaient les plus résolus, écrasaient les sots². Alors, le ridicule tuait quelquefois encore en France. Le poète Lemierre disait modestement qu'un de ses vers,

<blockquote>Le trident de Neptune est le sceptre du monde,</blockquote>

était le vers du siècle. « Oui, c'est le vers solitaire, » remarque Rivarol, et Lemierre s'effondre sous les rires.

Un jour qu'il dînait avec l'abbé Sabatier, on propose à celui-ci un plat de saucisson d'âne. « L'abbé n'en mangera pas, observe en riant Rivarol, il n'est pas anthropophage. »

Une autre fois à table, une bévue lui échappe. Tous les convives de se récrier : « C'est cela, fait-il, je ne puis dire une bêtise sans qu'on crie : Au voleur ! »

---

1. Colnet, *Correspondance turque.* — Sainte-Beuve, *Causeries du Lundi*, t. V, art. LA HARPE.

2. Il était, dit Chamfort, en perpétuel état d'épigrammes contre le prochain.

L'abbé Giraud ayant la singulière habitude de dire à tout propos : « C'est stupide ! » Rivarol prétendait qu'il laissait tomber partout sa signature.

Il n'aimait guère les anciens constituants dont il disait, plus malicieusement que justement : « Les bonnes gens ! après avoir été incendiaires, ils viennent s'offrir pour être pompiers ! » Un soir, à Hambourg, Talleyrand entre au moment où la réunion parlait sévèrement de son rôle sous la Constituante et demande de quoi il était question : « Nous parlions, dit Rivarol, de quelqu'un que l'on pourrait prendre pour la justice d'Horace, si ce n'était elle qui depuis longtemps court après lui. » Talleyrand se contenta d'opposer à cette impertinence son plus indifférent sourire, jurant sans doute, à part lui, de ne pas renouveler l'épreuve.

Il y avait à Bruxelles un abbé, qu'on appelait l'abbé Roulé, parce qu'il avait fait le serment de garder ses cheveux *roulés* jusqu'à la contre-révolution. Rivarol vint à blâmer devant lui certaine mesure : « Si l'on avait eu un peu d'esprit, observait-il, on aurait évité cette faute. — De l'esprit ! de l'esprit ! s'exclame l'abbé, c'est l'esprit qui nous a perdus ! — Alors, monsieur, repart Rivarol, pourquoi ne nous avez-vous pas sauvés ? » Le pauvre abbé s'en fut, bouche bée, tout déferré des deux pieds et ne reparut plus chez Rivarol.

Celui-ci ne s'en tenait pas aux indifférents, aux ennemis, et n'épargnait guère plus ses amis qui, par bonheur, avaient l'esprit de rire de ses malices[1]. C'était plus fort que lui : un mot l'obsédait, le tourmentait

---

1. « Rivarol ravissait les suffrages par sa rapide et lumineuse éloquence. Mon imagination me retrace souvent cet homme rare

jusqu'à ce qu'il sortît; après il n'y pensait plus, mais les autres n'oubliaient pas et il amassa la plus belle collection de rancunes, dont il se souciait fort médiocrement, paraît-il. Que si on lui reprochait ses sarcasmes tombant à tort et à travers sur le tiers et le quart, il disait que l'homme de goût a reçu vingt blessures avant d'en faire une. Son frère, qu'il aimait tendrement, qui se battait pour lui, avait sa part de ses boutades : « Il serait l'homme d'esprit d'une autre famille, c'est le sot de la nôtre... c'est une montre à répétition; elle sonne bien quand il me quitte. » Son grand ami Champcenetz, son compagnon, son sosie, il l'appelle « son clair de lune », et ajoute : « Je le bourre d'esprit, c'est un gros garçon d'une gaieté insupportable. »

Il ne peut s'empêcher de railler, sur son goût pour la bonne chère, cet excellent David Cappadoce, ce banquier généreux qui mettait sa caisse à sa disposition : « Son existence se compose des alarmes de sa santé et des té-

---

dont la superbe figure et la voix harmonieuse embellissaient la diction, qui chez aucun autre n'atteignit à un si haut degré de perfection. Entraîné par un charme irrésistible, on ne se lassait pas de l'entendre. Dans sa bouche les sujets les plus sérieux prenaient de l'intérêt et les plus arides appelaient l'attention. Sa délicatesse ingénieuse donnait de la valeur aux choses ou légères ou frivoles. Un tact heureux des convenances le sauvait du pédantisme et l'éloignait de la présomption... » *Mémoires de Dampmartin*, t. Ier, p. 179.

« L'esprit de Rivarol nuisait à son talent, sa parole à sa plume... Ma figure et mon silence le gênaient. Le baron de Breteuil, s'apercevant de sa curiosité inquiète, la satisfit. « D'où vient votre frère le chevalier ? » dit-il à mon frère. Je répondis : « — De Niagara. » Rivarol s'écria : « — De la cataracte ! » Je me tus. Il hasarda un commencement de question : « — Monsieur va...? » — « Où l'on se bat ! » interrompis-je. On se leva de table. » (Chateaubriand.)

mérités de sa gourmandise : il ne connaît que les remords de son estomac ».

C'est dans le *Journal politique national*, dans les *Conseils à Louis XVI* et la *Préface du Dictionnaire* que se trouvent les titres sérieux de Rivarol à l'estime de la postérité ; c'est là qu'il se montre écrivain éminemment orné, penseur hardi, incisif, moraliste et philosophe politique digne de Montesquieu, de Machiavel[1]. Quant aux erreurs d'appréciation, aux jugements partiaux qu'on rencontre dans le *Journal politique national*, quant au reproche trop fondé d'avoir peint les hommes avec les couleurs du pamphlet, tandis qu'il peint les choses avec les couleurs de l'histoire, il faut songer que Rivarol écrit en quelque sorte sous la dictée des événements, au fur et à mesure qu'ils se développent. « Il n'y a rien dans le monde qui n'ait son moment décisif, observe Retz, et le chef-d'œuvre de la bonne conduite est de connaître et de prendre ce moment. » Rivarol explique en perfection comment et pourquoi ce moment fut manqué dès le début de la Révolution, il décrit avec une sagacité impitoyable les fautes du ministère, de la Constituante, de la cour, les pensées de derrière la tête des divers partis qui se disputent la prééminence, la peur et la lâcheté conduisant la faiblesse à sa perte. Il est de ceux qui aiment

---

[1]. Il avait pressenti, deviné la Révolution, cette doctrine armée qui allait sortir tout à coup des livres des philosophes : « Il y a eu des présages de la Révolution pour toutes les classes et toutes les conditions. La cour s'en aperçut à la tournure des Noailles ; l'Académie et la police aux nouvelles des Rulhières et des Suard ; le petit peuple aux propos des gardes-françaises ; les filles aux lazzi insolents du sieur Dugazon ; les clubs et les cafés, à la lecture du *Journal de Paris*. »

mieux un ministre corrompu mais ferme qu'un ministre probe mais faible. La cour arrivait toujours un mois, un jour ou un quart d'heure trop tard : « Les opérations des hommes ont leur saison comme celles de la nature... ceux qui élèvent des questions publiques devraient considérer combien elles se dénaturent en chemin. On ne demande d'abord qu'un léger sacrifice, bientôt on en commande de très grands, enfin on en exige d'impossibles. » Il met de suite le doigt sur la plaie, sur cette maîtresse passion qui déchaîne toutes les autres et met le feu aux poudres : « Qui le croirait ? Ce ne sont ni les impôts, ni les lettres de cachet, ni tous les autres abus de l'autorité; ce ne sont point les vexations des intendants et les longueurs ruineuses de la justice qui ont le plus irrité la nation, c'est le *préjugé de la noblesse* pour lequel elle a manifesté le plus de haine... »

En effet, les gens d'esprit, les gens riches trouvaient la noblesse si insupportable « que la plupart finissaient par l'acheter. Mais alors commençait pour eux un nouveau genre de supplice, ils étaient des anoblis, des gens nobles, mais ils n'étaient pas gentilshommes. » *E pur si muove!* Et cependant Saint-Simon prétendait que le règne de Louis XIV n'avait été qu'un long règne de vile bourgeoisie!

Au reste, Rivarol juge sans faiblesse tous les partis et fait à chacun sa bonne mesure. Voici pour les révolutionnaires :

« Le génie politique consiste, non à créer, mais à conserver, non à changer, mais à fixer.

» Voltaire a dit : « Plus les hommes seront éclairés et » plus ils seront libres. » Ses successeurs ont dit au peuple que plus il serait libre, plus il serait éclairé, ce qui a tout perdu.

» Il n'est point de siècle de lumière pour la populace ; elle n'est ni française, ni anglaise, ni espagnole. La populace est toujours et en tous pays la même ; toujours cannibale, toujours anthropophage, et quand elle se venge de ses magistrats, elle punit des crimes qui ne sont pas toujours avérés par des crimes toujours certains.

» Le peuple donne sa faveur, jamais sa confiance.

» Le peuple ne goûte de la liberté, comme des liqueurs violentes, que pour s'enivrer et devenir furieux.

» La populace croit aller mieux à la liberté quand elle attente à celle des autres.

» S'il est vrai que les conjurations soient quelquefois tracées par des gens d'esprit, elles sont toujours exécutées par des bêtes féroces.

» En général le peuple est un souverain qui ne demande qu'à manger, et sa majesté est tranquille quand elle digère.

» Si un troupeau appelle des tigres contre ses chiens, qui pourra le défendre contre ses nouveaux défenseurs ?

» Malheur à ceux qui remuent le fond d'une nation ! »

En même temps, il s'adresse aux ministres, à la cour :

« L'or est le souverain des souverains.

» Quand la raison monte sur le trône, les passions entrent au conseil.

» On est en France comme aux champs Élysées, au milieu des ombres des anciennes réalités.

» Il faut attaquer l'opinion avec les armes de la raison ; on ne tire pas des coups de fusil aux idées.

» L'imprimerie est l'artillerie de la pensée.

» Les droits sont des propriétés appuyées sur la puissance. Si la puissance tombe, les droits tombent aussi.

» Le crédit est la seule aumône qu'on puisse faire à un homme d'État.

» Un pauvre vous demande de l'argent par pitié pour lui, un voleur vous en demande par pitié pour vous-même, et c'est en mêlant ces deux manières que les gouvernements, tour à tour mendiants ou voleurs, ont toujours l'argent des peuples.

» Règle générale, les nations que les rois assemblent et consultent, commencent par des vœux et finissent par des volontés.

» Les trois pouvoirs existent dans chaque forme de gouvernement comme les couleurs existent dans chaque rayon de soleil. »

Il raille vertement les députés, leur politique de la table rase, la déclaration des droits de l'homme [1], la nuit du 4 Août, cette nuit des dupes, « où comme le point d'honneur chez les Japonais est de s'égorger en présence les uns des autres, les députés de la noblesse frappèrent à l'envi sur eux-mêmes et du même coup sur leurs commettants.

» Les députés se considèrent dans leur maison de bois comme dans une autre arche de Noé... La prudence leur disait d'imiter, la vanité leur a dit de créer.

» Dire que tous les hommes naissent libres, c'est dire qu'ils naissent et demeurent nus.

---

1. « La vanité de la plupart des députés est cause d'un si grand malheur. Que demandions-nous? D'être aussi bien que les Anglais; mais nos députés ont voulu que nous fussions mieux... La monarchie n'est plus qu'une démocratie armoriée d'une couronne... »

» Le peuple, cédant à la facilité de s'emprunter à lui-même et de se payer en papier-monnaie, doit finir comme le Midas de la Fable.

» Les mots gouverneront toujours les hommes.

» La Révolution française n'est qu'une agrégation de suicides : le roi s'est tué lui-même, le parlement s'est tué lui-même, le clergé s'est tué lui-même, la noblesse s'est tuée elle-même ; les états généraux se sont tués eux-mêmes, encore quelques jours et l'Assemblée nationale se tuera elle-même. »

S'il maltraite le peuple, qu'il confond avec la populace, il n'est guère plus tendre pour les classes supérieures et les enveloppe dans le même dédain : « Les vices de la cour ont commencé la Révolution, les vices du peuple l'achèveront. » Il estime que la sottise mérite ses malheurs, que lorsqu'on veut empêcher une révolution, il faut la vouloir et la faire soi-même. « Tout le règne actuel peut se réduire à quinze ans de faiblesse et à un jour de force mal employée. » Seule Marie-Antoinette lui arrache un cri d'admiration, et il restitue à l'histoire « cette princesse qui n'avait encore vécu que pour les gazettes ou la chronique ». Quant aux nobles, ils ne sont plus que « les mânes de leurs ancêtres ». « La populace de Paris et celle de toutes les villes du royaume ont encore bien des crimes à commettre avant d'égaler les sottises de la cour et des grands. » Les coalisés ne trouvent pas grâce devant cet inexorable censeur qui les gourmande d'avoir toujours été en arrière d'une année, d'une armée et d'une idée. A ces traits amers, à ces accents où l'amour-propre littéraire le dispute à l'ironie, ne reconnaît-on point le précurseur de Chateaubriand, l'artiste qui se soucie davantage d'aiguiser une maxime que de porter remède aux maladies de son parti et de son pays? En lisant le *Journal national*, on voudrait y trouver un peu moins de talent et plus d'émotion véritable, au lieu d'une colère de l'esprit la flamme du patriotisme; tandis qu'on y devine parfois l'épicurien qui se vantait de résoudre un problème de géométrie jusque dans l'éclair du plaisir.

Rivarol pensait, sentait, agissait en littérateur; il traite la France de 1790 comme le chirurgien traite un corps atteint de la gangrène, mais il aurait pu répondre que si les passions sont actrices, la raison est historienne, et qu'il accomplissait son métier d'historien. Et vraiment, combien pénétrantes, combien saisissantes[1] sont les pages où il reproche à la cour d'avoir appelé l'armée, à l'Assemblée d'avoir armé Paris, à Paris d'avoir ensanglanté Paris et travaillé contre son bonheur, contre le repos des provinces, où il dénonce le concert des bêtises dans le conseil, et ces philosophes qui composent d'abord leur république sur une théorie rigoureuse, sans voir qu'en législation comme en morale, le bien est toujours le mieux; « que les hommes s'attroupent parce qu'ils ont des besoins et se déchirent parce qu'ils ont des passions; qu'il ne faut les traiter ni comme des moutons ni comme des lions, mais comme s'ils étaient l'un et l'autre. »

---

1. A propos du massacre de Flesselles et de Launay, il écrit sans hésiter : « Ces deux exécutions imprimèrent une terreur profonde à la cour et un mouvement plus vif à l'Assemblée. Rien n'avance les affaires comme les exécutions. » Aussi proclame-t-il ironiquement son respect pour les clubs et la populace : « Voilà mes législateurs et mes rois... Malheur, dans une révolution, à qui, ne pouvant dresser des échafauds, ne dresse pas des autels ! »

Il ne manque pas de remarquer que, loin d'avoir gagné à la Révolution, les pauvres y ont encore plus perdu que les riches, car ils y ont perdu les riches eux-mêmes. « Que peuvent donner maintenant des riches opprimés à des pauvres révoltés? On a renversé les fontaines publiques, sous prétexte qu'elles accaparaient les eaux, et les eaux se sont perdues. »

Avec quel humour il signale le pacte conclu entre *les capitalistes* et *les démagogues* de l'Assemblée par lequel ils se garantissent mutuellement la dette et la Révolution : « Le marquis de La Fayette promit d'être un héros; M. Bailly promit d'être un sage; l'abbé Sieyès dit qu'il serait un Lycurgue ou un Platon au choix de l'Assemblée, M. Chassebœuf parla d'Érostrate. Les Barnave, les Pétion, les Buzot et les Target engagèrent leurs poumons; les Bussy de Lameth, les Guépard de Toulongeon et les Bureau de Puzy dirent qu'ils feraient nombre; on ne manquait pas de Tartufes; le Palais-Royal promit des malfaiteurs et on compta de tous côtés sur M. de Mirabeau. »

Et ce sarcasme, vif et tranchant comme un glaive : « Je ne crains point de le dire, dans cette Révolution tant vantée, princes du sang, militaires, députés, philosophes, peuple, tout a été mauvais, jusqu'aux assassins. »

Dès les premiers temps il avait fixé la conclusion logique, fatale des excès révolutionnaires. « On me demandait en 1790 comment finirait la Révolution; je fis cette réponse bien simple : « Ou le roi aura une armée, ou » l'armée aura un roi. » J'ajoutai : « Nous aurons quelque » soldat heureux, car les révolutions finissent toujours par » le sabre : Sylla, César, Cromwell. »

Lorsque M. de Malesherbes vient, de la part de Louis XVI, lui demander conseil, il se contente de répondre : « — Dites au roi de faire le roi, tout est là. » Et, pendant l'année 1790, il remet à M. de la Touche, intendant de la liste civile, une série de mémoires qui prouvent que les plus beaux esprits ne sont pas toujours les plus pratiques. Qu'imagine-t-il en effet? Une politique d'à-propos, d'expédients, une politique de coups de main, de coups de théâtre qui peut-être eût réussi avec un Henri IV, un Frédéric II, mais qui, avec Louis XVI, semble un pur roman. L'institution d'un club ouvrier, un discours pour ramener l'opinion publique, un ministère occulte! Abandonner la minorité, sacrifier la noblesse au tiers état, discréditer lentement l'Assemblée! Sans doute Louis XVI, en lisant ces recommandations si contraires à son tempérament, dut se rappeler le mot de son aïeul sur Fénelon : « Je viens d'entretenir le plus bel esprit et le plus chimérique de mon royaume. » M. de Lescure a fort justement observé que s'il pouvait se tromper sur la situation, il n'aurait pas dû se tromper sur un roi qui dépensait toute son initiative à demander des avis et toute son énergie à n'en point tenir compte.

Du moins, ces mémoires de Rivarol frappent-ils par les qualités déjà déployées dans le *Journal national*, et rarement vit-on plus de pensées originales, d'aperçus brillants et cyniques, de prémisses éloquentes aboutissant à une politique métaphysique et spéculative. Opposer des idées aux faits, des raisonnements aux piques, lorsqu'on a commencé par poser cette règle générale! « Toutes les fois qu'on est mieux chez soi que dans la rue, on doit être battu par ceux qui sont mieux dans la rue que chez eux. C'est le principe des révolutions et même des conquêtes. »

Pour détruire la cabale, Rivarol veut qu'on travaille sur le peuple même, « la boue sous Louis XVI est la même que sous le roi Dagobert; sans compter que c'est avec elle qu'on a toujours bâti les empires ». Il prétend régénérer la monarchie par une infusion de tiers état, car, observe-t-il finement, les rois de France ont toujours péri ou se sont toujours conservés par la *partie forte* de leur temps. Cette *partie forte*, c'était autrefois les seigneurs, les évêques, la noblesse, Louis XIV lui-même domina par eux. Quant à Louis XV, il a vécu nonchalamment des miettes de la table de Louis XIV et ce qu'il en restait n'a pu conduire Louis XVI jusqu'à la quinzième année de son règne. Lorsqu'un appui de la monarchie est pourri, il faut qu'elle en choisisse un autre; or les nobles et les prêtres ne pouvaient rien pour la royauté, puisqu'ils ne pouvaient rien pour eux-mêmes. Tout ce qui compromet la royauté doit être l'ennemi des rois. Un roi n'est ni prêtre, ni évêque, ni gentilhomme, ni peuple; il est *roi* et tous les moyens qui maintiennent la forme monarchique sont ses moyens. Aujourd'hui la partie forte, c'est le tiers état. Un roi n'est en effet que le chef du plus fort et c'est parce qu'il se fait le chef du plus fort, qu'il devient enfin le protecteur du plus faible. Un mouton n'a jamais sauvé un autre mouton des dents du loup. En morale on périt par des crimes, et en politique par des fautes : au reste le meilleur moyen de servir la raison dans les temps de fougue et de folie, c'est de paraître l'abandonner.

Il n'a que trop prévu où mènerait un système de résistance « à la façon des corps mous » et sentant qu'il n'a réussi ni à être utile ni à plaire, il lance cette conclusion spirituellement hardie : « Heureux les rois qui savent prendre les conseils amers et garder un conseiller qui déplaît ! Chercher un ministre agréable, c'est comme si on voulait une maîtresse femme d'État. »

« On sait, dit-il ailleurs, l'histoire de Cassandre au siège de Troie. La raison est assise sur le rivage : ses conseils sont perdus pour ceux qui sont en pleine mer; elle ne recueille que les naufragés. »

Entre-temps, avant et après 1789, non content de combattre ses adversaires avec les armes de la raison, Rivarol a voulu les terrasser par le ridicule : l'*Almanach des grands hommes de la Révolution*, la *Galerie des états généraux et des dames françaises*, le *Petit Dictionnaire des grands hommes de la Révolution*, par un citoyen actif, ci-devant rien, les *Actes des Apôtres* auxquels il collabora largement, révèlent une nouvelle et fâcheuse incarnation de son talent, le pamphlétaire, le libelliste contre-révolutionnaire, plus soucieux de frapper fort que juste, d'exécuter que de juger, de donner des caricatures agréables au gros public que des portraits dignes des délicats[1]. Certes il a l'excuse du temps, des passions violentes qui se déchaînent et viennent l'entamer dans cette tour d'ivoire où doit se réfugier l'homme de goût. Et ne pourrait-on arguer d'un Tacite, d'un Retz, d'un Saint-Simon qui, dans une certaine mesure, furent, eux aussi, des pamphlétaires de génie? Il n'en est pas moins vrai

---

1. Lui-même appelait ce genre d'œuvres les « saturnales de la littérature ».

que ce rôle de satiriste à outrance fait tache dans la vie de Rivarol et contribue à répandre sur sa réputation quelque équivoque, avec un vernis de légèreté superficielle dont ne témoigne que trop cette réflexion rancunière de l'abbé Delille : « C'est le plus aimable vaurien que j'aie jamais rencontré. » Avouons-le aussi, les mœurs de ce moraliste, de ce défenseur des grands principes, laissaient un peu trop à désirer; on connaît ses jolis vers à cette Manette qu'il avait emmenée quand il émigra, qui occupait une place dans son salon, et qu'il suppliait de persévérer dans son aimable ignorance[1] :

> Ah ! conservez-moi bien tous ces jolis zéros
> Dont votre tête se compose.
> Si jamais quelqu'un vous instruit,
> Tout mon bonheur sera détruit,
> Sans que vous y gagniez grand'chose.
> Ayez toujours pour moi du goût comme un bon fruit,
> Et de l'esprit comme une rose.

Si Rivarol avait vu nos collèges laïques de jeunes filles, il eût sans doute renchéri sur le mot d'un évêque. « Voilà des jeunes personnes qui arriveront plus vite à la licence que leurs frères au baccalauréat. » Sa femme[2] l'avait dégoûté des femmes qui ont de l'esprit, il prétendait

---

1. Voir plusieurs épigrammes rimées de Rivarol, dans l'*Acanthologie* de Fayolle, 1 vol., 1817. Une des meilleures est celle qu'il décoche à Florian :

> Écrivain actif, guerrier sage,
> Il se bat peu, beaucoup écrit.
> Il a la croix pour son esprit,
> Et le fauteuil pour son courage.

2. Je ne suis ni Jupiter ni Socrate, disait-il, et j'ai trouvé dans ma maison Junon et Xantippe.

que mesdames de Genlis et de Staël n'avaient point de sexe. Voilà pourquoi il gardait Manette qui avait de l'esprit comme une rose et à laquelle il répondait plaisamment, afin de calmer ses inquiétudes sur ce qu'elle deviendrait dans l'autre monde : « Laisse faire, je te donnerai une lettre de recommandation pour la servante de Molière. »

Le *Discours préliminaire au Nouveau Dictionnaire de la langue française* parut en 1797 ; il eut l'honneur d'exciter les inquiétudes du Directoire, qui en prohiba d'avance l'introduction en France : c'est assurément l'œuvre la plus suivie, la plus fortement pensée de Rivarol qui, dans l'exil, a beaucoup appris et n'a oublié que ses défauts. Dessinateur exquis de formes idéales, coloriste harmonieux d'abstractions, il y fait entrer toute la métaphysique et la politique : attaquant en particulier les philosophes modernes, comme les pères du désordre et de l'anarchie, il les flagelle, eux et les terroristes, dans une série de tableaux d'une éloquence enflammée et d'une élévation soutenue.

« Les philosophes n'ont négligé aucune des routes de l'erreur, expliquant tantôt des apparences par des réalités et tantôt des réalités par des apparences... Égal ne signifie pas semblable ; les philosophes fondent l'égalité sur des rapports anatomiques ; ils concluent de ce que les nerfs, les muscles, la configuration extérieure est la même...

» Ils n'ont pas aspiré à moins qu'à la reconstruction du tout par la révolte contre tout ; et sans songer qu'ils étaient eux-mêmes dans le monde, ils ont renversé les colonnes du monde...

» Que dire d'un architecte qui, chargé d'élever un édifice, briserait des pierres pour y trouver des sels, de l'air et une base terreuse, et qui nous offrirait ainsi une analyse au lieu d'une maison?...

» La vraie philosophie est d'être astronome en astronomie, chimiste dans la chimie et politique dans la politique.

» Ils ont cru cependant, ces philosophes, que définir les hommes, c'était plus que les réunir; que les émanciper, c'était plus que les gouverner, et qu'enfin les soulever, c'était plus que les rendre heureux. Ils ont renversé les États pour les régénérer, et disséqué les hommes vivants pour les mieux connaître. »

Rivarol croit que l'incrédulité est un terrible luxe, que la morale sans religion c'est la justice sans tribunaux, qu'il y a un contrat éternel entre la politique et la religion : « Tout État, si j'ose le dire, est un vaisseau mystérieux qui a ses ancres dans le ciel. » A certain moment, il pousse le cri d'angoisse d'un noble d'esprit qui croit voir le monde social s'abîmer dans le cataclysme final, et les ruines elles-mêmes périr. « Malgré tous les efforts d'un siècle philosophique, les empires les plus civilisés seront toujours aussi près de la barbarie que le fer le plus poli l'est de la rouille; les nations comme les métaux n'ont de brillant que les surfaces. »

Il démonte à merveille le pantin humain, les idées servantes des passions, les modérés écrivant sous la dictée des violents; et il en donne un piquant exemple sous forme d'apologue : « On dit à Voltaire dans les champs Élysées : « Vous vouliez donc que tous les hommes fussent égaux? — Oui. — Mais savez-vous qu'il a fallu pour cela une révolution effroyable? — N'importe... on parle à ses idées. — Mais savez-vous que le fils de Fréron est proconsul et dévaste des provinces? — Ah! dieux! quelle horreur! — On parle à ses passions. »

Le moraliste politique reparaît dans ces maximes tranchantes, ingénieuses et parfois un peu subtiles qu'il sème partout, avec la prodigalité d'un dieu qui, pendant son sommeil, crée tout ce qu'il rêve.

« Il n'y a de leçons ni pour les peuples, ni pour les rois.

» La première assemblée ôta le royaume au roi, la seconde ôta le roi au royaume, la troisième tua l'un et l'autre. L'Assemblée constituante asservit le roi, Paris et l'armée, Paris asservit l'Assemblée, les jacobins décimèrent Paris, l'armée et l'Assemblée.

» L'Assemblée constituante tua la royauté et par conséquent le roi; la Convention ne tua que l'homme [1].

» La souveraineté du peuple tuera les rois, s'ils continuent d'avoir le diadème sur les yeux au lieu de l'avoir sur le front.

» Les souverains ne doivent jamais oublier que le peuple étant toujours enfant, le gouvernement doit toujours être père.

» Les acteurs de la Révolution ressemblent aux vents et aux vagues d'une mer terrible; ils font la tempête et ils l'ignorent.

» Tout constituant est gros d'un jacobin.

» La nature nous condamne à tuer un poulet ou à mourir de faim; c'est là le fondement de nos droits, et

---

[1]. « Vous nous aviez confié un cadavre, nous l'avons enterré », dit plus tard un conventionnel à un ancien constituant.

voici la généalogie des ressorts politiques : les besoins fondent les droits et les droits fondent les pouvoirs ; mais, en France, on a donné au peuple des pouvoirs dont il n'avait pas le droit, et des droits dont il n'avait pas le besoin.

On veut absolument que la religion soit le garant du peuple envers les gens du monde; il faudrait du moins que la morale fût la caution des gens du monde envers le peuple. Il n'en est rien et il se joue ainsi partout une grande et triste comédie. »

Le *Discours préliminaire* se termine par quelques pages trop peu connues sur la Terreur, sur cette époque néfaste « où chaque loi ajoutait à la lâcheté plus encore qu'au désespoir; où l'on ne savait plus que gémir, payer et mourir; où tout était en réquisition et dans les fers; où tout fut victime et bourreau ; époque sans exemple où les pères et les enfants, poussés par milliers aux frontières, y venaient en tremblant pour y faire trembler l'Europe... Cependant la nation, écrasée au dedans et redoutée au dehors, consternée de ces massacres sans fin et *confuse de ces victoires sans fruit*, attendait en frémissant un nouveau Dieu et un gouvernement inconnu. L'agonie de ce peuple a duré quatorze mois, et il n'a pas tenu aux ennemis de l'humanité, tant intérieurs qu'extérieurs, que le dernier des Français ne se soit enfin trouvé en présence du dernier bourreau.

« Cette effroyable crise s'est appelée gouvernement révolutionnaire, expression indéfinissable, monstrueuse alliance de mots préparée par la révolution du siècle!... Le signal est donné, plus d'autorités; tout est *comité* ou *tribunal révolutionnaire;* la souveraineté du peuple est suspendue, ses représentants, déclarés inamovibles, cessent d'être inviolables, car il faut que l'un règne et que l'autre périsse ; la nation entière tombe à la fois en état d'interdiction et de conspiration ; mineure pour agir et majeure pour le supplice... Point de retour sur sa fortune et sur sa famille : tout est à la Révolution. Point de pitié pour la jeunesse et l'innocence : tout est nécessaire. Il faut que le sang coule, que les villes tombent, que la nation diminue ; il faut que le brigand aguerri et que le pauvre oisif et abruti mettent la France à leur portée. Je n'entends qu'un cri : la Révolution ira, le char avancera... Vieux respects, propriétés antiques, droits, humanité, vous êtes des signes de conspirations ; sanglots étouffés, soupirs et gémissements, vous êtes des signes de contre-révolution ; la terreur est la justice... Cependant les maisons se ferment, les chemins se couvrent d'herbe et les murailles de listes mortuaires. Quel silence ! la nation entière est aux écoutes : quelques journaux lui disent froidement les décrets du jour et le nombre des morts...

Ne croirait-on pas entendre Joseph de Maistre, avec un style moins hiératique, moins solennel ?

Comment ne pas regretter qu'une fin prématurée ait empêché Rivarol de donner cette *Histoire de la Révolution*, ce *Traité sur la nature du corps politique*[1], ces

---

1. Voici en quelques lignes sa théorie de la monarchie constitutionnelle : « Toute force, dans la nature, est despotique, comme toute volonté dans l'homme. Mais, de même que chaque plante, chaque animal tend avec la même énergie à occuper toute la terre ; il en résulte que ces différentes forces, également despotiques, se répriment mutuellement ; il se fait entre elles une compensation dont les lois nous échappent, mais d'où il résulte que, sans jamais se détruire, elles retiennent chaque espèce dans ses propres limites. »

Mémoires littéraires et cette *Étude sur les révolutions du goût*, qu'il avait sur le chantier en même temps que le Dictionnaire de la langue française. Du moins eut-il la consolation de mourir en pleine célébrité, en pleine satisfaction d'amour-propre, ambassadeur *in partibus* de Louis XVIII, accueilli presque triomphalement par les hommes de lettres et la haute société de Berlin, honoré de la bienveillance de la reine de Prusse, invité chez le prince Henri, seul héritier du génie de Frédéric, dont il refusa les avances, pour se consacrer tout entier à la princesse Dolgorowka qui l'enchaînait auprès d'elle par l'amitié la plus délicate, ranimait sa verve, sa gaieté et son talent. C'est cette femme si séduisante, en l'honneur de laquelle le prince Potemkin, épuisant vainement les prodiges de la galanterie orientale, avait offert ce festin légendaire où l'on apporta au dessert des coupes de cristal remplies de diamants qui furent servis aux dames à pleines cuillers; c'est pour elle qu'une autre fois il expédia à Paris un exprès chargé de lui rapporter, en courant nuit et jour, des souliers de bal qu'elle faisait faire en France; pour lui offrir un spectacle original qu'il donna l'assaut à la forteresse d'Otschakoff plus tôt qu'il n'était convenu et peut-être qu'il n'était prudent de le tenter. C'est elle qui à Pétersbourg avait mis à la mode les jolis sabots élastiques qu'un émigré, le comte d'Autichamp, fabriquait pour gagner sa vie[1]; elle qui mit au bras de madame Vigée-Lebrun un bracelet fait d'une

---

1. Après sa présentation à Bonaparte, madame Vigée-Lebrun lui demanda comment elle avait trouvé la cour du premier consul : « Ce n'est point une cour, dit-elle, mais une puissance. »

tresse de ses cheveux, sur laquelle étaient brodés en diamants ces mots : *Ornez celle qui orne son siècle;* elle enfin qui servait d'intermédiaire à Rivarol[1] auprès de la cour, et qui lui écrivait, après une maladie pendant laquelle il avait reçu des marques d'universelle sympathie : « Votre santé nous a prouvé que vous étiez très aimable et votre maladie que vous étiez très aimé. » Il est permis de penser que, soumis à cette douce et salutaire tutelle, il n'aurait plus sacrifié les heures sacrées de l'inspiration, mais qu'il aurait bientôt terminé un de ces livres qui portent leur auteur sur les éternels sommets du temple de la gloire. Ce qu'il a laissé prouve qu'il était capable de l'écrire.

1. Il avait de grandes prétentions à la noblesse : « Nous autres gentilshommes, disait-il... « Voilà, interrompit le marquis de Créqui, » un pluriel que je trouve singulier. » Voir sur la famille des Rivarol l'ouvrage de M. Lescure.

II

LES ACTES DES APOTRES

Le journal-type de la contre-révolution. — Une absurdité courageuse. — Les Apôtres n'épargnent personne, ni leurs amis, ni leurs ennemis. — Ce que vaut le Sénat, ce qu'il coûte. — Les députés à l'entreprise. — Journée bien employée. — L'auguste cohue. — Les ci-devant. — La *Targetade*. — Un acompte. — Une définition. — Serment civique à double face. — Surenchère de violence. — L'oraison funèbre de la Commune. — Le trictrac national.

Un énorme pamphlet en onze volumes de six à sept cents pages chacun, bourré d'invectives, de médisances, de calomnies en vers et en prose, outrant le portrait jusqu'à la caricature, dénaturant la plaisanterie en injure, le sourire en grimace, original d'ailleurs, amusant et courageux, parfois éloquent et profond, trop souvent aussi frivole, cynique et graveleux, accommodé aux appétits de la foule plutôt qu'au goût des délicats, une débauche de satires, une orgie de personnalités ; saynètes, comédies, poèmes tragicomiques, dialogues, allégories burlesques, apologues, arias, impromptus, noëls, sonnets, distiques, vaudevilles, imitations ingénieuses de La Fontaine, Corneille, Racine,

Rabelais, roulant pêle-mêle dans un déluge de quolibets, de joyeusetés enragées ; voilà les *Actes des Apôtres*. Ses auteurs se vantent d'être quarante-cinq, mais on n'en connaît guère qu'une douzaine : les deux Rivarol, Suleau, Champcenetz, Mirabeau « le Vicomte », Peltier, Bergasse, Montlosier, Lauraguais, Tilly, de Bonnay, Barruel-Bauvert. Entreprise téméraire, absurde, menacée sans cesse par la populace et la police, continuée pendant deux ans avec une folle hardiesse ! Aux brutalités révolutionnaires, ils opposent d'imprudents défis, ils luttent avec leurs plumes contre les piques, et s'imaginent avec leurs *foudres à deux sous* pouvoir se mettre en travers d'un monde qui passe. Leur circonstance atténuante, c'est l'ivresse du combat, leur excuse, c'est qu'ils jouent leur tête chaque semaine, c'est qu'ils narguent la lanterne et ses sinistres suppôts. « Mon existence, écrivait l'un d'eux, est un miracle perpétuel de la fée de l'aristocratie : moi qu'un réverbère ne voit jamais sans un mouvement de convoitise. »

Alors en effet les mots tuent, et Suleau égorgé par Théroigne de Méricourt, Champcenetz guillotiné disent assez quel sort attendait Tilly, Rivarol, s'ils ne se fussent dérobés aux vengeances de ceux qu'ils avaient cruellement raillés.

C'est le journal type de la contre-révolution, comme les articles de Mallet du Pan forment le meilleur commentaire du royalisme modéré, comme Camille Desmoulins, avec les *Révolutions de France et de Brabant* et son *Vieux Cordelier*, demeure l'interprète le plus brillant de la révolution parisienne.

D'après les mémoires du temps, les Apôtres se réunissent une fois par semaine, dans un *Dîner évangélique,* chez le restaurateur Mafs, au Palais-Royal ; ils causent, puis écrivent leur conversation sur un bout de table, et le numéro, ainsi improvisé, est porté à l'imprimerie clandestine du recueil, et de là, chez le libraire Gattey[1]. Il y a là, sans doute, de l'exagération ; j'aime mieux croire qu'ils tiennent conseil, préparent leurs batteries dans le salon de la marquise de Chambonas, et que le dîner évangélique faisait souvent surgir quelques saillies qui complétaient heureusement ce singulier journal.

Ils font la guerre de partisans, ne s'asservissent à aucune discipline, ne se gênant guère pour tirailler sur le gros de leur armée, voire même sur le général en chef, le débonnaire Louis XVI, *un monarque en peinture,* auquel ils n'épargnent pas les épigrammes.

Tantôt ils racontent l'histoire de Charles Ier d'Angleterre et en tirent cette conclusion qu'il n'y a qu'un intervalle très court entre l'emprisonnement des rois et leur tombeau ; tantôt ils avancent que la constitution de la vieille France était le chaos ; ils appellent le pouvoir exécutif : un *pouvoir qui s'exécute,* ou citent ce passage de la *Satire Ménippée* :

« La seule faiblesse du roi est la verge de laquelle Dieu fouette notre royaume. »

Louis XVI, disent-ils, était, il y a six mois, le maître de vingt-quatre millions de sujets ; aujourd'hui il est le seul sujet de vingt-quatre millions de rois.

---

1. *Les Actes des Apôtres,* onze vol. in-8. — *Mémoires du comte de Tilly.* — *Mémoires du comte de Montlosier.* — *Souvenirs de Louise Fusil.* — Hatin, *Histoire de la Presse,* t. VII. — Eugène Despois, *Liberté de penser,* t. III.

Ou bien encore :

> Toutes les fois que l'assemblée ordonne
> De présenter au roi, pour qu'il le sanctionne,
> Un beau décret fait à plaisir,
> Je crois voir le Turc qui commande
> De porter à quelque vizir
> Un beau cordon pour qu'il se pende.

Ailleurs ils font coup double sur la cour et l'Assemblée :

> Le régime suivi par une cour peu sage
> Ne nous laissait que peu de laine sur le dos ;
> Mais grâce aux gens d'esprit qui règlent le ménage,
> Nous n'aurons bientôt plus que la peau sur les os.

L'Assemblée constituante, voilà en effet la bête d'horreur, la tête de Turc contre laquelle les Apôtres s'acharnent et épuisent les flèches les plus aiguës de leur carquois. Une de leurs meilleures épigrammes, où l'on reconnaît la griffe de Rivarol, est celle du crieur de journaux :

> A deux liards, à deux liards, le grand Sénat de France ;
> — Messieurs, c'est tout en conscience !
> D'une voix de stentor criait un colporteur.
> Tu dis bien ce qu'il vaut sans doute,
> Lui repart un quidam, avec un ton railleur,
> Mais tu ne dis pas ce qu'il coûte.

Ils imaginent encore qu'un charpentier assiste à une séance de l'Assemblée et lance cette réflexion :

> Ils en ont bien encor pour une année,
> Disait un charpentier sortant de l'Assemblée,
> Aussi pourquoi les mettre à tant par jour ?
> Ils ont au roi fait faire une sottise ;
> L'ouvrage eût été bien plus court,
> En les mettant à l'entreprise.

Un voleur de ciboires et de calices, amené devant le juge, se compare à ces législateurs qui

> Ont changé biens d'Église en biens nationaux,
> Prendre vases sacrés n'est rien faire autre chose
> Que voler en détail ce qu'ils volent en gros.

Agréable paraphrase du vers d'Andrieux :

> On respecte un moulin, on vole une province.

Avec le numéro intitulé : *la Lanterne magique nationale*, nous voyons défiler *les États Généraux des bêtes*; plus loin un député se frottant les mains : « Ce jour pour nous ne sera pas perdu, nous avons détruit quelque chose. » Toute assemblée est folle et les ouvriers de la tour de Babel forment le premier parlement dont l'histoire fasse mention : aussi les Apôtres persiflent-ils ces projets de toute espèce qu'on cherche à faire prévaloir dans *l'auguste cohue*. « Peut-être n'y a-t-il tant d'avis que parce qu'il n'y a pas beaucoup de têtes. »

Voulez-vous maintenant la définition du député ?

> ... Un député, c'est un grand animal,
> Vorace, adroit, et qui pêche en eau trouble ;
> Plus le pouvoir du monarque va mal,
> Plus le sien croit, plus son profit redouble :
> Si que, dans peu, lui-même achètera
> Ce qui de net au bon roi restera :
> Or vous voyez, et la chose est très claire,
> Que par justice, il serait nécessaire
> Que quelque jour enfin Sa Majesté
> Puisse à son tour être aussi député
> Pour devenir ce qu'il avait été.

« Je les connais, écrivait Mirabeau, chacun d'eux ne veut qu'un lambeau du manteau royal. »

La manie des nouveaux mots, de l'argot politique inspirent à l'un des Apôtres cette boutade sur *les Ci-Devant :*

> Grâce à la Chambre souveraine
> Que notre idiome est changé !
> C'est le ci-devant Dieu, le ci-devant clergé,
> Ci-devant roi, ci-devant reine,
> Ci-devant fidèles sujets,
> Ci-devant marquis, baronnets,
> Ci-devant ducs, ci-devant princes,
> Et même ci-devant provinces...
> De cet incroyable délire
> Si l'on ne suspend les accès,
> Bientôt l'Europe pourra dire :
> Le ci-devant peuple français.

Ils enterrent d'avance l'Assemblée, mènent le deuil et composent son épitaphe :

> Pauvres à son convoi, monarque aucun jamais
> Autant n'eut et n'aura que l'auguste Assemblée ;
> N'eût-elle que ceux qu'elle a faits,
> Dans un an, dans un mois ? Non, dans une journée !

S'ils malmènent de telle sorte la Constituante, vous pouvez juger avec quelle joie ils vont déchirer ses membres, tous ceux qui, de près ou de loin, tiennent au parti de la Révolution. Pas de pitié, pas de trêve ; aucune distinction entre les libéraux et les démagogues, entre les constitutionnels et les jacobins, les *jacoquins*, comme ils les appellent : il semble même qu'ils nourrissent plus de haine contre les premiers qui ont entre-bâillé la porte par laquelle se précipitent les exaltés et servi de chevaux de renfort pour monter la côte. Est-ce que le libéralisme n'est pas le pont aux ânes de la Révolution ? Est-ce que Louis XIV ne persécutait pas plus volontiers les jansénistes que les juifs ? Et sarcasmes, quolibets, épigrammes de pleuvoir sur ces malheureux modérés, sur les nobles renégats, les d'Aiguillon, les Montmorency, les Lameth, sur le duc d'Orléans. Inutile de dire qu'on ne respecte guère le mur de la vie privée, un mur fabriqué plus tard par de bien mauvais architectes, si l'on en juge par les crevasses, les brèches qui s'y pratiquent à chaque instant :

> Vous demandez pourquoi La... Mont... cy
> Ont des âmes si roturières.
> On vous répondra : le voici,
> C'est que de plats valets ont fait... leurs pères.

Le mot est en toutes lettres, ce mot dont Molière se servait si volontiers; quant à l'idée, elle avait été exprimée par certain duc fort disgracié de la nature, lequel montrant à un ami son valet de pied, un homme superbe, lui disait : « Voilà comme ils nous font et voilà comme nous les faisons. » La marquise de Lameth ne s'étonnait pas moins spirituellement des opinions de son fils : « Quand je le considère, je me demande si je ne me suis pas un jour endormie dans mon antichambre. »

Nos bons Apôtres s'étendent avec complaisance sur M. Target, une de leurs victimes de prédilection. Ici, c'est la *Targelade*, poëme *héroï-épi-constitutiono-politico-comique*, imité de *la Henriade*; là *les Couches de M. Target*, père et mère de la Constitution, son testament, son mausolée, sa résurrection, avec gravures à l'appui; ou bien son horoscope politique :

> Oui, messieurs, vous pouvez m'en croire,
> Lui-même contre lui fera plus que vous tous.

Rivarol n'aime guère La Fayette et l'on s'en aperçoit

bien vite ; déjà dans le *Journal politique national*, il l'avait affublé de sobriquets : Gilles-César, Cromwell-Grandisson, le général Morphée. « A force de sottises, il vint à bout de ses amis, et sa nullité triompha de sa fortune. » Il lui reproche d'avoir *dormi contre son roi* les 5 et 6 Octobre :

> Lorsque j'étais couché, le crime était debout.

Madame de Staël est « la Bacchante de la Révolution »; son père, M. Necker, « un charlatan si impudent que ses promesses finissent par persuader ceux-mêmes qui n'y croient pas ». On avait fait courir le bruit que le cardinal de Brienne, auquel le public prêtait des idées très corrompues, s'était empoisonné : « C'est qu'il aura avalé une de ses maximes. » Déjà Rivarol avait accommodé de la belle façon M. Target. « Il n'est point de mot que M. Target ne puisse décrier quand il voudra. Cet orateur s'est rendu maître de leur réputation et il les proscrit par l'usage. »

L'abbé Fauchet reçoit les étrivières à mainte reprise : comme il avait proposé de donner des spectacles gratuits au peuple, les Apôtres lui décochent un morceau qui se termine ainsi :

> Du moins, s'il manque de farine,
> Le peuple aura toujours du son.

Un député fait rendre un décret en faveur de la liberté de la pêche :

> Il ne s'est réservé que la pêche en eau trouble.

ricanent les Apôtres. Ils harcèlent sans cesse Mirabeau

et contribuent par leurs attaques à grandir son prestige :

> Un aristocrate inhumain
> Hier au cabaret voisin
> Trouve Mirabeau le vicomte :
> — Comment va votre frère aîné ?
> On dit qu'il souffre en vrai damné.
> — Bon, répond-il, c'est un acompte.

Louis Blanc, dans son *Histoire de dix ans*, prête cette boutade féroce à Louis-Philippe, lequel, entendant Talleyrand moribond se plaindre de souffrir comme un damné, aurait murmuré : « Déjà ! » On voit, par cet exemple, et j'en pourrais citer beaucoup d'autres, quelle créance méritent ces mots que les lettrés se repassent de siècle en siècle et donnent pour inédits.

Les Apôtres poursuivent Mirabeau jusque dans la tombe[1].

> En tapinois, je ris tout bas
> Quand je vois tout ce qui s'empresse
> D'aller, sans y croire, à la messe
> Pour un mort qui n'y croyait pas.

Ils marchent sur les traces d'Aristophane, d'Horace, et font le procès au maître des maîtres, au peuple, au *Démos* parisien, aussi naïf, crédule, irritable et inconscient que celui d'Athènes, préférant comme toujours les Cléon, les flatteurs grossiers à ses amis austères, à ses bons serviteurs. Aussi voudraient-ils qu'on fît tout *pour* lui et jamais rien *par* lui. Ils raillent ce goût de l'épaulette et du panache qui trouble toutes les cervelles : « Il fallait céder au besoin que chacun avait de comman-

---

1. Et de son vivant : « A la hauteur où vous êtes, vos ennemis mêmes conviennent que le gibet est le seul genre d'élévation qui vous manque. »

der au moins un fusil. » On tue Foulon, Berthier, disent-ils, afin d'avertir le peuple que, dans une démocratie anarchique, il doit être le maître de tout. »

> Jadis Dareau par ses bougies
> Pour lanternes prit des vessies,
> Et le peuple français, d'après ses nouveaux rois,
> Prend les lanternes pour des droits.

L'histoire ancienne, d'après Thomas Vireloque, c'est mangeux et mangés ; l'histoire moderne, c'est blagueux et blagués ; l'histoire de la Révolution, c'est l'un et l'autre.

> Dans ce charmant pays de sapience,
> On nous disait les ordres confondus,
> Moi j'en vois deux et très distincts en France,
> L'un des pendeurs et l'autre des pendus.

Voici une définition du peuple finement observée et d'une vérité éternelle :

> Je suis tout et je ne suis rien,
> Je fais et le mal et le bien,
> J'obéis toujours quand j'ordonne,
> Je reçois moins que je ne donne,
> En mon nom, on me fait la loi
> Et quand je frappe, c'est sur moi.

Faut-il prêter serment à la constitution, nos incorrigibles farceurs inventent le serment civique à double face qui permet aux casuistes de renier et maudire en sourdine ce qu'ils célèbrent à haute voix. Alors, en effet, sévissait la maladie du serment politique, qui plus tard inspirait cette réponse cynique à Talleyrand auquel Louis-Philippe demandait de jurer fidélité à la charte de 1830 :

— Sire, c'est le onzième ; j'espère que ce sera le dernier.

>A la nouvelle loi
>Je renonce dans l'âme ;
>Comme article de foi,
>Je crois celle qu'on blâme.
>Dieu vous donne la paix,
>Noblesse désolée,
>Qu'il confonde à jamais
>Messieurs de l'Assemblée.
>
>Je veux être fidèle
>Au régime ancien ;
>Je crois la loi nouvelle
>Opposée à tout bien.
>Messieurs les démocrates,
>Au diable allez-vous-en ;
>Tous les aristocrates
>Ont seuls du jugement.

Les Apôtres confondent volontiers le peuple avec la populace, la démocratie avec la démagogie, la liberté avec la licence, et il faut avouer que la distinction n'était pas facile à établir. La démocratie pour eux, c'est l'envie, c'est le droit du plus fort, c'est la brutalité atroce des égorgeurs, des lanterneurs ; ils lui adressent ce compliment dérisoire :

>Telle qu'une bergère, aux plus beaux jours de fête,
>De superbes rubis ne charge point sa tête,
>Et sans mêler à l'or l'éclat des diamants,
>Cueille dans les faubourgs ses plus beaux ornements,
>Telle aimable en son air, mais du faste ennemie,
>Brille la déité de la démocratie.

Tout naturellement, l'égalité leur semble un niveau abrutissant, et non l'application de cette grande parole : « A chacun selon ses œuvres ». Ils prophétisent que l'égalité chimérique de Sieyès n'aboutira qu'à voir étrangler à tour de rôle les auteurs, les acteurs et les spectateurs de son drame métaphysique. La liberté n'est que le pouvoir de nuire, ou, si vous aimez mieux,

>Quant au gouvernement, licence et brigandage,
>Quant au régime iniquité,
>Et quant aux mœurs, libertinage.

Lorsque j'entends crier derrière moi « Vive la liberté ! » disait un sceptique, je n'ai pas besoin de me retourner, je suis bien sûr qu'on bat, qu'on blesse ou qu'on tue quelqu'un. Les Apôtres ne goûtent pas davantage la fraternité, mot narquois qui resplendit sur les murailles, principe aussi respectable que peu respecté, dont l'application révolutionnaire agaçait M. de Metternich à ce point qu'il prétendait, que s'il avait un frère, il ne l'appellerait plus que : « Mon cousin ».

Lois, décrets, projets, motions, réformes utiles, inventions malencontreuses passent sous la férule de Rivarol et de ses collaborateurs, dont la malice ne fait grâce ni aux personnes, ni aux choses. Tout leur est prétexte à plaisanteries; tantôt ils égratignent, tantôt ils déchirent et emportent le morceau. Une sorte de surenchère de violence s'établit, où chacun à son tour croit n'user que de légitimes représailles. Tandis que l'*Orateur du peuple*, de Fréron, recommande, comme panacée, deux coups de fusil par village, l'un sur le curé, l'autre sur le seigneur, les *Sabbats jacobites* de Marchant annoncent qu'à la contre-révolution « on décrétera que la potence sera permanente sur la place de Grève pendant un an ». Et le *Jugement national* de riposter, en demandant que le prince de Lambesc soit conduit en place de Grève « pour y avoir les bras, jambes et cuisses coupés de la largeur de trois pouces, de six en six minutes, son corps ouvert, le cœur arraché pour lui être mis dans la bouche[1]. » De telles

---

1. En avril 1792, les *Révolutions de Paris* proposaient pour la guillotine cette inscription :

Et la garde qui veille aux barrières du Louvre
N'en défend pas les rois.

horreurs expliquent, sans les justifier, certains coups
de plumes des Apôtres[1]; ils n'expliquent que trop aussi
ces pendaisons, ces massacres que Mirabeau appelait *les
pustules de la liberté.*

Du moins retombons-nous dans le genre badin avec
ces vers contre les assignats :

FUGUE

Des assignats, assignats, assignats,
Onguent genevois pour la banqueroute ;
Des assignats, assignats, assignats,
La fille à Target en fait ses choux gras.

(TARGET, père et mère de Démagoginette.)

Et ce couplet de Boufflers nous ramène à la tradition
de l'ironie gracieuse et vraiment voltairienne :

Si Vénus sur son presbytère
Veut me donner un assignat,
Sur la feuille la plus légère
J'accepte ce billet d'État.
Mais l'Assemblée aura beau faire,
Son seing n'est point accrédité,
Papier-monnaie est un mystère,
Et gare à l'incrédulité !

Les districts, la commune provisoire, les municipaux,
la garde nationale, font naître quantité d'épîtres, charges,
parodies, flonflons, arias, ponts-neufs, dont quelques-
uns sont encore d'une lecture assez agréable. Voici une
repartie constitutionnelle de Lucas, officier municipal, à
son voisin :

1. Les Apôtres voulaient qu'on fît subir aux *démagogues* de la
Constituante le sort réservé aux crapauds dans la campagne, qu'on
les accrochât au bout d'une perche sur les ruines de la Bastille ;
un autre jour, ils les menacent de la pendaison.

> Le voisin dit : « J'ai pour moi le principe. »
> Lucas, ferré sur ses décrets,
> Repart : « Halte-là ! Désormais
> Plus de prince ! On dit : *le sieur Ipe !* »

La dénonciation, le soupçon, la crainte perpétuelle de la trahison, des complots, une des plus graves plaies de la Révolution, sont joliment moqués, à propos d'une visite de district au couvent des filles Sainte-Marie, de la rue Saint-Jacques, où l'on ne trouva rien.

MORALE

> Vous, districts, qu'en cette saison
> Un rien alarme, un rien chagrine,
> Qui voyez partout le poison,
> Le feu, le fer, la trahison,
> Cessez cette guerre intestine.
> Et profitant de la leçon
> Que vous donne la sœur Perrine,
> Rappelez-vous cette chanson
> Que fit une muse badine :
> Voilà comme on est sans raison,
> D'abord effrayé par le son,
> Puis rassuré par la farine.

Le décret du 3 mai 1790 supprime les districts ; aussitôt éclate la verve gouailleuse des Apôtres.

> Sages républicains, dont les féconds cerveaux
> Enfantaient chaque jour des arrêtés si beaux,
> Quoi ! nos législateurs excités par l'envie,
> Vous ont donc empêchés d'éclairer la patrie !
> Quel dommage ! déjà vos proclamations
> En régentant les rois, formaient les nations !
> Qu'il était beau de voir, au coin de chaque rue,
> A lire vos arrêts la livrée assidue !
> Il est vrai que parfois, messieurs vos présidents
> Offensaient la grammaire et heurtaient le bon sens.

Mais on savait du moins que tel jour, à telle heure,
Pour aller au district, on quittait sa demeure,
Et les femmes ainsi, sans craindre leurs époux,
Donnaient à leurs amants de plus sûrs rendez-vous !...

Ils se chargent aussi de l'oraison funèbre de la *ci-devant soi-disant* commune provisoire.

La commune l'on enterra,
Et sur sa tombe l'on posa
Un marbre blanc où l'on grava
En lettres d'or ces huit vers-là :
Le désordre seul me créa,
Le désordre m'alimenta,
L'ordre vint et me réforma :
Qui cette cette épitaphe lira,
Sans sortir d'ici connaîtra
Ce qu'il est et ce qu'il sera.
S'il est sot, il se fâchera,
S'il a de l'esprit, il rira.

REQUIESCAT IN PACE.

Le trictrac, avec son vocabulaire compliqué, leur fournit une série de comparaisons dans une pièce intitulée : *Le Trictrac national*.

Le roi fait une école à chaque coup.
La reine a toujours le dez contraire.
Les princes ont trop hasardé,
La noblesse a pris le coin bourgeois.
Le clergé a fait la pille de misère.
Le tiers a pris son coin par puissance.
Les parlements ont joué trop serré.
L'armée et la marine sont en grande bredouille.
Les milices nationales ont encore le pavillon.
L'Assemblée nationale a tout mis à bas...
Robespierre a fait son petit jean...
Le comte de Mirabeau a fait son plein.
Le duc d'Orléans a trop découvert son jeu.
La France ne peut être sauvée que par un jean de retour.

La lecture des *Actes des Apôtres* permet de les surprendre vingt fois en flagrant délit d'inconséquence, comme dans cette boutade où, en vérité, ils font trop bon marché de leurs principes :

>Un écolier de quatorze ans
>Écoutait deux octogénaires
>   Douairières
>Qui maudissaient les temps présents.
>Rassurez-vous, bonnes mamans,
>Interrompit le jeune hère,
>Dans deux cents ans ce siècle de misère
>   S'appellera le bon vieux temps.

Grand merci de la prophétie, et Dieu veuille que nos petits-enfants n'en soient point réduits à appeler le *bon vieux temps* les années orageuses qui précédèrent de si peu la Terreur ! En tout cas, on ne peut s'infliger plus gaiement un démenti; il y a des moments où les Apôtres font songer à certains personnages qui ayant daubé leurs ennemis, leurs amis, finissent par dire du mal d'eux-mêmes pour ne pas rester à court. Ils eurent du succès comme journalistes auprès de leur clientèle, mais ne firent point de prosélytes, éloignèrent sans doute beaucoup de modérés et contribuèrent à creuser l'abîme entre l'ancien et le nouveau régime. La France, la vraie France n'était ni avec les ultras ni avec les révolutionnaires parisiens, elle s'était prononcée dans les cahiers des états généraux; elle était avec Malouet, Mounier, Mirabeau, avec ceux qui voulaient nationaliser la royauté et royaliser la nation, remplacer la superstition de la monarchie par le culte de la monarchie.

III

LES ALMANACHS DE LA RÉVOLUTION[1]

L'influence de l'almanach. — L'almanach pendant la Révolution. — Rivarol, Marchant, Villiers, Richer-Sérisy. — Almanachs révolutionnaires. — Almanachs royalistes. — *L'Habit d'été.* — Pourquoi dater? — Facéties testamentaires. — *Les Lubies d'un aristocrate.* — La *Constitution en vaudevilles.* — *L'Almanach des gens de bien.* — Le *Croquis des Croqueurs.* — Les pères du peuple français. — Dialogue entre le président du Comité des recherches et la Vérité. — La Révolution définie par Suard. — *Prières civiques.* — L'appel nominal. — La sonnette du président. — Parodie de la *Marseillaise.* — Les droits de la femme. — *Le Marchand de bois des Tuileries.* — Calembours. — Billet de faire part.

Il y a plusieurs manières de composer un almanach; les uns, comme Rivarol et Marchant[2], le font avec leur esprit, la plupart le font avec l'esprit de tout le monde;

---

1. Voir le très intéressant ouvrage de M. Henri Welschinger: *Les Almanachs de la Révolution*, Paris, Jouaust, édit. On trouve à la fin de ce volume une liste des principaux almanachs publiés de 1789 à 1800.

2. Marchant, auteur de la *Chronique du manège*, des *Sabbats jacobites*, de la *Jacobinéide*, de la *Constitution en vaudevilles*, etc.

ceux-ci l'écrivent en vers et ceux-là en prose; tel lui donne le caractère d'une brochure politique, d'un manuel civique, d'un abécédaire républicain ou royaliste; tel autre s'adresse aux dames, aux ouvriers, aux paysans, aux diverses classes de la société. Le premier date de 1431 : depuis on a publié des almanachs pour tous, pour les savants et les amateurs de prophéties, pour les rois et les maris minotaurisés, pour les dévots et les gens du monde, pour les cuisinières et les poètes. C'était le journal populaire par excellence, le guide, le conseiller du travailleur; il y trouvait des leçons de tout genre, des recettes, des énigmes, des prédictions, des charades, de la gaieté à gros grains; il suffisait à occuper ses loisirs, et bien que la presse à un sou ait commencé à le détrôner, son influence est grande encore dans nos campagnes.

Pendant la Révolution, il devient surtout un moyen de propagande, une machine de guerre pour ou contre les nouvelles institutions; la politique est partout, règne en souveraine absolue et se glisse, sous forme d'anecdotes, même dans les almanachs littéraires. Quant au talent, quant à la verve humoristique, les opuscules royalistes semblent très supérieurs aux manuels révolutionnaires : ils ont plus de finesse, plus d'humour, tandis qu'en général ces derniers sont écrits lourdement et ne supportent guère la lecture : les hommes d'esprit qui avaient embrassé le parti de la Révolution étaient emportés par le torrent des événements, préféraient agir et abandonnaient ces minces besognes à des doublures. D'ailleurs l'enthousiasme, la foi ne s'accordent guère avec l'esprit qui convient mieux à la critique, au dénigrement; l'esprit n'est pas un architecte, mais plutôt un démolisseur, à moins qu'il ne se mette au service de la vérité, et ne lui apporte cette *raison assaisonnée*, ce ragoût délicieux dont parle Montaigne.

M. de Lescure croit[1] reconnaître la main de Rivarol dans plusieurs portraits de la *Galerie des états généraux et des dames françaises*, ceux de Necker, par exemple, du duc de Nivernais (Mitis), de madame de Staël (Marthésie), de la comtesse de Beauharnais (Corylle), de madame de Genlis (Polyxène).

En dehors de cette œuvre anonyme, ses amis et lui ont donné libre cours à leurs haines, à leurs préjugés dans le *Petit Dictionnaire des grands hommes de la Révolution par un citoyen actif, ci-devant rien* : on y retrouve leurs victimes habituelles, le duc d'Aiguillon, Bailly, Barnave, Brissot, Camille Desmoulins, Condorcet, Target, etc... J'y remarque surtout trois portraits à l'emporte-pièce de Chamfort, Marie-Joseph Chénier, Garat, où le vrai et le faux s'entremêlent avec une grâce et une habileté félines.

« Chamfort : le meilleur patriote de l'Académie française. Des gens inexorables en fait de probité l'ont accusé d'avoir abandonné la tyrannie, après avoir vécu de ses infâmes aumônes ; mais l'honnête Chamfort a répondu à la calomnie par des arguments sans réplique. D'abord il a objecté qu'il ne devait à la cour que son existence ; ensuite il a prouvé qu'il ne s'est jamais vendu qu'au souverain ; qu'aujourd'hui la nation est souveraine ; que par conséquent il doit se vendre... à la nation. Il s'est donc livré sans remords à tous les calculs de son patriotisme.

1. *Rivarol et la Société française pendant la Révolution et l'émigration.*

Il a insulté les débris du trône qu'il ne verra jamais se relever; il a charmé le peuple par la pauvreté de ses déclamations, et, pour mieux se conformer à l'égalité républicaine, il a écrit simplement dans le *Mercure*. Cette souplesse des gens de lettres, qui fait plier ainsi leurs talents à tous les événements, est un grand bonheur pour une République. Que le ciel nous préserve à jamais de ces perfides écrivains qui tiennent à leur gloire et qui pensent avec leur âme, qui osent afficher les principes qu'ils savent défendre, et que l'aspect de la postérité rend incorruptibles. »

Entre Marie-Joseph Chénier et Rivarol, il y avait un vieux compte de rancunes à régler : Rivarol l'avait agréablement persiflé dans son *Almanach des grands hommes* pour l'année 1788, Chénier avait riposté grossièrement, à coups de pavé, à coups de massue, qui ne portèrent point[1]. Rivarol reprend l'offensive et décidément garde l'avantage par le tour élégant et caustique de sa satire. « Chénier : véritable poète de révolution. Il a profité on ne peut plus heureusement du renversement des idées, et il a donné son *Charles IX*. Il fallait un parterre rempli des héros du faubourg Saint-Antoine pour que cette pièce fût dignement admirée, et c'est ce nouveau public qui l'a couronnée. Racine, Corneille et Voltaire, dans de telles circonstances, auraient fait tout au plus quelque chef-d'œuvre de style, qui n'eût respiré que l'humanité. M. Chénier a bien mieux saisi le goût du moment : il a fait un drame national, il a mis un cardinal fanatique et un roi atroce sur la scène; il a employé exprès le patois

1. Ce sont des jurons, disait M. Victorien Sardou, en lisant un article injurieux.

le plus barbare pour animer le peuple contre la tyrannie, et l'harmonie du tocsin lui a suffi pour charmer son auditoire. En secouant ainsi les règles despotiques du théâtre, il a laissé bien loin de lui tous ces prétendus grands hommes, et il s'en éloigne encore tous les jours par de nouveaux drames. »

C'est Rivarol qui, plus tard, lancera ce mot terrible contre Joseph Chénier injustement accusé d'avoir laissé ou fait périr André Chénier : « le frère d'Abel Chénier ». Il fit école et l'écrivain révolutionnaire devint un des hommes les plus cruellement moqués de ce temps. Dans la tragédie d'Abel, au moment où Dieu dit à Caïn : « Qu'as-tu fait de ton frère? » un spectateur s'écria : « Demandez-le à Chénier ! » — On prétend aussi que pendant un mois, sous Robespierre, il reçut tous les jours une lettre contenant ces seuls mots : « Qu'as-tu fait de ton frère? » Le procédé a eu des imitateurs, et l'on sait qu'à chaque nouvel an, depuis qu'il a publié son livre sur la *Vie de Jésus*, M. Renan reçoit une lettre anonyme renfermant cette seule phrase : « Et pourtant, s'il y avait un enfer? »

Il faut noter encore contre Chénier un joli quatrain de Pillet, sous ce titre : *l'Habit d'été* :

> Mes amis, pour punir la fortune cruelle,
> Je vais m'envelopper de toute ma vertu.
> — Parbleu, monsieur Chénier, voilà ce qui s'appelle
> Être légèrement vêtu.

Un autre lui décoche ce trait brutal :

> Apôtre de l'égalité,
>   Son âme est vaine et fière ;
> Sa devise est fraternité,
>   Il fit guillotiner son frère.

Le caractère, le rôle de Garat sont fortement mis en relief dans cette malicieuse esquisse.

« *Garat le Cadet,* autre journalier de l'Assemblée, mais il est plus habile que tous les autres ; il déguise la vérité dangereuse, il encense la force triomphante, il atténue les horreurs d'une catastrophe ; enfin on peut le regarder comme l'optimiste de la Révolution. Que de citoyens alarmés n'a-t-il pas tranquillisés, en assurant dans sa feuille qu'avec *deux ou trois idées,* on *repousserait tous les ennemis de la France !* Il a d'ailleurs, dans son style, cette confusion nécessaire pour chanter une insurrection, et le *Journal de Paris* sera toujours pour le peuple la meilleure histoire du temps. On a cru jeter du ridicule sur cet ouvrage en faisant une liste de ses nouveaux abonnés, en disant qu'il avait *regagné en allées ce qu'il avait perdu en portes cochères.* Mais on en a fait sans le vouloir l'éloge le plus convenable. On a cru humilier l'écrivain et l'on n'a fait que flatter le patriote. »

Parmi les centaines d'almanachs, de brochures, qui éclosent au soleil de la Révolution, un petit nombre, ceux de Marchant, Richer-Sérisy, Villiers, etc., ont une valeur d'agrément ; quelques-uns obtinrent une vogue éphémère, malgré leur médiocrité, ou peut-être à cause d'elle ; ainsi l'*Almanach des honnêtes gens,* par Sylvain Maréchal, qui substitue aux noms des saints ceux des hommes célèbres de tous les temps, de toutes les religions et de tous les siècles ; l'*Almanach du père Gérard,* de Collot d'Herbois, qui, sous forme d'instructions familières, inocule les nouvelles doctrines aux habitants de la campagne. Voici, par exemple, comment le père Gérard explique la constitution ; il prend pour exemple un de ses auditeurs, gaillard de bonne mine, d'appétit robuste, ayant tête saine, bras de fer, jambes solides, et dit que ce vigoureux paysan est l'image de la constitution. La démonstration n'était pas inutile, car le mot devait faire l'effet d'un grimoire : plus d'un, sans doute, aurait pris la constitution pour une personne en chair et en os, comme ces régiments russes qui l'acclamaient en 1824, croyant qu'elle était la femme du grand-duc Constantin, comme ce domestique d'un libéral qui, en juillet 1830, criait : « Vive la *Chatte !* » au lieu de : « Vive la Charte ! » On affirme qu'en 1848, des paysans s'étonnaient fort qu'on eût remplacé Louis-Philippe par des femmes et des ducs : *la Martine, la Marie, le duc Rollin;* et pourquoi non ? Tant de citadins ignorent les premiers éléments de l'agriculture, art plus utile assurément que la politique !

Les faiseurs d'almanachs daubent l'Assemblée, ses chefs, ses prétentions, ses actes, ses orageuses séances.

> Un citoyen actif, un Juif, à l'Assemblée,
> Très peu dévotement siégeait un samedi.
> — Que faites-vous ici ? lui dit un étourdi,
> Votre religion est par là profanée.
> — Taisez-vous, dit le Juif, à quoi bon cet éclat ?
> Mon devoir est rempli : suis-je pas au sabbat ?

Celui-ci rappelle le mot de Churchill : « C'est ici le parlement, un marché public où l'on vend sa conscience et son pays pour acheter des places et des pensions. » Celui-là lance des calembours : « Pourquoi les révolutionnaires se ressemblent-ils tous ? — Ne voyez-vous pas que c'est un air de convention ? — La Convention a réduit les Français à l'admiration (*demi-ration*). » Bailly fut le premier maire de la Révolution, Pétion fut appelé le *Maire deux*. *L'Almanach des Folies nationales* raconte qu'à Beaune, la femme du maire accoucha le même jour que son mari fut élu maire, et qu'un bel esprit du cru fit ce distique :

> Notre choix l'a fait maire, et l'amour le fait père ;
> Quel triomphe pour nous de le voir père et maire !

Quelque désœuvré s'amuse à décomposer le mot révolutionnaire et y découvre ceci : « Louvet et Talien ont ruiné le rentier, volé la nation, avili la Révolution, violé la loi ; en vain leur ire veut nuire à la vertu, la vérité luit, la roue vient. » Un autre a trouvé l'anagramme de ministre : « Ministre veut dire : tu mens, *mentiris*. »

Rivarol comparait les législateurs à douze cents renards à qui on aurait attaché à la queue une torche allumée et qui s'en iraient dans nos hameaux, dans nos villes, dans nos campagnes, ravageant tout, brûlant tout, prenant tout. « Ce sont des hommes quand ils disputent, mais des dieux quand ils prononcent, » disait un admirateur qui ne pouvait s'empêcher de regretter leurs tumultueuses discussions. Un des mots les plus spirituels est celui de l'abbé Durusé : comme il se trouvait dans une maison avec Mirabeau le vicomte, quelqu'un avança un propos qui déplut à ce dernier. « Pardieu, fit-il, cela est aussi bête que le décret que nous avons rendu hier. — Pourquoi dater, monsieur ? » repartit l'abbé.

Lorsque Mirabeau est élu président de l'Assemblée constituante, un ultra s'écrie : « Il n'est pas président, mais *vice*-président. » Boutade répétée plus d'une fois : « Il n'y aura qu'un vice de plus dans l'État », observait Talleyrand, auquel on annonçait que l'empereur allait créer un nouveau poste de vice-chancelier.

La mode est aux facéties testamentaires, et Suleau écrit les dernières volontés de Mirabeau :

« ... *Item*, je lègue à mon ami Talleyrand de Périgord un évangile ; à MM. Lameth, une girouette.

» Connaissant l'affection de M. Gouy d'Arcy pour les bêtes, je lui lègue un miroir.

» A M. Bailly : la fable de La Fontaine, *l'Astrologue tombé dans un puits*. Connaissant le goût de madame Bailly pour la lecture, je lui lègue un exemplaire de la *Civilité puérile et honnête*, le *Cuisinier français* et la *Paysanne parvenue*.

» A madame de Sillery, ci-devant de Genlis, une harpe, plus un exemplaire des *Femmes savantes* et des *Précieuses ridicules*.

» A ma nièce, la Constitution, des *bourrelets*, pour qu'elle ne se fasse pas de mal lorsqu'elle tombera.

» A la nation, une besace.

» A M. Camus un exemplaire de *Tartufe*. (C'est ce Camus dont le buste en marbre inspira cette épigramme : IL VOUS RESSEMBLE EN CORPS ET EN AME.)

» Au côté droit de l'Assemblée, une gravure d'après Rubens représentant *le Paralytique*.

» ... Voulant épargner à mes concitoyens les horreurs d'une peste, je veux qu'on m'enterre à Clamart ; le convoi sera simple et peu nombreux ; j'y invite tous les amis de la monarchie. »

Une besace ! C'était en effet le plus gros argument

contre le nouveau régime qui semblait réduire tout le monde à la portion congrue.

> Les Français sont égaux entre eux,
> Ainsi le veut la noble clique,
> Cet aphorisme est sans réplique.
> Les Français sont tous malheureux.

Dans *les Lubies d'un aristocrate*, chacun fait entendre ses doléances contre l'égalité dans la misère. Voici des ouvriers qui pétitionnent :

> Ah ! que nous serions satisfaits
> Si toujours patriotes,
> Au lieu de faire des décrets,
> Vous faisiez des culottes.

L'Almanach des gens de bien imprime les remontrances des employés aux gouvernants :

> Puisque votre immense crédit
> Peut tout, aujourd'hui, dans la France,
> Diminuez notre appétit
> Ou bien doublez notre pitance.
> Pour notre bien tout est changé
> Et tous vos décrets sont sublimes,
> Mais vous n'avez donc pas songé
> Qu'on mangeait sous tous les régimes...

Un rentier fait son testament en 1797 : « Je n'ai rien, je dois partout, je donne le reste aux pauvres. »

En 1795, on chantait dans les théâtres le *Réveil du peuple*. A l'Opéra un plaisant se lève et gravement : « Par pitié, ne l'éveillez pas, qui dort dîne. »

Sous le titre de *Dialogue constitutionnel*, voici une fantaisie assez plaisante. Un patriote quand même, un de ceux qui sacrifieraient la colonie et la métropole aux principes, cause avec un mécontent timide :

> Mon cher ami, vive la liberté !
> — Ah ! d'en jouir, monsieur, je n'ai pas le courage.
> — Comment ! que dis-tu là ? Vive la liberté !
> — Hélas ! monsieur, je manque et de place et d'ouvrage.
> — Oui, mais, mon cher ami, vive la liberté !
> — En soldat déguisé, malgré moi volontaire,
> J'ai sur mes pieds passé la nuit entière.
> — Cela n'est rien. Vive la liberté !
> — Mourant de peur, de froid, chargé d'une giberne,
> D'un sabre, d'un fusil, j'ai gardé la lanterne.
> — Mais aussi, pense donc ! Vive la liberté !
> — Dans un libelle affreux, monsieur, on me déchire.
> — Oh ! c'est égal... Vive la liberté !
> — On m'a volé : partout j'ai couru pour le dire,
> J'ai demandé justice, et l'on n'a fait qu'en rire.
> — Mais aussi quel bonheur ! Vive la liberté !
> — J'ai tout perdu, mais, grâce au Sénat que j'honore,
> Bien plus que l'an dernier, il faut payer encore.
> — C'est vrai, mais malgré ça, vive la liberté !
> — Mais, monsieur, je n'ai plus ni pain, ni sol, ni maille,
> Et, sur ma foi, je crois qu'ils n'ont rien fait qui vaille.
> — Oui, mais, mon cher ami, vive la liberté !
> — Allons, puisqu'il le faut, vive la liberté !
>
> (*Almanach des gens de bien.*)

Le *Croquis des croqueurs* (1790), à Croque Marmot, chez Croquant, libraire, rue Croquée, vis-à-vis d'une marchande de croquets, se gausse de l'honnête Bailly et de madame Bailly :

> Qui ne connaît le grand Bailly
> Sans qui tout Paris aujourd'hui
> Ne fait rien qu'il ne le permette ?
> Ce savant, avec sa baguette,
> Avec ses trois cents purs esprits,
> Gouverne aussi bien son Paris
> Que le monde avec sa lunette.

Quant à la pauvre madame Bailly, elle sonne le tocsin de la bêtise et

> Pour défendre tous ses appas
> C'est bien assez de sa figure.

Puisqu'on met sur la sellette une personne sans prétentions comme madame Bailly, ne vous étonnez pas si l'on attaque une femme de génie comme madame de Staël. Comme elle affirmait que tous les ouvrages de son père étaient immortels : « Ah ! madame, aurait répliqué quelqu'un en la fixant, c'est impossible, car j'en connais de bien fragiles. »

Fauchet, le futur évêque constitutionnel du Calvados, est âprement chansonné par les faiseurs d'almanachs :

> Prêcher le crime est son plus beau talent.
> — Oui, je le sais, mais est-il éloquent ?
> — Très éloquent, car il prêche d'exemple.

Et voici pour Dubois-Crancé :

> Un de nos ouvriers en lois
> Qui nos braves soldats de vils brigands appelle,
> Crancé, vient d'escroquer la croix.
> Il la méritait, mais... entendons-nous ; laquelle ?

Quant à Louis XVI, réduit au rôle d'automate de Vaucanson, régnant comme une corniche autour d'un plafond, il garde le vain nom de roi et les députés en ont la puissance ; il a le veto, à condition de n'en jamais faire usage. Marchant, dans sa *Constitution en vaudevilles*, explique son rôle négatif :

> Ce roi sera le roi de France,
> Et pourtant il ne sera rien ;

> Mais comme une ombre de puissance
> Au moindre prince va très bien,
> On pourra lui laisser par grâce,
> Ou pour mieux dire par abus,
> Le doux plaisir de voir sa face
> Empreinte sur tous les écus.

L'*Almanach de Coblentz* se divertit de ces législateurs qui semblent dater leurs décrets de l'île d'Utopie :

> Qu'ils ont d'esprit et de vertus,
> Les auteurs du nouveau système ;
> Le vice était dans les abus,
> Ils l'ont placé dans la loi même.

Un autre invite Roblot, chirurgien pédicure, à extirper le Corps législatif. Ayant appris que les députés porteraient des chapeaux à plume, il approuve en ces termes :

> Cessez de les blâmer... Tout ce qui porte plume,
> Comme chacun le sait, est sujet à voler.

On voit que le gouvernement continue d'être un despotisme tempéré par des chansons.

Sur la Révolution, le peuple, la liberté, l'impertinence de la gent écrivassière s'égaie à mainte reprise.

Un poète, cherchant une rime à peuple, consulte un ancien académicien qui lui répond avec humeur : « Ne devriez-vous pas savoir que le peuple n'a ni rime ni raison ?

— Du peuple français nous sommes les pères, disent en se rengorgeant les députés. — Ne vous en vantez pas, messieurs, en vérité, car votre enfant est bien mal élevé. »

> Je plaignais l'erreur populaire.
> Quelqu'un s'écria brusquement :

On était dans l'aveuglement.
La Révolution éclaire.
— Oui certes, vous avez raison,
Lui dis-je, la pitié dans l'âme :
Elle éclaire comme la flamme,
En brûlant la maison.

La Révolution, écrit Thabaud, n'a fait que changer de place l'amour-propre et la fortune; plus tard, Daunou dira que les révolutions n'ont d'autre résultat que de déplacer les abus. Toute la Révolution, selon M. Stuard, se réduit à ceci, qu'on pouvait jadis penser sans parler et qu'on peut aujourd'hui parler sans penser. On comprend d'ailleurs que la liberté des terroristes rendît sceptiques ceux qui l'avaient endurée et l'on ne s'étonne plus de réflexions comme celles-ci : « Depuis que je connais la liberté, je cherche un coin sur la terre où règne le despotisme. — J'aime mieux en appeler à Louis ivre qu'au peuple à jeun. — Il est infiniment moins rare de trouver un bon roi qu'une bonne multitude. »

« Ils abolissent la peine de mort, je vais faire mon testament », gémissait un spirituel vieillard en 1848.

Lorsque la Commune de Paris établit le comité des recherches, on imagina le dialogue suivant entre son président et la Vérité.

LE PRÉSIDENT

J'ai de l'esprit et du goût,
Partout je l'entends dire ;
Si l'on me vante beaucoup,
C'est que je suis propre à tout

LA VÉRITÉ

Détruire, détruire, détruire.

LE PRÉSIDENT

En tout lieu, l'on doit savoir
   Combien je suis aimable,
Et chacun fier de m'avoir
Donnerait tout pour me voir

LA VÉRITÉ

Au diable, au diable, au diable.

LE PRÉSIDENT

Dans ce pays agité
   J'ai semé la discorde,
Mais aussi, j'ai bien mérité

LA VÉRITÉ

La corde, la corde, la corde.

LE PRÉSIDENT

Pui-qu'à faire à tous la loi
   Notre Sénat s'applique,
Je puis régner, par ma foi,
Ayant déjà l'air d'un roi

LA VÉRITÉ

De pique, de pique, de pique.

LE PRÉSIDENT

Enfin de notre bonheur
   L'édifice s'achève,
Comme je suis sénateur,
Je mourrai comblé d'honneur

LA VÉRITÉ

En Grève, en Grève, en Grève.

Tout devenant constitutionnel, le roi, la Chambre, le clergé, les vêtements, les bijoux, il fallait bien accommoder la religion au goût du jour et voici un échantillon de prières civiques dédiées à ceux qui n'ont d'autre culte que celui de la nation :

« Au nom de la loi, de la monarchie et du roi, ainsi soit-il.

» Je crois en un roi, père des Français, qui a voulu leur bonheur par tous les moyens visibles et invisibles.

» Je crois en un seul dauphin, fils unique du roi, qui sera semblable à son père, par qui de grandes choses ont été faites.

» Je crois en un roi citoyen, descendu de son trône pour nous, ci-devant esclave misérable du despotisme ministériel, et pour notre salut qui est la liberté; qui, étant venu au sein de sa capitale, par l'opération du commandant général, a renvoyé la troupe de ses flatteurs et s'est fait homme; dont le cœur tant de fois a été crucifié pour nous,... qui a permis que son pouvoir royal fût mis dans le tombeau, mais qui ressuscitera bientôt selon les Écritures...

» Je crois au commandant général qui... chérit le père et le fils, qui fera exécuter la loi par le moyen de la garde nationale.

» Je crois à l'Assemblée nationale qui doit être une, sainte, libre, catholique et monarchique, qui doit proscrire le désordre et la licence, respecter les propriétés, et terminer au plus tôt la constitution....

» Et j'attends la résurrection du bon ordre et la félicité du siècle présent et à venir. »

Contre les Jacobins, contre leur tyrannie inquisitoriale, leur fureur de délation, avant et surtout après le 9 Thermidor, c'est un feu roulant d'épigrammes, de railleries amères :

> Je dénonce l'Allemagne,
> Le Portugal et l'Espagne,
> Le Mexique et la Champagne,
> La Limagne et le Pérou ;
> Je dénonce l'Italie,
> L'Afrique et la Barbarie,
> L'Angleterre et la Russie
> Sans même excepter Moscou.

« Le naturel des jacobins est de ne pouvoir demeurer en repos ; quand ils dorment, le diable les berce. » — « Vous conviendrez pourtant que tous les jacobins ne sont pas scélérats ? — Oui, mais vous conviendrez aussi que les scélérats sont tous des Jacobins. » (Richer-Sérisy). L'*Almanach des gens de bien* public les litanies des Jacobins :

> O vous qui gouvernez la France.
> Délivrez-nous des Jacobins !
> On ne craint autre chose en France
> Que le retour des Jacobins...
> On n'aura point de paix en France
> Tant qu'on aura des Jacobins,
> On s'égorgera dans la France
> Tant qu'on aura des Jacobins,
> On aura la famine en France
> Tant qu'on aura des Jacobins ;
> Et l'on aura la peste en France
> Si l'on garde les Jacobins.

Le chef d'une patrouille met la main au collet d'un voleur et le traite de jacobin. Celui-ci, en colère, dit à l'officier : « Citoyen, arrêtez les voleurs, mais ne les insultez pas. » Vers la fin de 1792, une mère passant avec sa fille devant la salle des Jacobins, celle-ci demande : « Qu'est-ce donc que cette cloche qui fait : gredin ! gredin ! gredin ! — Ma fille, c'est l'appel nominal. » — Au moment de la fermeture du club des Jacobins, l'un de ceux-ci se lamente : « O mon pays ! voici l'instant de déclarer la patrie en danger ! — Non pas la patrie, réplique quelque loustic, mais bien les grandes routes. » — Aux Jacobins, comme à l'Assemblée, la sonnette du président excite les lazzis.

> C'est au bruit de la sonnette
> Que l'on parle et qu'on se tait,
> C'est au bruit de la sonnette
> Qu'on se lève et qu'on s'assied,
> Sans le bruit de la sonnette
> Jamais rien ne se ferait.

Plus d'une fois la sonnette présidentielle enleva la parole à des orateurs qui jouaient leur tête devant la Convention ; de là cette célèbre exclamation pendant le procès de Carrier : « Tout est coupable ici, tout, jusqu'à la sonnette du président. »

On ne se fait point faute de chansonner la garde nationale, cette peur armée, comme l'appelait Henri Heine. Il y a déjà deux gardes nationales : la mauvaise, qui attaque l'ordre, la bonne qui le défend peu ou point, et déjà s'applique la formule d'un républicain de 1848 : « Je suis leur chef, il faut bien que je les suive. »

> D'un bataillon de sans-culottes
> Un ancien officier fut nommé commandant ;
> Mais ne pouvant sur eux prendre aucun ascendant,
> Il les assemble un jour : « Citoyens patriotes,
>   Depuis assez longtemps, je crois,
>   J'obéis à toutes vos lois :
>   Or, comme un pareil joug me lasse,
>   Permettez que sans plus tarder,
>   Je me démette de ma place,
> Attendu que je veux à mon tour commander. »

Les curés jureurs n'échappent pas aux satires réactionnaires. L'un d'eux, se trouvant avec un paroissien important, cherche à l'entraîner à son église. — « Pourquoi ne viens-tu pas à ma messe? Je la dis comme tous les autres prêtres. Je prononce l'introït au pied de l'autel, je dis l'épître, l'évangile, le credo, je consacre et fais la communion de même. — Tout cela peut être, monsieur l'abbé, répondit le bonhomme, mais il arrive aussi quelquefois chez nous que les filles font les enfants comme les femmes, et nous ne regardons pas cela du même œil. »

Le *Portefeuille d'un émigré* parodie la *Marseillaise* :

> Allons, enfants de la Courtille,
> Le jour de boire est arrivé,
> C'est pour nous que le boudin grille,
> C'est pour nous qu'on l'a préparé.
> Entendez-vous dans la cuisine
> Rôtir et dindons et gigots?
> Ma foi, nous serions bien nigauds
> Si nous leur faisions triste mine.
> A table, citoyens! Videz tous les flacons,
> Buvez (*bis*), qu'un vin bien pur abreuve nos poumons.

C'est ainsi qu'il y eut successivement un *Chant du Départ*, une *Marseillaise*, une *Carmagnole des émigrés*; mais les couplets primitifs avaient plus d'entrain. Dans ses intéressants *Souvenirs*, le comte d'Haussonville rapporte que, les premiers moments passés, on les chantait sans aucun changement, et qu'on les apprenait aux officiers allemands ébahis de tant de liberté d'esprit.

L'Europe était inondée de mouchoirs allemands sur lesquels se trouvait imprimée la *Déclaration des droits de l'homme*.

> Grâce à ce bon peuple allemand,
> On pourra de Berlin à Rome,
> Se moucher fort commodément
> Avec les droits de l'homme.

Les femmes ne goûtent point les doctrines de cette fameuse déclaration :

> Tous sont égaux, disent les lois ;
> Le beau sexe, au contraire,
> Dit que chaque homme sur ces droits
> Du plus au moins diffère ;
> Et contre nos droits sans raison,
> On l'entend qui déclame :
> Mais qui peut bien connaître à fond
> Tous les droits de la femme ?

Un esprit gaulois se charge cependant de les faire connaître, et formule en dix-huit articles la très grivoise *Déclaration des droits de la femme*. Stances[1], couplets,

[1]. Voir par exemple l'*Almanach littéraire*, l'*Almanach des Muses*, l'*Almanach des Grâces*, l'*Almanach des Spectacles*. Le premier rapporte un mot de Vaucanson qui, fabriquant des prêtres automates, se serait écrié : « Hélas ! combien il en a coûté aux hommes de n'avoir pas de prêtres de cette nature ! » En 1792, il demande qu'on exile du Panthéon les mânes coupables de Mirabeau. Dans l'*Almanach des Muses*, Charlemagne raille la manie des noms nouveaux.

> ... Fi donc ! des saints du Paradis !
> Cela sent trop le vieux régime...
> Vive la moderne méthode
> Les noms romains, les noms en us !
> Appelons-nous Quintus Sextus ;
> Pour être encor mieux à la mode,
> Prenons pour patron saint Brutus !
> Chénier s'appellera Voltaire,
> Fauchet l'évêque Massillon,
> D'Églantine sera Molière
> Et Robespierre Cicéron.

Plus loin, c'est Carnot, futur organisateur de la victoire, qu

hymnes, odes, élégies, dithyrambes, madrigaux, vers galants de toute sorte continuent à sévir pendant la Révolution; c'est à peine si la Terreur marque un léger ralentissement dans l'éclosion de cette littérature de boudoir.

Chose étrange, les almanachs ne renferment contre Robespierre aucune épigramme vraiment réussie. L'homme cependant était moquable. Je ne vois que ces vers d'un anonyme, qui vaillent la peine d'être cités :

> Lorsqu'arrivés au bord du fleuve Phlégéton,
> Camille Desmoulins, Desglantine, Danton,
> Payèrent pour passer cet endroit redoutable,
> Le nautonnier Caron, citoyen équitable,
> A nos trois passagers voulut remettre en mains
> L'excédent de la taxe imposée aux humains.
> — Garde, lui dit Danton, la somme tout entière
> Je paye pour Couthon, Saint-Just et Robespierre.

Plus tard, Michaud fera cette spirituelle repartie à un jeune fanatique qui vociférait: « Monsieur, Robespierre n'est pas encore jugé. — Heureusement il est exécuté. »

Dans les crises révolutionnaires, beaucoup d'hommes

console une Sophie abandonnée et publie la *Revue des amours* sur l'air: *En jupon court, en blanc corset, Amour fidèle, amour papillon, amour bigot, amour physique, amour platonique*:

> Paraît enfin l'amour sincère
> Qui me décoche un trait vainqueur.

Un galantin écrit à une dame qui lui avait envoyé un baiser dans une lettre:

> Votre chimérique faveur
> Me laisse froid comme du marbre
> Et ce fruit n'a point de saveur
> Quand il n'est pas cueilli sur l'arbre.

timides s'efforcent de louvoyer entre les partis et de ne pas prendre couleur, afin d'échapper aux vengeances, aux proscriptions. C'est à ces circonspects que s'adresse le *Dialogue national :*

> A. — Monsieur est-il aristocrate?
> B. — Non, monsieur, je m'en garde bien.
> A. — J'entends, vous êtes démocrate.
> B. — Ah! s'il vous plaît, n'en croyez rien!
> A. — Eh! mais quel choix est donc le vôtre?
> Entre les deux partis flottez-vous suspendu?
> B. — Vous l'avez dit; je ne suis ni l'un ni l'autre
> Pour n'être ni pendeur ni pendu.

Remarquons la date du dialogue : 1798. Quelques années avant, il fallait hurler avec les loups, être *sans-culotte* ou *sans tête*. Un faiseur d'almanachs affirme avoir lu sur les registres de la prison des Madelonnettes un mandat d'arrêt contre un prévenu suspect, comme ayant une figure trop joviale pour aimer la Révolution.

Sous le Directoire, l'*Almanach royaliste* fait fureur et ne rencontre presque plus de rivaux. Villiers, dans le *Portefeuille d'un Chouan*, prend pour épigramme cette phrase : « Périssent à jamais les cannibales qui règnent encore sur nous! »

Il suppose cette conversation entre un citoyen et un garçon du café de Foy.

— Dites-moi, garçon, les jacobins osent-ils venir ici?

— Oh! mon Dieu! oui.

— Prennent-ils quelque chose au café?

— Oui, monsieur, il y en a un, l'autre jour, qui a pris... six cuillers d'argent.

Les couplets du *Marchand de bois des Tuileries* mordent vigoureusement le directoire et les conseils.

> On dit qu'il faut, ô ma patrie,
> Se livrer à l'espoir charmant
> Que du règne de l'infamie
> La fin approche en ce moment.
> Nos patriotes aux yeux louches
> Donnent la paix aux nations ;
> Ils manquent de munitions,
> Il ne reste que cinq cartouches.
>
> On dit que vers les Tuileries
> Est un chantier très apparent,
> Où cinq cents bûches bien choisies
> Sont à vendre dans ce moment.
> Le vendeur dit à qui l'aborde :
> Cinq cents bûches *pour un louis*.
> Mais, bien entendu, mes amis,
> Qu'on ne les livre qu'à la corde.
>
> Dans ce chantier de bois de corde,
> Quoique tout soit bon à brûler,
> Tout le monde à dire s'accorde
> Qu'on en pourrait écarteler.
> S'il est trop cher pour le chauffage,
> On en fera du bois carré ;
> Cinq grandes croix de Saint-André
> Serviront à l'échafaudage.

On affichait sur les murs de Paris cet appel au peuple :

> Nation coupable, égarée,
> Aux plus cruels fléaux livrée,
> Veux-tu chasser de ton giron
> Et la famine et la misère ?
> Rétablis le petit mitron
> Dans la boutique de son père.

D'après Villiers, le *Baromètre politique français* pronostique pour l'année 1797 : « les jacobins à la tempête ; les Cinq-Cents à l'orage ; les Anciens au tempéré ; le directoire au variable ; les assignats au vent ; le peuple au très sec et le patriotisme à la glace. »

On crible le directoire de flonflons, de calembours, de caricatures : « La France sera plus tôt *débarrassée* que l'Angleterre ne sera *dépitée*. » Au commencement de l'an VII paraît une caricature des cinq directeurs : au bas, *une lancette*, une *laitue* et *un rat*, ce qui signifiait en style de rébus : *l'an sept les tuera*. Au lieu du bien public, dit-on, les Pentarques ne veulent que le bien du public.

Après l'installation de ceux-ci au Luxembourg, les murs se tapissent d'affiches avec ces mots : « Palais de Saint-Cyr (cinq sires). Palais de Saint-Fiacre (cinq fiacres). Magasin de cires à frotter. »

On répétait encore qu'un savetier, soumis à l'emprunt forcé, avait répondu : « J'ai cinq cents galoches, deux cent cinquante savates, quinze tire-pieds, cinq tirans, tout cela ne vaut pas un louis : comment veut-on que je paye ? » Quelqu'un soutenant que Tallien reviendrait aux honnêtes gens, si on le prenait par les sentiments : « Sandis, s'écrie un Gascon, ce serait vouloir prendre un tondu par les cheveux ! »

Larevellière-Lépeaux s'étant plaint à Barras du peu de succès de sa religion théophilanthropique, Barras lui aurait donné ce conseil : « Fais-toi pendre, tu la consolideras par ton martyre. »

Aux menaces, aux satires de la réaction, le directoire répond par le coup de force du 18 Fructidor, bientôt puni lui-même par le 18 Brumaire. Villiers met en vaudevilles la constitution de l'an VIII et la dédie galamment à madame Bonaparte :

> On peut la chanter sans la lire ;
> Puisse-t-elle vous récréer,
> Madame, et vous faire autant rire
> Que les autres ont fait pleurer.

En 1804, on fait circuler ce billet d'enterrement *de très-haute et très-puissante citoyenne République française, une, indivisible, impérissable :*

BILLET DE FAIRE PART

> Partisans de la République,
> Grands raisonneurs en politique,
> Dont je partage la douleur,
> Venez assister en famille
> Au grand convoi de votre fille,
> Morte en couche d'un empereur.
> L'indivisible citoyenne
> Qui ne devait jamais périr,
> N'a pu supporter sans mourir
> L'opération césarienne.
> Mais vous ne perdez presque rien,
> O vous que cet accident touche,
> Car si la mère est morte en couche,
> L'enfant du moins se porte bien.

De la part de *Bertrand Barrère,* ouvrier directeur de la fabrication des monnaies républicaines, place de la Révolution, tuteur de la défunte, et des CC. Fouché, Rœderer, Réal, etc... etc... ses proches parents. Le convoi funèbre aura lieu le 14 juillet an XII, au palais du Sénat... *Conservateur* de la défunte... »

L'Almanach du XIXe siècle clôt la série en annonçant la vente par licitation de 75 000 quintaux de lois, rapports, instructions, discours : MM. les épiciers et apothicaires étaient avertis que, déduction faite de la poussière les susdits pouvaient être vendus, de gré à gré et à prix fixe, à raison de 25 centimes le quintal, poids de marc et tare nette. Les almanachs politiques ont vécu ; le premier consul ne les aime guère plus que les journaux ou les livres, et les grands hommes font payer parfois leurs bienfaits presque aussi cher que les révolutions. Mais la liberté n'est que le sel de la terre, tandis que l'autorité en est le pain ; la liberté n'est que le superflu, le luxe des âmes élevées, l'ordre est la nourriture nécessaire des peuples : serait-ce donc une utopie d'aspirer à leur conciliation dans un harmonieux équilibre ?

IV

L'ABBÉ MAURY[1]

Prophétie à rebours. — Maury, Treilhard et Portal. — Un mot de Louis XVI. — Vous me prenez la mesure d'un éloge. — Réflexion de Voltaire sur l'Académie française. — Caractère de Maury, sa mémoire : défauts et qualités. — L'anecdote des trois pommes. — Maury, orateur à la Constituante. — Une spirituelle sottise. — Vous allez donc m'embrasser ! — Mirabeau-Tonneau : son courage, son esprit, ses pamphlets ; la *Lanterne magique*, généalogie burlesque de la Constitution. — *Voyage national*. — La race d'Atrée et de Thyeste. — Y verrez-vous plus clair ? — Les burettes de l'abbé Maury. — Réplique à Regnault de Saint-Jean d'Angely. — Discours à la Constituante. — Une définition de la liberté. — Les deux pots de tabac. — L'éloquence de la chaire.

On raconte qu'à l'âge de dix-neuf ans, léger d'argent, riche d'espérances, parti pour chercher fortune à Paris, le futur abbé Maury fit, au sortir d'Avallon, la rencontre de deux jeunes gens, et que, bientôt, la candeur et la belle humeur de l'adolescence, une même situation les ayant

1. Né en 1746, mort en 1817. — *Œuvres de l'abbé Maury*. — Sainte-Beuve, *Causeries du Lundi*, t. IV. — Poujoulat, *l'abbé Maury, sa vie et ses œuvres*. — De Goncourt, *la Société française sous la Révolution*. — A.-V. Arnault, *Œuvres*. — Mgr Ricard, *l'Abbé Maury*, 1 vol. in-12, Plon. — Louis Sifrein-Maury, *Vie du cardinal Maury*. — A. de Pontmartin, *Dernières causeries littéraires*.

faits compagnons de route et camarades, ils s'ouvrirent sur leurs projets, leurs ambitions. Portal, le médecin, voulait être de l'Académie des sciences ; Treilhard aspirait aux dignités de la magistrature, et l'abbé se voyait déjà prédicateur du roi. Arrivés près de Paris, le bourdon de la cathédrale résonne, et aussitôt les imaginations de se mettre en branle. « Entendez-vous cette cloche ? dit Treilhard à Maury ; elle dit que vous deviendrez archevêque de Paris. — Probablement, riposte celui-ci, lorsque vous serez ministre. — Et qu'est-ce que j'aurai, moi ? demande Portal. — Le bel embarras, répondirent les deux autres, vous serez premier médecin du roi. » Rien de plus fréquent que ces sortes de prophéties à rebours qui résument une destinée, dont les sujets ont fourni eux-mêmes le canevas, la matière première ; car, presque toujours, les personnages célèbres ont eu le pressentiment, l'affirmation, cette forte volonté du succès qui déterminent le succès lui-même. Puis viennent le metteur en scène, le panégyriste qui poétisent la vérité, estompent les contours, mêlent le roman à l'histoire, car ils savent que le peuple aime la mythologie, et retient mieux un fait bien habillé, enjolivé ou même travesti, qu'un fait tout nu, sans épithète ni broderie. Chacun pare son héros à sa façon, le voit, le grandit, le métamorphose avec son imagination. A vingt ans, M. Thiers disait à son ami Mignet comme la chose la plus naturelle du monde, « Quand nous serons ministres ». Bien avant 1870, Gambetta, ayant eu l'occasion d'entretenir un diplomate, lui déclarait que ni l'Autriche ni la Russie n'avaient rien à craindre de lui, lorsqu'il arriverait aux affaires, et le priait de reporter ses paroles à l'empereur et au tzar. Quelque écrivain du xxe siècle ne manquera pas de coudre à ces paroles une riante fantaisie, une fiction ingénieuse qui s'incrustera profondément dans la mémoire populaire : ainsi quelquefois se fait et s'écrit l'histoire.

Quoi qu'il en soit, nous trouvons Maury à Paris vers 1766, vivant rudement et pauvrement, tantôt de répétitions de latin ou de géographie, tantôt de corrections d'épreuves d'imprimeries, levé tous les jours à cinq heures du matin, étudiant jusqu'au soir, cherchant âprement l'occasion, cette dame d'honneur de la Fortune, et travaillant l'art de plaire à celle-ci. En 1771, il obtient un accessit à l'Académie pour son *Éloge de Fénelon*; l'année suivante, il prononce le panégyrique de saint Louis à propos de la fête du roi, que l'Académie française célébrait tous les ans : son succès est tel qu'on applaudit en pleine chapelle et que l'Académie envoie une députation au cardinal chargé de la feuille des bénéfices pour le recommander. « En lisant le panégyrique de saint Louis prononcé par M. Maury devant notre illustre Académie, écrivait Voltaire, je croyais, à l'article des croisades, entendre ce *Cucupiètre* ou Pierre l'Ermite, changé en Démosthène et en Cicéron. Il donne presque envie de voir une croisade. »

Neuf ans après, il prêche le carême devant la cour, et, dans un de ses sermons, il touche à l'administration, aux finances, à la politique, tant et si bien que Louis XVI, en sortant de la chapelle, observait avec une bonhomie narquoise : « C'est dommage! si l'abbé Maury nous avait un peu parlé de religion, il nous aurait parlé de tout ! » Volontiers d'ailleurs, il eût marché sur les traces de Bourdaloue qui rabrouait si vertement les grands et le roi lui même ; mais, un jour qu'il avait morigéné la cour, s'apercevant de l'humeur que sa semonce donnait à l'auditoire, il s'empressa d'ajouter : « Ainsi parlait saint Chrysostome. » Ce mot raccommoda tout ; on n'hésita point à proclamer sublime, dans un père de l'Église, ce qui, dans un petit abbé, n'avait semblé qu'impertinent.

En 1785, il succéda à Lefranc de Pompignan, et non à cet abbé de Boismont dont il convoitait le fauteuil à l'Académie, et qui, questionné d'un peu près, le lui reprochait spirituellement : « L'abbé, vous me prenez la mesure d'un éloge[1]. »

Grimm reconnaissait alors que peu d'orateurs chrétiens paraissaient plus dignes des suffrages de l'illustre assemblée. « Il n'en est guère sans doute qui puissent se trouver moins déplacés dans une assemblée de philosophes. » Éloge qui semblerait compromettant, s'il ne s'agissait de l'abbé Maury, si Voltaire n'avait écrit depuis longtemps qu'on recevait à l'Académie des ducs, des prélats, des financiers et *quelquefois* des gens de lettres.

Le voilà donc, ce fils du cordonnier de Valréas, membre de l'Académie française, riche bénéficier, prédicateur en renom, doué d'un talent robuste, de rares qualités d'énergie et d'action, d'une mémoire si prodigieuse qu'il retint par cœur, un jour, un sermon de l'abbé Poulle et l'écrivit au sortir de l'Église, esprit vif, primesautier et tranchant, tempérament passionné et peu délicat, plein d'élan, de verve et d'audace, devinant ce qu'il

---

1. Madame de Tencin, déjà vieille, avait souligné de la même façon les assiduités de madame Geoffrin : « Savez-vous, disait-elle, ce que la Geoffrin vient faire ici ? Elle vient voir ce qu'elle pourra recueillir de mon inventaire. »

ignorait, rompu aux duels de la dialectique, hardi et habile à la dispute, sauvegardé par un excellent jugement qui ne le retenait pas toujours assez; très gai, beau dineur, beau liseur, contant volontiers une histoire salée, cher à ses amis et au demeurant le *meilleur fils du monde*; car c'est le malheur de l'abbé Maury qu'il faille employer des mots et des comparaisons qui conviennent avant tout à des laïques, qu'il ait le minimum des vertus du prêtre, le maximum des qualités profanes; bref, un mélange de frère Jean des Entommeures et du cardinal de Retz, avec des traits de caractère qu'on retrouvera plus tard dans Dupin l'aîné, celui qui acceptait de Napoléon III le poste de procureur général à la cour de cassation, parce que, depuis deux ans, il dépensait tous ses revenus. On lui reprocha, en effet, de réunir en sa personne quelques-uns des péchés capitaux, la gourmandise, l'avarice, et l'anecdote des trois pommes du comte Joseph de Maistre n'est pas pour démentir cette dernière imputation [1]. Mais (voyez si l'homme est ondoyant et pétri de contrastes), Mallet du Pan rapporte que, sur ses quarante mille livres

---

[1]. « Dans mon voyage de Venise, pendant l'hiver de 1799, écrit le comte de Maistre, j'ai fait connaissance avec le célèbre cardinal Maury. A la première visite que je lui fis, il me parla avec intérêt de ma position embarrassante, et toujours avec le ton d'un homme qui pouvait la faire cesser. En vain je lui témoignai beaucoup d'incrédulité sur le bonheur dont il me flattait : — *Nous arrangerons cela*, me dit-il. Peu de jours après, je le vis chez la baronne de Juliana, Française émigrée, qui avait une assemblée chez elle. Il me tira à part dans une embrasure de fenêtre; je crus qu'il voulait me communiquer quelque chose qu'il avait imaginé pour me tirer de l'abîme où j'étais tombé. — Il sortit de sa poche *trois pommes* qu'on venait de lui donner, et dont il me fit présent pour mes enfants. »

de rente en bénéfices, il en donnait par an vingt-cinq mille à sa famille[1]; que le parti Mirabeau lui offrit cent mille écus s'il voulait ne parler ni sur les assignats, ni sur les finances, ni sur le pouvoir exécutif; on lui laissait la liberté de défendre le clergé : *il eut la vertu de refuser*.

Tel qu'il est, il se sent, il est tout prêt pour les combats de la tribune; il y apporte des dons supérieurs, l'improvisation, la repartie rapide, le trait nerveux et provocant, une voix de stentor « qu'on n'oubliait jamais quand on l'avait une fois entendue », cette science de beaucoup de choses (*multarum rerum scientiam*) que Cicéron appelle l'arsenal de l'orateur, qualités qui font de Mirabeau et de lui les créateurs de l'éloquence parlementaire. Mirabeau, son rival, qu'il alla voir à son lit de mort[2], Mirabeau demeure plus célèbre, parce qu'il représente la révolution modérée et triomphante, tandis que l'abbé Maury est le général d'une armée qui marche de défaite en défaite et que l'histoire n'est guère écrite que par les vainqueurs ou n'est pas lue dans les livres des vaincus.

Cet homme si intéressé n'hésite pas un seul instant, et, malgré sa clairvoyance, se jette dès le premier jour dans la mêlée. Marmontel lui ayant raconté une conversation

---

1. Il aima passionnément sa mère, et quand il reçut la barette cardinalice, il lui consacra sa première pensée : « Que n'est-elle en ce moment auprès de moi, fit-il en fondant en larmes, pour lui jeter la calotte de son Sifrein dans son tablier! » Les journaux racontèrent à sa louange qu'en 1789, il avait présenté son père dans un salon aristocratique, au milieu des applaudissements de la compagnie. (Mgr Ricard, *l'Abbé Maury*, p. 25.)

2. « Voilà qui l'honore plus que ses meilleurs discours », dit Mirabeau.

où Chamfort, avec une logique impitoyable, avait étalé ses idées amères, ses espérances de nivellement : « Il n'est que trop vrai, répondit l'abbé Maury, que, dans leurs spéculations, ils ne se trompent guère, et que, pour trouver peu d'obstacles, la faction a bien pris son temps. J'ai observé les deux partis. Ma résolution est prise de périr sur la brèche, mais je n'en ai pas moins la triste certitude qu'ils prendront la place d'assaut et qu'elle sera mise au pillage. »

On prétend, il est vrai, qu'à cette question : « Comment se fait-il que vous haïssiez si fort la Révolution ? » il aurait répliqué : « Pour deux raisons : la première et c'est la meilleure, c'est qu'elle m'enlève mes bénéfices; la seconde, c'est que, depuis trente ans, j'ai trouvé les hommes si méchants en particulier et pris un à un, que je n'attends rien de bon d'eux en public et pris collectivement. » Mais les bonnes actions ressemblent aux sirènes : il ne faut voir ni les motifs des unes ni la queue des autres. A part une tentative de fugue après le 14 Juillet, tentative fort malicieusement commentée par Rivarol[1], l'abbé Maury tint parole, il s'aguerrit bientôt, prit la tête du parti, mena la campagne tambour battant, avec une puissance de talent, une force et surtout une prestesse d'éloquence qu'on n'avait vues jusqu'à présent,

---

1. « Nous demandâmes à ces messieurs et à tous les électeurs pourquoi la nation ne massacrait pas ses prisonniers à Péronne comme à Paris, et pourquoi leur ville se privait du spectacle de ces exécutions qui font tant de plaisir et ensuite tant d'honneur aux Parisiens; « car, sans faire tort à personne, avons-nous ajouté, M. l'abbé Maury était digne de votre colère patriotique; pourquoi le renvoyer à Paris? Attendez-vous, comme les gens de Beaune, une meilleure occasion ? — Messieurs, a repris gravement le maire

affirme de Maistre, dans aucune assemblée politique, ancienne ou moderne.

Avec trop de fougue aussi, et sans cette habileté supérieure qui assure la réussite, ou du moins empêche la défaite de tourner en déroute, sans ces facultés de stratégie qui sont « comme la partie divine de l'art de gouverner ». Par des violences calculées, il saura arracher souvent son secret au côté gauche, rallier *l'armée noire*, couvrir les retraites en sonnant les charges sonores, masquer les défections; mais ne lui demandez pas les plans savamment combinés, la politique qui concilie, jette de l'huile sur les plaies, ramène les dissidents, les égarés. Il vit au jour le jour, épouse, interprète, formule les haines, les rancunes, les préjugés de son parti, ignore que les grands joueurs perdent souvent la partie parce qu'ils n'ont pas le respect des petites cartes, riposte, par exemple, une *spirituelle* sottise au marquis de Gouy d'Arcy, qui, avec quelques membres de la minorité de la noblesse, voulait se rapprocher de la majorité. « Il ne nous reste plus qu'à

---

de la ville, Paris a droit d'exécution sur tout le royaume, mais nous ne tuons jamais que des Picards, car nous ne sommes pas précisément la nation, comme les Parisiens.... » Quand nous n'avions qu'un maître, on pouvait l'éviter en écrivant: mais aujourd'hui il n'y a de sûreté à écrire que contre lui; car, depuis que le peuple de Paris est roi, la populace est reine: et on peut être criminel de lèse-majesté depuis les Porcherons jusqu'à la Courtille et de la Râpée jusqu'à la Grève. Il faut espérer que mesdames de la halle feront entendre raison aux rois et aux reines de leur quartier. Puissent-elles faire comprendre à tous ces princes que la clémence est une vertu royale qui convient merveilleusement dans les commencements d'un règne.... C'est en vain que l'Hôtel de Ville vient de publier au nom du peuple-roi une amnistie générale: je ne veux pas me fier au secrétaire d'un roi qui ne sait pas lire.... (*Journal politique national.*)

nous jeter dans vos bras, disait celui-ci. — Vous voulez dire *à nos pieds* », reprenait l'abbé Maury. Ou bien encore, voyant ses amis essayer de combattre les décrets que rendait la Constituante contre le clergé : « Laissez-les faire, répétait-il, nous aimons leurs décrets, il nous en faut encore trois ou quatre. »

Il improvise réellement. Arrivé tard, à des séances du soir, dans un débat inattendu, appelé par ses amis qui lui criaient dès l'entrée : « Allons, l'abbé, voilà comme vous êtes toujours ; vous êtes absent et voilà ce qu'ils vont faire passer » ; on l'a vu, informé par quelques mots du sujet, traverser la salle, monter à la tribune et remporter un triomphe. Boutades, plaisanteries, jaillissent de ses lèvres comme l'eau d'une source. A Mirabeau qui fait blanc de son épée, se vante qu'il va l'enfermer dans un *cercle vicieux* : « Vous allez donc m'embrasser ! » lui crie-t-il. Parfois il rudoie la noblesse, comme ce jour où les Noailles, les Montmorency ayant soulevé des propositions étourdies contre la statue de Louis XIV, les titres de noblesse et les simples noms de terres, ce plébéien leur rappelle ce mot d'un ancien à un philosophe orgueilleux :
— *Tu foules à tes pieds le faste, mais avec plus de faste encore.*

Il a pour premier aide de camp le colonel vicomte de Mirabeau,[1] pamphlétaire et causeur spirituel, intrépide jusqu'à l'héroïsme, mais aussi dépourvu d'instruction que de bon sens, un *Falstaff brave*[2]. Son sobriquet de Mira-

---

1. Né en 1754, mort en 1792.
2. Voir l'étude de M. Aulard dans son remarquable ouvrage sur les *Orateurs de la Révolution*, t. I**ᵉʳ**, p. 177 et suiv. — Se trouvan poursuivi dans les Tuileries par une bande de Jacobins qui le me-

beau-Tonneau a été consacré dans une brochure : des cruches forment ses bras, le tonneau son corps, les barils ses cuisses, des bouteilles renversées les jambes, il tient d'une main un verre, de l'autre une dame-jeanne. Il disait du peuple : « Il veut me pendre, mais il n'y réussira pas, je suis trop épais et trop lourd; la corde cassera. » Un jour de colère populaire, forcé de fuir par-dessus le mur des Jacobins, il se voit poursuivi par un jeune patriote qui lui crie : « Allons, monsieur, voici le moment de sauter à l'échelle. — Pas encore. — J'entends, vous ne reculez que pour mieux sauter[1]. »

Son frère lui reprochant son goût pour la boisson : « De quoi vous plaignez-vous ? de tous les vices de la famille, vous ne m'avez laissé que celui-là. » Presque aussi plaisante semble son exclamation à la vue de deux députations, dont l'une se range du côté de la droite, l'autre, toute composée de médecins, autour de Robespierre : « Vive Dieu ! la victoire est à nous : les médecins se rangent du côté de nos adversaires ! » A la tribune, c'est le marquis de Boissy, ou le marquis de Piré de la Constituante. Il y fait de l'esprit. Dans les *Actes des*

nacent de la lanterne, le vicomte se retourne et les saluant d'un air gai, chante ces deux vers de l'opéra d'*Iphigénie :*

> Que j'aime à voir les hommages flatteurs
> Qu'ici l'on s'empresse à me rendre !

Ce trait de sang-froid désarma tout le monde, on le reconduisit avec honneur. D'autres fois, au contraire, il tire son épée, menace le peuple ou se bat avec son régiment révolté.

1. Il se jugeait en termes piquants : « Dans toute autre famille, je passerais pour un mauvais sujet et un homme d'esprit ; dans la mienne, je passe pour un sot et un honnête homme. »

Apôtres, dans ses pamphlets[1] en vers et en prose, il diffame son frère dont la gloire et le génie l'offusquent; la droite le lançait contre lui, trouvant original qu'un Mirabeau tînt tête à un Mirabeau, affectant de l'applaudir autant que Cazalès et Maury. « Nous sommes la race d'Atrée et de Thyeste », avait dit le grand orateur, que son frère, après un duel avec le comte de Latour-Maubourg, récompensait de ses marques d'intérêt par cette méchanceté : « Je vous remercie de votre visite; elle est d'autant plus gratuite que vous ne me mettrez jamais dans le cas de vous en faire une pareille. »

Un jour la foule entra en rumeur et vint assaillir la maison où Mirabeau cadet et ses amis avaient institué des dîners réguliers sous le titre de *Salon Français;* le vicomte était dans la joie, faisait des préparatifs de défense et d'attaque, avait mis ses amis en rang et on lui obéissait machinalement : « La même chose nous était arrivée, ajoute Montlosier, à une précédente assemblée que nous avions eue aux Capucins. Comme il était ques-

---

[1] Un de ses meilleurs pamphlets est celui de la *Lanterne magique* où se trouve cette généalogie burlesque de la constitution : « Necker engendra les emprunts viagers, les emprunts viagers engendrèrent le déficit, le déficit engendra Calonne, Calonne engendra les notables, les notables engendrèrent l'archevêque de Sens, l'archevêque de Sens engendra la cour plénière, la cour plénière engendra le mécontentement, le mécontentement engendra Necker, Necker engendra la double représentation et la nouvelle convocation qui engendrèrent les curés et les avocats, qui engendrèrent l'Assemblée nationale, qui engendra la prétendue constitution, et la prétendue constitution engendra l'anéantissement des revenus et la banqueroute, le papier-monnaie et la ruine du royaume, la destruction de la noblesse, du clergé et des parlements: Ces derniers rejetons, enfants parricides, pourront bien assassiner leur mère. » Il raconta aussi, de la façon la plus pitto-

tion des intérêts du clergé, nous avions principalement de vieux abbés et de vieux évêques. Le peuple étant entré dans le jardin et nous ayant lancé des pierres à travers les vitres, nous nous levâmes de surprise. Le vicomte de Mirabeau aussitôt de suivre la ligne en criant : « Alignement, alignement, messieurs! » Voilà le cardinal de la Rochefoucauld et les autres évêques de s'aligner en effet. Je me retenais, mais je ne pouvais m'empêcher d'éclater de rire. Notre lapidation aux Capucins eut peu de suite, celle qui nous menaçait près du marché pouvait en avoir davantage. Tandis que le vicomte de Mirabeau faisait ses dispositions tacticiennes, je trouvais plus sûr d'envoyer chercher M. Bailly; notre retraite paraissait difficile. M. Bailly vint aussitôt; il nous conseilla par prudence d'abandonner nos réunions. »

L'abbé Maury, lui aussi, brave à chaque instant la mort, qu'il détourne par ses saillies. Qui ne connaît son fameux mot à la foule criant autour de lui : « A la lanterne! — Eh bien, quand vous m'aurez mis à la lanterne, y verrez-vous plus clair? » — Un misérable, armé d'un

---

resque, son voyage à Perpignan pour faire rentrer son régiment dans le devoir. On l'arrête à Castelnaudary, on le garde à vue, toute la population vient le voir dormir, il est la bête curieuse, « le rhinocéros de la foire ». « Mais, ajoute-t-il, un proverbe italien dit qu'en caressant l'enfant, respectant le vieillard, ayant de bonnes paroles à la bouche et le bonnet à la main, on fait ce qu'on veut dans une maison. Cela peut s'étendre à une ville, à une nation, et cette manière d'être me coûte d'autant moins qu'elle est dans mes principes et mes habitudes. » (Vicomte de Mirabeau, *Voyage national*.) Il séduit ses gardiens, charme la population, et, à son départ, on l'acclame. Il mourut à Fribourg en 1792, où il commandait un corps de trois mille hommes, les *hussards de la Mort*, levés, équipés et soldés par lui.

couperet, le poursuit sans le connaître, en hurlant : « Où est cet abbé Maury? Je vais l'envoyer dire la messe aux enfers? » — L'abbé s'arrête et saisissant ses pistolets : « Oui, mais tu viendras me la servir, voici mes burettes. » Le peuple applaudissait; un bon mot, dit l'abbé de Pradt, lui valait un mois de sécurité. Ces burettes font pendant *au bréviaire* du cardinal de Retz qui, dans une émeute, dut aussi la vie à sa présence d'esprit. Mis en joue par un homme du peuple, il s'écrie vivement : « Ah! malheureux! si ton père te voyait! » L'homme crut qu'il avait mis en joue un ami de son père et baissa son fusil.

Quelques dames de la halle s'avisent de gourmander amicalement l'abbé Maury : « Vous parlez comme un ange, monsieur l'abbé, mais malgré tout vous êtes fou. — Vous savez bien, mesdames, qu'on ne meurt pas de ça! » Et beaucoup d'autres propos plus ou moins égrillards qui charmaient l'auditoire de la rue. Peu modeste d'ailleurs, il disait de lui-même : « Il y a bien des tiroirs dans cette tête. » Et comme Regnault de Saint-Jean-d'Angely, froissé sans doute de cette fatuité hautaine, lui demandait ce qu'il pensait valoir : « Très peu quand je me considère, fit-il tranquillement, mais beaucoup quand je me compare. »

Sa mémoire lui permettait de dicter le lendemain les discours qu'il avait prononcés la veille : comme la plupart des maîtres de la tribune, il se contente le plus souvent de revêtir d'une draperie oratoire les lieux communs, les sophismes ou les vérités de l'époque; mais il a aussi l'expression forte, le trait vibrant, le *pectus quod facit disertos*, le souffle ailé, créateur, qui trouve l'idée, la pétrit et la fait planer, comme une déesse, au-dessus des banalités de ceux qui ne semblent parler que pour prouver qu'ils devraient se taire.

Il s'empare de la tribune et s'y maintient de haute lutte, malgré les interruptions de ses adversaires, malgré les huées et les vociférations de ceux que les flagorneurs de popularité appellent : nos maîtres[1]. « Obtenez-moi du silence, crie-t-il à Mirabeau, si vous croyez réellement triompher de mes principes, car, au milieu du bruit, vous ne triompheriez que de mes poumons. » Celui-ci le montrant du poing et vociférant : « Voilà le plus grand scélérat que je connaisse ! — Oh ! riposte Maury, monsieur de Mirabeau, vous vous oubliez ! » S'il le faut, il se fera justice de ses robustes mains, comme ce jour où, saisissant par les épaules le duc de La Rochefoucauld qui voulait le contraindre à descendre de la tribune, il lui fit faire trois pirouettes. Ou bien, impatienté contre le président de l'Assemblée qui ne cesse d'agiter la sonnette

---

[1]. Si le talent est en raison directe de l'attaque, l'abbé Maury en a plus que tout autre, car on ne compte pas moins de cent trente pamphlets contre lui. (Mgr Ricard, *l'Abbé Maury*, p. 221.)

Fayolle lui décocha cette épigramme :

> L'abbé Maury, ce modeste grand homme,
> Espérait bien être pape à son tour.
> Quelqu'un lui dit : si vous l'êtes un jour,
> Mon cher abbé, je l'irai dire à Rome.

En voici une autre, à propos de la réélection de l'Académie française en 1807 :

> Dubois aux enfers a bien ri,
> Quand il a vu l'Académie
> Puisant dans son histoire une loi d'infamie,
> Donner du monseigneur au cardinal Maury.
> Oh ! parbleu ! s'écria le cuistre,
> J'étais, j'en conviens aujourd'hui,
> Vil, insolent et vénal comme lui,
> Mais le drôle n'est pas ministre.

pour couvrir sa voix, il le déconcertera par cette grosse plaisanterie : « Eh! monsieur le président, cette sonnette, pendez-vous-la au cou, donc! » Les députés font-ils chorus avec le président, il leur oppose cette fière apostrophe : « Si vos murmures me décèlent d'avance votre opinion, où est donc votre impartialité judiciaire? S'ils m'avertissent au contraire de prouver ce que j'avance, ils sont prématurés... Pardonnez, messieurs, si ma raison ne fléchit pas devant la logique des murmures... La toute-puissance que vous avez usurpée ne doit pas nous empêcher d'élever devant vous les barrières de la raison, puisque vous avez d'avance la certitude de les franchir... Au delà de cette enceinte, j'aperçois la France, l'Europe et la postérité qui jugera vos jugements... » Et cette sanglante mercuriale à Mirabeau qui prétend dépouiller le clergé dans son propre intérêt, afin de le ramener à sa pureté primitive : « Nous pourrions peut-être observer qu'il est des hommes qui ont perdu le droit de louer publiquement la vertu et de s'ériger en censeurs du vice... » Puis, reprochant à la gauche de pactiser avec Mirabeau : « Le tumulte de cette assemblée, s'écrie-t-il, pourra bien étouffer ma voix, mais n'étouffera pas la vérité. La vérité ainsi repoussée et méconnue reste toujours vivante au fond de mon cœur et la nation m'entend quand je me tais... Je m'arrête, messieurs; vous savez comment on nous écoute, et l'Europe sait comment on nous juge. »

La souveraineté populaire, les assignats, le droit de paix et de guerre, l'impôt, la question d'Avignon, cent autres sujets trouvent toujours prêt cet infatigable athlète. La souveraineté du peuple, « ce grand mystère métaphysique sur lequel on veut fonder la révolution française », ne lui dit rien qui vaille ; « c'est la sentence de Charles I*er* qui traduisit cette doctrine en langue vulgaire dans toute l'Europe » ; à ses yeux, d'ailleurs, elle ne sera jamais qu'un rêve momentané, « un rêve convulsif de puissance », car, pour le peuple, le bonheur est un besoin, la puissance n'est qu'un écueil » ; bref, « en genre de gouvernement, la nature n'a laissé d'option à la France qu'entre la monarchie et l'anarchie ». « Il faut en convenir, nous nous conduisons envers ce peuple-roi comme les maires du palais traitaient autrefois nos rois fainéants de la première race ; ils le montraient au public une seule fois dans chaque année et prenaient habituellement la place du souverain, en ne laissant jamais régner que son nom... c'est renouveler, en matière du gouvernement, le monstrueux système de Spinoza, qui attribuait une portion de souveraineté à chaque élément de la matière, comme on défère ici une portion de la souveraineté à chaque membre du corps social. »

Il ne tarit pas sur cette populace qui croit aller mieux à la liberté quand elle attente à celle des autres, que les criminels séduisent par la ressemblance, tandis que les innocents l'exaspèrent par le contraste ; sur « cette tourbe d'aventuriers qui n'ont que des potences pour arguments ». Il conjure l'assemblée « de ne pas écouter les applaudissements insensés d'une multitude aveugle qui implorait la famine en croyant conquérir ou étendre la liberté » ; il invite fièrement le peuple à examiner « si c'est par des menaces que l'on commande à la conscience publique et si le royaume de France est restreint dans la rue Vivienne » ; rappelle qu'il n'est pas aussi facile de justifier un crime que de le commettre, que les listes de proscription sont tôt ou tard des titres d'honneur. En face du tumulte des tribunes, il lance cette courageuse protestation : « Monsieur le président, sommes-nous des comédiens, envoyés ici par la nation pour subir les sifflets des spectateurs? » Qu'on juge des cris de colère de la faction qui l'entendait flétrir ces hommes « qui encensent le pouvoir partout où ils le trouvent ; tous ces vils adulateurs de la multitude qui ne sont que des courtisans qui ont changé d'idole » ; ou bien encore dénoncer la *conjuration pécuniaire* des agioteurs et marchands d'argent... ce sont les successeurs de Law, ce sont ses pareils, ce sont ses échos qui sont les ennemis du peuple.

Ailleurs il paraphrase la formule de Raynal sur la Société de Jésus : une épée dont la poignée est à Rome et la pointe partout[1] : « La ligue exécrable qui s'est formée contre les souverains est une épée nue dont la pointe se montre en mille endroits différents et dont la poignée est dans cette capitale. » On sait que plus tard Dupin fit sien le mot de Raynal et que ce larcin littéraire contribua à sa réputation d'homme d'esprit.

Quant à lui, il admire Montesquieu « qui n'a pas voulu tout dire en matière politique, mais qui a tout vu », Montesquieu qui lui a appris que la rigueur des formes est un tribut que chaque citoyen doit payer à sa propre sécurité. Et il réclame la seule égalité qui ne soit pas une chimère,

---

1. Dans son très curieux livre *l'Esprit dans l'Histoire*, M. Fournier observe que d'Aubigné avait déjà formulé cette pensée presque de la même façon à la fin du XVI° siècle ; J.-B. Rousseau écrit le 25 mars 1716 à Brossette : « J'ay vu dans un petit livre, l'*Anti-Coton*, que la Société de Jésus est une épée *dont la lame est en France et la poignée à Rome.* »

« l'égalité devant la loi »; ce qui ne l'empêchera pas de déclamer contre l'admissibilité des comédiens et des juifs aux droits de citoyens. — Le plus terrible despotisme est celui qui porte le masque de la liberté, et celle-ci n'est autre chose que la première des propriétés sociales, la propriété de soi[1] : sans propriété, point de liberté.

Il définit le crédit : l'usage de la puissance d'autrui; l'aumône : une espèce d'assurance patriotique.

Tant de vaillance, de vigueur d'âme et de talent avaient fait une profonde impression en France, dans le monde royaliste et l'Europe monarchique; on portait aux nues ce brillant paladin du trône et de l'autel auquel Louis XVI écrivait le 3 février 1791 : « Vous avez le courage des Ambroises, l'éloquence des Chrysostomes. » Aussi lorsqu'il émigre en 1791, le pape le comble-t-il d'honneurs et de dignités : archevêque de Nicée *in partibus*, évêque de Montefiascone, bientôt cardinal[2].

« Il avait, dit Montlosier, reçu l'huile sainte du car-

---

1. L'axiome de l'abbé Maury me remet en mémoire cette définition piquante et peu connue, je crois, de Laurent-Jan : « Liberté : tyrannie de la rue avec accompagnement d'une *Marseillaise* quelconque, toujours souverainement enrouée. — Égalité : niveau abrutissant. Toute incapacité l'indique à sa taille pour y rabaisser ce qui est au-dessus, sans vouloir y élever ce qu'elle croit au-dessous. »
2. Le comte d'Estourmel relate dans ses *Mémoires* un trait qu'il tenait du cardinal Maury lui-même et qui prouve que ce dernier ne manquait pas toujours de diplomatie. Il avait emporté de Paris à Rome deux pots qui lui restaient de certain tabac mirifique et trouva un ingénieux moyen de l'offrir au pape : « Je me présentai plusieurs fois devant Sa Sainteté, et toujours je tirais ma tabatière, je la tenais ouverte, je la refermais avec quelque bruit : c'est tout ce que je pouvais faire; le respect m'interdisait de hasarder da-

dinal Zélada. Mesdames avaient voulu assister à la cérémonie. Il avait été ensuite nommé nonce extraordinaire à la Diète de Francfort : pour cela même on lui avait donné soixante mille écus romains. Il ne s'était pas contenté du don du pape. L'évêque de Spire lui avait fourni ses équipages, l'électeur de Bavière, le linge de table et de cuisine. Il était arrivé de cette manière avec quarante domestiques en livrée. Il tenait une maison excellente, où il recevait à merveille tout le monde, excepté les Français. »

On sait le reste : sa conversion à l'Empire, sa lettre à Napoléon (je l'aimais mieux avant la lettre, fit un malicieux académicien); comment le favori de Pie VI, le héros de l'ancien régime, accepta le siège de Paris, comme administrateur capitulaire, pendant la captivité et l'oppression de Pie VII, l'internement au château Saint-Ange, et le procès qui hâtèrent sa fin (1817).

Combien d'hommes, hélas! ressemblent à l'abbé Maury!

Combien pour lesquels la fortune, la grandeur deviennent la pierre d'achoppement; combien, pour la

vantage et d'aller jusqu'à offrir directement une prise au saint-père. Enfin ma persévérance atteignit son but. Un jour, je parvins à faire rencontrer ma tabatière sous sa main, et, machinalement il prit de mon tabac. Vous pensez dès lors si je l'observai avec grande attention, et je vis tout de suite la surprise qui se peignait sur ses traits, tandis qu'il allongeait les doigts pour puiser de nouveau dans ma boîte. « D'où vous vient ce tabac merveilleux ? » Je ne lui cachai pas que moi seul en possédais de semblable et que je n'en avais plus que deux pots, ou plutôt que je n'en avais plus, parce que, dès ce moment, ils appartenaient à Sa Sainteté. « Je crois, conclut finement Maury, que ce présent lui fut aussi agréable qu'il me fut utile. »

pureté de leur gloire[1], devraient mourir avant l'heure de la défaillance, combien peu nous font admirer jusqu'au bout :

L'accord d'un beau talent dans un beau caractère !

1. Sainte-Beuve a admirablement apprécié le grand ouvrage de l'abbé Maury : « Le plan qu'il trace d'une oraison funèbre de Turenne, par opposition à celle de Fléchier, a de la beauté et de la grandeur, et on sent qu'il aurait su l'exécuter... C'est chez Maury qu'on trouve la première fois le père Bridaine dessiné dans toute sa hauteur et son originalité. Mais Maury a mieux fait que de découvrir le père Bridaine, il a remis à leur place Bossuet, Bourdaloue, les vrais classiques de la chaire. Sa critique de Massillon a paru sévère ; elle était hardie au moment où il la fit, et elle n'est que juste. En général, c'est cette justesse, cette solidité qui me frappent chez Maury, dans une matière qu'il possède à fond. Ne lui demandez ni grande finesse, ni grande nouveauté, ni curiosité vive ; mais il est large, il est plein, il va au principal ; il s'entend à poser l'architecture et les grandes avenues du discours ; il les démontre en maître chez les maîtres. Bossuet encore était aisé, ce semble, à saisir et à manifester, à cause des éclairs qui signalent sa marche ; mais Bourdaloue, plus égal, plus modéré, nul ne l'a plus admirablement compris et défini que l'abbé Maury, dans la beauté et la fécondité incomparable de ses desseins et de ses plans, qui lui semblent des conceptions uniques, dans cet art, dans cet empire du gouvernement du discours, *où il est sans rival...* » Les *Causeries du Lundi*, les *Nouveaux Lundis*, les *Portraits* de Sainte-Beuve forment la source où l'auteur de ce travail a le plus largement puisé. Sainte-Beuve est un maître presque infaillible qui apparaît aussi grand dans la critique que Victor Hugo, Lamartine et Musset sont grands dans la poésie. Ses successeurs, les héritiers de son merveilleux talent, MM. Ferdinand Brunetière, de Vogüé, Jules Lemaître, Anatole France ont, eux aussi, frayé bien des sentiers nouveaux dans cette terre si souvent parcourue de la pensée humaine, terre des mirages, aux contours indécis et fuyants, dont les bornes reculent sans cesse devant l'explorateur.

V

L'ABBÉ DELILLE. — LINGUET. — SÉNAC DE MEILHAN. MONTLOSIER.

Épigrammes de Joseph Chénier et Lebrun contre l'abbé Virgile. — La nièce adoptive de Delille. — *Dialogue du Chou et du Navet.* — Rivarol et Delille chez la marquise de Verthamy. — Tremblez, tyrans, vous êtes immortels ! — Le géant de l'Arioste et l'apologue du Sicilien. — Le doigt de Dieu et le doigt des hommes. — Ils mettent de l'eau dans le sang. — Linguet. — L'adversaire du philosophisme. — Ses paradoxes. — Vous auriez bien dû la raser. — Réponse au maréchal de Broglie. — Naturel cynique et frondeur. — *L'Anti-Carré.* — Lettre de Linguet au maréchal de Duras. — Il brûle, mais il éclaire. — Bonnets à la Linguet. — Sénac de Meilhan. — Son roman de *l'Émigré.* — Sénac, moraliste des femmes et de l'amour au xviii° siècle. — Portrait de la duchesse de Chaulnes. — Son amitié avec le prince de Ligne. — Les clubs ne sont pas une plante monarchique. — Le moyen du duc de Saint-Simon. — Réflexions sur la Révolution. — Ce qui dégoûtait Sénac de lire l'histoire. — Montlosier. — C'est une croix de bois qui a sauvé le monde. — Un vrai baron de la « grande charte ». — Les émigrés à Coblentz. — La révolution du monde. — Pamphlets de Montlosier contre la Congrégation. — Féodalité du xix° siècle.

I. — DELILLE[1]

On lit dans les *Pseudo-Souvenirs* de la marquise de Créqui que, pendant la Terreur, l'abbé Delille tint ferme

1. Né en 1738, mort en 1813. — *Mémoires de Montlosier.* — Bar-

d'abord à Paris, mais il finit par manquer de patience, et voici pourquoi.

Il rencontre dans la rue de la Loi le représentant du peuple Cambon, qui lui déclare qu'il est le plus malheureux citoyen de la République, parce qu'il ne peut s'absenter pour aller seulement se reposer huit jours à la campagne : « La Convention n'a que trois orateurs, et *j'en suis l'un.* » — « Il est impossible de tenir dans ce pays-ci, » s'écria le ci-devant académicien [1], et il

doux, *le Comte de Montlosier*, 1 vol. in-8, Calmann Lévy, édit. — *Mémoires de Mallet du Pan.* — *Œuvres de Delille.* — *Souvenirs de madame Vigée-Lebrun*, t. Ier. — Charles Brifaut, *Récits d'un vieux parrain à son jeune filleul* et *Passe-temps d'un reclus.*

1. Un évêque le recommandait à la Dubarry pour l'Académie. Elle répéta l'objection du roi : « Il est encore trop jeune. — Trop jeune ! il a près de deux mille ans ; il est de l'âge de Virgile. » Le mot fit sourire la favorite.

Joseph Chénier et Lebrun le poursuivent à l'envi de leurs épigrammes.

> Vous mîtes du rouge à Virgile
> Mettez des mouches à Milton...
> Sous son maigre et joli pinceau
> La nature est mince et coquette
> L'habile arrangeur de palette
> N'a vu pour son petit tableau,
> Les champs qu'à travers la lorgnette
> Et par les vitres du château.
>   (CHÉNIER.

Sur les *Géorgiques* :

> Fréron prôna l'ingénieux Delille,
> Qui, sous le fard se donnant pour Virgile,
> Si bien lima son vers mince et poli
> Que le grand homme est devenu joli.

Sur la *Nouvelle Énéide* :

> Que notre Delille est tombé.
> Qu'il change d'esprit et de style !
> C'était jadis l'abbé Virgile,
> Aujourd'hui c'est Virgile abbé.
>   (LEBRUN.

s'enfuit en Angleterre, d'où il ne revint qu'après la chute du gouvernement directorial.

Le trait ne manque pas de piquant, mais il paraît inventé à plaisir. Cambon ne faisait pas de semblables cuirs, et l'abbé Delille ne pensait guère à lancer des pointes en pleine Terreur. Montlosier raconte que la prise de la Bastille l'avait tellement plongé dans la stupeur, qu'aux Tuileries, où il le rencontra, il n'osait ni proférer un mot, ni lever les yeux sur lui, regardant de tous côtés pour voir si on l'observait.

Au 18 Fructidor les forces lui revinrent, il eut le courage de fuir, se rendit en Suisse et écrivit à son protecteur le comte d'Artois. Les agents des princes songèrent aussitôt à exploiter sa célébrité dans l'intérêt de l'absolutisme et lui firent écrire des lettres contre le parti *monarchien*.

S'il ne brillait point par le courage, il avait beaucoup de finesse et de malice qu'il cachait sous des airs d'apparente bonhomie. Il a frôlé la politique, dont l'éloignaient la nature de son talent, son épicurisme nonchalant et délicat. C'était, comme Rivarol, un *voluptueux d'idées* : le tapage révolutionnaire, les bruits de la rue, la rudesse des nouvelles manières, les scènes violentes, les massacres effrayaient autant qu'ils dégoûtaient un homme qui avait respiré l'atmosphère des salons dont il faisait les délices, vécu pour la poésie et la méditation. D'ailleurs manquant de volonté, insouciant, incapable de haine ou de résistance, il laissait, comme La Fontaine, les choses et les personnes s'emparer de lui, partant un beau jour pour Constantinople avec le comte de Choiseul-Gouffier, puis le quittant et rencontrant à Stuttgard une demoiselle qui avait une fort belle voix, qu'il emmena à Paris, dont il fit sa *nièce* d'abord, puis sa femme. Elle avait une assez piètre éducation, si bien que Rivarol, mécontent de ses façons, disait à Delille lui-même : « Puisque vous avez choisi votre nièce, vous auriez pu la mieux choisir. » Delille, c'est le poète de Platon, un être sacré, sublime et volage; son âme eut toujours quinze ans.

A Londres, il fréquenta Malouet, Chateaubriand. Un jour que ce dernier faisait une lecture, on s'aperçut que l'abbé manquait; Malouet va chez lui avec Lally-Tollendal et le trouve au lit. « Mon ami, vous êtes donc malade? — Non pas! » — Et en même temps, il jette des regards significatifs sur la nièce adoptive. L'abbé était consigné par son Cerbère. Il avait un traité avec Michaud, libraire à Paris, pour tous ses ouvrages; six francs par vers, plus trente sous pour la donzelle. Connaissant sa paresse, celle-ci le mettait à la tâche, et comme un professeur condamne son élève à un pensum, sous peine de privation de sortie, le forçait à faire tous les matins trente vers dans son lit. Son moyen était simple : elle emportait la culotte de l'abbé; quand il avait accompli son devoir, on lui apportait le petit vêtement, et il pouvait se lever, sinon, non. Or, ce matin-là, l'abbé n'avait pas travaillé; Malouet demanda et obtint sa grâce. Montlosier ne dit pas si la dame exigea soixante vers le lendemain au lieu de trente; mais elle le menait fort rudement, puisqu'un jour elle lui jeta à la tête un gros volume in-quarto; Delille le ramassa et très doucement : « Madame, ne pourriez-vous vous contenter d'un in-octavo? »

Avant de passer en Angleterre, l'abbé rencontra à

Hambourg, chez la marquise de Verthamy, Rivarol, qui s'était rendu coupable de plus d'un méfait littéraire envers celui qu'il appelait: *l'abbé Virgile.* Dans son *Dialogue du Chou et du Navet*, il reprochait au poète d'encenser toutes les puissances, de cultiver le meilleur amphitryon, celui où l'on dîne, de flatter les fleurs et les fruits, et d'oublier le modeste peuple des potagers qui se vengeait en lançant cette prophétie vengeresse :

Delille passera, les navets resteront !

En homme d'esprit et de haute éducation, le traducteur de Virgile affecta de ne se souvenir de ces épigrammes que pour en louer la grâce et parfois la justesse : il répéta plusieurs vers de la satire et promit de consacrer un épisode expiatoire aux potagers. Bref, ce fut entre les deux grands lettrés un assaut de compliments plus ou moins sincères et de malices voilées qui firent le bonheur de la galerie. Dans un de ces dîners, Delille, voulant relever un coup de griffe de Rivarol, riposta, en riant, par un vers de la *Rome sauvée*, de Voltaire :

Je t'aime, je l'avoue, et je ne te crains pas.

Pour moi, fit à mi-voix un Hollandais, homme à repartie prompte, je retournerais volontiers le vers :

Je te crains, je l'avoue, et je ne t'aime point.

On ne se raccommodait sans doute, on ne s'aimait que du bout des lèvres, et l'abbé se consolait en disant : « Il a plus d'esprit que moi, mais je rime mieux l'alexandrin. » L'amour-propre a été, est et sera toujours le premier médecin du monde.

Delille eut sur les hommes politiques[1] de la Révolution deux traits charmants. Comme les Lameth et Barnave lui parlaient en 1791 de leur désir de raffermir la royauté : « Ah ! j'entends[2], fit-il, vous ressemblez au géant de l'Arioste qui court après sa tête. Dans cette tête était un cheveu que son ennemi voulait avoir, il prit le parti de couper la tête pour l'obtenir. Eh bien, messieurs, l'abus était ce cheveu-là. »

Il disait aussi : « Vous me rappelez l'histoire d'un Sicilien fort simple à qui l'on vint apprendre que le vice-roi était mort. — Ah ! mon Dieu ! dit-il, le vice-roi est

---

1. Il faut citer dans son *Dithyrambe sur l'Immortalité de l'âme*, ces admirables vers dans lesquels il inflige aux tyrans, comme punition de leur vie, l'éternité du souvenir :

> Oui vous, qui de l'Olympe usurpant le tonnerre,
> Des éternelles lois renversez les autels ;
> Lâches oppresseurs de la terre,
> Tremblez, vous êtes immortels !

2. Voici un autre trait qui éclaire assez bien le caractère de l'abbé Delille. Il devait lire à l'Académie des vers pour la réception d'un de ses amis. Sur quoi il disait : « Je voudrais qu'on ne le sût pas d'avance, mais je crains bien de le dire à tout le monde. » Les faiseurs d'anas lui attribuent un calembour. Le jour de la première fédération, il se promenait aux Champs-Élysées avec des dames. Il faisait une chaleur suffocante et l'une d'elles s'écria : « Ah ! si quelque bonne fée pouvait nous envoyer des rafraîchissements ! — Madame, reprit l'abbé, adressez-vous à la fée des rations (fédération). »
Charles Brifaut, allant le voir en compagnie de deux Anglaises, lui dit en l'abordant : « Vous voyez une députation de la France et de l'Angleterre qui vient saluer Virgile et adorer Milton. — Ah ! repart-il, vous êtes séduisant comme le premier et aveugle comme le second. » Il récitait un fragment de son poème de l'*Imagination*. Quelqu'un l'arrêtant sur un vers lui dit : « Ceci est dans Bernardin de Saint-Pierre. — Qu'importe ? reprit Delille avec vivacité, ce qui n'a été dit qu'en prose n'a jamais été dit. »

mort. Quel malheur! Qu'allons-nous devenir? — Le lendemain on lui annonce une seconde nouvelle plus fâcheuse. — Eh quoi! l'archevêque est mort? — Il tombe dans le désespoir, se regarde comme perdu et ne voit plus de salut pour la Sicile. Enfin, le troisième jour, on lui apprend la mort du pape. — Oh! pour le coup, il pâlit, les bras lui tombent, il perd la parole, va se coucher, ferme ses rideaux, ses volets et attend la fin du monde. Au bout de vingt-quatre heures, il entend le bruit d'un moulin à vermicelle, il croit se tromper, prête une oreille attentive. — Quoi! dit-il, le vice-roi est mort, l'archevêque est mort, le pape est mort, et l'on fait du vermicelle! Cela n'est pas possible. — Pour s'en assurer, il entr'ouvre ses rideaux et ses volets, regarde dans la rue, voit passer des voitures comme à l'ordinaire, et le marchand son voisin chez qui l'on allait acheter comme à l'ordinaire. Alors il réfléchit et finit par observer : « Mais il serait bien possible que ces personnages qui viennent de mourir ne fussent pas des choses nécessaires. »

Delille n'était ni athée ni mécréant comme Naigeon auquel il administra une bien spirituelle leçon. L'auteur du *Dictionnaire des athées*, après avoir lu les vers sur le colibri

>   Gai, vif, prompt, de la vie aimable et frêle esquisse,
>   Et des dieux, *s'ils en ont*, le plus charmant caprice.

avait imaginé d'arranger ainsi le dernier vers

>   Et des dieux, *s'il en est*, le plus charmant caprice.

Et là-dessus il expédia, avec l'ouvrage, un brevet d'athée en bonne forme à l'abbé qui répondit : « Mon cher confrère, est-ce ma faute, à moi, si vous voyez dans mes vers ce qui n'y est pas, et si vous ne voyez pas dans le ciel ce qui y est? »

Charles Brifaut, dans ses aimables *Récits d'un vieux parrain*, rapporte l'étrange oraison funèbre que lui fit sa veuve; elle pleurait beaucoup à l'idée qu'il n'avait pas écrit, mais qu'il emportait dans la tombe un poëme de six mille vers sur la vieillesse. Elle s'était arrangée avec un libraire qui lui en donnait dix mille francs! C'était dix mille francs que Delille lui enlevait; et la mégère de larmoyer, de sangloter à n'en plus finir, en répétant sur tous les tons : « Dix mille francs, monsieur, dix mille francs! » N'est-ce pas là une excellente scène de comédie[1]?

II. — LINGUET[2]

Cet adversaire acharné du philosophisme, des économistes, des encyclopédistes, laissa plus de vingt volumes de pièces de théâtre, d'articles, d'études diverses, gagna beaucoup d'argent au barreau et avec *ses ouvrages littéraires*, fut guillotiné le 9 messidor an II, pour avoir écrit que le pain est une invention dangereuse[3]

---

1. Une dame remarquait à propos des malheurs de la Révolution : « On y reconnaît le doigt de Dieu. — Et celui des hommes, ajouta Delille. » Après le 9 Thermidor, il dit : « Ils mettent de l'eau dans le sang. »

2. Né en 1736, mort en 1794. — *Œuvres de Linguet*. — Charles Monselet, *les Oubliés et les Dédaignés*. — Hatin, *Histoire de la presse*, t. III. — Morellet, *Théorie du paradoxe*. — Biographie Michaud. — *Linguetiana*.

3. Une charade-épigramme lui prédisait un sort funeste, en jouant sur les deux syllabes de son nom :

> Mon premier sert à pendre
> Mon second mène à pendre,
> Mon tout est à pendre.

et nuisible. Il aimait le paradoxe à outrance[1], le paradoxe à la Swift, déconcertant et troublant à force de pessimisme.

Voici quelques-unes de ces maximes, où l'antiphilosophe s'en donne à cœur joie contre les idées qui régnaient alors :

« La liberté n'est pour les trois quarts des hommes que le droit de mourir de faim.

» On distingue deux sortes de liberté : l'une naturelle, l'autre civile ; la première est celle d'un taureau, le genre humain n'en a jamais joui ; la seconde est une chimère. Des êtres libres ne peuvent pas être gouvernés, et tout être qui gouverne n'a point affaire à des êtres libres.

» Les lois font pendre les voleurs et il n'y aurait point de voleurs s'il n'y avait pas de société.

» Les guerres enlèvent une partie des habitants du monde et ce sont les lois qui produisent les guerres.

» Les principes de Montesquieu ne sont que des mots auxquels il a ensuite accommodé les faits pour les ériger en axiomes. L'*Esprit des lois* est précisément un roman politique, où l'on n'emploie jamais des noms réels que pour les placer à contresens.

» Le *droit de la guerre*... exige la reconnaissance de ceux qu'on peut piller ou tuer impunément, quand il s'exerce avec modération. Ceci rappelle l'histoire de ce

---

1. Il venait d'être rayé par le parlement de la liste des avocats. Un certain M. Coquélait le trouve au palais et l'interpelle en souriant : « Bonjour, mon ci-devant confrère Lin-gu-et. — Je vous salue, repart celui-ci, monsieur Coqu-é-lait. » La laideur de M. Coquélait était passée en proverbe et sa femme n'avait pas plus de vertu que lui-même n'avait de beauté.

bon ecclésiastique qui, passant dans les rues de Paris, fut inondé d'eau bouillante par une fenêtre; il s'essuya, se sécha du mieux qu'il put, et regagna sa maison d'un pas chancelant : arrivé le visage gonflé, et à moitié épilé, sa mère et sa gouvernante jetaient des cris : « Mon Dieu! » qu'avez-vous fait à ces misérables? Je les ai remerciés. » — Remerciés! Et de quoi? — De ce qu'ils n'avaient » pas jeté la marmite; car, au lieu de m'échauder la tête, » ils me l'auraient cassée. »

» Quand des chevaux sont attachés dans une écurie, rarement s'avisent-ils de mordre ou de ruer; c'est lorsqu'ils parviennent à s'échapper qu'ils se battent avec fureur. Il arrive la même chose aux hommes en révolution...

» Le peuple est presque toujours comme les vieux garçons riches et infirmes, le jouet de tous ceux qui sont à ses gages.

» La loi qui rétablit le commerce des grains a fait mourir une infinité de malheureux : c'est un siphon avec lequel le commerce a sucé la substance du peuple.

» La vérité est une c... Son commerce ne rapporte ni honneur ni profit.

» Ce n'est jamais avec des *in-folio* qu'on a formé des sectes et exécuté des meurtres. Il faut laisser écrire et empêcher de parler, et les États seront toujours tranquilles...

» Préférer la constitution anglaise aux gouvernements asiatiques, c'est vouloir trembler toute sa vie à l'embouchure du Vésuve, dans la crainte d'être consumé par ses flammes, au lieu de vivre dans les belles plaines du Palatinat...

Le croirait-on, cet apôtre de l'absolutisme sans phrase, qui défend l'esclavage, vante les sociétés asiatiques et les préfère au gouvernement anglais, fut envoyé à la Bastille. Ce lui fut l'occasion d'un bon mot. Il voit entrer un matin dans sa chambre un grand homme pâle et lui demande qui il est : « Monsieur, je suis le barbier de la Bastille. — Parbleu, mon ami, vous auriez bien dû la raser. »

Comme on voit, Linguet joignait à l'esprit de paradoxe l'esprit de riposte. Madame de Béthune avait une affaire contre le maréchal de Broglie : soufflée par Linguet, elle plaida sa cause avec un succès et un éclat extraordinaires. Aussi le maréchal, rencontrant l'avocat dans une des salles du palais, ne put se tenir de l'apostropher sur un ton significatif : « Mons Linguet, songez à faire parler aujourd'hui madame de Béthune comme elle doit parler, et non comme mons Linguet se donne quelquefois les airs de le faire; autrement vous aurez affaire à moi, entendez-vous, mons Linguet? — Monseigneur, riposta celui-ci, le français a depuis longtemps appris de vous à ne pas craindre son ennemi. » On ne pouvait envelopper une plus fière et juste réplique dans une plus délicate louange.

Il comparait plaisamment une révolution à la cuisine : il faut la manger, observait-il, et ne pas la voir faire[1].

---

1. Voici comment il définit l'opposition : « On parle de deux oiseaux, dont l'un pêche et garde sa proie dans une grande poche que lui a donné la nature, l'autre qui n'a qu'un bec pointu pour ressource, harcèle le pêcheur opulent et ne cesse de le piquer qu'il ne l'ait forcé d'ouvrir son sac, pour lui rejeter une partie du butin. Voilà exactement la peinture du ministère anglais et de ce qu'on appelle l'opposition. »

Cette fois, il se rencontrait avec un moraliste qui a dit dans le même sens : « La gloire est comme la cuisine, il ne faut pas en voir les apprêts. » Sa verve batailleuse, son naturel cynique et frondeur l'emportent sans cesse, et font qu'il n'épargne pas plus les ministres, les parlements, l'Académie que les philosophes. S'il devient avocat, c'est qu'il « vaut mieux être cuisinier riche que savant pauvre et inconnu ». Lui journaliste, il définit ses confrères « des cirons périodiques qui grattent l'épiderme des bons ouvrages pour y faire naître des ampoules ». Éconduit par M. Le Rond d'Alembert, grand dispensateur des fauteuils académiques, il exhale son dépit en sarcasmes mordants contre *l'Anti-Carré*, contre les *Crieurs de vieux chapeaux philosophiques* : « A l'égard de l'Académie, je n'ignore pas que vous et M. Duclos disposez en despotes des places de ce sénat littéraire; je sais à merveille que vous êtes les saints Pierre de ce petit paradis; vous n'en ouvrez la porte qu'à ceux qui sont marqués du *signe de la bête*. » Un jour qu'on lui parle des *Confessions*, il dit brusquement : « Rousseau est un fou qui, après nous avoir pendant sa vie débité mille extravagances, termine la farce en nous jetant son pot de chambre au nez. » Il écrit au maréchal de Duras : *Vous êtes un jean-f...* en toutes lettres, signé Linguet. C'est un talent de polémiste, gâté par la jactance et la contradiction, soutenu par un style chaleureux, imagé, des poussées dans l'avenir, des vues hardies; il brûle mais il éclaire, disait Voltaire qui, par derrière, l'appelait : l'Arétin moderne. Combien ont lu ses *Mémoires secrets sur la Bastille*, ses *Annales politiques*, et que faut-il penser de la célébrité quand on songe qu'après sa radia-

tion du barreau on fit des étoffes et des bonnets à la
Linguet (c'étaient des étoffes et des bonnets rayés).
Pendant plus de vingt ans, Linguet a tenu la France
occupée de ses écrits, de ses actions ; et aujourd'hui...?

III. — SÉNAC DE MEILHAN[1]

Par l'esprit et le talent, par ses *Considérations sur
l'Esprit et les Mœurs* et son livre *Sur le Gouvernement,
les mœurs, les conditions en France avant la Révolution*, Sénac de Meilhan figure parmi les personnages les
plus intéressants de l'émigration, à côté de Rivarol,
Maury, Mallet du Pan, Malouet et Montlosier. Cet
ancien intendant du Hainaut, adjoint du comte de Saint-
Germain au ministère de la guerre en qualité d'intendant
général des armées, homme du grand monde et homme
de plaisir, peintre de mœurs sous Louis XVI, qui avait
comme livres de chevet Tacite et le cardinal de Retz, un
double bréviaire à porter avec soi en temps de révolution,
a émis sur les hommes et les choses de pénétrantes
critiques qui confirment cette appréciation d'un juge
exquis, le prince de Ligne : « Dans les pensées de M. de

---

1. Né en 1736, mort en 1803. *Lettres inédites de la marquise de
Créqui.* — Louis Legrand, *Sénac de Meilhan et l'Intendance de
Hainaut*, 1 vol. — *Œuvres choisies de Sénac de Meilhan*, avec une
préface de M. de Lescure. — Tilly, *Mémoires*, t. III, p. 77. —
Sainte-Beuve, *Causeries du Lundi*, t. X et XII.
Voici les autres œuvres de Sénac de Meilhan : *les Deux Cousins*;
— *Mémoires d'Anne de Gonzague, princesse palatine*; — *les Principes et les Causes de la Révolution en France*; — *Considérations
sur les richesses et le luxe*; — *l'Émigré*.

Meilhan, il y a des traits de feu qui éclairent toujours et des fusées qui vont plus haut qu'elles ne font de bruit[1]. » L'expérience de la vie, la pratique des affaires, les déboires de l'ambition l'avaient rendu sceptique, amer, et sa grande amie, sa correspondante, la marquise de Créqui qui savait que les illusions sont la plus précieuse de nos propriétés, le plaignait doucement de cet état d'âme : « Vous êtes destiné à passer une vie douloureuse; vous voyez le jeu des machines et alors plus de bonheur. »

En 1797, il publiait à Brunswick son roman l'Émigré, étude curieuse dont on a dit qu'elle était d'un penseur plus que d'un observateur; il avoue lui-même qu'il préférait « ce qui est bien trouvé à ce qui est vrai », et il a mieux aimé se peindre que de peindre les autres. En effet, il s'analyse sous sa double physionomie, dans deux principaux personnages du livre : le président de Longueil et Saint-Alban; le premier beau, brave et sage, le second, épicurien, libertin mélancolique, avec les défauts de son temps, le raffiné qui trouve bon qu'on se forme des plaisirs intellectuels parce qu'ils « servent d'entr'acte[3] aux plaisirs des sens, qui sont les seuls réels ».

A Saint-Pétersbourg, son esprit trop fin et ironique ne plut que médiocrement à Catherine II, mais à Vienne il trouva un admirateur passionné, un ami délicieux, le prince de Ligne, qui lui fit fête, le proclama l'égal d'Horace, Tacite, Montesquieu et Richardson. Dans les derniers temps de sa vie, Sénac de Meilhan ne quittait

---

1. « M. de Meilhan, dit le duc de Lévis dans une notice plutôt malveillante, passait avant la Révolution pour un des hommes les plus spirituels de France. »

plus guère son lit ; le prince de Ligne partageait cette manie, et de lit à lit on s'écrivait des choses fort gracieuses, tantôt en prose et tantôt en vers : « Vous êtes un vantard d'égoïsme et un esprit fort d'insensibilité. Je vous ai fait pleurer pour moi et vu pleurer pour d'autres... C'est vous qui avez dit au baron de Breteuil ce grand mot au sujet du premier club *que ce n'est pas une plante monarchique*... Vous n'auriez convenu qu'à moi si, au lieu d'être un petit souverain de quatre ou cinq lieues carrées, j'en avais été un grand. En mettant votre esprit juste, élevé et profond sur une plus grande échelle, il n'y a pas de doute de l'effet de vos prodigieuses lumières et connaissances... » Sénac ne reste pas en arrière ; cherchant à stimuler la paresse épistolaire du prince, il lui adresse ce billet : « ... Il y avait un vieux duc de Saint-Simon qui était souvent entré chez ses maîtresses par la fenêtre à l'aide d'une échelle de corde. Quand il se maria sur ses vieux jours, désespéré de sa nullité, il imagina de rappeler ses anciennes facultés par l'usage des moyens qui l'avaient conduit au bonheur et dont le souvenir agissait encore sur lui. Il se fit donc hisser par ses valets de chambre, et entra ainsi plusieurs fois avec succès dans la chambre et dans le lit de la duchesse... Vous m'écrivez des lettres charmantes quand je suis à Vienne ; ce laquais qui attend votre réponse excite votre verve sentimentale et spirituelle ; il vous présente l'idée du prompt effet que va produire votre lettre ; mais quand on vous écrit de deux cents lieues, cet espace de temps vous glace. Eh bien, quand je serai absent, j'adresserai mes lettres à quelqu'un à Vienne, qui vous enverra le matin un petit laquais, et l'on vous dira qu'il attend la réponse pour me la faire parvenir aussitôt; alors vous écrirez et votre esprit éprouvera ce que procurent les sens du duc de Saint-Simon. »

Philosophe impartial, Sénac de Meilhan[1] a de bonne heure montré le caractère sexagénaire du siècle; il étudie la Révolution comme un astronome observe un météore, comme si elle ne l'avait point dépouillé de sa fortune, chassé de sa patrie; il note avec finesse plusieurs de ses causes, le caractère de force fatale et presque physique qu'elle acquit, la décadence de la noblesse.

« Si l'on suit attentivement la marche de la Révolution, il est facile de voir que les écrivains appelés philosophes ont pu la fortifier, mais ne l'ont pas déterminée : parce qu'une maison a été bâtie avec les pierres d'une carrière

---

[1]. Les portraits de Sénac de Meilhan ont bien de la grâce et, avec un tour d'esprit moins largement humain, mais plus subtil, font penser à ceux de La Bruyère. Celui de Necker, qu'il détestait comme un heureux rival d'ambition, est d'une méchanceté noire, ceux de Mirabeau, Duclos, Favier, ceux du prince de Ligne, de mesdames de Créqui, de Tessé, de Chaulnes, de Staël renferment des traits charmants. Forcé de choisir, je prendrai celui de madame de Chaulnes, cette grande capricieuse, qui s'appelait elle-même la *femme à Giac*, et qui déjà vieille répondait à quelqu'un qui s'étonnait qu'elle fît encore tourner des têtes : « Ignorez-vous qu'une duchesse n'a jamais que trente ans pour un bourgeois? » « Tout était soumis chez elle à l'influence de la pensée. Si son imagination lui peignait les charmes de l'amour, elle s'en pénétrait; son esprit lui créait un cœur et des sens, et savait à l'instant orner un objet des plus brillantes qualités. Le même esprit actif, inquiet, curieux de connaître, d'approfondir, détruisait son propre ouvrage; l'enchantement disparaissait et elle devenait inconstante. Comme son esprit n'avait point vieilli, elle était à soixante ans susceptible de toutes les erreurs de la jeunesse. Son imagination lui aurait donné des sens et un cœur factices comme à vingt ans... Elle ne suivait rien, était incapable de réflexion :

voisine, serait-on bien fondé à dire qu'elle n'a été construite qu'en raison de ce voisinage? Il est bien plus probable que, le dessein conçu, on s'est servi des matériaux qui étaient à portée. »

Des réflexions comme celles-ci révèlent un esprit singulièrement éclectique et dégagé de toute discipline de parti :

« Les Français ont détruit... mais ils ont en même temps creusé, porté la lumière dans les routes les plus

Il n'y avait jamais pour ses pensées ni veille ni lendemain. Sa vie a été une longue jeunesse que n'a jamais éclairée l'expérience. Son esprit semblait le char du soleil abandonné à Phaéton. » Ailleurs encore : « L'esprit de Lasthénie est si singulier qu'il est impossible de le définir. Il ne peut être comparé qu'à l'espace ; Il en a, pour ainsi dire, toutes les dimensions, la profondeur, l'espace et le néant. Il prend toutes sortes de formes et n'en conserve aucune. C'est une abondance d'idées toutes indépendantes l'une de l'autre qui se détruisent et se régénèrent perpétuellement. Il ne lui manque aucun attribut de l'esprit et l'on ne peut dire cependant qu'elle en possède aucun. Raison, jugement, habileté, etc., on aperçoit toutes ces qualités en elle, mais c'est à la manière de la lanterne magique, elles disparaissent à mesure qu'elles se produisent. Tout l'or du Pérou passe par ses mains sans qu'elle en soit plus riche... Lasthénie est un être qui n'a rien de commun avec les autres êtres que la forme extérieure ; elle a l'usage et l'apparence de tout et elle n'a la propriété et la réalité de rien. » Sur madame de Chaulnes ; consulter les *Lettres de la marquise de Créqui à Sénac de Meilhan*, Chamfort, les *Mémoires du président Hénault*, les *Lettres de madame du Deffand au président Hénault*, les *Mémoires de Bachaumont*, les *Portraits intimes du XVIII° siècle* par MM. de Goncourt. Ses contemporains comparaient ce rare esprit déréglé au char du soleil abandonné à Phaéton. Madame du Deffand observait plaisamment, à propos de sa rage de tout connaître : « Elle veut toujours savoir qui l'a pondu, qui l'a couvé. » Quand elle épousa M. de Giac, on lui représenta qu'elle perdait son tabouret à la cour : « J'aime mieux être couchée qu'assise », répondit-elle gaillardement.

obscures, ils en ont ouvert de nouvelles et forcé les barrières élevées par le préjugé. Un jour viendra où, dans le calme, on examinera ces nombreuses discussions enfantées au milieu du tumulte et de l'effervescence de l'esprit de parti, et l'on fera paisiblement un choix éclairé des résultats utiles à l'humanité.

» La Révolution deviendra une époque nationale, comme la captivité de Babylone chez les Juifs et l'an de l'Hégire chez les Arabes et les Turcs; et une infinité de familles dateront de ce temps une illustration méritée par des services éclatants, ou un attachement héroïque à la monarchie, qui les rapprocheront des anciennes maisons.

» La Révolution, en mettant en quelque sorte l'homme à nu, a fait promptement évanouir les illusions de l'homme de cour et du monde qui se flattait d'obtenir dans l'assemblée les mêmes succès que dans la société.

» C'est une chose remarquable dans la Révolution que le courage passif et la résignation, tandis que rien n'est plus rare qu'un courage actif et entreprenant.

» Beaucoup de gens ressemblent, pour le courage, à ces avares qui gémissent à chaque petite somme qu'ils sont forcés de dépenser, et qui sont capables de donner une très grosse somme sans être affectés. »

Mais ne pensez point que tant d'impartialité déguise une approbation secrète! L'auteur va lui-même au-devant du reproche; il fait ce que Sainte-Beuve appelle un cours excellent de politique classique, en quelque sorte une leçon de politique au lit du malade[1].

---

1. Il définit très finement l'art de la guerre: « La science militaire est composée de deux choses: de moralité et de géométrie. » Le moraliste aigri se trahit dans des maximes comme celle-ci:

« Si je vous disais que j'ai vu des enfants qui, au sortir d'une terrible maladie, avaient considérablement grandi, serait-ce faire l'éloge de la maladie ? La Révolution a de même hâté la marche de l'esprit, mais cet avantage ne sera jamais la compensation de la millième partie des désordres et des barbaries qui ont fait gémir l'humanité.

» Néron disait : « Je voudrais que les hommes rassem- » blés n'eussent qu'une seule tête pour pouvoir la couper. » La Révolution a fait le contraire ; — elle a composé un Néron d'une multitude immense d'hommes. »

Et, après diverses considérations littéraires, il ajoute en terminant : « Que conclure de ce que je viens de vous dire, sinon que rien n'est durable dans le monde, et que les pensées et l'estime des hommes sont comme les flots de la mer qui se succèdent et disparaissent... »

C'est le malheur de certains moralistes, qu'à force de peser les inconvénients et les avantages des choses, à force de raffiner, analyser, disséquer et couper les cheveux en quatre, ils ne savent plus juger, condamner, absoudre, et qu'on se perd dans leurs contradictions réelles ou apparentes. Tant de sérénité finit par ressembler à de l'indifférence, tant de distinctions font perdre de vue le

---

« Ce qui me dégoûte de lire l'histoire, c'est de songer que ce que j'entends dire aujourd'hui sera un jour l'histoire... Les grandes passions sont aussi rares que les grands hommes ; on est occupé, intéressé, mais on n'est pas amoureux.... La vie est un canevas qui ne vaut pas grand'chose ; il n'y a que la broderie qui ait du prix... Voilà comme sont les femmes : tout ce qui relève leur caprice est d'un prix infini à leurs yeux, et je crois que le plus bel endroit de l'histoire romaine pour elles est le tableau de Marc-Antoine, renonçant à l'empire du monde, abandonnant sa flotte et ses troupes, pour courir après Cléopâtre...

fil conducteur et penser à ce savant trop consciencieux qui brûlait tous ses livres, parce qu'en les composant, les objections contre ses thèses prenaient une telle force dans son cerveau, que le volume écrit lui paraissait contraire à la vérité, et qu'il le traitait comme Pénélope traitait sa fameuse broderie. Sénac de Meilhan n'échappe pas entièrement à ce reproche.

IV. — LE COMTE DE MONTLOSIER[1]

« Si on chasse les évêques de leurs palais, ils se retireront dans la cabane du pauvre qu'ils ont nourri ; si on leur ôte leur croix d'or ils prendront une croix de bois : *C'est une croix de bois qui a sauvé le monde.* » Cette parole, une des plus belles qu'ait jamais entendues une assemblée politique, est gravée sur la pierre du tombeau de Montlosier, à Randanne, cette terre de volcans qu'il a fertilisée, et qui semble lui avoir communiqué son âpre caractère : la postérité l'a recueillie et la répétera alors qu'elle aura depuis longtemps oublié les écrits du publiciste féodal et cette vie si tourmentée, si belliqueuse, qui reflète les agitations, les tempêtes de tout un peuple pendant près d'un siècle.

Compatriote de Domat, d'Arnaud, de Pascal, cet homme passionné, fougueux, rude et loyal, qui défendit ses idées comme on défend sa vie et ses enfants, en qui

---

1. Né en 1755, mort en 1838. — Bardoux, *le Comte de Montlosier et le Gallicanisme*, 1 vol. In-8, Calmann Lévy, édit. — *Mémoires du comte de Montlosier.* — De Barante, *Notice sur M. de Montlosier.*

fermenta toujours le levain gallican, janséniste et aristocratique, a parcouru en effet tous les stades de l'existence humaine. Avant 1789, il avait fréquenté les coteries philosophiques, assisté aux soupers de madame Trudaine, de la maréchale de Beauvau, de madame Necker, connu les derniers salons de l'ancienne société, partagé certains engouements de ses contemporains ; aussi ardent au travail qu'au plaisir, il avait passé deux ans chez les sulpiciens pour faire sa théologie, suivi des cours d'anatomie à l'Hôtel-Dieu, appris le droit public avec un moine irlandais, confesseur de sa famille, et, âgé de dix-huit ans, servi d'arbitre pendant un hiver à deux de ses oncles, grands théologiens, qui bataillaient avec acharnement sur la grâce, le concile de Trente et l'infaillibilité ; géologue, agriculteur, mesmérien[1], il savait beaucoup de choses, mais les savait mal, parce que son intelligence se dispersait sur trop d'objets à la fois, parce qu'aussi la faculté de mettre en ordre ses idées, et ce je ne sais quoi, cette molécule invisible qui fait le talent, lui manquèrent. Il resta donc un esprit original, vigoureux, plein de sève, mais incohérent, confus, entêté de chimères, donnant la sensation d'une collection de statues grecques mutilées, brisées en morceaux. Et telle était la ténacité de ce caractère, que ni les événements, ni ses amis qu'il aima si profondément, Malouet, celui dont il dit en apprenant la mort : « J'ai perdu la moitié de ma vie », ni M. de Barante, avec lequel il resta en

---

1. Comme Bergasse et d'Esprémenil, il devient un fervent adepte du mesmérisme, et écrit les *Mystères de la vie humaine*, livre bizarre où il consigna ses études, ses rêveries de jeunesse sur la géologie et le magnétisme.

correspondance pendant trente ans, ne purent le modifier. Son historien, M. Bardoux, rapporte une réplique de M. Lepelletier d'Aulnay à M. Charles de Rémusat qui, dans un moment d'emportement, avait lancé cette bévue : « En vérité, je crois que la dignité personnelle a disparu de ce pays-ci. — Oui, monsieur, depuis Louis XIII. » — Lepelletier d'Aulnay aurait fait une exception pour Montlosier.

A la Constituante, il se range parmi les partisans des deux Chambres; aristocrate et libéral, *vrai baron de la grande charte*, réclamant le maintien des prérogatives de la noblesse, la division des ordres, la création d'une pairie héréditaire[1], en même temps que l'égalité devant l'impôt, l'admission de tous aux emplois, la suppression des lettres de cachet. Il n'admet pas qu'on vienne dire : le peuple français est peu sage, donc il ne lui faut pas de liberté; il conclut au contraire : donc il lui faut de la liberté pour qu'il devienne sage. Et plus tard, à Londres, devant un ministre anglais, M. Wyndham, il répond avec fermeté à lady Creeve qui lui demande brusquement : « Monsieur de Montlosier, vous êtes bien pressé, j'en suis sûr, de voir vos princes en France? — Oui, madame, mais avec une représentation nationale. — Vous pensez bien que la monarchie est le seul gouvernement qui convienne à la France? — Oui, madame, mais avec les libertés publiques. »

S'il déteste la démocratie et la bourgeoisie, dont « la condition est d'être en appétit d'argent » et dont il voudrait arrêter « le débordement », il reconnaît la nécessité

---

1. *Essai sur l'art de constituer les peuples*, 1790.

et comprend la force de la Révolution, l'impuissance de la digue et l'impétuosité du flot. A une séance où l'on proposait la suppression des titres, un certain nombre de membres du tiers qui d'ordinaire votaient avec le côté droit, s'enfuirent vers le côté gauche. Montlosier en retenait un par le pan de l'habit, et le morceau faillit lui rester dans la main. « Je ne suis pas pour la noblesse », criait le voisin, — et le décret fut voté. — Une autre fois, en 1792, il rencontre son ancien collègue à la Constituante, M. Alquier, lui avoue qu'il vient de Coblentz et va probablement y retourner : « Vous avez raison, répond Alquier, que feriez-vous ici? Un homme de votre naissance ne peut être qu'à Coblentz et auprès des princes. Si j'étais noble, je ferais comme vous. Nous autres, membres du tiers état, nous étions dans une condition abaissée; on nous a donné les moyens de nous relever; nous l'avons fait; c'est la raison d'être de la Révolution. »

De telles conversations disaient tout; aussi Montlosier écrit-il cette observation saisissante : « J'ai une idée à laquelle tout paraît devoir se subordonner, c'est que les jacobins ont parfaitement constitué la nation. Ils y ont mis un art merveilleux sur lequel l'histoire aura à reposer son attention. Il faudra organiser l'ordre de la même manière qu'ils ont organisé l'anarchie. »

A Bruxelles, à Coblentz, à Londres, il est en butte aux mauvais procédés, aux haines des émigrés de la première heure[1]. Les gentilshommes d'Auvergne délibèrent sur son admission dans leurs rangs et il se bat avec le cheva-

---

1. *Histoire des Émigrés*, par Forneron.

lier d'Ambly qui avait parlé de lui en termes désobligeants. « Depuis Coblentz, écrit M. Bardoux, où ceux qui étaient arrivés le lundi se réunissaient à l'hôtel des Trois-Couronnes pour siffler ceux qui arrivaient le mardi, lesquels sifflaient à leur tour ceux qui n'arrivaient que le mercredi, jusqu'au retour à Paris où ces mêmes émigrés calculaient le dévouement par le plus ou moins de retard qu'ils avaient mis à rentrer, ils s'isolaient dans une pureté rigoureuse. » N'étant qu'une poignée, ils travaillaient à n'être qu'une pincée. Quant à *s'encanailler* avec ces scélérats de constitutionnels, jamais! *Les bottes du maréchal de Binder et l'épée du grand Frédéric suffiraient à tout.* Les gens comme Malouet, Mounier, Cazalès, on les traite de coquins, de renégats, de *filous envers le roi*; dans un salon, un soir qu'on parlait de Lally-Tollendal, on avait dit : *la lie du peuple*. A Trèves, Montlosier reçoit la visite de quelques anciens gardes du corps et comme il leur semblait assez pessimiste : « *Foutu monarchien*, murmurent-ils en partant, *ce sont les deux Chambres qui nous ont perdus!* » Était-ce crainte du gouvernement français, de la contagion libérale, ou des embarras que suscitaient les émigrés? certains princes allemands avaient fait planter à l'entrée de leurs États des poteaux sur lesquels on lisait : « Il est défendu aux émigrés et aux vagabonds de passer outre. »

D'autre part, des hôtes d'origine française, rencontrés à Kœnigstein, tenaient à Montlosier un langage qui témoignait des progrès gigantesques de la propagande démocratique : « Vous êtes probablement quelque seigneur français, lui dit l'un d'eux; je conçois que la Révolution ne soit pas de votre goût. Il faut prendre votre parti là-dessus. On l'appelle la Révolution française, il vaudrait mieux l'appeler la révolution du monde. » En effet, la plupart des penseurs allemands, Georges Forster, Gentz, Guillaume de Humboldt, Campe, Kant, Klopstock, Wieland, Herder, avaient au début rivalisé de dithyrambes : « Nul doute qu'on n'ait chanté le *Te Deum* au ciel ! » s'écriait Schlœzer. Schiller, au contraire, et Gœthe s'étaient plutôt montrés hostiles ; ce dernier condamne la Révolution, parce qu'elle opère brusquement, à coups de décrets et de formules, et que ce n'est point ainsi que procède la nature.

En Angleterre, où il demeura sept ans, Montlosier se lie avec Chateaubriand[1], voit Burke, Pitt, Fox, fréquente Malouet, le chevalier du Panat, Lally, Cazalès, Rivarol, qui écrivait à l'un de ses amis : « Vous ne connaissez pas Montlosier, il aime la sagesse avec folie, et la modération avec transport ; » devient agent d'affaires avec M. de Leutre, puis fonde le *Courrier de Londres* qui bientôt acquit une importance considérable. Après une maladie pendant laquelle le comte d'Artois avait envoyé savoir de ses nouvelles, il fut admis à une audience où, devant beaucoup d'autres Français, il reçut du prince ce singulier compliment : « Eh bien, monsieur de Montlosier, votre journal ? Il y a quelquefois bien des sottises. » La riposte ne se fit pas attendre : « Monseigneur, j'en entends si souvent, qu'il est bien possible qu'il m'en échappe quelqu'une. »

---

1. Chateaubriand se vante ou avoue bien qu'il *ratissa* quelque peu le fameux mot de Montlosier à la Constituante, mais il le déclare vrai au fond, et les contemporains sont unanimes sur l'immense effet qu'il produisit.

Dégoûté des injustices et des fautes de l'émigration, las de l'exil, souffrant de plus en plus du mal du pays, il songea comme ses amis à rentrer en France, et les royalistes lurent avec stupeur les lignes suivantes dans le *Courrier de Londres* du 6 juillet 1801 :

« Toute la France civile et politique est aujourd'hui dans un seul homme. Quelles que soient nos prétentions publiques ou nos vœux secrets, c'est d'un homme qu'il faut tout attendre ; c'est à un homme qu'il faut tout demander. »

Bientôt il obtenait sa radiation de la liste des émigrés, et venait établir à Paris son journal que le gouvernement ne tarda pas à supprimer ; mais, comme indemnité de cette confiscation, il recevait un traitement de six mille francs et on l'attachait au ministère des affaires étrangères pour des travaux extraordinaires. Talleyrand le chargea, par exemple, de la part de l'empereur, de composer sur *l'Ancienne Monarchie* un ouvrage qui ne parut que sous la Restauration.

Il garda toujours des relations avec Coppet, mais certaine rudesse d'âme l'empêchait de comprendre que, malgré sa grande fortune, sa magnifique résidence dans un des plus beaux pays du monde, madame de Staël, entourée d'un cercle de lettrés et de savants, eût la nostalgie de Paris et préférât le ruisseau de la rue du Bac au lac de Genève. « C'est une femme bien malheureuse que madame de Staël ! s'écriait-il avec une ironie peu délicate. Il ne tiendrait qu'à elle de l'être davantage. Elle n'aurait qu'à s'impatienter de ce qu'il tombe de la neige dans les Alpes ou de ce que le lac est à sa porte... Je suis fâché que mes sermons lui aient déplu... Voltaire avait presque autant d'esprit que madame de Staël, et il savait vivre à Ferney. »

Quant à madame Récamier, qu'il connaissait de longue date, bien qu'il lui eût dit un jour qu'elle pouvait, comme don Diègue, compter sur *cinq cents amis*, il ne subit nullement le charme, car il écrit le 20 juillet 1813 : « J'aurais dû beaucoup vous parler de madame Récamier. Elle croit avoir une passion à Lyon. C'est ce qui fait qu'elle est venue à Rome. Elle croit quelquefois en avoir une pour Dieu; elle se trompe. Elle ne sera jamais dévote, car il faudrait qu'elle adorât Dieu et elle voudrait que Dieu l'adorât. »

Sous la Restauration, Montlosier qui voulait bien faire la révérence, mais *pas jusqu'à terre*, vit dans une demi-disgrâce qui se change en disgrâce complète lorsqu'en 1826, il publie ses pamphlets contre la Congrégation. Ce chrétien convaincu qui, chaque soir, à Randanne, lisait à ses domestiques un chapitre de l'*Imitation*, gardait en lui le vieil esprit légiste contre l'Église qu'il prétendait exclure de tout rôle politique, et disait dès 1816 à M. de Barante : « Les prêtres se regardent comme Dieu... Est-il convenable que des prétentions semblables s'élèvent en ce temps-ci? Ils périront et feront périr le roi avec eux. Je désire que ce peuple se donne à Dieu, mais il se donnera plutôt au diable que de se donner aux prêtres... Le peuple français peut subir toute espèce de servitude, il ne subira pas celle-là; celle-là rendra odieuse la famille régnante et entraînera sur elle la malédiction des Stuarts. »

On sait quelle émotion le *Mémoire à consulter* et la *Dénonciation* soulevèrent dans l'opinion publique, quelles discussions enflammées s'ensuivirent à la tribune de la Chambre des Pairs. Montlosier fut tout d'un coup proclamé grand homme par l'opposition, tandis que la droite le vouait aux gémonies. Il avait beau se déclarer « plein de respect pour les prêtres pieux, pour les moines pieux, plein d'aversion pour les moines et les prêtres politiques »; le roi ne pardonna point et le fit bien voir, lorsque Madame la dauphine qui s'était rendue au Mont-Dore en 1827, dut traverser Randanne à son retour. Montlosier ayant écrit au marquis de Vibraye, gentilhomme de la chambre, pour faire agréer ses offres d'hospitalité, celui-ci ne voulut même pas les transmettre. Il attendit alors au passage avec sept paires de bœufs attelées à sept charrues, six cents moutons et cinquante vaches. La dauphine s'inclina mais ne s'arrêta point.

La monarchie de Juillet le fit pair de France et lui rendit l'indemnité qu'il avait touchée jusqu'en 1826. Sa mort (9 décembre 1838) amena encore de pénibles démêlés avec l'autorité ecclésiastique qui exigeait une rétractation écrite : dans le cours des négociations qui s'engagèrent à ce sujet, le moribond prononça ces paroles : « On ne veut pas de ma confession, mais Dieu est juste et je peux me passer de prières ainsi refusées. Qu'on m'emporte dans la petite maison mortuaire qui est toute prête à Randanne, qu'on y plante une croix, pour prouver que j'ai voulu mourir en catholique ! Les pauvres femmes se signeront en passant et leurs prières me suffiront. »

M. Bardoux raconte que Montlosier passa de longs hivers à Randanne, dans une baraque en bois qu'il avait transformée très tard en maison rustique. Sur les murs de cette ferme sans tourelles, sans créneaux ni ponts-levis, le comte de Grammont avait spirituellement gravé ces mots : « Féodalité du xix° siècle. » Les derniers vestiges de la féodalité avaient en effet disparu des lois, des mœurs, et Montlosier était le dernier défenseur des idées féodales.

VI

MALLET DU PAN, MALOUET, MOUNIER

Grandeur d'âme et courage de Mallet du Pan. — Un historien à la journée. — Le paysan du Danube de l'émigration. — La démocratie ne meurt pas d'elle-même, le désordre s'accroît de ses propres ravages. — Dans les temps de crise les têtes ardentes sont les têtes sages. — Impertinence des faiseurs de systèmes et de constitutions. — La vérité sur les débats de la Convention. — Faiblesse individuelle, force collective des conventionnels. — Le patriotisme des intérêts. — Prestige de la Révolution. — Ce qu'on devrait faire, ce qu'on ne fait point. — Il n'y a plus d'Europe ! — L'empire de l'expérience : plus d'ouvriers que d'architectes. — Définition des ultras. — Les Marats à cocarde blanche. — Peltier et sa petite guillotine. — Mot de Thurlow à Pitt. — Les vieilles gazettes de Louis XIV. — Têtes noyées dans l'océan des sottises imprimées. — La Révolution : une suite de coups de main. — Le caractère national. — Les équipées à la Quiberon, les extravagances à la Coblentz. — Cri de désespoir.

Malouet. — On est toujours le jacobin ou le réactionnaire de quelqu'un. — La reine Marie-Antoinette et Malouet. — L'abbé Raynal. — Où Frédéric II voyait le despotisme. — L'à-propos est la nymphe Égérie des hommes d'État. — Impartialité de Malouet. — Sauver la cité aux dépens d'une portion des faubourgs. — La magie de la Révolution. — Fautes de la Constituante. — Il fallait une révolution contre les abus, non contre les personnes.

Mounier et l'assemblée de Vizille. — L'archevêque d'Embrun et le comte de la Blache. — Illusions de Mounier. — Comment sont gouvernés les peuples. — Les deux Chambres. — Mot de Lally-Tollendal. — Mirabeau et Mounier. — Émigration forcée. — Le livre de l'abbé Barruel. — Éloge de la modération.

I. — MALLET DU PAN [1]

Louis XIV demandait au cardinal de Janson où il avait si bien appris la politique : « Sire, répondit le prélat diplomate, c'est lorsque j'étais évêque de Digne, en courant avec une lanterne sourde, pour faire un maire de la ville d'Aix. » En effet, la politique se compose d'apprentissages successifs où la connaissance des petites affaires mène à l'intelligence des grandes : et sans doute, les minuscules révolutions de cette République de Genève que Voltaire prétendait poudrer tout entière à blanc, lorsqu'il secouait sa perruque, n'ont pas peu contribué à faire comprendre à Mallet du Pan la marche, les moyens, le but de la Révolution française. C'est un noble spectacle, bien propre à relever le sentiment de la dignité humaine, que celui de ce républicain de Genève, royaliste en France, ministre *in partibus* de la monarchie agonisante, qui ne veut contenter d'autres personnes que sa conscience, la vérité, la logique, qui, soit qu'il écrive dans le *Mercure*, soit qu'il corresponde avec ses amis ou avec les cabinets européens, soit qu'il s'adresse dans ses brochures au peuple, aux rois ou aux émigrés, dissèque

---

1. Né en 1749, mort en 1800. — *Mémoires et Correspondance de Mallet du Pan*, recueillis et mis en ordre par M. Sayous, 4 vol. in-8. — Sainte-Beuve, *Causeries du Lundi*, t. IV. — Paul Thureau-Dangin, *Royalistes et Républicains*, 1 vol. in-8, Plon, édit., p. 40 et suiv. — Hatin, *Histoire de la Presse*.

les hommes et les événements en chirurgien politique consommé, détermine la maladie, indique le remède, qui par la fermeté de son talent, sa fière indépendance, la hauteur de sa probité, se fait respecter de tous : consulté, sinon écouté par les princes, il se montre, dans toute la force du mot, *historien à la journée*, historien pionnier, devance bien souvent le jugement de la postérité et meurt en 1800, pauvre, épuisé, l'âme meurtrie par tant d'échecs, mais toujours fidèle à son idéal, combattant sur la brèche jusqu'au dernier soupir. Dans ce paysan du Danube de l'émigration, il y a aussi le tempérament d'un chef de parti, coup d'œil rapide, prescience des mouvements de l'ennemi, connaissance profonde du cœur humain, de la tactique et de la stratégie nécessaires : il ne manque à ce général que des soldats. Il a aussi un caractère digne des héros de Corneille, et, quant à l'écrivain, l'abbé de Pradt le place parmi les meilleurs de son temps, à côté de madame de Staël, de Burke, de Rivarol. Il n'est pas un styliste, ni un bel esprit comme ce dernier, il a moins de coloris et de pittoresque dans l'expression, mais combien plus de clairvoyance pratique, de sens moral et de précision ! Et puis, quelle mordante éloquence, obtenue sans effort, combien de traits énergiques, incisifs, lorsque ce grand avocat consultant de la royauté voit qu'on tourne le dos au succès, qu'on perd la partie avec les mains pleines d'atouts ! « Monsieur, qui vous a lu, vous estime, lui écrivait Joseph de Maistre... Autant que j'ai pu vous connaître en vous lisant, vous aimez à faire justice. » En effet, il ne pouvait supporter ce qu'il appelait lui-même *le tourment du silence* : dire la vérité à tous, aux grands comme aux petits, lui était un besoin impérieux, et il l'a dite, au risque de sa fortune, de sa vie, celui qui pouvait se décerner à lui-même ce fier témoignage : « Quoique étranger et républicain, j'ai acquis au prix de quatre ans écoulés sans que je fusse assuré en me couchant de me réveiller libre ou vivant le lendemain, au prix de trois décrets de prise de corps, de quatre assauts *civiques* dans ma maison, et de la confiscation de toutes mes propriétés en France, j'ai acquis, dis-je, les droits d'un royaliste ; et comme, à ce titre, il ne me reste plus à gagner que la guillotine, je pense que personne ne sera tenté de me la disputer. »

En même temps qu'il montre ce qu'il faut faire, ce qu'il faut éviter, qu'il trace un saisissant tableau des torts et des fautes des partis en 1792, qu'il désosse en quelque sorte la Constituante et établit son bilan, il rudoie tous les sophismes, ne permet pas qu'on s'endorme sur l'oreiller de l'illusion. Vous croyez, bonnes gens, que le désordre amène l'ordre, que la démocratie meurt d'elle-même ? Erreur profonde : le désordre est « un effet qui devient cause toute-puissante, lorsqu'il est manié par une force qu'aucune autre ne contre-balance ». Il s'accroît de ses propres ravages, il se fortifie, il s'organise, il crée des intérêts nouveaux. D'ailleurs n'est-il pas « de l'essence de la démocratie d'aller toucher le pôle tant qu'aucun obstacle ne l'arrête » ?

Mallet du Pan ne commet pas la faute si commune de dédaigner les ressources de ses adversaires. Sans doute, observe-t-il, les armées abandonnent les destins de l'État à quelques conjurés obscurs dont Catilina eût à peine voulu pour ses crieurs publics ; mais au milieu du désarroi des autres partis, seuls les jacobins ont marché constamment au but, seuls ils étaient une faction, les autres n'étaient que des cabales. « C'est une grande et terrible mesure de prudence d'avoir su se mettre au-dessus de toutes les formes, et d'avoir employé à l'égard de tout leur sol les mesures qui se pratiquent dans un vaisseau en péril, ou dans une ville assiégée. »

Dans les *Considérations sur la Révolution française*, il développe très finement cette idée qu'il n'y a plus que les esprits faux qui aient raison, car « l'histoire du temps n'est qu'une liste d'invraisemblances » ; il montre l'état véritable et non le roman de la France révolutionnaire. « Dans les temps ordinaires, les têtes sages sont les têtes modérées ; dans les temps de crise, les têtes ardentes sont les têtes sages. C'est la terreur que reçoivent les factieux qui cimente leur union ; c'est la terreur qu'ils renvoient qui cimente leur puissance. »

Autant il aime à se proclamer de l'école de Montesquieu, autant il est peu de celle de Jean-Jacques, dont le *Contrat social* ne lui semble qu'un timide extrait de celui de Marchmont Needham. Quant à Voltaire, il l'apprécie avec mesure et raconte l'histoire si plaisante du traité conclu entre d'Alembert et lui, traité d'après lequel le poëte ne cessait de s'extasier sur les tableaux littéraires du géomètre, et le géomètre sur la profonde philosophie du poëte. Et cette boutade de Voltaire, dînant avec d'Alembert, Condorcet, faisant sortir ses domestiques : « Maintenant, leur dit-il, continuez vos propos contre Dieu, mais comme je ne veux pas être égorgé et volé cette nuit par mes domestiques, il est bon qu'ils ne vous écoutent pas. »

Il décrit à merveille la maladie sociale de son temps,

la folie de l'impossible, des panacées souveraines, l'impertinence des faiseurs de systèmes, de cette populace d'écrivailleurs qui regardent toutes leurs opinions comme des dogmes, leurs décisions comme des oracles, leurs récits comme des procès-verbaux, tous ces docteurs modernes, accoutumés à gouverner avec des mots le globe entier, de la pointe du Spitzberg au cap de Bonne-Espérance. « Pas un commis-marchand formé par la lecture de l'*Héloïse*, point de maître d'école ayant traduit dix pages de Tite-Live, point d'artiste ayant feuilleté Rollin, pas un bel-esprit devenu publiciste en apprenant par cœur les logogriphes du *Contrat social*, qui ne fasse aujourd'hui une constitution. Cependant la société s'écroule durant la recherche de cette pierre philosophale de la politique spéculative; elle reste en cendres au fond du creuset. Comme rien n'offre moins d'obstacles que de *perfectionner l'imaginaire*, tous les esprits remuants se répandent et s'agitent dans ce monde idéal... »

Il aime la liberté,

L'âme des grands travaux, l'objet des nobles vœux,

mais il la croit inintelligible pour le Français et constate qu'elle se perd constamment par ses efforts pour s'agrandir : « C'est un malheur pour le genre humain, quand cette idole des grands cœurs reçoit des outrages de la main même de ses adorateurs... Chaque abus de son pouvoir forme un esclave en quelque coin du monde, et, dans la lassitude de l'anarchie, on apprend à se dégoûter de l'indépendance. Ses excès sont donc un crime contre les nations... Il faut toujours observer qu'en France, ni la loi, ni le pouvoir qui en émane, ne sont respectés qu'autant qu'ils se font respecter par la crainte. Personne n'obéit quand il sent qu'il peut désobéir impunément. »

Ses comptes rendus des séances de la Constituante dans le *Mercure*, très lus et goûtés dans toute l'Europe comme des modèles de discussion lumineuse et impartiale, lui ont appris à démonter le pantin parlementaire, à deviner de loin les intrigues des coulisses, à arracher les voiles, les ornements dont les journaux complaisants parent l'acteur politique. « Chaque séance est un mensonge de plusieurs heures à l'aide duquel on déguise ses propres intentions. La crainte d'être soupçonné d'idées contraires à celles que l'on professe fait exagérer encore la dissimulation. Les papiers publics qui transcrivent les débats de la Convention ne représentent donc que l'histoire d'une mascarade. » Ne pensez pas que le tableau soit chargé. Garat, ce maître rhéteur, avoue dans une lettre de 1792 à Condorcet qu'il dramatisait et embellissait ces séances de la Constituante qui furent « moins des combats d'opinions que des combats de passions, qu'on y entendait des cris beaucoup plus que des discours. De ce qui n'avait été qu'un tumulte, j'en faisais un tableau... je rendais tous les sentiments des personnages, mais non pas toujours avec les mêmes expressions; de leurs cris je faisais des mots, de leurs gestes furieux des attitudes, et lorsque je ne pouvais inspirer de l'estime, je tâchais de donner des émotions. » N'est-ce pas dans le même esprit qu'un orateur célèbre se vantait de posséder à fond l'art de *grouper les chiffres*, que certain notaire du théâtre d'Émile Augier expose sa théorie : tourner la loi en la respectant? qu'un grand écrivain contemporain parle de *l'art de solliciter doucement les textes?* Et, après tout, ne sait-on pas que la vérité, même dans les gouvernements parlementaires, est presque toujours ce qu'on ne dit point?

Mallet du Pan a très bien discerné l'imprévoyance et la fatuité de Necker[1]: « Il confondait l'opinion de Paris, de l'engouement et de la minute, avec celle que le temps et les lumières ont formée; il se crut inébranlable sur cette pyramide de sable. » Et de même, dans une langue forte, pleine de sève, où l'esprit de profondeur n'exclut pas quelque âpreté, il dénonce l'influence prépondérante de Paris, qui ne *s'occupe nullement des provinces*, les prétendus amis du peuple qui sont en réalité *les bourreaux de ses droits*, l'insensibilité de la foule devant les scènes de la Terreur : « Abuser de sa force lorsqu'on l'emploie, trembler lorsque l'autorité est vigoureuse, voilà le partage de la multitude... l'opinion, dans les temps de révolution, appartient toujours à celui qui est le maître. » Et quant au bas peuple de Paris, avant et après le 9 Thermidor, il reste toujours « un animal enragé, malgré sa misère profonde ».

Il sait les vices du siècle et comment des caractères efféminés engendrent des mœurs cruelles : « Pour consommer la Révolution, il suffisait de déchaîner les vices féroces contre les vices lâches, et de mettre aux prises les passions amollies avec les passions brutales de la multitude. »

---

1. Cette appréciation ne vise, bien entendu, que Necker, ministre insuffisant de la monarchie en face de la Révolution, et n'empêche nullement de rendre hommage à ses talents de financier, de publiciste, à ses vertus privées.

« Le libéralisme est une niaiserie, a dit le prince de Bismarck, tandis que la révolution est une force dont il faut savoir se servir. » Mallet du Pan ne veut ni s'en servir, ni la servir, mais pour la combattre, il l'étudie à fond, sans rien dissimuler de sa puissance, de ses chances de durée, de ce fanatisme d'égalité sur lequel repose la *religion révolutionnaire :* « Tandis que cette foule de gens d'esprit, pour qui la Révolution est encore une émeute de séditieux, attendent, comme le paysan d'Horace, l'écoulement du ruisseau ; tandis que les déclamateurs phrasent sur la chute des arts et de l'industrie, peu de gens observent que, par sa nature destructive, la Révolution amène nécessairement la *République militaire...* » Parlant de la première invasion des barbares contre l'empire romain : « On y découvre, remarque-t-il, l'image de celle dont l'Europe est menacée. Les Huns et les Hérules, les Vandales et les Goths ne viendront ni du Nord ni de la mer Noire, *ils sont au milieu de nous.* »

Robespierre mort, la Révolution change à l'instant de caractère ; les grands acteurs ont été massacrés ou mis en fuite, l'ère des idoles populaires et des charlatans en chef est close, il ne reste que des doublures. Les thermidoriens sont « des valets qui ont pris le sceptre de leurs maîtres après les avoir assassinés ». Qu'on se garde bien toutefois d'en faire fi ! « Individuellement, la Convention est composée de pygmées ; mais ces pygmées, toutes les fois qu'ils agissent en masse, ont la force d'Hercule, — celle de la fièvre ardente. »

Puis, malgré les crimes de la Terreur, la Révolution invoque le patriotisme des intérêts, le bourgeois vainqueur de la noblesse, le paysan acheteur de biens nationaux, le soldat devenu officier, sans compter le prestige de ces armées victorieuses où semblent s'être réfugiées les vertus de la nation, de ces armées qui ne sont ni royalistes, ni républicaines, mais françaises : « La grande majorité des Français ayant participé à la Révolution par des erreurs de conduite ou par des erreurs d'opinion, il n'est que trop vrai qu'elle ne se rendra jamais à discrétion à l'ancienne autorité ou à ses dépositaires ; il suffit de descendre dans le cœur humain pour se convaincre de cette vérité. »

La Révolution a les timides, les lâches, les agioteurs pour recrues, mais surtout elle vit, elle dure par les fautes des gouvernements étrangers, des émigrés et des princes. Dans sa correspondance avec de Pradt, le maréchal de Castries, le comte de Sainte-Aldegonde, Portalis, du Panat, Malouet, Mounier, Montlosier, Lally-Tollendal, dans ses divers écrits, Mallet du Pan redouble d'instances, de conseils prophétiques. Il voit que la République a jeté l'interdit sur l'Europe, « qu'elle la mange feuille à feuille comme une pomme d'artichaut » et il ne s'en étonne guère, car l'*Europe est finie* et elle l'a voulu ; il ne reste que « cent États pourris, divisés, hébétés, gouvernés par des marionnettes de papier mâché.

Le gouvernement en Europe était depuis trente ans une mascarade ; on allait par le mouvement imprimé, mais au premier choc, ces vieilles machines sont tombées en poudre... Le 18 Fructidor pourrait bien être le 10 Août de l'Europe... »

Une contre-révolution n'étant autre chose qu'une révolution contre la révolution, il faut combattre celle-ci par ses propres moyens, moins les crimes toutefois que rien ne saurait légitimer. Il importe à tout prix de rassurer les intérêts, de démontrer qu'on ne déclare la guerre qu'à la Convention et au jacobinisme, qu'il ne s'agit nullement de faire triompher la cause de l'absolutisme : « Si l'on n'en venait pas à bout, je le proclame hautement, la Révolution serait indestructible... il est aussi impossible de refaire l'ancien régime que de bâtir Saint-Pierre de Rome avec la poussière des chemins... »

Royaliste européen plutôt que royaliste français, Mallet du Pan voudrait donc entraîner les rois dans une guerre sociale contre la Révolution, non contre la France. Mais il les a jugés, mesurés, eux et leurs ministres, et s'écrie dès le mois de janvier 1792 : « Il n'y a plus d'Europe!... » « Lorsqu'on a quarante ans, et qu'on n'est pas absolument dépourvu de jugement, on ne croit pas plus à l'empire de l'expérience qu'à celui de la raison : leurs instructions sont perdues pour les gouvernements comme pour les peuples, et l'on est heureux de compter cent hommes sur une génération à qui les vicissitudes humaines apprennent quelque chose. De loin en loin, il s'élève quelques hommes d'État supérieurs aux événements qu'ils savent prévoir, préparer et conduire; mais la routine ou la nécessité gouvernent ordinairement le monde, et la vieille Europe renferme malheureusement plus d'ouvriers que d'architectes. » En effet, il n'existe parmi les coalisés qu'un seul grand homme, Catherine II; qu'un véritable homme de guerre, Souwarof. Mais Catherine II s'occupe de la Pologne et la Russie ne dirigera ses armées contre la France qu'en 1799.

Un spirituel sénateur, M. de Kerdrel, me définissait

un jour les ultras : « Ce sont des gens qui habitent dans la lune, et qui voudraient que chacun la prît avec les dents. » Naturellement les émigrés exaltés éclatent en fureur contre cet émigré si raisonnable, et ne parlent rien moins que de le pendre après la contre-révolution. De son côté, il rabroue vertement les *Marats à cocarde blanche*, les *gascons de la politique*, ces *bonnets rouges déguisés* qui, à l'exemple des jacobins, ont leurs formules, leur régime de terreur et jusqu'à leur « père Duchesne », ce Peltier, rédacteur de *l'Ambigu*, à Londres, en même temps qu'ambassadeur du roi nègre Christophe, buvant en *vin de Champagne les appointements qu'on lui payait en sucre*. Ce singulier personnage avait fait faire par un ébéniste de Londres une petite guillotine qu'il exposait moyennant *un schelling* pour les dernières places et une couronne pour les premières. Il avait inscrit en gros caractères à la porte de sa baraque : « *Aujourd'hui on guillotine une oie, demain un canard.* » On juge s'il abandonna avec empressement ce métier lorsqu'on lui proposa de devenir le coryphée de la guerre contre les *monarchiens*, ses anciens amis.

Des violences, des injures de ces énergumènes, Mallet du Pan n'a cure, et il répondrait volontiers comme Thurlow à Pitt qui lui demandait : « Vous me haïssez donc bien d'avoir sacrifié Hastings ? — Je ne prostitue pas une aussi belle passion que la haine pour un acte qui ne mérite que le mépris. » Mais il déplore leur influence prépondérante dans les conseils des princes, influence qui aboutit à la déclaration de Vérone, à l'expédition de Quiberon, à tant d'autres témérités maladroites : « Il s'est formé en Europe une ligue de sots et de fanatiques qui, s'ils le pouvaient, interdiraient à l'homme la faculté de voir et de penser. L'image d'un livre leur donne le frisson : parce qu'on a abusé des lumières, ils extermineraient tous ceux qu'ils supposent éclairés ; parce que des scélérats et des aveugles ont rendu la liberté horrible, ils voudraient gouverner le monde à coups de sabre et de bâton. Persuadés que, sans les gens d'esprit, on n'eût jamais vu de révolution, ils espèrent la renverser avec des imbéciles. Tous les mobiles leur sont bons, excepté les talents. Pauvres gens qui n'aperçoivent pas que ce sont les passions beaucoup plus que les connaissances qui bouleversent l'univers, et que, si l'esprit a été nuisible, il faut encore plus d'esprit que n'en ont les méchants pour les contenir et les vaincre ! »

Entre temps, le publiciste ne dédaigne pas la note gaie : il rapporte le cri de ce vieux puritain d'émigration entendant parler des exploits de Bonaparte : « Ne voyez-vous pas que ce sont de vieilles gazettes de Louis XIV qu'ils font réimprimer ? » Quelqu'un appelle ironiquement le directoire : « Un roi en cinq volumes. — Oui, mais ils sont si plats qu'on pourra les relier en un seul. » Dans un café de Paris, on causait de la difficulté des approvisionnements : « Oui, s'écrie un plaisant, car ils ne nous reste que cinq cartouches. » Un voyageur entend son hôtelier ordonner au garçon d'écurie « d'aller à la recherche des représentants » ; il s'informe. — C'étaient les dindons de la ferme qu'on désignait ainsi.

Et cette boutade sur la liberté révolutionnaire : « Ce projet est détestable, on y voit deux chambres et point de salle à manger. — Vous en direz tout ce que vous voudrez, on l'acceptera librement sous peine de mort. »

Mallet du Pan n'oublie pas non plus ce paysan franc-comtois guillotiné pour avoir crié à la vue des jeunes gens de la première réquisition : « Ces pauvres enfants, ce sont des veaux qu'on mène à la boucherie! »

Ce grave et austère penseur recueille avec soin les saillies de l'imagination populaire, les réparties originales. Par exemple ce quatrain affiché sur les murs du Luxembourg par quelque loustic de la réaction :

> Palais à vendre,
> Parlement à louer,
> Ministre à pendre,
> Couronne à donner.

Cette prophétie à Necker lorsqu'il accepte le ministère avec Maupeou : « Vous périrez par la loi de Moïse qui dit : « Vous n'attellerez pas ensemble le bœuf et l'âne. »

Le baron de Breteuil malmène un solliciteur qui l'ennuyait :

« S'il y avait en France trois hommes comme vous, je quitterais à l'instant le ministère.

— Si Votre Excellence veut attendre un instant, je vais lui chercher les deux autres. »

Le dauphin avouant à Louis XV que si les jésuites lui disaient de descendre du trône, il le ferait.

« Comment donc?... repartit le roi, et s'ils vous ordonnaient d'y monter? » Le dauphin tomba à la renverse dans un fauteuil.

Il est dit dans notre Évangile que lorsque Dieu créa la terre, on lui représenta que la France engloutirait les autres États; il répondit que « sa volonté était immuable, mais que, par compensation, tous ses habitants auraient la tête tournée ». (Comte Waldstorff.)

« Vous sonnez le tocsin, disait en 1790 un ministre à l'évêque de Verdun.

— Il le faut bien, monseigneur, puisque vous mettez le feu partout. »

Lui-même applique à Paris sous le régime de la Terreur cette belle pensée sur Athènes dévastée par Alaric : « C'est la peau vide et sanglante d'une victime offerte au sacrifice; il ne lui reste que des rochers, des décombres et des rhéteurs ».

Il excelle à lancer le trait acéré, humoristique, amer, qui entre dans la mémoire pour n'en plus sortir.

« On ne combat pas une tempête avec des feuilles de papier, dit-il, sachant bien que l'action est tout, qu'on ne saurait attendre ni grandeur, ni énergie de *têtes noyées dans l'océan des sottises imprimées*, et répétant avec Montaigne :

« L'écrivaillerie est le symptôme d'un siècle débordé. »

» Je ne crois pas que l'histoire doive être un greffe criminel.

» Les lois seraient mieux faites à coups de dés que par les suffrages d'une multitude.

» Un homme public ne doit montrer que l'esprit de son état.

» Ce n'est pas le courage que je redoute dans les factieux, c'est la peur.

» Toute la Révolution est et sera jusqu'au bout une suite de coups de mains; l'avantage restera donc à celui qui gagne ses adversaires d'une minute.

» Paris est comme une France à part.

» Les chouans n'ont que des moyens de révolte, non de succès.

» Le caractère national a déterminé celui de la Révolution : simultanément cruelle et frivole, servile et licencieuse, impétueuse dans ses plaintes et les oubliant le lendemain sans motif, aussi légère dans ses souffrances que dans la prospérité, incapable de prévoyance et d'aucune réflexion, vendant le matin, comme les sauvages, le lit où elle doit coucher le soir, telle fut de tout temps cette nation, telle on la revoit en ce moment, telle elle sera jusqu'à la fin des siècles.

» Le gouvernement ne subsiste qu'en faisant des dupes qui en font à leur tour.

« La Révolution a achevé d'éteindre en France l'instinct moral. Le crime, l'opinion, l'obéissance, tout est vénal à Paris ; l'honnête homme même a besoin d'être acheté, car il participe plus qu'aucun autre à la misère publique. »

Mallet du Pan a déploré [1] la mort de Louis XVII, survenue le 8 juin 1795, après une longue agonie au Temple, parce qu'elle a fait sortir la royauté de France, livré les constitutionnels à la merci des émigrés. « Que l'Europe reconnaisse ou non le roi, cela ne vaut pas six liards ; c'est de la France et non d'étrangers battus, conspués, haïs, que le roi doit se faire adopter ; s'il pense autrement, il finira comme le roi de Sidon, par être jardinier. »

Et il ne se lasse pas de répéter qu'il faut écouter l'intérieur si l'on veut entreprendre quelque chose de solide.

Ce qu'il faut aussi, c'est le désaveu le plus éclatant de tous ces « brochuriers incendiaires, de tous ces frénétiques

---

1. Voir le livre de M. Chantelauze, *Louis XVII, son enfance, sa prison, et sa mort au Temple.*

massacrants qui parlent à l'armée de Condé, dans les cabarets, dans les cercles, comme Gengis Khan ne parlait pas à la tête de deux cent mille Tartares », c'est l'exclusion de ces gens « étrangers aux arts révolutionnaires, hommes de paille qui voient des clochers dans la lune » ; c'est le renoncement aux *équipées à la Quiberon*, aux *extravagances à la Coblentz*, aux romans de chevalerie des Dunois, des Gaston de Foix, des rois qui parlent de conquérir leur royaume sans avoir un bataillon et qui parlent à Vérone comme Henri IV parlait et pouvait parler sur le champ de bataille d'Ivry. « Les monarchistes ne redoutent rien tant que nos grandes mesures, nos grandes armées, nos grands projets dont nous avons vu de si grands résultats !... Encore un coup, posez votre tonnerre impuissant, c'est une partie d'échecs, et non une tambourinade que vous avez à jouer... Mais toujours point de chefs, point d'hommes à millions, point de noyau d'armée, point de centre d'opinions et de doctrines auquel on puisse se rallier ! »

De bonne heure, il devine l'affaissement de l'esprit public, la lassitude générale, le désir passionné de la paix, dégénérant en scepticisme : « La masse commence à oublier qu'il y ait jamais eu un roi, et, une fois la paix faite au dehors, et un régime doux au dedans, le peuple n'aura plus d'intérêt à désirer un autre ordre de choses. Ceux qui y aspirent, étant sauvés des cachots et des guillotines, se contenteront d'une mauvaise auberge, sans faire un pas pour atteindre un château où ils seraient beaucoup mieux logés... Que Carnot ou le duc d'Orléans, que Louis XVIII ou un infant d'Espagne soient roi, pourvu qu'ils gouvernent tolérablement, le public sera content. On préférerait la royauté si on pouvait à son réveil la trouver rétablie sans secousses et sans dangers... C'est le comble de la démence de croire que ce même peuple ira s'exposer à une révolution pour restituer ce qu'il a gagné... Chacun ne pense plus qu'à jouir, boire et manger. On ne pense plus qu'à soi, et puis à soi, et toujours à soi. »

Il a vu trente fois le port, et la tempête rejette sans cesse le vaisseau en pleine mer : les princes n'écoutent que les excentriques, les ambitieux médiocres, et il semble qu'ils aient gagé de se perdre en dépit des circonstances. Mallet du Pan perd patience, un cri de colère lui échappe : « Il n'est pas un révolutionnaire qui ne doive rester tel en apprenant de quelle indigne manière sont traités ceux qui ont défendu avec le plus de constance et de courage les intérêts de la maison de Bourbon. Les princes resteront ce qu'ils sont ; ils n'emploieront jamais que des espèces... La monarchie rétablie ne le sera pas pour vous ; vous serez repoussés par ceux qui l'auront refaite comme par ceux qui l'ont détruite... Les derniers Stuarts raisonnèrent et se conduisirent comme on raisonne et comme on se conduit aujourd'hui ; on finira comme eux... On ne recouvrera la monarchie que sur des monceaux de cendres et de cadavres, et après avoir vu un usurpateur en saisir et en conserver les rênes peut-être fort longtemps. »

Les disputes des émigrés, voulant se partager la peau de l'ours avant de l'avoir tué, lui rappellent ce fou qui disait à un autre fou : « Tu te prétends Dieu le fils, mais si cela était, moi qui suis Dieu le père, j'en saurais quelque chose. » Et, apostrophant rudement Mongaillard : « Où en ôtes-vous donc? Est-ce au moment présent ou aux prophéties de Nostradamus?... Ce sont les fantômes dans les ténèbres de la mort... Baissez la toile, la pièce est jouée. »

La pièce est jouée en effet, sa prédiction s'accomplit, et il n'a pas le temps d'apprécier toutes les conséquences du 18 Brumaire : « Attendons la moisson, disait-il, pour juger de la semence... Bonaparte est roi, combien de temps le sera-t-il? Il a la tête dans les nues; sa carrière est un poëme; son imagination, un magasin de romans héroïques; son théâtre, une arène ouverte à tous les délires de l'entendement ou de l'ambition. » Au printemps de 1800, la plume tombe des mains de ce vaillant, il meurt le 10 mai, et ses amis durent se cotiser pour payer ses funérailles : la postérité qui revise tant de procès mal jugés en première instance, commence à lui rendre justice, elle lui applique cette devise inscrite sur un de ses ouvrages : *Nec temere nec timide*; ni témérairement, ni timidement, et consacre une gloire qui doit être chère à tous les amis de la vérité, de la justice et de l'honneur.

II. — MALOUET[1]

On est toujours le jacobin ou le réactionnaire, l'utopiste ou le sceptique de quelqu'un. Comme on rapporte tout à

---

1. Né en 1740, mort en 1814. — *Mémoires de Malouet*, publiés par son petit-fils le baron Malouet, 2 vol. in-8. Plon, édit. — Sainte-Beuve, *Nouveaux Lundis*, t. XI, Calmann Lévy, édit. — Bardoux, *le Comte de Montlosier*, Calmann Lévy, édit. — Léonce de Lavergne, *Revue des Deux Mondes*, juin 1842.

soi, comme on ne voit hors de soi que soi-même, chacun, en jugeant les autres, fait l'apologie de son caractère, de sa conduite, et nos applaudissements, nos critiques aboutissent, par une sorte d'action réflexe, à la glorification de nous-mêmes. Un tel vous semble un cerveau brûlé : vous vous imaginez avoir le génie de la prudence et que la déesse Minerve habite en vous. Vous taxez votre voisin d'égoïsme : discrètement vous laissez entendre par là que la générosité, la confiance, la grandeur d'âme vous sont échues en partage. X*** touche à la perfection... seulement X*** vous ressemble en tout point,... à part ce *seulement*, le seulement du Faux Bonhomme de la comédie de Barrière. Comment la vanité, l'éternelle vanité, mère des actions humaines, n'a-t-elle point d'autels, elle qui trouve si peu d'infidèles ?

Malouet n'a pas échappé à la loi commune. Tandis que les émigrés le haïssent comme jacobin, que d'Espréménil le surnomme « l'hérétique à bonnes intentions », que Ferrand écrit : « Malouet méritait d'être pendu bien qu'il fût honnête homme », Mirabeau répète sur lui le propos de Plutarque : « qu'il tenait de bons propos mal à propos », et beaucoup de députés le considèrent comme dupe ou complice de la cour. Plus tard, Napoléon l'appelle : « Monsieur l'idéologue, parce qu'il gardait en son âme le culte de la monarchie représentative, parce qu'aussi il n'approuvait pas toujours la politique impériale. Tous, d'ailleurs, apprécient l'intégrité scrupuleuse[1], les talents administratifs, la fermeté héroïque, la modération in-

---

1. La probité, dit excellemment Malouet, n'est point un titre d'orgueil, c'est un capital sans produit hors les limites de la conscience.

flexible de ce grand fonctionnaire. Secrétaire d'ambassade à Lisbonne, commissaire à Saint-Domingue, intendant de Cayenne, intendant de la marine à Toulon, il s'était montré égal et supérieur à ses diverses tâches : député à la Constituante, il défend avec la plus noble constance le roi, la royauté, la liberté[1]. « Il est, dit Burke, le dernier qui ait veillé au chevet de la monarchie expirante, et l'on sait que lorsqu'il entra aux Tuileries après Varennes, la reine dit au dauphin : «. Mon fils, connaissez-vous monsieur? » — Non, ma mère, répondit l'enfant. — C'est M. Malouet, reprit la reine, n'oubliez jamais son nom. »

Dénoncé, poursuivi depuis le 10 Août, échappé par miracle aux assassins, il parvient à passer en Angleterre. Le procès du roi lui ayant rendu « l'énergie de la douleur » il réclame vainement l'honneur de défendre Louis XVI. Napoléon rouvre au proscrit les portes de la France, le nomme commissaire général de la marine, préfet maritime à Anvers, où il accomplit de grandes choses dans un cadre restreint. Conseiller d'État, l'indépendance de sa

---

1. Mallet était curieux comme un enfant de toutes les figures des émigrés; il demanda précisément d'aller se promener au Parc (à Bruxelles). Ne voulant pas laisser outrager un de ses amis, Montlosier s'achemina avec lui, décidé à repousser la violence par la violence. Ils entrèrent ainsi dans la promenade, Montlosier lui donnant le bras et enfonçant de temps en temps son chapeau pour bien faire comprendre qu'il était décidé à repousser toute insulte. Il y eut quelques rires, quelques chuchotements, mais rien de plus. Malouet arriva de son côté à Bruxelles. Lui aussi manifesta le désir de se rencontrer à la promenade avec ces fous d'émigrés, comme il les appelait. Montlosier prit les mêmes précautions; mais, tandis que Mallet avait un extérieur rude, Malouet avait tant de grâce dans les manières, quelque chose de si bienveillant et si indulgent pour tout le monde, que tout le monde le fut pour lui. (Bardoux, *le Comte de Montlosier*, p. 86.)

parole et de ses conseils, sa désapprobation de l'expédition de Russie, sa patriotique franchise lui attirent la disgrâce et l'exil : l'empereur ne goûtait plus en fait de dévouement que « ce dévouement fatal aux princes qui en sont l'objet ». La première Restauration lui ayant confié le portefeuille de la marine, il usa dans cette tâche le reste de ses forces et mourut le 6 septembre 1814, emportant sans doute avec lui cette espérance que la France avait touché le port et ne se rejetterait plus en pleine tempête, espérance bien vaine dans un pays « où les opinions et les cocardes tiennent plus de place que les principes ». Il ne laissait à ses enfants, suivant l'expression du chancelier Dambray, « que l'héritage de son nom et l'exemple de ses vertus ». L'État fit les frais de ses funérailles.

Les *Mémoires de Malouet*, un des meilleurs livres qu'on ait faits sur la Constituante, donnent l'idée d'un écrivain élégant et précis, sévère aux folies de gauche et d'extrême droite, moins préoccupé de l'éclat de l'expression que de la justesse et de la clarté de l'idée, ennemi de la déclamation, des assertions hasardées, des prétendus faits positifs fondés sur des ouï-dire : on y sent l'homme qui a manié les grandes affaires, appris la vie ailleurs que dans les livres, qui puise dans son expérience même ces fins aperçus, ces hautes inspirations auxquelles princes et ministres, s'ils eussent prêté l'oreille, auraient dû peut-être leur salut. Manzoni disait de Cavour qu'il avait tout de l'homme d'État, la prudence et même l'imprudence : à Malouet manquèrent cette imprudence du génie, cette volonté supérieure, ces dons sublimes qui conjurent les crises, domptent les événements et dirigent les passions, mais sa perspicacité fut rarement en défaut. A propos de l'indécision foncière de Louis XVI, il écrit : « Il y a tel capitaine de grenadiers qui l'eût sauvé, lui et l'État, s'il l'avait laissé faire. »

J'imagine que Malouet aurait su choisir ce capitaine.

Avant de partir pour les états généraux, il avait revu à Marseille l'abbé Raynal [1], qui, très inquiet des exagérations de l'opinion publique, connaissant la pusillanimité du roi, de son conseil, lui tint ce langage : « Je vous aurais détourné de votre projet si vous aviez fait la même faute que moi de vous signaler parmi les enthousiastes de la liberté et tous ceux qu'on appelle ou qui se disent philosophes. Dans l'état actuel des choses, je ne puis servir ni le peuple, ni le roi. Le premier croirait que je me suis vendu à la cour, si je parlais autrement que mon livre, et la cour se défierait de moi comme d'un ennemi, si je voulais défendre l'autorité légitime. Ainsi je me refuse obstinément à toute proposition de députation ; mais vous, qui m'avez parlé raison quand je m'en écartais, allez essayer ce langage ; je souhaite qu'il réussisse, mais je ne l'espère pas. »

L'abbé Raynal, qui autrefois... et non qui depuis...

1. Frédéric II, raillant son ton solennel, écrivait à d'Alembert : « J'ai cru m'entretenir avec la Providence. » Il lui donna un jour cette leçon de politique : « Monsieur l'abbé, vous n'aimez pas le despotisme, ni moi non plus ; mais savez-vous où je vois le despotisme ? dans l'injustice et l'ignorance... Il faut que chaque peuple soit gouverné selon son génie, ses mœurs et ses besoins ; vous demandez beaucoup plus, vous autres philosophes ; mais si vous étiez à la tête des affaires, vous laisseriez là vos livres. » L'abbé acquiesçait et ajoutait : « Mais dans la foule des rois, combien peu de Frédérics ! »

revenait de loin; l'exil, son séjour à la cour de Berlin, l'âge avaient ralenti son ardeur, au point de confesser que là où il y avait des lois fixes et une administration sage, le despotisme n'existe pas, de définir le gouvernement monarchique : *une volonté, légale, absolue dans tout ce qui est reconnu juste et utile*, au point d'écrire à la Constituante sa fameuse lettre sur les excès de la Révolution, de prédire tout ce qui allait se passer. Il ne parlait plus de sa fameuse *Histoire philosophique* et n'aimait pas qu'on lui en parlât. Un jour, qu'il dînait avec Malouet chez M. de Belloy, évêque de Marseille, celui-ci fit remarquer le livre parmi les volumes qui figuraient sur la table du salon. « Vous voyez, monsieur l'abbé, que je cherche à m'instruire. — Ce sont vos instructions, monseigneur, et non les miennes qu'il faut suivre, » répondit-il modestement.

Plein d'illusions sur Necker, lorsqu'il vint à Paris, Malouet eut bien vite pénétré ses *talents décolorés*, ses *lumières vacillantes*, l'orgueil timide qui le dévorait en s'interposant comme un voile épais entre lui et les autres hommes[1]. Malebranche voyait tout en Dieu, observe Mirabeau, Necker voit tout en Necker. Sa fille, madame de Staël, pensait que « l'à-propos est la nymphe Égérie des hommes d'État ». Que ne l'a-t-il interrogée plus souvent ? Que n'écoutait-t-il ses interprètes, Malouet, par exemple, qui l'invite instamment à ne pas laisser approcher la grande crise sans aucun préparatif, sans défense, sans

---

1. « Il portait la tête fort élevée et même le renversement de sa tête était un thermomètre de la situation politique. » « Il semble, disait l'abbé Maury, que l'avenir n'ait pour lui que trente jours; ailleurs il raille cet administrateur « si vigilant sur tous les petits sentiers de la renommée, dont il a tant négligé les grandes routes... »

combinaison, à connaître les hommes, diriger les choix, à présenter un plan arrêté de concessions, de réformes, qui, au lieu de tout ébranler, consolide les bases de l'autorité ?

La marquise de Lambert écrivait à l'un de ses amis : « Qu'on trouve de peuple à la cour ! J'appelle peuple tout ce qui pense bas et communément. La cour en est remplie. » Pour ne pas s'exprimer aussi durement, Malouet blâme hautement les courtisans auxquels il reproche d'accélérer la catastrophe en se déclarant et contre le roi et contre les ministres, l'attitude de la noblesse à la Constituante, à l'étranger. La démocratie, confesse-t-il, et toutes ses fureurs sont nées des prétentions irritantes de l'aristocratie... Et dans sa *Lettre aux Émigrants :* « Vous vouliez ce dont on ne voulait plus, sans savoir empêcher ce que l'on voulait et sans rien mettre à la place... Si vous mêlez vos sentiments à une colère étrangère, quelque fondés que vous soyez dans vos griefs, vous n'êtes plus des citoyens français. Pour venger vos injures, il faut les oublier. »

Quant aux orateurs du côté droit, Maury, Cazalès, l'abbé de Montesquiou, « ils ont trouvé l'art de discréditer avec beaucoup d'esprit les meilleurs principes, les plus saines maximes, de n'avoir presque jamais tort en morale, mais presque toujours en politique... Ils défendaient avec chaleur les bases fondamentales de la monarchie, de la religion, de la propriété, qu'ils ébranlaient ensuite en y mettant les privilèges et les abus d'un régime dont on ne voulait plus : et la confusion malhabile du principal et de l'accessoire les a rendus, bien malgré eux, complices de la destruction qu'ils redoutaient. »

Cependant, tandis que tout s'agitait autour de lui, le gouvernement hésitait, attendait, appelait tous les périls sans en repousser aucun. Le dédain avec lequel on parlait à la cour du parti populaire, persuadait aux princes qu'il n'y aurait qu'à enfoncer son chapeau pour le disperser ; et, le moment venu, l'on ne savait même pas enfoncer son chapeau. Il fallait, comme dans un grand incendie, « se presser de faire la part du feu et sauver la cité aux dépens d'une portion des faubourgs », se souvenir « qu'il n'y a que deux manières de diriger les hommes avec succès, une force agissante dirigée par la raison, ou une raison attirante qu'on ne puisse pas croire dépourvue de force. La force sans la raison brisera tout ; la raison sans la force ne conservera rien. »

Le parti populaire avait pris l'habitude de tout mettre en question et de considérer le gouvernement comme une chose à créer plutôt qu'à réformer : il crut qu'il ne devait pas rester pierre sur pierre de l'ancien édifice au moment où on en construisait un nouveau. D'ailleurs, il eut l'art de se présenter tout d'abord en masse, de réduire la question au plus simple terme : *nous voulons la liberté*, et à cette parole qui fut bientôt consacrée, des millions de voix répondirent dans les clubs, dans les carrefours : *Nous la voulons. Voilà toute la force, toute la magie de la Révolution.* Les arrière-pensées se voilent sous cette enseigne nationale « tandis que ceux qui contestent les conditions et les moyens sont inévitablement classés parmi les ennemis du bien public ». Malouet remarque justement l'empire des idées simples et positives sur la multitude, lorsqu'elles répondent à ses goûts, à ses besoins. La foule est simpliste, les détails lui échappent elle ne voit qu'en gros, déteste les solutions mixtes et court aux extrêmes.

Malouet affirme que la masse du parti populaire, la masse du parti royaliste n'avaient aucun projet coupable et ne manquaient point de courage; la première subissait une mauvaise direction, la seconde n'en avait pas : voilà toute la différence. Il y a plus, la très grande majorité des citoyens, à Paris, dans les provinces, dans l'Assemblée, ne coopérait aux désordres, activement ou passivement, que dans l'intention d'éviter de plus grands maux.

Au reste, le club des Jacobins vivait au jour le jour, comme le parti de la cour. L'historien, s'il est impartial, sera fort embarrassé d'attacher un nom à chaque action criminelle. « Dans l'agitation violente d'une grande multitude, un mot dit au hasard ou à dessein, tue un homme, brûle une ville... La fureur du peuple est une véritable électricité morale et physique. Le premier venu qui demande du sang est toujours obéi, qu'il soit animé par une inimitié personnelle ou par l'ivresse générale... La Terreur, dont les républicains purs ne proclament le règne qu'en 1793, date, pour tout homme impartial, du 14 juillet 1789... »

Historien consciencieux, Malouet refuse de mettre toujours une faction en évidence, de lui rapporter, comme à un centre, tous les attentats. Mais il a vu, dans tous les partis, un état de choses tellement désordonné en fausses combinaisons, en caractères faibles et violents, en prétentions et en oppositions insensées, qu'il devait en résulter tout ce qui est arrivé, même le crédit des Marat et des Robespierre. Il a remarqué tout ce qu'il y a de machinal dans les mouvements d'une grande assemblée : la vanité d'une femme, la colère d'un étourdi s'emparent de ces grands corps et les enflamment aussi violemment que peuvent l'être des individus. Il constate que, en 1788, l'esprit universel était celui de l'indépendance : clergé, noblesse, parlement, tiers-état, chacun réclamait de nouvelles prérogatives pour soi et les siens, et la suppression ou la réduction de celles des autres.

Ce qu'il veut, il le dit à plusieurs reprises : une révolution contre les abus, non contre les personnes et contre les propriétés. Il avertit ses collègues que tout gouvernement est comme une exception au droit naturel ; que chaque homme ne s'unit au bien général que par sa raison, tandis que ses passions l'en éloignent. Pour avoir perdu de vue cette vérité, les théoriciens philosophes ont fait de nous des sophistes pratiques, et les Français sont tombés dans l'erreur commune que, pour jouir de la liberté, il faut renverser le pouvoir. Aux yeux de Malouet, la liberté ne se trouve que là où dominent la raison, l'honneur et la probité ; elle n'existe point sans la plus grande sécurité pour les personnes et le respect le plus inviolable pour les propriétés, et le genre de liberté qui permet la violation de tous les droits constitue un horrible despotisme. Ceux qui dirigent une révolution s'investissent d'une véritable dictature en morale et en politique. Lamartine a poétisé cette pensée en disant : celui qui prend la responsabilité d'une révolution est un fou, un scélérat ou un Dieu.

Ainsi les bons n'ont pu faire aucun bien, et les mauvais, par légèreté, par violence, ont presque toujours fait plus de mal qu'ils ne le voulaient. Nous qui raisonnons juste, gémissait-il, nous ne prévoyons presque jamais avec précision aucun événement, parce que les actions des hommes ont fort peu de ressemblance aux bons raisonnements.

On a fait de la constitution un code d'anarchie : elle ordonne la pratique de la justice, l'obéissance aux lois, et elle livre tous ces trésors aux caprices et aux fureurs populaires ; on a placé la souveraineté en abstraction, oublié qu'un droit n'est rien s'il ne repose sous la garde d'une protection efficace ; on a voulu établir la liberté avant le gouvernement ; la Commune de Paris, dès la fin de 89, est déjà un empire dans l'empire, *Imperium in imperio*. Ne semble-t-il pas que Malouet ait répondu d'avance à la question qu'il se pose lui-même? Par quelle cruelle fatalité l'absurdité a-t-elle toujours été plus puissante que la raison? L'éloquence, le courage, la vertu ont été inutiles ; la faiblesse toujours funeste, l'audace sans talents, l'exagération sans motifs, la violence sans nécessité ont opéré avec une facilité étonnante tous les maux qui nous ont accablés... Marius gouvernait ses démocrates, Sylla ses aristocrates, Cromwell ses puritains ; chez nous, l'anarchie a commencé par l'anarchie ; elle est sortie tout armée du cerveau de la multitude. Un seul mot, l'égalité, a bouleversé les têtes, et aucune forte tête ne s'est montrée pour les contenir. Il fallait pousser en avant pour se faire remarquer. Aucun homme fort, dans cette grande époque, si l'on excepte Mirabeau, n'a précédé Napoléon.

III. — MOUNIER [1]

La carrière politique de Mounier, aussi courte que brillante, se développe tout entière entre ces états provinciaux du Dauphiné dont il est l'âme, qui tinrent une si grande place dans les préliminaires de la Révolution, et les journées des 5 et 6 octobre 1789, où, président de l'Assemblée constituante, il vit l'émeute dicter ses volontés aux pouvoirs publics. Inconnu le 10 mai 1788, l'orateur de Vizille et de Romans est célèbre quelques mois après, pour avoir réuni la noblesse, le clergé, le tiers état de sa province dans une commune action, tracé à la France le chemin de la résistance légale, signifié au ministère que l'époque du bon plaisir avait pris fin; que des droits appartenaient aux sujets, droits qui sont le principe et le lien de leurs devoirs, revendiqué hardiment les vieilles franchises de la nation. Il soutient cette thèse si bien formulée par madame de Staël : « C'est l'arbitraire qui est nouveau et la liberté qui est ancienne », que l'impôt en France doit être librement consenti par les députés de ceux qui le supportent, et tout d'abord trouvé le moyen de couper court aux tergiversations, de contraindre le gouvernement à réunir les états généraux :

---

1. Né en 1758, mort en 1806. — De Lanzac de Laborie, *Jean-Joseph Mounier, sa vie politique et ses écrits*, in-8, Plon. — Œuvres de Mounier : *Nouvelles observations sur les états généraux. — Considérations sur les gouvernements. — Recherches sur les causes qui ont empêché les Français de devenir libres. — Adolphe. — De l'influence attribuée aux philosophes, aux francs maçons et aux illuminés.*

organiser la grève des contribuables, refuser le payement de l'impôt. A sa voix, l'assemblée de Vizille arrête que les trois ordres du Dauphiné ne sépareront jamais leur cause de celle des autres provinces; qu'en soutenant leurs droits particuliers[1], ils n'abandonneront pas ceux de la nation, elle vote le doublement du tiers, sans lequel, disait Mounier, on ne saurait vaincre les résistances des privilégiés, sans lequel on risquerait d'apprendre à l'Europe « que les Français ne savent ni supporter la servitude, ni mériter la liberté ».

De telles mesures, unies à l'affirmation constante des droits nécessaires de la monarchie, excitaient en France une indicible émotion[2]. Lorsque Mounier fut présenté au roi par l'archevêque de Vienne, comme Louis XVI remerciait le prélat « d'avoir sauvé le Dauphiné » : « Sire, répondit Pompignan[3], ce n'est pas moi, c'est notre secrétaire

1. Mounier avait vu éclater des divisions pendant les dernières séances de la session de Romans. L'archevêque d'Embrun, prélat éloquent, ambitieux et décrié pour ses mœurs, était à la tête des *dissidents*, et il lui échappa un jour de dire qu'avec le système suivi dans les élections, les deux premiers ordres étaient f..... « Monseigneur vient de parler en capitaine de dragons, repartit le comte de Lablache, je vais m'efforcer d'opiner en prélat. »

2. Dans son excellente monographie, M. de Lanzac de Laborie rapporte que les femmes du Dauphiné envoyèrent au roi une adresse où elles menaçaient à leur façon de refuser l'impôt : « Non, nous ne saurions nous résoudre à donner le jour à des enfants destinés à vivre dans un pays soumis au despotisme. »

3. A la Constituante, Mounier compte parmi les plus fermes appuis de sa politique le clergé du Dauphiné, et à sa tête l'archevêque de Vienne, auquel on disait en riant : « Monseigneur, après avoir combattu avec acharnement les philosophes, vous vous faites à présent leur exécuteur testamentaire. » La noblesse du Dauphiné, et en particulier les comtes de Morges, de Lablache, de Virieu, prêtèrent aussi à Mounier le concours le plus constant.

général. » « Depuis l'Œil-de-Bœuf, jusqu'au port Saint-Nicolas, écrit plus tard Camille Desmoulins, le nom de M. Mounier volait de bouche en bouche. C'est ce grand homme, disait-on, qui le premier a fait accoucher la constitution à l'assemblée provinciale de Romans ; c'est lui qui sera le restaurateur de la France. » Et Rivarol le nommera en tête « de ces premiers apôtres de la liberté... alors les seuls hommes courageux du royaume, bientôt accusés de faiblesse et de lâcheté par ceux mêmes qui tremblaient naguère sous la verge des ministres ». La générosité de la noblesse et du clergé, la modération des membres des communes, le calme des spectateurs aux séances de Romans, la liberté des suffrages, les succès obtenus par la seule puissance de la justice et de la raison, tant d'heureux symptômes avaient rempli d'illusions Mounier, lui déguisaient les obstacles. Il comptait sans le peuple de Paris ; ayant beaucoup étudié les institutions anglaises, il connaissait mal l'histoire de Paris, les temps d'Étienne Marcel, de la Ligue, de la Fronde. « Il y a, écrivait-il plus tard, il y a nécessité de confier plus de force au pouvoir exécutif dans un grand État que dans une petite république. On ne dirige pas une armée comme une légion, et une légion comme une compagnie de soldats ; il faut toujours proportionner le levier à la pesanteur du corps qu'on veut mettre en mouvement. » De même Romans n'est pas Paris et les mêmes précautions ne conviennent pas pour une petite ville et une capitale de six cent mille habitants.

En même temps qu'à la Constituante il prend l'initiative du serment du Jeu de Paume et des protestations contre le renvoi de Necker, il cherche à éviter les mesures extrêmes, prêche la sagesse après la victoire, défend les justes prérogatives de la couronne. D'ailleurs on continue à voir tout en beau : le 15 juillet, Lally-Tollendal, Clermont-Tonnerre, le duc de Liancourt, exaltent les vainqueurs de la Bastille ; M. de Juigné lui-même propose à ces étranges diocésains d'assister à un *Te Deum* solennel à Notre-Dame. « Tout le monde semblait avoir la tête tournée, écrit Montlosier ; j'ai entendu Mounier lui-même, le fervent royaliste Mounier, dire à l'Assemblée : « Ah ! » messieurs, quel beau spectacle ! la place était couverte » d'une foule prodigieuse de citoyens armés et non armés ! » Il est vrai qu'il proposait d'élever, sur les ruines de cette prison d'État, la statue de Louis XVI « restaurateur de la liberté et du bonheur de la France ». Alors, en effet, les plus sages font leur petite excursion dans l'île d'Utopie ou dans le royaume de Salente et personne ne songe à prononcer le mot de Casimir Périer après 1830 : « S'il est beau d'avoir fait sortir tout ce peuple de ses demeures, il serait plus beau de l'y faire rentrer. »

A partir du 14 Juillet, Mounier s'efforce de lutter contre l'anarchie pour les vrais principes de gouvernement, et d'enrayer la marche de la Révolution. « Nous croyions, dit-il à Virieu, dans le jargon mythologique de l'époque, qu'il était nécessaire d'avoir la massue d'Hercule pour écraser les abus, et il nous faudrait les épaules d'Atlas pour soutenir la monarchie. » Il déplore la mollesse des députés bien intentionnés dont beaucoup, pour rester jusqu'à la fin des séances, ne consentaient même pas « à retarder l'heure de leurs repas ». Membre du comité de constitution, il combat les principes que La Fayette et Sieyès veulent proclamer dans la déclaration des droits de l'homme[1], publie quelques brochures où, pour redresser l'opinion publique, il célèbre le régime de ses préférences, la monarchie représentative, avec deux Chambres, à l'exemple de l'Angleterre : « La représentation du peuple, malgré tous les sophismes des admirateurs outrés des Grecs et des Romains, est véritablement la plus belle, la plus heureuse de toutes les institutions politiques. » « Croyez-moi, remarquait plus tard Cavour, la plus mauvaise des Chambres est encore préférable à la plus brillante des antichambres. » Seulement ce grand magicien savait l'art de captiver son parlement, de s'assurer sa fidélité[2], si bien qu'à Turin c'était presque un lieu commun de dire : « Nous avons un gouvernement, nous avons des Chambres, une constitution, tout cela s'appelle Cavour. »

Les deux Chambres comptaient des adversaires résolus à gauche et à droite : la petite noblesse ne voulait pas d'une Chambre haute, parce qu'elle craignait de n'en point faire partie, d'autres poussaient à la politique des catastrophes pour arriver plus vite à la réaction. L'abbé Maury le confessait avec égoïsme : « Si vous établissiez deux Chambres, votre constitution pourrait se maintenir. »

1. « L'Évangile, écrivait Mallet du Pan, a donné la plus courte déclaration des droits de l'homme lorsqu'il a dit : « Ne fais pas à » autrui ce que tu ne voudrais pas qui te fût fait. » — « Pourquoi, observe Malouet, pourquoi donc commencer par transporter l'homme sur une haute montagne et lui montrer un empire sans limites, lorsqu'il doit en descendre pour trouver des bornes à chaque pas ! »

2. Voici encore deux spirituels préceptes de Cavour : « C'est en parlant aux femmes qu'on apprend à parler aux gouvernements... Les peuples sont gouvernés par des antichambres, par des chambres à coucher ou par des chambres parlementaires... »

Vainement Mounier et ses amis allèrent-ils de rang en rang pour entraîner les timides : un de ceux-ci leur répondit : « Je ne veux pas faire égorger ma femme et mes enfants. » Le système des deux Chambres ne réunit que 89 suffrages, celui de la Chambre unique en obtint 849. Lally-Tolendal déduisait en ces termes la philosophie de ce vote : « Ce sont deux étranges bases pour une constitution que la peur d'être assassiné et l'envie de la faire crouler. »

La même défaite attendait les modérés sur la question du *veto*, qui, habilement exploitée par les meneurs, devint pour le peuple un fantôme, une sorte de croquemitaine politique.

On a bouleversé le monde avec des mots,

soupire le poète. Rivarol énumère plaisamment cette nuée d'adversaires de la sanction royale « la halle et les clubs, l'Académie et la police, les filles et les philosophes, les brochures et les poignards, ceux qui raisonnaient sur le *veto*, ceux qui le croyaient le grand mot du despotisme, ceux qui le prenaient pour un impôt ».

Le 28 septembre, Mounier[1], âgé de trente ans à peine, est élu président de la Constituante : on sait sa courageuse attitude pendant ces journées d'Octobre qui placèrent la royauté, l'Assemblée sous la dictature parisienne. Je n'en

---

1. Il s'était fait accompagner à Versailles de sa femme et de ses enfants, ce qui avait donné lieu à une réflexion aussi injuste que piquante de Mirabeau : « Venir aux états généraux avec sa femme et ses enfants, qu'est-ce autre chose que donner des anses pour vous soulever? » Mirabeau reprochant à Mounier d'avoir peut-être envie de se laisser corrompre! Le trait n'est-il pas plaisant?

veux retenir qu'un seul trait. — Le 5, entre onze heures et midi, Mirabeau vint se placer derrière lui et dit : « Monsieur le président, quarante mille hommes armés arrivent de Paris. Pressez la délibération ; levez la séance ; trouvez-vous mal ; dites que vous allez chez le roi. — Je ne presse jamais les délibérations. Je trouve qu'on ne les presse que trop souvent. — Mais, monsieur le président, ces quarante mille hommes... — Tant mieux, ils n'ont qu'à nous tuer tous, mais tous, entendez-vous bien ; les affaires de la République en iront mieux. — Monsieur le président, le mot est joli. » Mounier n'aimait guère Mirabeau et se méfiait de celui sur lequel il a porté ce jugement : « Je n'ai jamais connu un homme d'un esprit plus éclairé, d'une doctrine politique plus judicieuse et d'un cœur plus corrompu. »

Après l'attentat d'Octobre, Mounier désespère de pouvoir servir la cause de l'ordre à Paris, sous la férule de populace : il part le premier, selon l'expression de M. de Laborie, pour entraîner ses collègues, comme un général qui monte à l'assaut, alors qu'il devait s'éloigner le dernier comme un capitaine qui quitte un vaisseau désemparé. Il se flattait de soulever sa province et de venger le roi, mais toute velléité de résistance s'évanouit bientôt, ses amis eux-mêmes osaient à peine prendre couleur, les jacobins du cru firent rage contre lui ; on venait crier devant la porte : « Monsieur Veto, à la lanterne ! » Sa vie n'était plus en sûreté[1]. Il donna sa démis-

---

1. Curtius, le propriétaire des figures de cire, avait, au début de la Révolution, placé dans sa galerie l'effigie de Mounier : le moment lui parut opportun d'en faire un Barnave. Procédé emprunté aux Romains qui se contentaient de remplacer les têtes des statues des anciens par celles des nouveaux favoris.

sion de député et s'enfuit en Suisse[1]. Le bruit s'étant répandu à Paris qu'il ouvrait un cours de droit public, Mallet du Pan le démentit de la manière suivante : « Quelques folliculaires de la capitale ont imprimé sur M. Mounier qu'il donnait un cours de droit à Genève. Il en donne un, en effet, et bien mémorable, à tous les hommes publics, en leur montrant, par sa présence à l'étranger, un exemple de l'ingratitude populaire et du sort réservé à tout citoyen qui voudra servir le peuple sans partager ses excès, sans l'égarer par de lâches complaisances, et sans se laisser gouverner par son aveuglement… »

Pendant cette émigration forcée qui dura plus de dix ans, Mounier partage son temps entre des écrits politiques, quelques voyages, l'enseignement de l'histoire et de la philosophie au château du Belvédère, mis à sa disposition par le duc de Saxe-Weimar, où il fonda un établissement destiné à préparer les jeunes gens à la vie publique au sortir de leurs études classiques[2]. Son journal de voyage contient le récit d'une aventure à l'auberge de Soleure où il tombe au milieu d'émigrés français fort bruyants qui le reconnaissent et, sans prononcer son nom, affectent de maudire les libéraux. L'un d'eux ayant traité Lally-Tollendal de bâtard, Mounier sortit de sa réserve, défendit

1. Un *Appel au Tribunal de l'Opinion* qu'il publia alors, amena une réplique de Boissy d'Anglas où l'on remarque cette maxime : « M. Mounier ne sentit pas que changer avec les circonstances, ce n'est pas réellement changer. »

2. On pourrait y voir un précurseur de notre *École des Sciences libres et politiques* qui, sous la direction d'hommes très distingués, MM. Boutmy, Sorel, Vandal, etc., a déjà donné et donnera d'excellents résultats.

son ami, et le repas s'acheva au milieu du tumulte. Quelques jours après, rencontrant un émigré qui entamait avec lui une longue discussion, il s'écrie avec désespoir : « J'ai cru que je portais mon auberge avec moi. »

Le style de Mounier n'est pas exempt d'enflure, rappelle trop le procédé de l'orateur, et demeure inférieur à celui de Malouet, de Mallet du Pan surtout ; cependant on y démêle de sérieuses qualités : vigueur, abondance, logique serrée, éloquence peu originale, mais naturelle et d'un jet bien spontané. Il aime les comparaisons comme celle-ci : « Ceux qui hasarderaient leurs vies et leurs fortunes sur une mer orageuse, dans un bâtiment d'une forme jusqu'alors inconnue, contraire à toutes les règles de la construction, dont la voilure arrêterait la marche, bien loin de la favoriser, dont les parties mal liées ensemble tendraient à se disjoindre, et dont les interstices laisseraient pénétrer l'eau de toutes parts, ne seraient pas plus insensés que ceux qui ont voulu concilier l'ordre public avec la constitution nouvelle. » Dans ses *Recherches sur les causes qui ont empêché les Français de devenir libres*, il développe cette thèse que la Constituante, asservie au joug de la populace parisienne, a fait peser sur la France le plus accablant despotisme, semé partout le désordre et l'anarchie.

Dans *Adolphe*, on remarque plusieurs observations d'une certaine portée, celle-ci entre autres sur la fâcheuse influence de Rousseau : « Cependant le peuple, tout en applaudissant à ces rêveries, s'attachait moins aux hommes qui lui donnaient des illusions qu'à ces illusions mêmes ; de sorte que les premiers ambitieux, une fois parvenus à l'élévation sur des cadavres, ont tenté vainement de mettre un terme à des horreurs devenues pour eux inutiles. Tout scélérat qui s'arrêtait dans sa marche périssait sous les coups de ceux que le mouvement furieux imprimé par les maximes d'égalité et de souveraineté du peuple précipitait sur ses pas. »

Un ancien jésuite, l'abbé Barruel, publie à Londres, en 1797, cinq volumes, où il prétend démontrer que la Révolution française résulte de trois grandes conjurations fusionnées : la conjuration philosophique, celle des francs-maçons et celle des illuminés d'Allemagne. Les émigrés le portent aux nues et Mallet du Pan constate ironiquement le succès : « Attribuez la chute de la monarchie française à l'ordre des Templiers et à ses successeurs, aux rêveries inintelligentes de quelques pédants d'Allemagne que vous ne comprendriez pas vous-même... Montrez-nous que, dans son ensemble et ses détails, la Révolution fut préméditée, organisée et déployée comme un automate, dans les mains de Vaucanson. Qu'il n'y ait rien pour vous d'obscur ni de douteux. Soyez tranchant dans vos interprétations et vos jugements; copiez des sottises de parti et des bruits de société; écrivez l'histoire comme l'*Almanach Boiteux;* vous aurez des prôneurs et une pension de votre libraire. » Mounier entreprit de réfuter les théories de l'abbé Barruel; à côté de tirades assez médiocres sur la philosophie du xviiie siècle, les ordres monastiques, l'*Émile* de Jean-Jacques, sa brochure renferme des traits à méditer, comme cette imprécation contre ceux qui voient dans le despotisme jacobin la preuve de la nécessité du despotisme monarchique : « Malheur à ceux qui croient que Robespierre leur a révélé le secret de la puissance! » Et cet éloge de la modération : « Parce qu'il est quelquefois arrivé que des hommes timides ou égoïstes ont voulu honorer du nom de modération leur lâcheté ou leur indifférence, on croit assez communément que des principes modérés sont des indices de faiblesse; tandis qu'on ne peut éviter l'erreur qu'en adoptant de tels principes, qu'il faut beaucoup de fermeté pour y rester fidèle, et que les faibles se passionnent pour les opinions exagérées et passent successivement de l'une à l'autre. »

Cependant l'exil se prolongeait : s'il croyait encore à la monarchie, Mounier ne croyait plus au monarque : il sollicita, obtint en 1801 sa radiation des listes de l'émigration. En 1802 le premier consul le nomme préfet, en même temps « que le citoyen Alexandre Lameth, ex-constituant »; en 1805, il est appelé au conseil d'État, et fait à l'empereur, un jour que celui-ci lui reprochait d'être encore l'homme de 1789, cette réponse, plus spirituelle qu'il ne le pensait lui-même : « Sire, les temps changent, les principes ne changent pas. » « Celui-là était un honnête homme », dit Napoléon en apprenant au conseil d'État la mort de Mounier, survenue le 25 janvier 1806. Ajoutez à cet éloge le jugement de madame de Staël : « C'était un homme passionnément raisonnable », qui résume mieux encore la vie de l'ancien président de la Constituante. Combien rares en effet sont ceux qui mettent la passion dans la raison! Combien plus rares, ceux qui joignent à ces vertus le succès qui les décuple aux yeux des peuples, ceux dont on peut dire : Ce fut un grand homme modéré!

VII

MARMONTEL, MORELLET

Les talents et les caractères. — Marmontel est de la race des Philintes et des dos voûtés. — Charme de ses *Mémoires*. — Le vieux Boindin. — Rapports de Marmontel avec les Necker. — Conseils de madame de Tencin. — L'ombre de la faveur. — Le lion de la barrière Saint-Victor. — La fameuse conversation avec Chamfort : la nation sait-elle ce qu'elle veut? — Les Démosthènes à un écu par tête. — Avec un millier de louis on peut faire une jolie sédition. — Des révolutions à l'eau de rose. — Les deux Ménechmes de la littérature. — L'anecdote du *corps saint*. — Algarade de Rousseau à Rulhières. — L'argument des dés pipés. — Le Préjugé Vaincu : la boucherie nationale. — Les quatre quartiers de noblesse révolutionnaire. — Un trait de caractère de Garat.

I. — MARMONTEL [1]

La philosophie n'est qu'un vain batelage, un exercice d'école, une jonglerie de phrases, si elle ne se fait la

---

[1]. Né en 1723, mort en 1799. — *Mémoires de Marmontel.*

servante de la morale, si, en même temps que la tolérance, elle n'enseigne la rectitude du jugement, la probité de la conduite, la dignité du caractère. Les plus éloquentes dissertations du monde ne dispensent pas d'un devoir, et un invincible instinct nous pousse à demander aux professeurs de métaphysique de rester d'accord avec eux-mêmes, à interroger leur existence, à mettre en parallèle les leçons et les actes. Qu'un Voltaire, un Marmontel encensent les grands, briguent les faveurs des royales courtisanes, prodiguent à Frédéric, à Catherine les témoignages de l'adulation la plus servile, qu'ils aient tous les travers des autres mortels unis aux défauts philosophiques, tant de petitesses éclairent d'un singulier jour ces grands prêtres des petites chapelles de la libre pensée, plus occupés du *bien dire* que du *bien faire*, qui érigèrent leurs faiblesses en systèmes, leurs préjugés en dogmes, prirent des pétitions de principes pour des principes et raffinèrent l'art du courtisan en prétendant satisfaire à la fois les rois et le public. Grands écrivains, beaux esprits, séduisants immoralistes; je le veux. Savants selon la formule et habiles artistes de mots; je n'y contredis point. Mais gardez-vous de les étudier de près, si vous voulez garder vos illusions! Ne lisez même pas leurs livres, car ils habitent une maison de verre, et prennent plaisir à confesser leurs défauts, comme s'ils en tiraient gloire. Celui-ci note précieusement ses conversations avec madame de Pompadour, compte ses sourires, énumère les requêtes qu'il adresse pour lui et les siens, les grasses prébendes qu'il doit à ses génuflexions, dit naïvement les douceurs de cette vie épicurienne et son désespoir lorsque la Révolution le réduit à la portion congrue. Cet autre félicite le roi de Prusse d'avoir battu les Français ; un troisième raconte, dans une prose enchanteresse, ses vols, ses ingratitudes à l'égard de ses bâtards qu'il met aux Enfants-Trouvés. De telle sorte, qu'en tordant ces illustres sophistes, on en extrairait à grand'peine quelques beaux caractères, et, qu'avec Walpole, on est parfois tenté de leur préférer le pauvre laboureur qui observe la loi du Décalogue, lit son almanach, et croit que les étoiles sont des chandelles d'un sou accrochées à la voûte céleste pour l'éclairer. La supériorité de leur esprit condamne davantage la médiocrité de leurs âmes, les pages où ils ont montré de nobles sentiments, revêtu d'une nouvelle parure les vérités fortifiantes, ne les absolvent point, car ils avaient tari la source des hautes croyances, dévolouté les âmes, et, selon leur génie, fabriqué des générations de sceptiques ou d'inconscients fanatiques. Le mot du coiffeur : « Je ne suis qu'un misérable carabin, mais je ne crois pas plus qu'un autre en Dieu », celui d'une admiratrice de d'Alembert sur Voltaire : « Il est bigot, c'est un déiste », donnent la mesure de ce désordre moral qui, vers la fin du siècle, produisit logiquement deux types bien différents, mais également marqués du cachet de l'époque : Talleyrand, — Robespierre, — le roué déguisé en prélat, — le sinistre somnambule qui mettait en coupe réglée le peuple français pour glorifier sa chimère.

Plus faible que vicieux, et méritant le surnom de *chose légère* appliquée à l'abbé Delille, moins ambitieux qu'intrigant, hanté de la passion de la célébrité, d'une vanité souvent puérile, fort capable de tenir le pot aux gens en place, quitte à le renverser sur leur tête quand ils tombent en disgrâce[1], aimant fort les nouvelles et utiles connaissances, Marmontel est avant tout de la race des Philintes et des dos voûtés, de ceux qui préfèrent tout le monde, et s'arrangent pour faire à travers l'existence une promenade aussi agréable que possible. Qu'on ne s'étonne point si ses *Contes moraux*[2] justifient rarement leur titre, si ses *Mémoires*, écrits pour l'instruction de ses enfants, les entretiennent trop de ses dissipations ! Dans cette âme de liège, qui flotte à la dérive, à la merci de tous les appâts, le sens moral tient une place assez mince, tandis que le désir de plaire, le goût des situations lucratives et certain sybaritisme intellectuel l'envahissent tout entière. Sa nature même le rendait éminemment propre à devenir l'anecdotier et le portraitiste de son temps, ses *Mémoires* en font bien connaître l'esprit, les mœurs. Qui n'a-t-il pas approché? ministres, littérateurs, femmes célèbres, Brienne, Maurepas, Calonne, Necker, madame Geoffrin, madame de Tencin, Voltaire, Vauvenargues, Rousseau, Maury, etc., il les a tous fréquentés, écoutés et joliment crayonnés[3]. Élégance, grâce et finesse, ces caractères de son style convenaient à merveille pour

---

1. Il inspire cette épigramme à Arnault :

> Ce Marmontel si long, si lent, si lourd,
> Qui ne parle pas, mais qui beugle,
> Juge les couleurs en aveugle
> Et la musique comme un sourd.
> Ce pédant à la fâcheuse mine,
> De ridicules tout bardé,
> Dit avoir pour les vers le secret de Racine :
> Certes jamais secret ne fut si bien gardé.

2. Madame du Deffand le juge fort cavalièrement : « Ce n'est, disait-elle, qu'un gueux revêtu de guenilles. »

3. Marmontel, dans sa jeunesse, recherchait beaucoup le vieux Boindin, célèbre par son esprit et son incrédulité. Le vieillard lui

écrire des mémoires, et les traits spirituels de ses clients ne perdent rien à passer par la plume d'un si habile observateur.

Parfois cependant le portrait tourne à la caricature, à la fantaisie, la critique à la malveillance, comme si Marmontel voulait, lorsqu'il le peut sans inconvénient, rattraper ses courbettes, ses compliments, se venger d'une blessure d'amour-propre, ou des bienfaits reçus. Lisez par exemple ce qu'il dit de madame Necker. Il lui reproche « d'être sans goût dans sa parure, sans attrait dans sa politesse, emphatique dans son expression. Tout chez elle était prémédité, rien ne faisait illusion, rien ne coulait de source, et les grâces de la négligence, la facilité, l'abandon lui étaient inconnus... » Cependant le même homme demeure un de ses plus assidus commensaux, et la porte aux nues dans ses lettres[1]. Il ne connaît rien de plus céleste que le caractère de son âme; pour être gai, il faut être heureux et il ne peut l'être qu'autant qu'il n'aura plus rien à désirer pour elle. Va-t-elle en

---

dit : « Trouvez-vous au café Procope. — Mais nous ne pourrons pas parler des matières philosophiques. — Si fait, en convenant d'une langue particulière, d'un argot. — Alors ils firent leur dictionnaire. L'âme s'appelait *Margot*, la religion *Javotte*; la liberté *Jeanneton* et le Père Éternel *M. de l'Être*. Les voilà disputant et s'entendant très bien. Un homme en habit noir, avec une mauvaise mine, se mêlant à la conversation, dit à Boindin : « Monsieur, oserai-je vous demander ce que c'était que ce M. de l'Être qui s'est si souvent mal conduit et dont vous êtes si mécontent? — Monsieur, reprit Boindin, c'était un espion de police. » On peut juger de l'éclat de rire, cet homme était lui-même du métier. (Chamfort.)

1. *Le Salon de madame Necker*, par le comte d'Haussonville, membre de l'Académie Française, un des livres les plus attrayants qu'on ait écrits sur le xviiie siècle. (2 vol. in-18, Calmann Lévy.)

Angleterre, il la menace de traverser le détroit à la nage pour la rejoindre : « Pourquoi l'amitié n'aurait-elle point son Léandre, comme l'amour ? » Picciniste forcené, il pardonne à la reine sa partialité pour Gluck, parce qu'il apprend qu'ayant rencontré au bois de Boulogne, « aventure assez rare, la bonté, la sagesse, la vérité, la vertu même, elle leur avait fait le plus aimable accueil. » Passe-t-il devant sa demeure, il soupire profondément et dit à sa femme : « Voilà la retraite de l'amitié, de la sagesse et de la vertu. C'est là que les plaisirs de l'esprit et de l'âme sont purs, comme on nous dit qu'ils le sont dans le ciel. » Il est des dîners intimes du mardi, de ces dîners qu'il se promet toutes les semaines, comme récompense de huit jours de travail, comme un honneur que Socrate et Marc-Aurèle lui envieraient.

Quant aux rapports de Marmontel avec M. Necker « qui ne lui avait jamais donné lieu de croire qu'il fût son ami », jamais solliciteur plus intrépide ne lassa plus souvent la patience d'un contrôleur général[1]. Qu'il s'agisse de lui-même, et d'une pension sur la cassette royale qu'il voudrait obtenir par l'intermédiaire de M. Necker; d'un oncle de sa femme qui sollicite une place à la caisse de Poissy; d'un beau-frère du susdit abbé qui voudrait conserver son *liard* dans les octrois de Lyon, ou de tout autre parent ou allié, Marmontel ne met pas au service de ses demandes incessantes moins de souplesse, d'arguments et de variété d'intonations qu'il n'en apporte dans les compliments adressés à madame Necker. Tantôt il se pose en personnage

---

[1] Comte d'Haussonville, *Le Salon de madame Necker*, t. Ier, p. 136.

désintéressé..., tantôt il se prosterne dans des effusions de gratitude « les paroles lui manquent; *vox faucibus hæsit...* » Parfois, au contraire, il prend le ton de l'aigreur; s'il ne peut obtenir de M. Necker ce qu'il obtiendrait d'un ministre juste, il sera obligé de dire à la famille de sa femme qu'il est décidément sans influence...

Marmontel ne se doutait probablement point qu'on retrouverait un jour sa correspondance avec madame Necker. On ne peut pas tout prévoir. Aussi bien que les femmes, les hommes devraient brûler ou se faire rendre leurs lettres, ces précieuses confidences avec lesquelles la postérité, cette grande indiscrète, compose son miel, colore et rectifie l'histoire.

Il a retenu les leçons de madame de Tencin qui lui conseillait de se faire des amies : « Car, au moyen des femmes, on fait tout ce qu'on veut des hommes; et puis ils sont, les uns trop dissipés, les autres trop préoccupés de leurs intérêts personnels, pour ne pas négliger les vôtres; au lieu que les femmes y pensent, ne fût-ce que par oisiveté. Parlez ce soir à votre amie de quelque affaire qui vous touche, demain à son rouet, à sa tapisserie, vous la trouverez y rêvant, cherchant dans sa tête le moyen de vous y servir. Mais de celle que vous croiriez pouvoir vous être utile, gardez-vous bien d'être autre chose que l'ami... »

Il sait qu'à la cour la faveur ou même l'apparence de la faveur sont un merveilleux talisman, et peut-être a-t-il médité ce trait d'un gentilhomme qui, ayant eu la chance de plaire à Mazarin, le pria comme récompense de lui taper amicalement sur l'épaule de temps en temps devant les courtisans et amassa une grande fortune parce qu'on le croyait l'ami du cardinal. Un jour, madame de Pompadour l'emmène pour lui parler dans son cabinet, et c'était tout simplement pour lui rendre un manuscrit. Quand il revient, chacun de s'empresser autour de lui, si bien, qu'avant de sortir du salon, il est invité à dîner au moins pour toute la semaine.

« Oh! fait-il, qu'est-ce que la faveur, si son ombre seule me donne une si singulière importance[1]? »

Disons-le à sa louange, il ne se montra pas toujours le courtisan du fait accompli, l'adorateur du succès : il y eut du moins une puissance qui ne put ni le charmer, ni l'intimider ; il vit venir la Révolution, lui refusa ses

---

[1]. Il conte l'anecdote à ravir et l'une des plus amusantes est celle du poëte Panard, un des fondateurs du premier Caveau, grand buveur, insouciant et léger, qui abandonnait à ses amis le soin de le nourrir et le loger. « Lors donc qu'en rédigeant le *Mercure* du mois, j'avais besoin de quelques jolis vers, j'allais voir mon ami Panard, « Fouillez, me disait-il, dans la *boîte à perruque*. » Cette boîte était en effet un vrai fouillis où étaient entassés pêle-mêle et griffonnés sur des chiffons les vers de ce poëte aimable. En voyant presque tous ces manuscrits tachés de vin, je lui en faisais le reproche : « Prenez, prenez, me disait-il, c'est là le cachet du génie. » — Après la mort de son ami Galet, l'ayant trouvé sur mon chemin, je voulus lui marquer la part que je prenais à son affliction : « Ah! monsieur, me dit-il, elle est bien vive et bien profonde! Un ami de trente ans avec qui je passais ma vie! A la promenade, au spectacle, au cabaret, toujours ensemble! Je l'ai perdu! Je ne chanterai plus, je ne boirai plus avec lui! Je suis seul au monde. Je ne sais plus que devenir! » En se plaignant ainsi, le bonhomme fondait en larmes, et jusque-là rien que de très naturel ; mais voici ce qu'il ajouta : « Vous savez qu'il est mort au Temple? J'y suis allé pleurer et gémir sur sa tombe! Quelle tombe! Ah! monsieur, ils me l'ont mis sous une gouttière, lui qui, depuis l'âge de raison, n'avait pas bu un verre d'eau! »

hommages et se posa de suite en mécontent. Les préliminaires des états généraux, les partis, leurs coryphées, les comités secrets, lui inspirent de fines réflexions, de jolies épigrammes, doléances d'académicien qui préfère l'élite à la foule, d'épicurien qui voit sa vie troublée par une tempête irrésistible, qui sait que, voulût-il ne pas s'occuper de politique, celle-ci s'occupera de lui pour entrer dans ses goûts, dans ses habitudes, comme un éléphant dans un magasin de porcelaines.

C'est la mode en 1789 de trouver à toutes choses un caractère de tyrannie. « J'ai vu, nous dit l'un des orateurs, (à l'assemblée primaire de la section des Feuillants) oui, citoyens, j'ai vu à la barrière Saint-Victor, sur l'un des piliers, en sculpture, le croiriez-vous? J'ai vu l'énorme tête d'un lion, gueule béante et vomissant des chaînes dont il menace les passants. Peut-on imaginer un emblème plus effrayant du despotisme et de la servitude? L'orateur lui-même imitait le rugissement du lion. Tout l'auditoire était ému, et moi, qui passais si souvent à la barrière Saint-Victor, je m'étonnais que cette image horrible ne m'eût point frappé. Je fis donc ce jour-là une attention particulière, et, sur le pilastre, je vis pour ornement un bouclier pendu à une chaîne mince que le sculpteur avait attaché à un petit mufle de lion comme on en voit à des marteaux de porte ou à des robinets de fontaine. »

« Un jour que les factieux marchaient sur l'Hôtel-de-Ville, parmi les surveillants était un citoyen, Le Grand de Saint-René, homme d'une complexion faible et valétudinaire, mais d'un fort et ferme courage. « Qu'ils viennent nous attaquer! dit-il, nous sauterons ensemble. » Aussitôt il ordonne aux gardes de l'Hôtel d'apporter six barils de poudre dans le salon voisin. Le premier baril apporté fit pâlir les plus intrépides et le peuple se retira. Ainsi, par un seul homme, l'Hôtel-de-Ville fut gardé. Le royaume aurait été de même sauvé, si, à la tête des conseils et des camps, il y avait eu de tels hommes. »

L'Assemblée nationale, disait-il encore, me fait souvent penser à un mot de madame de Sévigné : « J'admirerais bien la Provence s'il n'y avait point de Provençaux. »

A propos du meurtre de Flesselles : « J'ai remarqué, ajoute mon témoin, en se servant d'une expression à la Tacite, que si, parmi le peuple, peu de gens alors osaient le crime, plusieurs le voulaient et tout le monde le souffrait. »

C'est Chamfort, son collègue à l'Académie, qui nous vaut la page la plus piquante de ses *Mémoires*, cet entretien qu'il a arrangé, embelli ou répété avec un art extrême. « De tous les envieux répandus dans le monde, Chamfort était celui qui pardonnait le moins aux riches et aux grands les délices de leurs tables, dont il était lui-même fort aise de jouir... Ces gens-là, disait-il à Florian, doivent me procurer 20 000 livres de rente, je ne vaux pas moins que cela... A ce prix, il avait des grands de prédilection qu'il exceptait de ses satires...

« Un jour donc que nous étions restés seuls au Louvre, après la séance académique : « Eh bien, me dit-il, vous n'êtes donc pas député ? — Non, répondis-je, et je m'en console, comme le renard, des raisins auxquels il ne pouvait atteindre, ils sont trop verts. — En effet, reprit-il, je ne les crois pas assez mûrs pour vous... On fait bien de vous réserver pour une autre législature. Excellent pour édifier, vous ne valez rien pour détruire. — Vous m'effrayez, en parlant de détruire; il me semblait, à moi, qu'on ne voulait que réparer. — Oui, mais les réparations entraînent souvent des ruines : en attaquant un vieux mur, on ne peut pas répondre qu'il ne s'écroule sous le marteau, et franchement ici l'édifice est si délabré que je ne serais pas étonné qu'il fallût le démolir de fond en comble. — De fond en comble! — Pourquoi pas, et sur un autre plan moins gothique et plus régulier? Serait-ce, par exemple, un si grand mal qu'il n'y eût pas tant d'étages, et que tout y fût de plain-pied? Vous désoleriez-vous de ne plus entendre parler d'éminences, ni de grandeurs, ni de titres, ni d'armoiries, ni de noblesse, ni de roture, ni du haut, ni du bas clergé? — J'observai que l'égalité avait toujours été la chimère des républiques et le leurre que l'ambition présentait à la vanité ;... il me semble, ajoutai-je, qu'on va plus loin que la nation ne l'entend, et plus loin qu'elle ne demande. — Bon! reprit-il, la nation sait-elle ce qu'elle veut? On lui fera vouloir et on lui fera dire ce qu'elle n'a jamais pensé; et si elle en doute, on lui répondra comme Crispin dans *le Légataire* : — *C'est votre léthargie.* La nation est un grand troupeau qui ne songe qu'à paître, et qu'avec de bons chiens les bergers mènent à leur gré! Après tout, c'est son bien que l'on veut faire à son insu... pour tracer un nouveau plan, on a toute raison de faire place nette. — Place nette, insistai-je, et le trône! et l'autel! — Et le trône et l'autel tomberont ensemble; ce sont deux arcs-boutants appuyés l'un par l'autre : et que l'un des deux soit brisé, l'autre va fléchir. — Vous m'annoncez une entreprise où je vois plus de difficultés que de moyens. — Croyez-moi, les difficultés sont prévues et les moyens sont calculés. »

Alors il se développa, et Marmontel apprit que les calculs de la faction étaient fondés sur le caractère du roi, si éloigné de toute violence qu'on le croyait pusillanime, sur l'état actuel du clergé... de la haute noblesse... surtout sur la force et la volonté du tiers état... Et comme il objectait qu'au delà des bornes d'une réforme désirable, la meilleure partie de la nation ne laisserait porter aucune atteinte aux principes fondamentaux de la monarchie, Chamfort riposte que si elle désapprouve d'autres projets, ce ne sera que timidement et sans bruit; d'ailleurs, pour lui en imposer, on a cette classe déterminée qui ne voit rien pour elle à perdre au changement, et croit y voir tout à gagner. « Pour ameuter celle-ci, on a les plus puissants mobiles, la disette, la faim, l'argent, des bruits d'alarme et d'épouvante, et le délire de frayeur et de rage dont on frappera les esprits. Vous n'avez entendu parmi la bourgeoisie que d'élégants parleurs. Sachez que tous nos orateurs de tribunes ne sont rien en comparaison des Démosthènes à un écu par tête, qui, dans les places publiques, dans les cabarets et sur les quais annoncent des ravages, des incendies, des villages saccagés, inondés de sang, des complots d'assiéger et d'affamer Paris. C'est là ce que j'appelle des hommes éloquents. L'argent surtout et l'espoir du pillage sont tout-puissants parmi ce peuple... Mirabeau soutient plaisamment qu'avec un millier de louis on peut faire une jolie sédition.

« Ainsi, lui dis-je, vos essais sont des crimes et vos

milices sont des brigands. — Il le faut bien, me répondit-il froidement. Que feriez-vous de ce peuple en le muselant de tous vos principes de l'honnête et du juste? Les gens de bien sont faibles, personnels et timides; il n'y a que les vauriens qui soient déterminés. L'avantage du peuple dans les révolutions est de n'avoir pas de morale. Comment tenir contre des hommes à qui tous les moyens sont bons? Mirabeau a raison; il n'y a pas une seule de nos vieilles vertus qui puisse nous servir : il n'en faut point au peuple, ou il lui en faut d'une autre trempe. Tout ce qui est nécessaire à la révolution, tout ce qui lui est utile est juste : c'est là le grand principe... Dans le peuple même, on aura des chefs intrépides, surtout dès le moment qu'ils se seront montrés rebelles et qu'ils se croiront criminels; car il n'y a plus à reculer, lorsqu'on n'a derrière soi pour retraite que l'échafaud. La peur, sans espérance de salut, est le vrai courage du peuple. On aura des forces immenses, si l'on peut obtenir une immense complicité... Mais je vois que mes espérances vous attristent : Vous ne voulez pas d'une liberté qui coûtera beaucoup d'or et de sang. Voulez-vous qu'on vous fasse des révolutions à l'eau de rose?... »

Ainsi Chamfort avait tout prévu, la chute du trône et de l'autel, la province entraînée par la Constituante, la Constituante opprimée par Paris, Paris par la Commune, les clubs, les districts, le triomphe de l'idée républicaine, la Terreur; il a dicté en raccourci l'histoire de la Révolution et prophétisé si terriblement, qu'on croirait l'entretien inventé après coup par Marmontel, comme la prophétie de Cazotte par La Harpe, si l'on ne reconnaissait à chaque mot son esprit aigu, mordant, sarcastique;

il a tout prévu, sauf sa propre destinée, qu'il s'égorgerait lui-même pour échapper à ces Démosthènes à un écu par tête qu'il avait déchaînés.

L'ABBÉ MORELLET[1]

On pourrait appeler Marmontel et Morellet : les deux Ménechmes de la littérature; caractères également vacillants, âmes élastiques et molles; tous deux grands accapareurs de bénéfices, de pouvoirs et d'honneurs, académiciens, lettrés, gourmets de belles conversations, diserts et abondants, ce dernier plus économiste et plus adonné aux questions philosophiques; tous deux faiseurs de mémoires, anecdotiers, portraitistes aimables, retrouvant enfin leur courage en face de la Révolution. Amis et parents par alliance, ils se passent le séné de la louange et la rhubarbe de la flatterie. Morellet[1] qui survécut à Marmontel, le place au rang des hommes à qui la littérature en France est redevable de sa gloire. « Formé à l'école de Voltaire et du sage Vauvenargues, il nous retrace dans ses écrits la douce philosophie de l'un et le goût épuré de l'autre.... » Tout au plus confesse-t-il son irritabilité, et celle de sa femme, tempérées d'ailleurs par une *extrême justice* et une *raison supérieure.* « Mais de toutes les impatiences de l'un et de l'autre, on n'aurait pas fait une journée par an, et, dans cette journée, on eût trouvé qu'ils s'aimaient encore beaucoup... »

Marmontel, il est vrai, n'épargnait pas la modestie de

[1]. Né en 1727, mort en 1819.

l'abbé *Mords'les* (comme le nommait Voltaire). « L'un de ses talents et le plus distinctif était un tour de plaisanterie finement ironique dont Swift avait eu seul le secret avant lui... Il se montrait à nos dîners avec une âme ouverte, un esprit juste et ferme, et dans le cœur autant de droiture que dans l'esprit... »

A l'égard de ses hôtes et protecteurs, il observe plus de retenue, ou, si l'on veut, de circonspection que Marmontel. Il avoue que chez madame Necker, on causait agréablement, et qu'en dehors de sa sévérité en matière d'opinions religieuses, elle parlait elle-même fort bien sur la littérature. « Elle plaisantait parfois son mari sur ses gaucheries et son silence en société, mais toujours de manière à le faire valoir. » Quant à celui-ci, Morellet se montre assez sévère pour son style, et s'il lui accorde d'avoir bien entendu l'ordre et l'économie dans les finances, il lui refuse, « sur les principes de l'organisation des gouvernements, les connaissances solides et approfondies qui sont nécessaires pour guider parmi les écueils ». Dans tout ceci d'ailleurs, on ne voit rien qui contredise les compliments adressés à madame Necker à propos du livre de Necker sur l'importance des opinions religieuses[1] : « Il sera de toutes les communions, je le prie de m'admettre dans la sienne. Nous pouvons avoir encore ensemble quelques disputes *théologiques* sur les détails, mais il n'y a pas de quoi faire une hérésie. » Une lettre ressemble un peu à un éloge académique : on va jusqu'au bout de l'éloge, on s'arrête au bord du blâme.

1. Rivarol, à propos de cet ouvrage, appelle Necker : un Fénelon sans évêché.

Il semble que Morellet aurait pu prendre aussi la devise du courtisan : « Ne se brouille pas avec moi qui veut », car ayant attaqué le privilège de la Compagnie des Indes que Necker s'était chargé de défendre, Grimm, Boutin, Diderot l'accusèrent d'avoir porté, sous le manteau de la philosophie, la livrée d'un financier, de s'être vendu pour une pension[1], et Necker lui riposta fort vertement, ce qui n'empêcha point l'abbé, durant et après la controverse, de prendre part à ses dîners du vendredi, comme si aucun nuage ne s'était élevé entre eux. « Et étaient les bonnes âmes singulièrement édifiées, dit Grimm, de l'âme sans fiel de ce digne ecclésiastique, lequel s'asseyait, une fois par semaine, à la table de M. Necker, comme si de rien n'était, après en avoir reçu cinquante coups d'étrivières, bien appliqués, au milieu des acclamations du public. »

Bien d'autres figures prennent place dans ces agréables *Mémoires* : Madame Geoffrin, mademoiselle de Lespinasse, Buffon, Rousseau, les Trudaine, les d'Holbach, madame de Boufflers, Beccaria, Garrick, La Harpe, l'abbé Raynal, Suard, Arnault, Brienne, Franklin, Chamfort, madame Broutin, Malesherbes, Sieyès, Condorcet, Garat, les uns esquissés légèrement, d'autres plus curieusement fouillés, presque tous appréciés avec bienveillance, plusieurs même, comme Brienne, avec une indulgence et des flatteries qui font plus d'honneur aux sentiments de

---

[1]. Morellet avait transporté sa bibliothèque chez madame Helvétius à Auteuil et y avait commencé le fameux *Dictionnaire du commerce* qui ne vit jamais le jour et pour lequel il recevait une subvention ; de telle sorte que les malins disaient qu'il faisait le *commerce du Dictionnaire*.

Morellet, qu'à son impartialité. Les anecdotes abondent ; tantôt c'est un diplomate avisé qui, ayant en Gascogne, sa patrie, un petit bien en vignes et mauvais vin qu'on ne pouvait vendre, imagine de se faire donner par le pape un *corps saint*, qu'il baptise d'un nom vénéré dans le pays, envoie avec toutes les bulles et indulgences possibles, et pour lequel s'établissent une fête et une foire où il vend son vin en huit jours ; tantôt un paysan auquel il prend envie d'entendre des docteurs disputer en latin dans une université. Comme on lui demandait quel plaisir il pouvait prendre à entendre discuter dans une langue inconnue, la valeur des arguments lui échappant entièrement : « Oh ! dit-il, ce n'est pas non plus par ce qu'ils disent que j'en juge ; je ne suis pas si bête ; mais je vois bien celui des deux qui met l'autre en colère et c'est celui-là qui a l'avantage. »

Voici Rousseau, avec ses folles défiances, son affectation de pauvreté, la genèse plus ou moins exacte du paradoxe sur les sciences et les arts, et la plaisante algarade avec Rulhière. « J'ai ouï conter à Rulhière, mon confrère de l'Académie française, connu par sa jolie pièce des *Disputes* et par son *Histoire de la révolution de Pologne*, qu'après avoir recherché Jean-Jacques et obtenu de lui un accueil assez obligeant, un matin où il était allé lui rendre visite, Jean-Jacques, sans provocation, sans qu'il se fût rien passé entre eux de nouveau et d'extraordinaire, le reçut d'un air d'humeur très marqué, et continua froidement de copier de la musique, comme il faisait avec affectation devant ceux qui venaient le voir, en répétant qu'il fallait qu'il vécût de son travail. Il dit à Rulhière assis au coin du feu : « Monsieur de Rul-

» hière, vous venez savoir ce qu'il y a dans mon pot; eh bien,
» je satisferai votre curiosité; il y a deux livres de viande,
» une carotte et un oignon piqué de girofle. » Rulhière,
quoique assez prompt à la repartie, fut un peu étourdi
de l'apostrophe et cessa bientôt ses visites à Jean-Jacques,
chez qui il menait la belle madame d'Egmont, et à qui
ils avoient montré l'un et l'autre beaucoup d'intérêt,
d'admiration et d'amitié. »

Dans le salon d'Holbach, il entend l'abbé Galiani,
l'homme des jours de pluie, à la conversation étincelante, développer son argument des dés pipés en faveur de la Providence : « Je suppose, messieurs, celui d'entre vous qui est le plus convaincu que le monde est l'ouvrage du hasard, jouant aux trois dés, je ne dis pas dans un tripot, mais dans la meilleure maison de Paris, et son antagoniste amenant une fois, deux fois, trois fois, quatre fois, enfin constamment rafle de six. Pour peu que le jeu dure, mon ami Diderot qui perdrait ainsi son argent, dira sans hésiter, sans en douter un seul moment : « Les dés sont pipés, je suis dans un coupe-gorge. » — Ah! philosophe! Comment? Parce que dix ou douze coups de dés sont sortis du cornet de manière à vous faire perdre six francs, vous croyez fermement que c'est en conséquence d'une manœuvre adroite, d'une combinaison artificieuse, d'une friponnerie bien tissue; et, en voyant dans cet univers un nombre si prodigieux de combinaisons mille et mille fois plus difficiles et plus compliquées et plus soutenues et plus utiles, vous ne soupçonnez pas que les dés de la nature sont aussi pipés, et qu'il y a là-haut un grand fripon qui se fait un jeu de vous attraper?... »

Morellet avait contribué à propager l'esprit de réforme, et lord Lansdowne lui écrivait, un peu ironiquement sans doute, qu'il devait se regarder comme un soldat blessé dans une armée victorieuse. La Révolution lui fit horreur : elle supprime l'Académie[1], le brouille avec les Helvétius, exile ou massacre ses amis, brise sa position, substitue la violence à la raison, son idole[2]. En pleine Terreur, cherchant à épancher les sentiments qui l'oppressent, il s'avise d'écrire un ouvrage tout nouveau, où l'ironie sanglante, l'ironie à la Swift est poussée à l'extrême, où il s'efforce de rendre plus odieuses les atrocités, en proposant d'enchérir sur celles dont on était témoin. Ce livre qu'il n'a point publié a pour titre : *Le Préjugé vaincu, ou Nouveau moyen de subsistance pour la nation, proposé au comité de Salut public, en messidor de l'an II de la République.* Il avait trouvé « tous les mots sans énergie, toutes les expressions ternes, tous les moyens de style sans effet », et il apportait tout saignant le festin de l'anthropophage. Il propose donc aux patriotes, qui déciment leurs semblables, de manger la chair de leurs victimes, et réclame l'établissement d'une *boucherie nationale*, sur les plans du grand artiste et patriote David, avec une loi qui oblige les citoyens à s'y pourvoir au moins une fois par semaine, sous peine d'être emprisonnés, déportés, égorgés comme suspects. Il demande que dans toute fête patriotique il y

---

1. Il avait emporté, il garda comme des reliques, au risque de sa vie, les papiers, les archives, l'acte de naissance de l'Académie française ; il eut la joie de travailler à son rétablissement et d'y parvenir.

2. Il disait jusque dans ses dernières années : « Non, cela n'est pas raisonnable, cela ne se peut pas. »

ait un plat de ce genre, qui serait la vraie communion des patriotes, l'eucharistie des Jacobins[1].

Après la chute de Robespierre, il plaide avec éloquence la cause de l'humanité : *le Cri des familles, la Cause des pères, la Loi des otages*, d'autres brochures contribuent à réveiller l'opinion publique; M. de Beausset, évêque d'Alais, lui écrivit à ce propos : « La postérité seule vous décernera la couronne que vous méritez; votre cœur seul est toujours le même, et votre talent ne fait que rajeunir. »

Un des meilleurs chapitres de ses *Mémoires* est celui où il conte son odyssée auprès des membres de la Commune de Paris, pour obtenir un certificat de civisme. Comme il invoque ses livres contre le despotisme, l'un d'eux, Vialard, l'arrête court : « Il faut prouver votre civisme dans les journées du 10 Août et du 31 Mai, et tout cela ne le prouve point. Nous savons bien qu'il y a quelques gens de lettres qui ont eu d'assez bons sentiments anciennement et avant tout ceci, mais aucun d'eux ne s'est montré depuis, et tous les académiciens sont ennemis de la République. » Un autre lui pousse ce terrible argument qu'il n'a point non plus prouvé son civisme le 2 Septembre; « sur quoi on remarquera que celui-ci était plus difficile, en preuves de civisme, que

---

[1]. Morellet avait déjà donné des témoignages de son esprit humoristique dans deux petits écrits : *Requête au roi;* — *les Marionnettes*, publiés à la fin des *Mémoires;* le dernier surtout renferme des idées très finement exprimées. Son attitude favorite était de se serrer les côtes avec les deux mains fourrées sous son habit. Quelqu'un ayant remarqué cette contenance, dit à d'Holbach : « Je crois que l'abbé a froid. — Non, fit d'Holbach, il se tient comme cela pour être plus près de soi. »

son collègue Vialard qui ne m'avait pas parlé du 2 Septembre. Mais Bernard, nouveau Chérin, et demandant les preuves de ma noblesse révolutionnaire, voulait absolument les quatre quartiers. » Quant à l'assemblée générale de l'Hôtel-de-Ville, les chansons, l'*hymne des Marseillais* y alternent avec les harangues des sections; le président Lubin, orné de son écharpe, donnait l'exemple; aussi une femme du peuple qui attendait, comme Morellet, dans l'antichambre, dit : « Mais c'est drôle de passer comme ça tout le temps de leur assemblée à chanter; est-ce qu'ils sont là pour ça? »

A propos du vote de Sieyès dans le jugement du roi : *la mort sans phrases*, Morellet rapporte que ce mot fut parodié par un ministre du roi de Prusse que l'on voulait engager à montrer quelques attentions à Sieyès, qui venait en qualité d'ambassadeur à Berlin : « *Non*, fit-il, *et sans phrase.* »

Il note aussi un curieux trait du caractère de Garat. Un homme digne de foi lui conta que vers le mois de mai 1793, lorsqu'on préparait le mouvement du 31 Mai, en cherchant à répandre l'alarme sur les subsistances, il alla rendre visite à Garat et trouva dans son antichambre beaucoup d'officiers municipaux qui venaient lui faire part de leurs inquiétudes. Admis dans le cabinet du ministre, il le voit un petit volume à la main : Garat s'avance et sans autre préambule : « C'est une chose bien étrange que l'abbé de Condillac ait entendu si mal le système de Spinoza; il est clair que Spinoza... » et il se met à déduire et exposer l'opinion du juif. Mon homme, surpris, comme on peut le croire, répliqua : « Vous pouvez avoir raison contre l'abbé de Condillac; mais je vous conseille plutôt de songer à ce que vous avez à dire à trente personnes qui sont dans votre antichambre et qui viennent vous demander du pain pour la ville de Paris. »

Platon bannissait de sa république les poëtes : il faudrait bannir aussi des ministères les rhéteurs, ces dangereux poëtes de la politique. Ceux de Byzance discutaient sur la lumière créée ou incréée tandis que les Turcs montaient à l'assaut ; celui-ci dissertait sur Spinoza tandis que Pache et ses complices complotaient l'*épuration* de l'assemblée, la destruction des Girondins.

VIII

MIRABEAU, SON PÈRE, SES COLLABORATEURS[1]

Les tristesses de l'histoire. — Le marquis de Mirabeau : quatrain de Rivarol. — Mirabeau enfant, son éducation. — Le démon de la chose impossible. — Gourmandise du marquis de Chamarau. — Le style de Mirabeau jugé par Victor Hugo. — Il est fait pour démontrer son siècle ! — La monarchie prussienne. — Le plus grand *avoueur* de l'univers. — Protestation de Mirabeau contre la noblesse de Provence. — Ovations à Aix, à Marseille. — Mirabeau est avec Talleyrand le seul homme politique de la Révolution, jusqu'à Napoléon. — Sa popularité, son amour de la chose publique. — Ce n'est que Monsieur, frère du roi Mirabeau. — Ses mots, ses discours, son influence à l'Assemblée constituante. — Compliment de l'acteur Molé. — Silence aux trente voix ! — La véritable apostrophe au marquis de Dreux-Brézé. — Mirabeau à la tribune. — Relations avec la cour : il ne se vendait pas, mais se faisait payer pour être de son avis. — Sa mort. — Mot d'une poissarde. — Les collaborateurs de Mirabeau. — Étienne Dumont. — Comment Mirabeau payait ses ports de lettres.

Science ou art, poésie ou prose, réalité ou idéal, l'histoire, cette tragi-comédie aux cent actes divers, où les

[1]. Né en 1749, mort en 1791. — Lucas-Montigny, *Mémoires de Mirabeau*, 8 vol. — *Souvenirs d'Étienne Dumont*, (de Genève), 1 vol. in-8.

conclusions démentent si souvent les prémisses et les effets les causes, parce que nous confondons sans cesse les commencements avec les fins, les fragments du miroir avec le miroir lui-même, les limites de l'horizon avec les bornes du monde, l'histoire réserve à ses fidèles d'étranges mélancolies mêlées aux pures joies de la pensée, et, en même temps que les plaisirs de l'esprit parcourant ce domaine infini, des regrets rétrospectifs et des chagrins posthumes. Comme ce personnage contemporain des *Reisebilder* qui regrettait de n'avoir pas connu ses amis Cervantès de Saavedra et William Shakespeare, comme ce savant philosophe plongé dans l'adoration des belles héroïnes de la Fronde, nous avons, nous aussi, nos héros préférés, un Henri IV, un Richelieu, un Condé, auxquels nous rapportons nos sentiments, nos rêveries, dont les défauts nous attristent, pour lesquels nous voudrions emprunter quelques instants le feu divin de Prométhée. Supprimer les erreurs, embellir le génie, prolonger la vie, donner aux événements une nouvelle orientation,

---

— Ph. Plan, *Un collaborateur de Mirabeau*, Genève et Paris, 1874. — Macaulay, *Essais historiques*, trad. Guill. Guizot, étude sur les *Souvenirs d'Étienne Dumont*. — Cormenin, *le livre des Orateurs*, t. Ier, p. 211 et suiv. — Aulard, *les Orateurs de la Constituante*. — Chaussard, *Esprit de Mirabeau*, 2 vol. — Peuchet, *Mémoires sur Mirabeau et son époque*, 4 vol. in-8. — Victor Hugo, *Étude sur Mirabeau*, Paris, 1831. — P.-J.-G. Cabanis, *Journal de la maladie et de la mort de Honoré Riquetti-Mirabeau*. — Sainte-Beuve, *Premiers Lundis*, t. IV. — Loménie, *les Mirabeau*, 2 vol. in-8, Dentu. — Sénac de Meilhan, *Œuvres choisies*. — *Journal des Économistes* : *Les polémiques financières de Mirabeau* (octobre 1886). — Marc-Monnier. *Gorani*, 1 vol., Calmann Lévy, 1884. — Chateaubriand, *Mémoires d'Outre-Tombe*, t. Ier, p. 303. — Albert Sorel, *l'Europe et la Révolution*, t. II, p. 385. — Paul de Saint-Victor, *Le père de Mirabeau*.

changer en un mot la carte du monde moral et matériel : l'imagination ne demande pas moins et c'est une amère déception de penser avec Pascal que la maladie, la rencontre du plus mince obstacle entraînent des catastrophes qui bouleversent les destinées des peuples.

Que fût-il arrivé par exemple, si Mirabeau eût vécu quelques années de plus? Eût-il dompté le monstre qu'il avait contribué à déchaîner? « Les torts de ma jeunesse coûtent bien cher à la Révolution, » disait-il lui-même. C'est en effet cette jeunesse tourmentée, orageuse, qui compromit sa maturité; mais comment ne pas reporter une partie de la responsabilité sur son père, l'homme le moins fait assurément pour entreprendre l'éducation d'un tel fils, le plus apte en revanche à démontrer que l'esprit, s'il sert à tout, ne suffit à rien et ne saurait remplacer la beauté de l'âme, l'harmonie du caractère.

Ce père égoïste et avare, qui a le fanatisme de l'infaillibilité, subit l'influence d'une intrigante, pousse par sa rigueur son aîné dans des erreurs de plus en plus graves, l'oblige, par le refus d'une pension alimentaire, à user d'expédients détestables, est un nouvel exemple de cette vérité, que s'intituler dans ses livres l'*Ami des hommes* n'empêche nullement d'avoir une âme insensible à la pitié pratique, et, qu'en général, ces prétendus adorateurs de l'humanité souffrante, ne se préoccupent guère de mettre leurs actions d'accord avec leurs doctrines. On a oublié les livres du vieux physiocrate, mais sa correspondance avec le bailli de Mirabeau son frère, écrite dans un style archaïque, original et primesautier, qui se rapproche de celui de Saint-Simon, a de quoi intéresser les amateurs de problèmes moraux, tous ceux qui se complaisent aux incertitudes, aux contradictions du caractère. Là se peint de pied en cap ce personnage étrange, *oiseau hagard dont le nid fut entre quatre tourelles*, qui, poussant l'hypertrophie du moi jusqu'aux dernières limites, pensant haut et mal agissant, prit ses opinions pour des principes immuables, s'enfonça dans son orgueil solitaire jusqu'à méconnaître ses premiers devoirs envers sa famille et prouver par l'absurde les inconvénients de l'absolutisme paternel.

On l'eût quelque peu étonné sans doute en lui disant que sa méthode de raisonnement procédait de celle de Rousseau[1], d'Alembert, Diderot, de ces philosophes dont « la bibliothèque est l'inventaire de la tour de Babel » et qu'en guillotinant une partie de la nation par amour pour l'autre, les jacobins ne faisaient qu'exagérer et généraliser ses propres principes. Le marquis de Mirabeau semble en effet le jacobin du despotisme familial. Dans une parodie de la scène entre Phèdre et Œnone remplacées par Barnave et Mirabeau, Rivarol représente ce dernier bourrelé de remords, et met dans sa bouche ces vers d'un si plaisant comique.

> Où me cacher ? Fuyons dans la nuit infernale !
> Mais mon père y connaît mon histoire fatale !
> Je tremble de tomber en ses sévères mains,
> Tout mort qu'il est, mon père est l'*Ami des Humains* !

L'*Ami des hommes* devenant le plus terrible des épouvantails ! On ne pouvait mieux démasquer sa dureté réelle à travers le voile de cette philanthropie dont il se targuait et se croyait peut-être pénétré. « Quand je vois l'utopiste,

---

[1]. Chaussard l'appelle : l'autre Eurysthée de cet Hercule.

observe excellemment M. Nisard, ouvrir les bras au genre humain, je me doute qu'il vient de les fermer à ses proches. » L'amour du genre humain, un amour sans devoirs, quoique non pas toujours sans profit, n'est que trop souvent un admirable thème à mettre en articles, en gros volume in-octavo.

Dès l'enfance[1], Mirabeau se dessine tel qu'il sera, tel qu'il aurait pu être, s'il n'avait subi une si fâcheuse direction. Confirmé à sept ans, et assistant au dîner offert à l'évêque, quelqu'un lui explique que Dieu ne peut pas faire les contradictoires, par exemple un bâton qui n'eût qu'un bout. « Je demandai, raconte-t-il, si un miracle n'était pas un bâton qui n'eût qu'un bout. Ma grand'mère ne me l'a jamais pardonné. »

Sa mère lui reprochant de chercher à montrer de l'esprit : « Je crois, repart-il, qu'il en est de l'esprit comme de la main, qu'on l'ait belle ou laide, elle est faite pour s'en servir et non pour la montrer. »

Interrogé s'il pensait trouver à se marier, malgré sa laideur, il répond qu'il espère que sa femme future ne le considérerait pas au visage : *le dessous aidera le dessus*. Il croyait à la beauté de sa laideur et disait plus tard[2] : « Ma tête aussi est une puissance. »

---

1. A l'âge de cinq ans, son précepteur lui dit d'écrire ce qui lui viendrait dans la tête. Voici ce qu'il composa : « Monsieur moi, je vous prie de prendre attention à votre écriture et de ne pas faire de pâtés sur votre exemple ; d'être attentif à ce qu'on fait ; obéir à son père, à son maître, à sa mère ; ne point contrarier ; point de détours, de l'honneur surtout. N'attaquez personne, hors qu'on ne vous attaque. *Défendez votre patrie.* Ne soyez pas méchant avec les domestiques. Ne familiarisez pas avec eux. Cacher les défauts de son prochain, parce que cela peut arriver à soi-même. » .

2. Il portait une énorme chevelure artistement arrangée et qui

A peine adolescent, il est tourmenté du désir de fonder une religion. L'ayant avoué à son père, celui-ci le conduit dans sa chambre à coucher, lui montre un grand crucifix. « Tiens, fait-il, voilà où cela mène ! »

Écoutons maintenant le marquis lui-même, envoyant au fur et à mesure à son frère ses humoristiques appréciations sur cet enfant qu'il étudie avec la curiosité narquoise[1] d'un savant chargé d'analyser un animal extraordinaire bien plutôt qu'avec les sentiments d'un père. Dans ce style « fait en écailles d'huîtres[2] », dans cette prose qu'*il aime*, parce qu'elle est comme lui « brouillonne par impatience », dans cet homme si personnel qui ne se relit pas parce que « c'est l'équivalent de se regarder au miroir », nous noterons d'excellents traits, force idées piquantes qui, mieux cultivées, lui eussent assuré une place parmi les bons écrivains du xviii° siècle.

Tantôt il trouve qu'Honoré a le cœur haut sous la jaquette d'un bambin... de l'esprit comme trois cent mille diables, qu'il est vif mais qu'il a bon cœur ; il veut tout écraser et pardonne au premier mot ; c'est un foudre de travail et d'expédition. Il y a bien du physique dans ses écarts... Il voit comme un aigle... Tout (en lui) est facilité, fougue... défauflé de caractère, esprit qui cogite dans le vague et bâtit en savon... Cette tête-là est un mou-

---

augmentait le volume de sa tête. « Quand, disait-il, je secoue ma terrible hure, il n'y a personne qui osât m'interrompre. »

1. « Mon style, fait en écailles d'huîtres, est si surchargé de différentes couches d'idées, qu'il aurait besoin d'une ponctuation faite exprès pour le débrouiller. »

2. L'hostilité qu'il porte à son fils se déclare presque à sa naissance : « Ton neveu est laid comme Satan... Un petit monstre qu'on dit être mon fils... »

lin particulier à idées. » Ailleurs il confesse, avec une sorte d'étonnement grincheux, ses qualités de séduction : « Le marquis de Lambert me disait l'autre jour qu'il avait partagé la ville et la province entre la raison et lui, et que malgré son caractère odieux, il aurait trouvé dans la ville de Saintes 20 000 livres qui n'y sont pas. » A vingt-deux ans, il fonde une cour de prud'hommes, « chose que je croyais bien près d'être impossible; il y a mis la souplesse, la finesse, la rondeur, l'activité, employé les curés, fait embrasser tout le monde... Il séduirait le diable... N'est-il pas vrai qu'il est deux hommes à la fois?... Enfin c'est le démon de la chose impossible[1]. »

Notre original constate qu'il s'est fort bien comporté au service, que ses compagnons le proclament très brave, qu'il a enjôlé son colonel et les officiers. On sait que plus tard, Mirabeau, ayant fait ses preuves de courage, refusait de se battre avec des adversaires qui eussent été enchantés de se débarrasser d'un chef de parti si redoutable et qu'il avait fini par rédiger cette circulaire en réponse

---

[1]. Le duc de Nivernois écrit au bailli : « L'autre jour, dans des prix qu'on gagne chez moi à la course, il gagne le prix, qui était un chapeau, se retourne vers un adolescent qui avait un bonnet, et lui mettant sur la tête le sien qui était encore fort bon : « *Tiens*, dit-il, *je n'ai pas deux têtes.* » Ce jeune homme me parut alors l'empereur du monde; je ne sais quoi de divin transpira rapidement dans son attitude; j'en rêvai, j'en pleurai, et la leçon me fut fort bonne. »

A seize ans, il avait la mine si hardie et si hautaine, que le prince de Conti lui demande : « Que ferais-tu, si je te donnais un soufflet? » Et lui de répliquer : « Cette question eût été embarrassante avant l'invention des pistolets à deux coups. » Son père portera plus tard ce pronostic étrange : « C'est une bouteille ficelée depuis vingt ans. Si elle est jamais débouchée sans précaution, tout s'en ira. »

aux défis : « Messieurs, je vous ai mis sur ma liste, mais je vous préviens qu'elle est longue, et que je ne saurais faire de passe-droits[1]. »

Le dicton provençal : « N'entendrons-nous jamais parler que de cette race effrénée des Mirabeau ? », n'est pas pour déplaire au père qui, dans un accès de franchise, s'écrie : « Comme depuis cinq cents ans, on a toujours souffert des Mirabeau qui n'ont jamais été faits comme les autres, on souffrira encore celui-ci qui, je le promets, ne descendra pas le nom... » Il a pressenti ce qui s'agite dans cette tête inquiète, « comme la racine sent l'ébranlement des feuilles. — Que diable faire de cette exubérance intellectuelle et sanguine ? Je ne connais que l'impératrice de Russie avec laquelle cet homme peut être bon encore à marier. »

Voici maintenant le revers de la médaille : Les lettres pleuvent où *Ton Neveu l'Ouragan*, *Échine de Loup*, le *comte de la Bourrasque* (ce sont les tendres sobriquets qu'il lui applique) ne devient plus « *qu'un quart d'homme*, la pie des beaux esprits et le geai des carrefours, habile sans doute à habiller ses défauts en vertus, d'ailleurs tout de reflet et de réverbère ». Sa tête est un moulin à vent et à feu... « Il y a des excréments dans toute eau... Tiens-toi en garde contre la dorure de son bec... C'est Ixion copulant dans la nue, du bruit, du vent, et ce n'est rien ! » Orgueil va devant écrasement ; il est bien fils de Madame sa mère qui veut bien qu'on la pende

---

[1]. Il répondait encore à ses provocateurs : « Je ne me bats jamais, si vous avez la rage de tirer l'épée, allez trouver mon frère, il a plus de surface que moi et il ne demande qu'à se battre. »

pourvu qu'il soit question d'elle. Le marquis[1] va jusqu'à regretter qu'on ne puisse ni se démarier, ni se dépaterniser, et le bailli, plus indulgent d'ordinaire pour les frasques de son neveu, se met à faire chorus avec le père[2] : « S'il n'est pas pire que Néron, il sera meilleur que Marc-Aurèle », tandis que sa sœur Luce observe ironi-

[1]. Cette curieuse correspondance fourmille de plaisantes anecdotes comme celle de ce parent de Mirabeau, le marquis de Chamarau, qui avait envoyé demander à l'évêque de manger gras ; à peine le messager parti, le dévot gourmand compte les pas sur ses doigts. « *Il est là, — il arrive, — il demande, — il obtient.* Eh! vite, porte-mé ma soupe, *qué mé la mange.* — Quand elles m'ont prôné sa lettre à sa femme, reprend le marquis, j'ai dit seulement : *porte-lui sa soupe que mé la mange.* »

[2]. Il est vrai que le marquis voudrait charger le bailli d'éduquer Mirabeau, et il n'épargne pas les belles phrases : « Tu as tout le Saturne qui manque à son Mercure. Qu'il sache que sous ta longue mine roide et froide habite le meilleur homme qui fut jamais, un homme fait de la rognure des anges... Il fut un temps où tu m'écrivais : quant à moi, cet enfant m'ouvre la poitrine. » Mais le bailli ne se soucie pas d'un tel fardeau : « Je ne suis plus d'âge ni de goût à me colleter avec l'impossible. Les trente-deux vents de la boussole sont dans sa tête. Ce cerveau est un fourneau encombré. Il faudrait l'envoyer, comme dit sa bonne femme, aux insurgents, *se faire casser la tête.* » Admirez ce dernier trait. Et un autre jour : « Mon plan est fortement arrêté, c'est que l'autorité seule et moi nous sachions où il sera et qu'à sa mort un billet cacheté 'apprenne à mon substitut... Je sais que je suis, à les en croire, le Néron du siècle; que les femmes veulent me traiter comme Orphée et les avocats comme Romulus; mais que m'importe ? Si j'étais sensible au toucher, il y a longtemps que je serais mort. Qu'importe qu'ils essayent de me déchirer dans ma cuirasse d'honneur, désormais trop dure et trop cicatrisée, pour que de pareils coups puissent pénétrer. Je serai comme Rhadamante, puisque Dieu m'y a condamné... J'ai fait justice en qualité de tribunal naturel et domestique, et verrais sans remords la mère sur les tréteaux, le fils à la Grève... » Cela devient presque épique et grandiose, à force de cruauté.

quement : « Avouez, monsieur le comte, qu'un corps est bien malheureux de porter une tête comme celle-là ? »

Il semble qu'il lui impute à défaut ses qualités et confesse en rechignant « ce terrible don de la familiarité qui lui fait retourner les grands comme des fagots. Comment d'ailleurs ne réussirait-il pas, en un siècle où les paroles n'ont plus de son, les écrits de couleur, les droits de réalité, les devoirs d'autorité, où tout se démêle comme à Lilliput, c'est-à-dire en raison même de la petitesse ? »

Cet homme qui reconnaît en son fils le salpêtre particulier à sa race, qui avouait avoir été lui-même un brûlot à vingt ans, ne devrait-il pas témoigner quelque indulgence, excuser les premières fautes, celles qui n'ont rien d'irrémédiable, attendre que le temps, les conseils, la bonté fassent leur œuvre habituelle ? Tout au contraire, il s'emporte, va dès l'abord aux extrêmes, sollicite des lettres de cachet contre l'enfant prodigue, le fait espionner, poursuivre, enfermer dans des prisons d'État, demeure insensible à ses appels sincères, à ses supplications éloquentes, étonne le ministre lui-même par son acharnement et trouve fort mauvais qu'on le lui témoigne. « Il regarde d'ailleurs de telles admonestations à un homme de poids et d'âge, comme des leçons de serinette à un éléphant. » Aussi ne peut-on s'empêcher; a-t-on envie, malgré tout, d'admettre les circonstances atténuantes et de répéter avec Mirabeau : « Vous avez mené tous vos enfants, excepté un seul, par la terreur, comme si c'était du sang d'esclave qui circulait dans leurs veines. » Comment ne pas approuver son livre contre les lettres de cachet, ce discours à l'Assemblée constituante, où, rappelant qu'il y en avait eu cinquante-quatre dans sa famille, il remarquait spirituellement qu'il en avait eu dix-sept pour sa part et qu'on l'avait partagé en aîné de Normandie?

L'animosité de l'*Ami des hommes*, assoupie pendant quelques années, après la sortie du donjon de Vincennes, reprend de plus belle en 1784, au moment où Mirabeau, criblé de dettes, entreprend de vivre de sa plume, et commence à conquérir sa réputation par de nombreux écrits[1], compilations prolixes[2], recouvertes d'un vernis oratoire, qu'on ne lit plus aujourd'hui, mais qui faisaient grand

---

1. Une brochure contre les agioteurs lui valut ce quatrain de Rivarol :

> Puisse ton homélie, ô pesant Mirabeau,
> Assommer les fripons qui gâtent nos affaires !
> Un voleur converti doit se faire bourreau,
> Et prêcher sur l'échelle en pendant ses confrères.

2. « Excepté dans ses éloquentes lettres à madame de Monnier, où il parle plutôt qu'il n'écrit, et qui sont des harangues d'amour, comme ses discours à la Constituante sont des harangues de révolution, le style qu'il trouve dans son écritoire est en général d'une forme médiocre, pâteux, mal lié, mou aux extrémités des phrases, sec d'ailleurs, se composant une couleur terne avec des épithètes banales, pauvre en images, ou n'offrant par places, et bien rarement encore, que des mosaïques bigarrées de métaphores peu adhérentes entre elles. On sent, en le lisant, que les idées de cet homme ne sont pas, comme celles des grands prosateurs nés, faites de cette substance particulière qui s'insinue bouillante et liquide, dans tous les recoins du moule où l'écrivain la verse, et se fige ensuite : lave d'abord, granit ensuite. » (V. Hugo, p. 62.)
— Souvent, même dans les *Lettres à Sophie*, l'auteur copie des pages entières d'écrits qui paraissaient alors. « Écoute ma bonne amie, je vais verser mon cœur dans le tien... et cette confidence intime était la transcription littérale d'un article du *Mercure de France* ou d'une page d'un roman nouveau. » (Dumont, *Souvenirs*, p. 272.)

bruit à cette époque. Plus que jamais il épanche sa bile contre *ce drôle* et raille sa laideur amère, sa démarche intercadente, son regard ou pour mieux dire son sourcil atroce quand il écoute et réfléchit, son *ne douter de rien*, le caractère incendiaire de sa polémique. Il le qualifie d'homme vil et méchant, de mauvais sujet à la solde de l'agio, et le croirait bâtard s'il n'était venu au monde « en lieu où nul n'abordait ». Il lui conteste toute autre faculté que celle du plagiat; il ne peut que « compiler et coudre en boursouflé les pièces rapportées qu'il dérobe de toutes parts ». Il n'a d'autre propriété que celle des renards de Samson. Et quand on lui objecte le succès de ses ouvrages, il réplique : « Au moment de l'incendie de Persépolis, un tison était plus recherché par les convives que les plus précieux trésors... Le siècle des gens de sa sorte arrive à grands pas; car il n'est aujourd'hui ventre de femme qui ne porte un Artevelde ou un Masaniello. »

Mais le succès est une habile sirène : l'*Ami des hommes* a beau s'en défendre, et comme il l'écrit, *rire des épaules*, la réputation de Mirabeau commence à le troubler, à remuer les fibres de l'amour-propre. En vain affecte-t-il le dédain, on sent qu'il faiblit. — « M. le comte affecte de la profondeur, écrit-il en 1787, parce qu'il a de tout dans sa boutique... Avec quelle impudence il mâtine l'art de la parole ! Le voilà devenu l'arbitre des événements... Il a insulté les ministres, les puissances étrangères, et il passe dans toute contrée, haut la main, il est fait pour *démontrer son siècle*... Eh ! que fait le bon ou le mauvais sujet ? Il y en a tant qui n'ont ni talent, ni esprit, ni courage, et celui-là est supérieur en toutes choses... Quoi qu'il en soit, celui-ci régnerait dans une prison et nul n'aurait la force de l'y mettre. Il est devenu le coryphée du siècle par son *rimbombo*..., de ce siècle qui n'est touché de rien, mais qui veut être remué de tout. Quand il a à dire une sottise, il pousse d'énergie et de ce qu'ils appellent éloquence. »

Des tentatives de rapprochement échouent ; Mirabeau qui sent combien une réconciliation favorisera ses projets d'ambition politique, redouble de diplomatie insinuante et câline, lui dédie son ouvrage sur la Prusse, énorme compilation en quatre volumes de six cents pages chacun, brochée en quelques mois, avec des matériaux fournis par un savant officier allemand d'origine française, le major Mauvillon[1]. Du coup le vieux physiocrate est désarmé, car il retrouve en ce livre ses propres principes, que son fils, pour le flatter davantage, porte aux nues. Tout ce qu'il écrit n'est que brochure, disait-il jusqu'alors ; mais, après vérification exacte de tout ce que contient l'énorme compilation de cet ouvrier forcené, il le tient pour l'homme le plus rare de son siècle, et il serait peut-être un des plus rares que la nature ait produits, si la *directité* dans les vues lui eût été en même temps accordée.

Il consent donc à revoir « cet homme qui, semblable à la plante nommée *pas d'âne*, s'étend en feuillage qui couvre tout mais sans racine », mais il ne lui épargne pas les sermons, s'en vante à son frère, faisant sonner

---

[1]. C'est au major Mauvillon que Mirabeau écrit le 3 décembre 1789 : « Je vois que les têtes fermentent dans votre Allemagne et je sais bien que si l'étincelle frappe les matières combustibles, ce sera du feu de charbon de terre, et non du feu de paille comme ailleurs. »

bien haut qu'il ne capitule point, qu'au contraire on se rend à discrétion. « Tu ne saurais croire avec quelle force et quelle abondance je lui montrai l'enfance et la trivialité de ses objections, la misère de prendre en matière de religion le noyau pour la plante, et l'outrage à l'humanité de déchirer l'habit à toutes tailles que tant de grands hommes avaient entretenu et approprié à son usage, pour la laisser nue et livrée *au mot du guet de la tour de Babel* : Tot capita, tot sensus... Tu vois que ce n'est pas avec des chapelets et des scapulaires que j'ai attaqué *cet écho bruyant.* »

Il constate avec plaisir que Mirabeau est convenu de tout, car, c'est le plus grand *avoueur de l'univers*; que dis-je! il se flatte d'une conversion complète : « Je fauche devant lui, et je crois que, selon son naturel, il trouve à glaner à m'entendre. » Et malgré l'armure d'ironie dont il s'abrite contre l'enchanteur, il ne peut retenir devant de Comps un cri d'orgueil en apprenant les succès de Mirabeau en Provence : « Jeune homme, voilà de la gloire, de la vraie gloire! »

Mais les allures révolutionnaires de son fils effarouchent le vieux royaliste aigri, qui se persuade volontiers que le monde va finir avec lui et lance cette suprême boutade, le 8 juillet 1789, deux jours avant sa mort : « Douze cent cinquante législateurs, tout neufs à toute sorte d'administration, tous gens sans conduite dans leurs propres affaires, vont nous faire une merveilleuse constitution d'État, avec *le Bonnet vert* en tête, et l'*Homme aux contes bleus* pour guide! »

Le *Bonnet vert*, c'est Mirabeau, le *Marchand de paroles*, et l'*Homme aux contes bleus*, c'est Necker.

Cependant Mirabeau montait de plus en plus dans la curiosité, la haine et l'admiration des hommes : fort de son audace, de son *ne douter de rien*[1], de ses dons de fascination, armé de pied en cap par la nature et l'étude, ses passions, ses vices, lui servent autant que ses vertus et ses talents pour dominer l'opinion publique[2], cette souveraine capricieuse qui inaugurait alors son règne. On sait avec quel fracas il heurta les prétentions et les préjugés de la noblesse provençale déchaînés contre lui; avec quel courage[3], avec quelle violence aussi il prit en main la défense des droits du tiers; ce qui ne l'empêche pas de nourrir peu d'illusions sur la reconnaissance et la capacité de ses partisans : « Le tiers, écrit-il à de Comps, n'a ni plan, ni lumières. Il s'acharne avec fureur sur des bê-

---

1. « Je suis sûr, à mon premier pas dans le monde, de faire baisser la tête, plus encore par ma conduite que par mes regards, à quiconque aurait osé me préparer du mépris. »

2. « Faites-nous en sa faveur un peu d'opinion publique, » disait vers la fin du XVIIIe siècle une femme du monde qui recommandait à ses amis de l'Académie un débutant littéraire.

3. Les plus grands embarras d'un chef de parti sont dans son parti (Retz). Dans une lettre du 27 janvier 1789, il ajoute ces paroles frappantes : « Tel est le public, imbécile troupeau qui livre ses chiens au premier loup qui sait se servir d'une peau veloutée. » « Je ne suis, disent-ils, qu'un chien enragé; C'est une grande raison de m'élire si je suis un chien enragé, car le despotisme et les privilèges mourront de ma morsure. » Et pour que la morsure soit mortelle, il approuve, fomente, exploite tous les troubles de la Provence, de 1789 à 1791. — (Voir les historiens de Marseille et Toulon : Henry, — Tisserand, — Fabre, — Brun, — la *Correspondance adressée à la marquise de Créqui*, in *Revue de la Révolution*, 2e semestre, Documents et même *Revue*, 1887; — les travaux de M. H. Taine, *La Provence en 1790*. — Il songeait surtout à ces tristes besognes lorsqu'il s'écriait : « Je ne voudrais pas avoir travaillé seulement à une vaste destruction. »

tises, où il a tort ; il mollit lâchement sur les points les plus importants où il a raison ; ce sont de sots enfants que les hommes... C'est à peu près en vain que je m'efforce de rallier le tiers ; les esclaves volontaires font plus de tyrans que les tyrans ne font d'esclaves, et nul ne fait plus de mal au peuple que lui-même[1]. »

C'est alors qu'il publie cette protestation enflammée[2] qui consomme le divorce avec les ordres privilégiés, et contient ce passage demeuré célèbre :

« Dans tous les pays, dans tous les âges, les aristocrates ont implacablement poursuivi les amis du peuple, et si, par je ne sais quelle combinaison de la fortune, il s'en est élevé quelqu'un dans leur sein, c'est celui-là surtout qu'ils ont frappé, avides qu'ils étaient d'inspirer la

---

1. Dès 1779, il écrivait dans le même sens : « Je dis et je soutiendrai à toutes les puissances de la terre que les esclaves sont aussi coupables que leurs tyrans, et je ne sais si la liberté a plus à se plaindre de ceux qui ont l'insolence de l'envahir, que de l'imbécillité de ceux qui ne savent pas la défendre. »

2. « ...Ce fils des lions, lion lui-même à tête de Chimère, cet homme si positif dans les faits, était tout roman, tout poésie, tout enthousiasme, par l'imagination et le langage ; on reconnaissait l'amant de Sophie exalté dans ses sentiments et capable de sacrifice : « Je la trouvai, dit-il, cette femme adorable. Je sus ce » qu'était son âme, cette âme formée des mains de la nature dans » un moment de magnificence. » Mirabeau m'enchanta de récits d'amour, de souhaits de retraite dont il bigarrait des discussions arides... Trop tôt pour lui, trop tard pour cette cour, il se vendit à la cour et la cour l'acheta. Il mit en jeu sa renommée devant une pension et une ambassade. Cromwell fut au moment de troquer son avenir contre un titre et une ambassade ! Malgré sa superbe, Mirabeau ne s'évaluait pas assez haut... La tombe le délia de ses promesses... sa vie eut montré sa faiblesse dans le bien ; sa mort l'a laissé en possession de sa force dans le mal. » (Chateaubriand.)

terreur par le choix de la victime... Ainsi périt le dernier des Gracques de la main des patriciens; mais, atteint du coup mortel, il lança de la poussière vers le ciel en attestant les dieux vengeurs; et de cette poussière naquit Marius : Marius, moins grand pour avoir exterminé les Cimbres, que pour avoir abattu dans Rome l'aristocratie de la noblesse.

» Qu'ai-je donc fait de si coupable? ajoutait-il, j'ai désiré que mon ordre fût assez habile pour donner aujourd'hui ce qui lui serait infailliblement arraché demain...

» J'ai été, je suis, je serai jusqu'au tombeau l'homme de la liberté publique, de la constitution. Malheur aux ordres privilégiés, si c'est là plutôt être l'homme du peuple que celui des nobles; car les privilèges finiront, mais le peuple est éternel. »

La Provence tout entière tressaille, s'ébranle à la voix de Mirabeau, et lui prodigue des ovations jusqu'alors sans exemple. A Lambesc, les officiers municipaux l'attendent hors de la ville; des milliers d'hommes, de femmes, enfants, prêtres et soldats crient : « Vive le comte de Mirabeau! Vive le père de la patrie! » Les boîtes de tirer, les cloches de sonner, et lui, fondant en larmes : « Je vois comment les hommes sont devenus esclaves ; la tyrannie s'est entée sur la reconnaissance ! » — On veut dételer sa voiture, mais lui : « Mes amis, les hommes ne sont pas faits pour porter un homme, et vous n'en portez déjà que trop. » Ainsi l'homme d'État reparaît sans cesse à côté du tribun.

A Aix, à Marseille, le triomphe est encore plus éclatant. Il reçoit de tous les corps de garde les honneurs militaires, les autorités viennent le visiter, les fenêtres sont louées un, deux louis pour le voir passer, sa voiture couverte de palmiers, de lauriers et d'oliviers, le peuple baisant les roues, les femmes offrant leurs enfants pour qu'il les bénisse, cent vingt mille voix, depuis le mousse jusqu'au millionnaire, poussant des acclamations. « Mes amis, dit-il à ses concitoyens, haïssez l'oppression autant que vous aimez vos amis et vous ne serez pas opprimés! » Marseille lui envoyant des députés, des paysans ont arrêté de les suivre, de les conduire chez la comtesse de Mirabeau, et de lui adresser une harangue provençale, où se trouvent ces mots : « *Aquo est une trop belle race, serie pena que manqué.* C'est une trop belle race, ce serait péché qu'elle manquât[1]. »

Tempérament fougueux et sensuel, caractère indomptable, mobile et passionné, confiant et prodigue, adorateur des vertus qu'il n'avait point pratiquées, incapable d'envie, de haine, de vengeance, aimé de ses amis, emporté parfois par des violences de premier mouvement, mais sachant à merveille réfréner son âme, d'une activité prodigieuse (le lendemain n'était pas pour lui l'imposteur qu'il est pour tous les hommes), ayant au plus haut degré le courage du moment[2], prompt à la riposte, étincelant

---

1. La popularité de Mirabeau qui n'allait pas tarder à couvrir tout le royaume, se manifestait parfois d'une manière assez piquante : « Vous avez de bien mauvais chevaux, remarquait un voyageur au garçon de la poste entre Calais et Amiens. — Oui, mes deux chevaux de trait sont mauvais, mais mon Mirabeau est excellent. » — Le cheval de charge, qui était au milieu, s'appelait Mirabeau, comme celui qui faisait le plus fort de l'ouvrage.

2. Il ne réussit pas de primo abord à s'imposer à l'Assemblée. Tandis que la droite le traite d'assassin, de gueux, de scélérat, que Champcenetz prétend qu'il a *la petite vérole à l'âme*, beaucoup

de verve et de saillies, né pour le commandement, insinuant comme un disciple de Machiavel, connaissant profondément et les hommes et l'art de les conduire à ses fins secrètes, devinant les rapports intimes des causes et des effets, fertile en expédients, pauvre, travaillé de besoins [1], peu scrupuleux sur les moyens de les satisfaire mais doué d'une imagination qui aimait le grand, affamé de gloire et capable de s'oublier lui-même devant la détresse de la chose publique [2], tel apparaît tout d'abord Mirabeau, le premier des orateurs et surtout le seul homme politique de la Révolution, avec Talleyrand, jusqu'à Napoléon. Il aimait la louange dans le grand et le petit,

feignaient de lui préférer Barnave. « Vous avez enterré Mirabeau, » disait Duport à Barnave après un discours. Rivarol écrivait : « Mirabeau est plus écrivain, Barnave est plus orateur. »

1. Après son entente avec la cour, il mène grand train et Gorani rend hommage à ses dîners, qui étaient, paraît-il, les plus agréables du monde. Pas de domestiques importuns ou indiscrets; entre les convives se dressaient des *servantes* à quatre étages, couvertes d'assiettes, de verres, de bouteilles, de fourchettes, etc., chacun se servait tout seul. Entre les services un coup de sonnette appelait les gens, et la conversation s'arrêtait aussitôt. En un clin d'œil, trois valets emportaient les plats vides, trois autres apportaient les plats chauds et prenaient aussitôt la porte.

2. Madame de Nehra raconte à ce propos une anecdote bien caractéristique. Au retour d'un voyage, il lui demande où en est l'affaire de la pension alimentaire que le marquis de Mirabeau persistait à refuser. — « Comment! Vous avez fait le voyage pour vous en occuper ! — Moi! Non, en vérité : j'ai eu bien autre chose à faire que de penser à toutes ces bagatelles. Savez-vous dans quelle crise nous sommes? Savez-vous que l'horrible agiotage est à son comble ? Savez-vous que nous sommes au moment où il n'y aura peut-être pas un écu dans le trésor public? — Je souris de voir un homme dont la bourse était si mal garnie y songer si peu et s'affliger si fort de la misère publique, sans s'occuper de sa détresse particulière.

observe Dumont : « Je lui disais un jour qu'on fait de louanges, il déjeunerait d'un éléphant et souperait d'un ciron. » Il n'y avait rien d'uniforme et de soutenu chez lui ; son âme allait par sauts et par bonds ; elle obéissait à plusieurs maîtres [1].

Il se montrait fort entêté de noblesse. Madame de Staël affirme que lorsqu'il parlait de Coligny, il ne manquait jamais d'observer : « L'amiral de Coligny, qui, par parenthèse, était mon cousin... » Quelqu'un le nommait un jour Riquetti : « Oui, monsieur, repart-il, nous nous appelions Riquetti avant la féodalité. » Après l'abrogation des titres de noblesse, il lance cette boutade : « Avec votre Riquetti, vous avez désorienté l'Europe pendant trois jours. » Et comme son valet s'avisait de l'appeler « Monsieur » tout court : « Apprends, maraud, fait-il indigné, que j'entends bien rester toujours pour toi : « Monsieur le comte. »

Il a au plus haut point l'esprit de sa situation, l'esprit de trait uni à l'esprit de profondeur et d'à-propos. Ma santé, disait Locke, est la seule maîtresse que j'aie toujours courtisée. On voudrait que Mirabeau n'eût connu d'autre amante que la politique, du moins tend-il vers elle de toutes les forces de son esprit, de son génie, et la plupart de ses mots sont-ils politiques [2]. En 1782, rencontrant à Neuchâtel des exilés de Genève, il leur parle

---

1. « Il traita plusieurs questions importantes dans de véritables accès de fièvre et les profondes combinaisons de son esprit ne s'en ressentaient pas plus que la vigueur de son éloquence. » (Cabanis.)

2. « La Fayette a une armée, disait-il à Suleau, mais j'ai ma tête. » Parfois il caractérise d'un mot l'histoire et le genre de génie de

des états généraux de France comme d'un événement qui ne peut pas manquer : « Je serai député, conclut-il, et je rétablirai votre patrie. »

C'était pour lui un véritable plaisir d'affubler les gens de sobriquets. Par exemple, il traite Brissot de jockey littéraire, appelle Sieyès, Mahomet ; d'Esprémenil, Crispin-Catilina ; Camus, le Drapeau rouge ; le roi de Prusse, Alaric-Cotin ; La Fayette, un Grandisson-Cromwell. Il accusait ce dernier de ne désirer que la gloire des gazettes, Necker de voir tout le royaume dans la rue Vivienne, c'est-à-dire dans le jeu des fonds et les affaires de finances. « C'est, disait-il, une horloge qui retarde. » Quand ce ministre présente son plan de finance aux états généraux, Mirabeau s'écrie : « Voilà sans doute de brillantes perspectives ; nos ressources sont hypothéquées sur la foi et l'espérance, à condition que nous ferons la charité[1] ». « Nous appelons Clermont-Tonnerre le Pitt de la France. Soit, mais il faudrait savoir si M. Pitt serait flatté d'être appelé le Clermont-Tonnerre de l'Angleterre. » Il

toute une maison souveraine : « Ne me parlez pas de votre duc de Savoie, mauvais voisin de toute liberté ! »

A propos de la régence, il demande qu'aucun prince ne puisse être régent sans avoir prêté serment à la constitution. Montlosier ayant objecté qu'un prince « peut avoir été empêché de prêter serment par un voyage outre-mer » ; Mirabeau riposte : « Le discours du préopinant va être imprimé ; je demande à en rédiger l'erratum. *Outre-Mer*, lisez *Outre-Rhin*. » Et cette plaisanterie décida la question.

1. Mirabeau imite ici l'épitaphe de Lantara :

> Ci-gît le peintre Lantara
> La foi lui tenait lieu de livre,
> L'espérance le faisait vivre
> Et la charité l'enterra.

citait volontiers l'anecdote de Mirabeau-Tonneau entrant un soir chez la reine, confondu avec Monsieur et se faisant reconnaître avec esprit : « On me prend pour Monsieur dans l'obscurité, mais ce n'est que Monsieur, frère du roi Mirabeau. »

« Notre nation de singes à larynx de perroquets, » disait-il, paraphrasant Voltaire. Quant aux députés, il les compare à des onagres, à des ânes sauvages qui n'ont reçu de la nature que la faculté de ruer et de mordre. « Je les connais, chacun d'eux ne veut qu'un lambeau du manteau royal. »

A la tribune de la Constituante, il dénonce le silence de Sieyès comme une calamité publique; comme un de ses amis lui en parlait le lendemain, il lui montra l'abbé : « Eh! ne voyez-vous pas comme il a le dos voûté depuis hier? C'est un homme atterré : je l'ai chargé d'une réputation qu'il ne pourra jamais porter. » Il lui reprochait d'ailleurs de trop s'en rapporter aux seuls moyens du droit et de la raison, et de ne point *marcher en affaires* avec les hommes : « Mon cher abbé, vous avez déchaîné le taureau et vous vous plaignez qu'il frappe de la corne ! Au lieu d'un verre d'eau-de-vie, on en a donné une bouteille. » Ainsi expliquait-il les mouvements de Paris[1].

Comme il méprise fort la vaine alchimie des formules

---

[1]. En 1789, raconte Labouïsse-Rochefort, assistant à un festin chez le duc d'Orléans, Mirabeau aperçut un groupe d'affamés qui se disputaient quelques livres de pain à la porte d'un boulanger, et qui de temps en temps interrompaient leurs rixes pour s'écrier à plein gosier : « Vive l'Assemblée nationale ! » Frappé de ce spectacle, il se retourne vers les autres convives : « Par ma foi, s'écrie-t-il, il faut en convenir, cette canaille-là méritait bien de nous avoir pour ses législateurs. » (*Souvenirs et Mélanges*, t. II.)

et des théories, la déclaration des droits ne lui inspire aucune confiance : « Je vous annonce, disait-il à ses collègues, que toute déclaration des droits antérieure à la constitution ne sera jamais que l'almanach d'une année¹. » Impatienté de tous ces châteaux de cartes² qu'élèvent à grand renfort de subtilités les abstracteurs de quintessence sociale, il les rappelle au bon sens : « Il serait temps de faire une déclaration des devoirs. »

A propos des illusions des premiers temps : « On a vu longtemps à travers une lanterne magique, mais le verre est cassé. » Un discours décoloré, intempestif, lui inspire ce trait : « Il est fait comme les tragédies modernes, avec des hémistiches. »

Il disait de Barnave : « C'est un bel arbre qui deviendra un jour mât de vaisseau. »

De Robespierre : « Il ira loin, il croit tout ce qu'il dit. »

De Pastoret : « C'est une cervelle de renard dans une tête de veau. »

De M*** qui avait toute la fraîcheur de la jeunesse :

---

1. Mirabeau ne condamnait pas moins les folies d'enthousiasme de la nuit du 4 Août, où l'Assemblée était comme un mourant qui fait son testament à la hâte, où, pour mieux dire, chacun donnait ce qui ne lui appartenait pas, et se faisait honneur de se montrer généreux aux dépens d'autrui : « Voilà bien nos Français, murmurait-il, ils sont un mois à disputer des syllabes, et dans une nuit ils renversent tout l'ancien ordre de la monarchie ! »

2. « Il aimait la liberté comme les Guises la religion... Il en est des temps de troubles comme de l'état de nature dans lequel la force est le seul moyen de dominer sur les autres ; de même, dans les moments convulsifs des révolutions, toutes les convenances sont subordonnées à l'ascendant du génie et des talents ». (Sénac de Meilhan.)

« qu'il avait l'âme de son teint ». Le duc de Lévis affirme ne connaître de lui qu'une repartie maligne : Rivarol venait de sortir d'une maison où il avait coutume de passer la soirée avec Mirabeau et quelques amis. Tout à coup, il rentre en poussant les hauts cris, se plaint qu'on a voulu l'assommer à coups de bûche. « Remarquez, messieurs, fit gravement Mirabeau, que l'imagination de Rivarol agrandit tous les objets, je parie que cette bûche n'est autre chose qu'une canne ! » On sait que Rivarol lui rendit largement la monnaie de sa pièce [1], et peut-être avait-il pris les devants : entre beaux esprits, on ne sait jamais bien lequel a commencé.

Il y a en lui un moraliste politique qui donne volontiers à sa pensée une forme vive, alerte, qui la dessine et fait image [2].

« Les principes ne sont pas l'exagération des principes.

» L'égalité politique ne sera qu'un vain mot si vous ne la fondez sur de bonnes lois matrimoniales et testamentaires.

---

1. « La cour, disait Rivarol, comptait peu sur un homme avec qui il fallait toujours compter. » Les *Actes des Apôtres* le traitent de magnifique scélérat : « A la hauteur où vous êtes, vos ennemis mêmes conviennent que le gibet est le seul genre d'élévation qui vous manque. » Comme Mirabeau, peu de temps avant sa mort, demandait des épitaphes à tous venants, les bons Apôtres ne veulent pas demeurer en arrière et offrent la leur

Ci-gît de Mirabeau la dépouille funeste;
N'agitez point sa cendre, elle exhale la peste !

2. « Souvenez-vous seulement, écrit-il à Cérutti, que toute la magie des tours de gobelet consiste dans le mouvement et la prestesse, que bientôt le papier-monnaie prendra une autre forme, et que vous le verrez sortir de la gibecière sous la figure d'un emprunt. »

» Burke a dit que la France n'offrait plus en politique qu'un grand vide ; Burke a dit une grosse sottise, car ce vide est un volcan dont on ne saurait sans imprudence, perdre de vue un moment ni les agitations souterraines, ni les prochaines éruptions. »

« La guerre est l'industrie nationale de la Prusse.

» Je ne connais que trois manières d'exister dans la société : il faut y être mendiant, voleur ou salarié ; le propriétaire n'est lui-même que le premier des salariés, les propriétaires sont les agents, les économes du corps social [1].

» Le peuple ne doit jamais de reconnaissance, parce que l'on n'est jamais quitte envers lui.

» Le pot au feu est une des bases des empires.

» Avec cette nation si mobile qui ne fait rien que par émotion et par mode, le même quart d'heure peut offrir l'héroïsme de la liberté et l'idolâtrie de la servitude.

» Il est plus important de donner aux hommes des mœurs et des habitudes que des lois et des tribunaux.

» Le peuple, dans une constitution libre, a aussi ses hommes de cour, ses parasites, ses flatteurs et ses esclaves.

» Le monarque est le représentant perpétuel du peuple et les députés sont ses représentants temporaires.

» Le vœu des honnêtes gens, des vrais amis de l'humanité serait que la morale fût appliquée à la science du

1. Pour excuser les désordres de sa vie privée, il inventait ou plutôt rééditait les deux morales si plaisamment mises en opposition par Diderot dans *le Neveu de Rameau*. « La petite morale tue la grande, » disait-il.

gouvernement avec le même succès que l'algèbre l'a été à la géométrie. »

Membre du directoire de Paris, il s'exprimait ainsi devant le roi : « Un grand arbre couvre de son ombre une large surface, ses racines profondes s'étendent au loin et s'entrelacent à des rochers éternels. Pour l'abattre, il faut bouleverser la terre. Telle est, Sire, l'image de la royauté constitutionnelle. » Et le même homme empêchera l'Assemblée d'aller au-devant du prince, d'un geste il réprimera son élan. « Qu'un morne respect soit le premier accueil fait au monarque dans un moment de douleur! Le silence des peuples est la leçon des rois! »

Il gouvernait à la tribune, il y gouvernait l'Assemblée, Paris et la France entière; la vie exécutive convenait mieux d'ailleurs que la vie spéculative à ce prodigueur de vie, qu'on a défini assez justement : le Shakespeare de l'éloquence. Des élans soudains qui semblaient l'effet de l'inspiration, des phrases courtes qui descendaient de la tribune comme des éclairs pour éblouir, brûler et renverser tout sur leur passage, des phrases qui, prononcées dans un moment critique, décidaient de l'issue des plus grandes questions, des phrases qui devenaient à l'instant des proverbes, des phrases que tout le monde sait encore par cœur, voilà en quoi consistait surtout sa puissance oratoire[1]. Quelques-unes représentent à merveille ce qu'on pourrait appeler l'esprit dans l'éloquence : telle sa tirade contre la banqueroute, lorsqu'il veut enlever un vote de confiance que Necker demandait à l'Assemblée :

---

1. Macaulay, *Essais historiques*, t. II, p. 383 et suiv.

« Qu'est-ce donc que la banqueroute, si ce n'est le plus cruel, le plus inique, le plus désastreux des impôts?... Gardez-vous de demander du temps, le malheur n'en accorde jamais. Eh! messieurs, à propos d'une ridicule motion du Palais-Royal, d'une risible insurrection qui n'eut jamais d'importance que dans les imaginations faibles ou les desseins pervers de quelques hommes de mauvaise foi, vous avez entendu naguère ces cris forcenés : *Catilina est aux portes de Rome et l'on délibère !* Et certes, il n'y avait autour de vous ni Catilina, ni péril, ni factions, ni Rome... Mais aujourd'hui la banqueroute, la hideuse banqueroute est là. Elle menace de consumer, vous, vos propriétés, votre honneur... Et vous délibérez[1] ! »

Cazalès proposait, pour remède aux maux publics, d'investir pendant trois mois le roi de la puissance exécutive illimitée. — Mirabeau dit : « M. de Cazalès est hors de la question, car il discute celle de savoir si on accordera ou si on n'accordera pas au roi la dictature. »

Aux optimistes de l'Assemblée qui sommeillaient : « Nous dormons, mais ne dort-on pas aux pieds du Vésuve? » — « C'est une fête napolitaine, dira M. de Salvandy en 1830, nous dansons sur un volcan. »

A M. d'Esprémenil qui bataillait pour les mandats impératifs : « Si le système de M. d'Esprémenil eût prévalu, il n'aurait pas eu besoin de venir en personne ;

---

1. « Ah! monsieur le comte, lui dit le lendemain l'acteur Molé, quel discours et avec quel accent vous l'avez prononcé ! Mon Dieu, comme vous avez manqué votre vocation ! » — De même Rachel, après avoir entendu M. Guizot à la tribune : « J'aimerais jouer la tragédie avec cet homme-là ! »

il aurait pu se contenter d'envoyer ici son cahier et nous eussions été privés du plaisir de l'entendre. »

A un membre qui voulait conserver dans les promulgations royales ces mots : *à tous présents et à venir, salut :* « Si la mode du salut venait à passer? »

Interrompu par les vociférations de la gauche, il se tourne vers Lameth, Robespierre, Duport et les foudroie d'un mot : « Silence aux trente voix! »

A ceux qui contestaient à l'Assemblée les pouvoirs d'une Convention nationale : « Notre Convention nationale est supérieure à toute limitation comme à toute autorité, elle ne doit compte qu'à elle-même et ne peut être jugée que par la postérité. Messieurs, vous connaissez tous le trait de ce Romain qui, pour sauver sa patrie d'une grande conspiration, avait outrepassé les devoirs que lui conféraient les lois. — Jurez, lui dit un tribun captieux, que vous avez respecté les lois. — Je jure, répliqua ce grand homme, que j'ai sauvé la République! — Et vous, messieurs, je jure que vous avez sauvé la patrie! »

Dans une vision prophétique, il prédit toutes les conséquences de la séparation des communes d'avec le roi : « Vous aurez des massacres, vous aurez des boucheries, vous n'aurez pas l'exécrable honneur d'une guerre civile. »

Cette philippique contre la Saint-Barthélemy : « N'oubliez pas que d'ici, de cette tribune où je parle, on aperçoit la fenêtre d'où la main d'un monarque français tira l'arquebuse qui fut le signal de la Saint-Barthélemy. — Mensonge[1], riposta fort justement l'abbé Maury, on ne la

---

1. Le mot était emprunté à Volney, « l'un des plus éloquents muets de l'Assemblée ». Édouard Fournier soutient d'ailleurs avec beaucoup de force que Charles IX ne prit aucunement part aux

DE LA RÉVOLUTION.   213

voit pas d'ici, cette fenêtre ! » Ce qui n'empêcha nullement cette *mirabelle* (Beaumarchais proposait d'appeler ainsi les pamphlets de Mirabeau) de sortir tout son effet ; tant nous sommes une nation verbale !

Son apostrophe au grand maître des cérémonies de la cour, M. de Dreux-Brézé, intimant à l'Assemblée, au nom du roi, l'ordre de se séparer : « Nous sommes assemblés par la volonté nationale, nous ne sortirons que par la force[1]. » Il fut ainsi le premier qui dévoila à l'As-

---

massacres, et que cette accusation d'arquebuser les huguenots de sa chambre rentre dans le domaine de la légende. (*L'Esprit dans l'histoire*, p. 195 et suiv.)

1. Telle est la vraie version, d'après les paroles de M. de Dreux-Brézé, pair de France, dans la séance du 10 mars 1833, répondant à M. Villemain qui avait rappelé la phrase, telle qu'on la répète ordinairement : « Allez dire à votre maître que nous sommes ici par la volonté du peuple et que nous n'en sortirons que par la force des baïonnettes. » Voici le discours du marquis de Dreux-Brézé : « J'ai dit que je remerciais M. Villemain d'avoir parlé de la séance dans lequel mon père fut en présence de Mirabeau ; et voici pourquoi je l'ai remercié ; c'est parce que depuis longtemps, je désirais que l'occasion se présentât pour rectifier ce fait... Voici comment la chose se passa. Mon père fut envoyé pour demander la dissolution de l'Assemblée nationale. Il y arriva couvert, c'était son devoir, il parlait au nom du roi. L'Assemblée, qui était déjà dans un état d'agitation, trouva cela mauvais. Mon père, en se servant d'une expression que je ne veux pas rappeler, répondit qu'il resterait couvert, puisqu'il parlait au nom du roi. Mirabeau ne lui dit pas : « Allez dire à votre maître... » J'en appelle à tous ceux qui étaient dans l'Assemblée et qui peuvent se trouver dans cette enceinte ; ce langage n'aurait pas été admis. Mirabeau dit à mon père : « Nous sommes assemblés par la volonté nationale, nous ne » sortirons que par la force. » Je demande à M. de Montlosier si cela est exact. Mon père répondit à M. Bailly : « Je ne puis recon- » naître dans M. de Mirabeau que le député du bailliage d'Aix et non » l'organe de l'Assemblée nationale. » Le tumulte augmenta, un homme contre cinq cents est toujours le plus faible, mon père

semblée le secret de sa force, qui n'était autre que celui de la faiblesse de la cour.

Une anecdote éclaire son talent d'improvisateur, sa promptitude à pénétrer le défaut de la cuirasse de l'adversaire, à frapper le point découvert, sans s'inquiéter

se retira. Voilà, messieurs, la vérité dans toute son exactitude. »
Victor Hugo, qui a vu Mirabeau à travers son imagination, trace ce portrait fantaisiste : « Mirabeau à la tribune,... c'est quelque chose de magnifique. Là, il est bien lui tout entier, lui tout-puissant. Là, plus de table, plus de papier, plus d'écritoire hérissée de plumes, plus de cabinet solitaire, plus de silence et de méditations; mais un marbre qu'on peut frapper, un escalier qu'on peut monter en courant; une tribune, espèce de cage de cette sorte de bête fauve, où l'on peut aller et venir, marcher, s'arrêter, souffler, haleter, croiser ses bras, crisper ses poings, peindre sa parole avec son geste, et illuminer une idée d'un coup d'œil... A la tribune, il avait un colossal mouvement d'épaules, comme l'éléphant qui porte sa tour armée en guerre. Lui, il portait sa pensée ! Sa voix, lors même qu'il ne jetait qu'un mot de son banc, avait un accent formidable et révolutionnaire qu'on démêlait dans l'assemblée comme le rugissement du lion dans la ménagerie. Sa chevelure, quand il secouait la tête, avait quelque chose d'une crinière... Ses mains quelquefois semblaient pétrir le marbre de la tribune... Malheur à l'interrupteur, malheur au toréador qui lui avait jeté le banderille. Mirabeau fondait sur lui, le prenait au ventre, l'enlevait en l'air, le foulait aux pieds. Il allait et venait sur lui, il le pilait. Il saisissait dans sa gueule l'homme tout entier, quel qu'il fût, grand ou petit, méchant ou nul, boue ou poussière, avec sa vie, avec son caractère, avec son ambition, avec ses vices, avec ses ridicules; il n'omettait rien, il n'épargnait rien, il ne manquait rien, il cognait désespérément son ennemi sur les angles de la tribune, il faisait rire, tout mot portait coup, toute phrase était flèche, il avait la furie au cœur, c'était terrible et superbe. C'était une colère lionne... Soit qu'il fît rugir son sarcasme aux dents acérées sur le front pâle de Robespierre, ce redoutable inconnu, qui, deux ans plus tard, devait traiter les têtes comme Phocion les discours; soit qu'il mâchât avec rage les dilemmes filandreux de l'abbé Maury, et qu'il les recrachât au côté droit, tordus, déchirés, disloqués, dévorés à demi

des détails accessoires. Dans la séance du 21 mai, il écoutait attentivement Barnave, lorsque tout à coup, apercevant le côté faible de son argumentation, il dit à demi voix : — *Je le tiens!* puis emprunta un crayon à M. Frochot qui siégeait à côté de lui, écrivit une demi-ligne et

et tout couverts de l'écume de sa colère, soit qu'il enfonçât les ongles de son syllogisme dans la phrase molle et flasque de l'avocat Target, il était grand et magnifique, et il avait une sorte de majesté formidable que ne dérangeaient pas ses bonds les plus effrénés... »

A cette poésie flamboyante, opposons la prose spirituelle et précise de l'homme qui a le mieux apprécié Mirabeau, Étienne Dumont.

« Il avait un grand mépris pour la fausse chaleur qu'il appelait *les tonnerres et les tempêtes de l'Opéra*... A la tribune, il était immobile. Ceux qui l'ont vu savent que les flots roulaient autour de lui sans l'émouvoir, et que même, il restait maître de ses passions, au milieu de toutes les injures; dans les moments les plus impétueux, le sentiment qui lui faisait appuyer sur les mots, pour en exprimer la force, l'empêchait d'être rapide. La voix de Mirabeau était pleine, mâle, sonore; elle remplissait l'oreille et la flattait; toujours soutenue mais flexible; il se faisait entendre aussi bien en la baissant qu'en l'élevant; il pouvait parcourir toutes les notes et prononçait les finales avec tant de soin, qu'on ne perdait jamais ses derniers mots. Sa manière ordinaire était un peu traînante. Il commençait avec quelque embarras, hésitait souvent, mais de manière à exciter l'intérêt. On le voyait, pour ainsi dire, chercher l'expression la plus convenable, écarter, choisir, peser les termes, jusqu'à ce qu'il se fût animé et que les soufflets de la forge fussent en fonctions.

» Je me souviens de l'avoir entendu prononcer un rapport sur la ville de Paris. Chaque mot était interrompu de la part du côté droit par des injures. Il s'arrête un instant, et, s'adressant aux plus furieux d'une voix mielleuse: « *J'attends, messieurs, que ces aménités* » *soient épuisées* », et il continue tranquillement, comme si on lui eût fait l'accueil le plus favorable. Ce qui est incroyable, c'est qu'on lui faisait parvenir au pied de la tribune et à la tribune même des petits billets au crayon; qu'il avait l'art de lire ces notes tout

dit à son ami : « *En voilà assez d'entendu, je tiens la réplique, sortons.* » Ils sortirent tout de suite, en effet, et allèrent se promener aux Tuileries sans dire un mot de la question pendante, mais causant d'objets tout différents, avec diverses personnes qu'ils rencontrèrent, notamment avec madame de Staël, à qui Mirabeau parla longtemps du ton de la galanterie la plus spirituelle et la plus enjouée.

Élu enfin président de l'Assemblée, il emporte les suffrages de tous les partis, par un ordre, une netteté de travail dont on n'avait point d'idée jusqu'à lui, par la précision de ses discours, ses réponses aux députations qui venaient à la barre, par son impartialité et sa présence d'esprit. « D'un mot il éclaircissait la question, d'un mot il apaisait le tumulte... Il eut l'art de paraître le premier et de fixer l'attention générale sur lui, alors même que, ne pouvant plus parler à la tribune, il semblait être déchu de sa plus belle prérogative. » Il avait du plaisir à dire des choses obligeantes. M. Tronchet lisant un long rap-

en parlant, et de les introduire dans le corps de son discours avec la plus grande facilité. Garat le comparait à ces charlatans, qui déchirent un papier en vingt pièces, l'avalent aux yeux de tout le monde, et le font ressortir tout entier... » (Étienne Dumont.) Voir aussi sur Mirabeau, orateur : Ch. Bailleul, *Examen*, t. 1ᵉʳ, p. 268 et suiv. — Ferrières, t. 1ᵉʳ, p. 94. — Cérutti, *Éloge funèbre de Mirabeau*, p. 8. — La Harpe, *Mélanges inédits de littérature*.

« Mirabeau procède comme les grands maîtres : il fait briller abord la lumière du raisonnement, il subjugue la pensée ; il fouille ensuite plus avant, et va remuer les passions secrètes jusqu'au fond de l'âme : l'intérêt, la crainte, la honte, l'amour-propre, il frappe partout ; et, quand il se sent le plus fort, voyez alors comme il parle de haut, comme il domine, comme il mêle l'ironie à l'indignation, comme, en récapitulant tous les motifs, il porte les derniers coups !... »

port d'un médiocre intérêt, on n'écoutait guère et les conversations allaient leur train. Mirabeau, pour faire cesser le tapage, dit en agitant sa sonnette : « Messieurs, veuillez vous rappeler que la poitrine de M. Tronchet n'est pas aussi forte que sa tête. » On sait qu'il tenait les matériaux de ses résumés de M. Frochot, dont l'esprit net et méthodique s'adaptait parfaitement à ce genre de travail ; du 1er au 15, on entendit plusieurs fois Mirabeau lui rendre cet hommage : « N'est-il pas vrai que Frochot et moi nous ne présidons pas mal? »

Que la cour ait prétendu l'acheter en le payant, rien de plus certain, mais il se regardait comme un agent chargé des affaires de Monsieur, du roi, et prenait leurs pensions pour les gouverner, non pour être gouverné par eux. Il ne se vendait pas, mais se faisait payer pour être de son avis. Et cependant la reine comptait sur lui au point de dire : « Je suis persuadée que je ne périrai qu'après lui. » Madame de Staël, qui le haïssait fort, pense là-dessus comme Dumont : « Soit qu'il acceptât ou non l'argent de la cour, il était bien décidé à se faire le maître et non l'instrument de cette cour. » — « Depuis que je me vends, observait-il lui-même, je dois avoir gagné de quoi acheter un royaume, je ne sais comment j'ai été si gueux, ayant tous les rois et tous leurs trésors à mon commandement. » Que son indépendance demeurât entière, on le comprend bien en lisant sa correspondance avec le comte de La Marck, ses mémoires secrets à la cour, en étudiant le double jeu qu'il joue à la tribune, ses coups de boutoir contre ses nouveaux et indociles alliés, ses élans subits que Sainte-Beuve appelle « ses hémorragies d'orateur. » Dans quel vigoureux langage il exprime ses méfiances à l'égard de ses étranges clients « leurs amours et haines avortées, leurs volontés et *nolontés* »! Il en était là comme dans les cuisines des grandes maisons qui ont toujours quelque pot-au-feu caché. » Quelle confiance en lui-même et quel dédain des autres dans ces paroles où éclate un esprit prophétique aussi nécessaire que rare chez les conducteurs des peuples : « Le temps est venu où il faut estimer les hommes d'après ce qu'ils portent dans ce petit espace-là, sous le front, entre les deux sourcils... Le vaisseau de l'État est battu par la plus violente tempête, et il n'y a personne à la barre... Tout est perdu, le roi et la reine y périront, et, vous le verrez, la populace battra leurs cadavres. » Pour mener à bien ses projets, il ne compte que sur la reine « le seul homme que le roi eût auprès de lui ». « D'ailleurs, le moment viendra bientôt où il lui faudra essayer ce que peuvent une femme et un enfant à cheval ; c'est pour elle une méthode de famille. » Mais, quels que soient ses moyens, qu'il prétende gagner ses collègues par l'intérêt, diminuer l'influence de Paris, il veut sauver la liberté, la révolution modérée, en même temps que la royauté, et regarde toujours l'opinion publique comme le grand levier : « L'opinion publique a tout détruit, c'est à l'opinion publique à tout réparer... Je combattrai les factieux, de quelque côté qu'ils soient. »

Longtemps à l'avance, il eut le pressentiment d'une mort prématurée. Un jour, quittant madame du Saillant (sa sœur), et ses filles, toutes remarquables par leur beauté ; il dit, en embrassant la troisième, dont la fraîcheur avait un éclat extraordinaire : « C'est la mort qui embrasse le printemps. » Il devait en effet mourir bientôt, mourir trop tôt pour sa gloire.

Cette mort, toute païenne, un peu théâtrale, il l'a dramatisée lui-même à l'exemple des héros de Plutarque qui font des mots jusqu'à leur dernier soupir. « Tu es un grand médecin, disait-il à Cabanis, mais il est un plus grand médecin que toi, l'auteur du vent qui renverse tout, de l'eau qui pénètre et féconde tout, du feu qui vivifie ou décompose tout. » — Le matin du jour fatal, comme le soleil brillait : « Si ce n'est pas là Dieu, c'est du moins son cousin germain. »

A Barnave, qui lui conduisait la députation de la Société des amis de la constitution : « Ah ! il est bien permis de regretter la vie quand on quitte des amis tels que vous ! » — Alexandre Lameth ayant refusé de faire partie de cette députation : « Je savais bien qu'il était un factieux, mais je ne savais pas qu'il fût un sot. »

Sa fermeté, sa patience, sa résignation faisaient l'admiration de ceux qui l'approchaient. En proie à d'atroces souffrances, il s'occupait de l'Assemblée, de l'étranger, des vues cachées de l'Angleterre : « Ce Pitt, disait-il, est le ministre des préparatifs. Il gouverne avec ce dont il menace, plutôt qu'avec ce qu'il fait. Si j'eusse vécu, je crois que je lui aurais donné du chagrin. »

Il demandait à Frochot de lui soulever la tête : « Je voudrais pouvoir te la laisser en héritage[2]. »

Quelque temps auparavant, il causait avec le comte de La Marck sur les morts célèbres, le poignard de Lucrèce,

---

1. C'est à l'absence de principes religieux autant qu'à une mauvaise éducation qu'il faut attribuer les désordres de sa vie. J'ai cependant sous les yeux des lettres où il invoque la Providence et l'immortalité de l'âme.

2. Il disait de son estomac : « Quand le premier fonctionnaire est mauvais, il faut finir. »

la ciguë de Socrate, l'épée de Caton. « Vous avez admirablement parlé, lui dit La Marck, mais ces grands hommes étaient soutenus par de grandes passions, ils attachaient sur eux les regards de tout un peuple et pouvaient d'avance entendre les éloges de la postérité. Je connais une mort, dans laquelle il entre peut-être encore plus de simplicité, de force d'âme et de véritable grandeur. — Laquelle donc? reprit Mirabeau. — C'est la mort d'un pauvre soldat que la mitraille vient de mutiler sur un champ de bataille; qu'on jette dans une charrette dont chacun des cahots lui cause d'horribles souffrances; qu'on abandonne dans un hôpital où il ne saurait trouver un lambeau de linge pour arrêter son sang, un verre d'eau pour étancher sa soif, qui a vécu obscur, qui meurt de même, loin de ses parents, sans amis, sans consolations, sans secours... et qui meurt sans se plaindre. — Ah! dit Mirabeau, vous pourriez avoir raison. »

Il avait exigé que toute sa correspondance avec le château lui fût remise, mais, quand les progrès du mal ne laissèrent plus d'espoir, le comte de La Marck, au nom de la reine, lui demanda le sacrifice de ses papiers : « Que me demandez-vous? s'écria Mirabeau; vous voulez donc que je meure tout entier! Quelques succès de tribune ont à peine effacé le souvenir de mes désordres; mais c'est là, dans ce portefeuille, qu'est ma justification; là qu'est ma gloire; là qu'on aurait appris à connaître mes vues, mes plans, mon âme, mon génie; tout ce qui m'aurait grandi dans l'avenir... » Le comte de La Marck ayant représenté le péril que couraient le roi et la reine, Mirabeau se résigna : « Soyez satisfait!... emportez, détruisez ces papiers! » Et, un instant après :

« Monsieur le connaisseur en belles morts, êtes-vous satisfait ? »

La veille de sa mort, à huit heures et demie[1], entendant tirer le canon, il s'était écrié comme en sursaut : « Sont-ce déjà les funérailles d'Achille[2] ? »

Et cet autre mot célèbre : « J'emporte dans mon cœur le deuil de la monarchie[3] dont les débris vont être la proie des factieux. »

Tout un peuple suivit son cercueil. Des élégantes se plaignant de la poussière et remarquant que la municipalité aurait bien dû faire arroser le boulevard, une poissarde eut cette réflexion sublime : « Elle a compté sur nos larmes ! »

M. de la Place entrant chez un restaurateur du Palais-Royal, un garçon lui dit : « Monsieur de la Place, il fait bien beau aujourd'hui. — Oui, mon ami, il fait bien beau, mais Mirabeau est mort. » Le deuil de Mirabeau paraissait à tous une calamité publique et Boissy d'Anglas exprime noblement la douleur universelle lorsqu'il écrit qu'avec lui la Révolution avait perdu sa providence, qu'il emportait tout le bien qu'elle pouvait produire. « Dès ce moment, tous les partis semblent n'avoir plus disputé entre eux que des fautes. »

Mirabeau eut un grand nombre de collaborateurs,

---

1. Il mourut le 2 avril 1791, à huit heures et demie du soir. Il avait quarante et un ans.
2. Lorsque ce mot fut redit à Robespierre, il en tira un favorable augure et répondit : « Achille est mort, Troie ne sera pas prise. » Si tout le monde ne compare point Mirabeau à Achille, du moins Suleau et les monarchiens le comparaient à la lance d'Achille qui guérissait tous les maux qu'elle avait faits. (C. Desmoulins.)
3. *Prussienne, sans doute ?* fit Camille Desmoulins.

complices et auxiliaires de sa gloire, dont il excellait à mettre en œuvre le travail, à accoucher les idées. Un maître des requêtes lui avait fourni la partie contentieuse de son livre contre les lettres de cachet, le major Mauvillon les matériaux de l'ouvrage sur la Prusse; plus tard le groupe genevois, Dumont, Reybaz, Clavière, Duroverai lui apportent l'érudition, des arguments et de l'éloquence[1]; Pellenc[2], Panchaud, Frochot, Gorani, Debourges, Lamourette, Chamfort, tous s'évertuent pour lui, manufacturent en son honneur, discours, adresses, rapports, articles de journaux, lieutenants qui faisaient des conquêtes pour leur général, artistes excellents savamment employés par un puissant architecte, mentors perspicaces qui modèrent sa fougue, apaisent ses ressentiments, prêchent la logique, la méthode et forment auprès de lui une sorte de conseil d'État[3]. Mais aussi, avec quel art il sait déterrer les talents ignorés, flatter ceux dont il a besoin, désarmer les amours-propres ombrageux à force de prévenances, de compliments, de petits soins!

Voici par exemple Étienne Dumont, ce Genevois indifférent à la fortune et à la gloire, d'un esprit si fin,

---

1. On sait qu'à cette époque les discours ou *opinions* (c'était le nom consacré) étaient d'ordinaire écrits d'avance.

2. Les Français voient dans Mirabeau leur Hercule et ils ont pleinement raison. Toutefois ils oublient que le colosse est composé, lui aussi, de pièces de rapport, et que l'Hercule même des anciens est un être collectif, une personnification gigantesque d'actes qui sont à lui et à d'autres (Gœthe).

3. Macaulay, *Essais historiques*, t. II, p. 383 et suiv. De 1814 à 1829, Dumont rendit d'éminents services à sa patrie. « Signer n'était pas lui faire un vol, a-t-on dit, c'était le débarrasser d'une responsabilité. »

d'un talent si clair et si concis, qui se fait le père Joseph de ce Richelieu du régime représentatif, traduit, adapte, clarifie des ouvrages de Bentham, et consent à voir sa réputation se confondre et se perdre dans celle de cet auteur. Il compare les ouvrages de Mirabeau à des pièces de marqueterie dont il resterait peu de chose, si chacun de ses collaborateurs reprenait sa part[1] ; mais « il savait y jeter çà et là des traits lumineux, des expressions originales, des apostrophes pleines de feu et d'éloquence ». Un jour il remet à Dumont un papier ainsi conçu : « Liste des objets que Dumont s'engage, foi d'amitié[2], à traiter consciencieusement et à envoyer à Mirabeau, très peu de temps après son retour à Londres. Il y en avait dix-huit : anecdotes diverses sur le séjour en Russie; traits biographiques sur plusieurs Genevois célèbres... Vues sur l'éducation nationale, etc... ». « Quand il croyait avoir besoin de moi, dit Dumont, il me disait du bien de mes amis, il me parlait de Genève, c'était une espèce de *Ranz des vaches*, il m'amollissait et me subjuguait... Quand j'ai travaillé pour lui, il me semble que j'ai le plaisir d'un homme obscur qui aurait changé ses enfants en nourrice, et les aurait introduits dans une

1. Panchaud disait de lui qu'il était le premier homme du monde pour parler de ce qu'il ne savait pas. « Il avait un esprit très distingué, mais il lui préféra toujours celui des autres, qu'il savait rendre sien en lui donnant sa couleur. » (*Mémoires attribués à Condorcet*, t. II.) Un député voyait en lui une espèce de tronc où beaucoup de personnes déposaient leurs productions ; il y mettait sa griffe, et, raisons, idées, arguments, faits et témoignages, tout cela devenait de l'éloquence.

2. Mirabeau faisait pour son fils adoptif comme pour lui-même ; il volait les bons mots des autres enfants pour les lui attribuer. (Dumont, *Souvenirs*.)

grande famille : il serait obligé de les respecter quoiqu'il fût leur père. »

Observateur exercé, philosophe politique et humoriste délicat, Dumont rappelait à propos de l'Assemblée la réponse du gentilhomme [1] auquel on demande s'il sait jouer du clavecin : je l'ignore, mais je vais essayer. « Ce trait est du comique, mais ennoblissez les idées ; au lieu du clavecin, mettez le gouvernement, au lieu de la musique mettez la législation, et, au lieu d'un gentilhomme français, vous en aurez douze cents [2]. »

Ainsi donc Mirabeau recueillait avec soin les anecdotes, les pensées, il s'appropriait les études, les lectures de ses amis. Pourquoi l'en blâmer? Qui donc fait un crime à Molière, La Fontaine, Corneille, Racine, à tant d'autres de prendre leur bien là où ils le trouvent?

C'est imiter quelqu'un que de planter des choux;

[1]. Dumont prétendait aussi qu'on aurait pu dire de Clavière ce que madame de Flahaut disait de Sieyès « que c'était le poltron le plus entreprenant du monde ». Un jour Dumouriez faisait le récit d'aventures galantes où il se donnait le rôle brillant ; Clavière l'interrompit : « Général, vous avez fait sourire Baptiste! » (le valet de chambre de Dumouriez).

Reybaz, cet autre Genevois de mérite, fit cette réflexion après le premier discours de Robespierre : « Ce jeune homme n'est pas encore exercé, il est trop verbeux, il ne sait pas s'arrêter ; mais il a un fonds d'éloquence et d'aigreur qui ne le laissera pas dans la foule. »

[2]. Mirabeau se plaisait d'ailleurs à faire valoir l'esprit des autres. Aussi Chamfort disait-il à Vitry, leur ami commun : « Mirabeau est précisément le briquet qu'il faut à mon fusil. » Dans une de ses lettres, il conte cette plaisante pasquinade : « La femme d'un maire paraissait à Versailles avec une robe à ramages, un élégant soulève celle-ci, la baise et dit : « Madame, pardonnez, j'adore les » antiques. — Ah! monsieur! Que ne le disiez-vous? J'ai vingt ans » de plus que ma robe. »

et Gœthe n'a-t-il pas mille fois raison d'écrire : « Au fond, c'est folie que de chercher si quelqu'un est original ou s'il est redevable à autrui ; le point essentiel, c'est d'avoir une volonté énergique, de posséder du talent et de la persévérance pour exécuter par soi-même. Le reste est indifférent. Aussi Mirabeau avait-il parfaitement raison d'exploiter les forces qu'il trouvait présentes autour de lui [1]. Il avait le don de discerner le talent, et le talent, fasciné par le démon de cette nature puissante [2], s'abandonnait volontairement à lui et à sa conduite. C'est ainsi qu'il était entouré d'une multitude d'intelligences d'élite, qu'il embrasait du feu dont il était animé et qu'il mettait en mouvement pour accomplir ses grands desseins. C'est précisément parce qu'il s'entendait à agir sur les autres et avec les autres qu'il avait du génie, de l'originalité et une grandeur à lui. »

Ajoutons qu'il avait l'art de faire valoir ses amis, comme de se faire valoir par eux, et qu'il mettait une sorte d'orgueil généreux à les présenter sous les aspects les plus favorables. Il leur permet de dire : *C'est moi qui ai fait ce plan, qui ai donné ce mémoire,* et les

---

1. Il n'y avait, pour ainsi dire, point d'énigme politique pour lui. Il arrivait d'abord au secret le plus intime, et sa sagacité seule lui valait mieux qu'une multitude d'espions dans le camp ennemi. A la magie de la parole, il joignait la puissance de la pensée.. un coup d'œil prompt, un tact sûr, un art de démêler immédiatement le véritable esprit de l'Assemblée, et d'appliquer sa force toute entière au point de résistance, sans l'user mal à propos sur des accessoires. Personne n'a plus fait avec un seul mot... (Dumont.)

2. Après sa mort, aucun d'eux n'aurait pu écrire ce qu'il savait leur inspirer. (Madame de Staël.)

associait ainsi à ses triomphes de tribune, en les y faisant, pour ainsi dire, monter avec lui.

Et comment n'eût-il pas cherché à recruter des coadjuteurs, alors que sa seule correspondance, venue de tous les points de la France, et qu'il soignait comme le principal levier de son influence, exigeait l'emploi de plusieurs secrétaires? Il n'aurait pas mieux demandé que d'être le bureau d'adresse de l'univers, voulait répondre à tout, et répondre avec une telle concision que la réponse fût écrite dans la seule première page, afin qu'il pût la lire en la signant. Sa mémoire, remarque de Comps, lui rappelait des lettres, parfois insignifiantes, auxquelles il n'avait pas été répondu; il demandait la raison de ce silence, et disait que cette politesse était encore bien plus strictement recommandée à l'homme public qu'à l'homme privé. Un jour il s'arrête au milieu de la signature et biffe le papier : « J'en suis bien fâché, mon ami, mais je ne me répète pas. Voici une phrase qui est littéralement celle que j'écrivis, il y a trois mois à peu près, sur cette même question constitutionnelle; l'idée qu'elle exprime est bonne, elle est juste, tenez-vous-y; seulement donnez-lui une autre couleur. »

Pendant les premiers jours de la réunion des états généraux, c'est-à-dire à une époque où il n'était encore connu que comme écrivain politique, il reçut un si grand nombre de lettres que le portier, hors d'état de faire l'avance des frais, dit au facteur d'apporter un mémoire; au bout de huit jours, ce bordereau montait à plus de mille francs, et Mirabeau, à qui il fut présenté, écrivit au bas : « Je soussigné, reconnais avoir reçu les lettres dont le montant est ci-dessus, *et je promets de n'en jamais rien payer.* » Le baron d'Ogny, intendant général des postes, alla porter au roi cette singulière quittance; et depuis lors il ne fut plus question pour Mirabeau *de ports de lettres.*

Une seconde fois, je me pose cette question. Si la mort ne l'eût arrêté, Mirabeau aurait-il atteint son but, persuadé la reine et le roi, muselé la populace parisienne, rallié une majorité à la Constituante, fixé la Révolution dans la liberté? Pouvait-il, rayant de notre histoire la Terreur, le Directoire, nous conduire d'emblée vers la royauté représentative? Questions vaines! dira-t-on. Les faits sont les faits, les choses sont ce qu'elles sont! Oui, sans doute, mais Dieu n'a-t-il pas suscité les héros, les grands hommes pour qu'ils changent la face des choses, pour qu'ils deviennent en quelque sorte les interprètes de ses décrets? Il me semble qu'il y avait en Mirabeau assez de génie pour mener à bien l'entreprise, qu'il était digne de ne pas faire tout ce qu'il a fait, d'exécuter les grandes choses qu'il se proposait d'accomplir.

IX

TALLEYRAND[1]

Deux classes d'hommes d'État. — Le premier bénéfice de Talleyrand. — Les Oh! et les Ah! — Le paradoxe d'Édouard Fournier. — Ils ont trop d'esprit, je ne vivrai pas. — Collaborateurs de Talleyrand. — L'Inamusable. — Le sacre du clergé constitutionnel. — A propos des titres de noblesse. — Conseils à Larevellière-Lépeaux. — Combien Talleyrand vous a-t-il coûté? — Maret, duc de Bassano. — Mais quelle latitude énorme! — Le voyage à Gand. — Les deux consciences de Sémonville. — Un mot sur

---

[1]. Né en 1754, mort en 1838. — Sainte-Beuve, *M. de Talleyrand*, 1 vol. in-8, Calmann Lévy. — *Souvenirs intimes sur M. de Talleyrand*, recueillis par Amédée Pichot, 1 vol. in-12, Dentu. — Loménie, *Galerie des contemporains illustres*. — *Essai sur Talleyrand*, par Henry Lytton Bulwer, traduction de G. Perrot. — Mignet, *Portraits et notices*, t. Ier. — Chateaubriand, *Mémoires d'Outre-Tombe*, t. XI, p. 411. — George Sand, *Revue des Deux Mondes*, octobre 1834. — *Mémoires de Condorcet*. — Henri Delatouche, *l'Album perdu*. — Édouard Fournier, *l'Esprit dans l'histoire*. — *Mémoires de M. de Gagern*. — Feuillet de Conches, *Documents épistolaires sur Louis XVI*, t. V. — Lamartine, *Cours familier de littérature*. — *Journal de Raikes*, 4 vol. — Duvergier de Hauranne, *Histoire du gouvernement parlementaire*, t. II et III. — *Mémoires de*

les doctrinaires. — Visite à Royer-Collard. — Il est mort en homme qui sait vivre. — Vous avez un peu dépassé mes instructions. — Quelques jugements sur Talleyrand : ennemis, apologistes, impartiaux.

Les hommes d'État se partagent en deux classes : les créateurs, les exécuteurs[1]. Ceux-là, ayant reçu d'en haut l'étincelle divine, fraient des voies nouvelles, fondent, ressuscitent, agrandissent les empires, installent les gouvernements, poussent leur nation vers de grandioses destinées ; tels Alexandre, César, Napoléon ; tels un Richelieu, un Cavour ; tel peut-être le chef obscur d'une peuplade barbare qui l'initie à la civilisation, car l'homme est grand dans la mesure où il crée. Ceux-ci, nés avec de rares talents, fortifiés par l'expérience, insuffisants comme généraux, incomparables comme lieutenants, peu propres à diriger, à commander, excellents pour exécuter, conseiller, obéir, ne sachant guère dominer une situation, mais plutôt la comprendre, la mettre à profit, les premiers des seconds en un mot ; tel Talleyrand, le plus illustre des subalternes, le meilleur modèle dans l'art de parvenir, l'ancien ministre du Directoire,

---

madame de Rémusat, 3 vol. in-8, Calmann Lévy. — Général de Ségur, *Histoire et Mémoires*, t. VI. — Paul Deschanel, *Hommes d'État et orateurs*, 1 vol. in-18, Calmann Lévy. — Marquis de Castellane, *Nouvelle Revue*, 15 février et 15 mars 1888. — *Mémoires du prince de Metternich*, t. II. — Georges Pallain, *Correspondance inédite du prince de Talleyrand et du roi Louis XVIII*. — Henri Welschinger, *le Duc d'Enghien*, 1 vol. in-8, Plon. — Charles Brifaut, *Récits d'un vieux parrain*.

1. Entre ces deux catégories se place une race de politiques, de génies mixtes en quelque sorte, inférieurs aux premiers, supérieurs aux seconds : Mazarin, William Pitt, Metternich, Guizot.

de l'Empire, de la Restauration, de la monarchie de Juillet, dont la vie si mouvementée, le caractère, la haute et persistante fortune offrent un sujet d'études curieusement déconcertant. Sphinx moral, sibylle diplomatique, comment connaîtrons-nous jamais son dernier mot? Les fameux *Mémoires* dont on retarde sans cesse la publication n'auront-ils pour but que de tromper la postérité, de le justifier devant elle, en déchargeant sur d'autres les responsabilités, comme font tous les mémoires bien appris?

Qu'importe, après tout? Le sphinx n'a pu s'empêcher de parler et d'agir, la sibylle a montré ses livres, les Œdipe ont deviné l'énigme, les incrédules ont arraché le masque, les savants ont déchiffré l'oracle.

Talleyrand, c'est en quelque sorte l'esprit fait homme, l'esprit élevé à la quatrième puissance, parce que cette faculté domine en lui toutes les autres, comme l'éloquence, une vertu supérieure ou la volonté régissent certaines existences. Il possède presque toutes les variétés de l'esprit, l'esprit d'observation, l'esprit de trait et d'ironie, l'esprit des affaires, l'esprit du diplomate, l'esprit du silence, l'esprit de sa situation, l'esprit de son temps, d'aujourd'hui et de demain, le charme, la finesse et le sang-froid de l'esprit.

Un bon mot commence sa fortune, ses discours sont des mots, et, dans les conjonctures les plus épineuses, il se tire d'embarras ou met les rieurs de son côté par quelque vive repartie.

Il était au cercle de madame du Barry, les habitués racontaient tout haut leurs bonnes fortunes, tandis qu'il gardait le silence : « Et vous, vous ne dites rien, monsieur l'abbé? lui demande la favorite. — Hélas! madame, je faisais une réflexion bien triste. — Et laquelle? — Ah! madame, c'est que Paris est une ville dans laquelle il est plus aisé d'avoir des femmes que des abbayes. » Le mot répété à Louis XV aurait valu à l'abbé de Périgord son premier bénéfice[1].

Après la campagne de Dresde, Napoléon, ayant aperçu le prince de Bénévent à son lever, l'apostrophe violemment : « Que venez-vous faire ici? Me montrer votre ingratitude?... Vous affectez d'être d'un parti d'opposition... Si j'étais malade dangereusement, je vous le déclare, vous seriez mort avant moi. » Mais lui, avec la grâce et la quiétude d'un courtisan[2] qui reçoit de nouvelles faveurs : « Je n'avais pas besoin, Sire, d'un pareil avertissement pour adresser au ciel des vœux bien ardents pour la conservation des jours de Votre Majesté. » Il se vengeait de l'empereur en organisant contre lui l'opposition des épigrammes.

« J'admire, lui disait Louis XVIII, votre influence sur

---

[1]. Encore petit abbé, il se trouvait chez le duc de Choiseul, lorsqu'on annonça la duchesse de***, dont les aventures faisaient quelque bruit et qui s'était fait attendre pour dîner. « Oh! oh! dit-il assez haut pour être entendu de toute la compagnie. — Je voudrais bien savoir, monsieur, demanda-t-elle, pourquoi, lorsqu'on m'a annoncée, vous avez dit : Oh! oh! — Du tout, madame la duchesse, j'ai dit : Ah! ah! »

[2]. Il avait le masque impénétrable; un silence impassible était son invariable réponse aux sorties de l'empereur. Tout au plus, un jour, à l'issue d'une de ces scènes foudroyantes qu'il venait d'essuyer, se prit-il en descendant l'escalier, à dire à son voisin : « Quel dommage qu'un aussi grand homme ait été si mal élevé! » (Sainte-Beuve). Lannes prétendait que si, en vous parlant, il venait à recevoir un coup de pied par derrière, sa figure ne vous en eût rien dit.

tout ce qui s'est passé en France. Comment avez-vous fait pour abattre d'abord le Directoire, et, plus tard, la puissance colossale de Bonaparte? — Mon Dieu, Sire, je n'ai vraiment rien fait pour cela : c'est quelque chose d'inexplicable que j'ai en moi qui porte malheur aux gouvernements qui me négligent. » — Après son discours contre la guerre d'Espagne, on parla à Paris de disgrâce complète, d'exil même. Tout se borna à quelques mots échangés, ceux-ci par exemple : « Est-ce que vous ne comptez pas retourner à la campagne? — Non, Sire, à moins que Votre Majesté aille à Fontainebleau; alors j'aurais l'honneur de l'accompagner pour remplir les devoirs de ma charge. — Non, non, ce n'est pas cela que je veux dire : je demande si vous n'allez pas repartir pour vos terres? — Non, Sire. — Ah!... Mais dites-moi un peu, combien y a-t-il de Paris à Valençay? — Sire, il y a... quatorze lieues de plus que de Paris à Gand. »

Le 21 janvier 1827, tandis qu'on célébrait dans la basilique de Saint-Denis un service pour l'anniversaire de Louis XVI, le marquis de Maubreuil s'avance, et devant le roi, devant la cour, frappe au visage M. de Talleyrand, alors âgé de soixante-treize ans. Le roi ayant fait allusion à ce soufflet : « Sire, c'était un coup de poing », répliqua le vieux diplomate, avec l'orgueil et l'esprit d'un gentilhomme qui acceptait un acte de brutalité, non un affront.

Ainsi donc l'esprit, divinité légère et charmante, gouverne entièrement cette vie si curieusement remplie, il ne l'abandonne jamais, il l'inspire, le guide, lui tient en quelque sorte lieu de Providence, si l'on ose parler d'elle à propos d'un homme qui y croyait si peu. Et cependant on a contesté cet esprit, ou du moins on a prétendu l'enfermer dans des limites tellement étroites qu'il n'en resterait pas grand'chose¹. Il paraît que pour tout bréviaire, l'ex-évêque d'Autun lisait et relisait l'*Improvisateur français*, recueil d'anecdotes et de bons mots en vingt et un volumes in-douze, disposés par ordre alphabétique pour plus de commodité. Il est encore plus certain que Talleyrand avait pour collaborateurs et l'opinion publique², et les faiseurs de mots. « C'est le propre de l'érudition populaire, écrit Nodier, de rattacher toutes ses connaissances à un nom vulgaire. » Un mot ne lui arrivait quelquefois à lui-même que défloré ; il en riait comme tout le monde, et quand chacun était las d'en rire : « Mais c'est de vous, » lui disait-on. Et lui de répliquer : « Ils ont trop d'esprit : décidément je ne vivrai pas. » Harel, lorsqu'il voulait assurer la fortune d'un mot, ne manquait jamais de le mettre sous son patronage : c'est ainsi qu'il lui prêta dans le *Nain Jaune* sa fameuse phrase : « La parole a été donnée à l'homme pour déguiser sa pensée³. » Puis la réputation du mot une fois faite, il voulut le réclamer, mais on lui cria : Au voleur !

1. Son impassibilité eût déjoué ce cardinal d'Ossat, dont Charles-Quint disait qu'il ne suffisait pas de se taire devant lui, qu'il fallait ne pas penser. Le comte Mollien rapporte dans ses *Mémoires* que pendant les Cent-Jours, Napoléon le regretta : « C'est encore l'homme qui connaît le mieux ce siècle et le monde, les cabinets et les peuples. »

2. Édouard Fournier, *l'Esprit dans l'histoire*, p. 442 et suiv.

3. Le mot d'ailleurs se trouve presque textuellement dans ce passage du quatorzième dialogue de Voltaire : *le Chapon et la Poularde*. « Ils ne se servent de la parole que pour déguiser leurs pensées. » Voltaire pourrait bien l'avoir dérobé à Goldsmith et on le trouve aussi dans Swift.

Lorsque le trait en valait la peine, Talleyrand laissait dire et ne reniait pas la paternité de ces enfants perdus. Il apprit par un compliment de M. de Vitrolles que le fameux mot : *C'est le commencement de la fin*, était de lui, et l'endossa fort volontiers, comme Louis XVIII accepta celui de Beugnot sur le pont d'Iéna, comme le comte d'Artois s'appropria celui du même Beugnot : « Rien n'est changé en France, il n'y a qu'un Français de plus. »

On lui attribua encore cette réflexion du chevalier du Panat[1] sur les émigrés : « Ils n'ont rien appris, ni rien oublié. » A-t-il dit ou revendiqué le mot célèbre au sujet du duc d'Enghien : « C'est plus qu'un crime, c'est une faute ! » M. de Vaulabelle en doute, car sa responsabilité aurait été trop grande pour qu'il vît là un crime et moins encore une faute. Ne pourrait-on pas proposer une distinction ? Sous l'Empire le mot n'a pas dû être dit ; sous la Restauration, il dut paraître excellent.

M. Édouard Fournier arrive à cette conclusion : n'accorder à Talleyrand que les mots qu'il a dits publiquement. Il admet par exemple comme lui appartenant cette prudente observation : « La vie privée d'un citoyen doit être murée », et le : « N'ayez pas de zèle ». Encore constate-t-il avec M. Philarète Chasles[2] que c'est là le conseil de lord Chesterfield à un de ses amis : « Temper, pas de vivacité[3] ! »

---

1. Le chevalier du Panat écrivait à Mallet du Pan : « Personne n'est corrigé ; personne n'a su rien oublier ni rien apprendre. »
2. *Revue des Deux Mondes*, 15 décembre 1845.
3. Ses manières étaient froides : il parlait peu, sa tournure qui, dans sa première jeunesse, avait été remarquable de grâce et de délicatesse, était devenue quelque peu épaisse et jusqu'à un certain

Tout a été dit et la conversation n'est qu'un perpétuel recommencement, mais on sait aussi que les mêmes situations ont amené souvent les mêmes réflexions de la part de gens qui n'ont jamais pu se connaître, et, si on appliquait le critérium de M. Fournier aux hommes d'esprit de tous les temps, on se demande ce qui resterait debout : Sa Majesté l'Anonyme prendrait leur place. Que Talleyrand ait été ce qu'était la statue de Pasquin pour les oisifs de Rome, une sorte de monument banal où chacun s'arrogeait le droit d'afficher ses saillies bonnes ou mauvaises, rien de plus évident. Mais il y a autre chose en lui : amis, indifférents, ennemis, tous ceux qui l'ont connu rendent hommage à sa qualité maîtresse, l'esprit. Chateaubriand lui-même, dans un portrait étincelant de haine, en fait l'aveu; Dumont, l'impartial Dumont, qui revint avec lui de Londres, admire « combien il était délicieux dans le petit espace carré d'une voiture ».

Un de ses biographes affirme qu'il s'habillait comme un petit-maître, pensait comme un déiste, et prêchait comme

point efféminée : ce qui faisait un singulier contraste avec sa voix grave et profonde qui surprenait tous ceux qui avaient contemplé une semblable physionomie. Évitant les avances au lieu d'en faire, ni indiscret, ni gai, ni familier, mais sentencieux, formaliste et scrutateur, si bien que les Anglais ne savaient que penser d'un Français qui représentait si mal le caractère national. « Personne ne sait mieux que lui donner de l'impertinence aux formules de la politesse la plus exquise et convertir un éloge en critique. A-t-on l'air d'attendre un compliment sur un tableau, sur une pièce de vers, il vous accable de ce peu de mots : « Je n'ai jamais » rien vu de si beau. » Nous tenons pour certain qu'il vaudrait mieux être mis à la porte d'une maison que de s'entendre dire avec la voix brute de M. de Talleyrand : *Votre serviteur ben humbe.* » (Dumont.)

un saint[1]. Ses sermons n'ont pas été recueillis, mais ses travaux sous la Constituante, dont il se montra un des membres les plus actifs, sont mieux connus, et de bonne heure, le moraliste politique s'y dénonce avec sa perspicacité, sa connaissance du cœur humain.

« L'art de mettre les hommes à leur place, dit-il quelque part, est le premier peut-être dans la science du gouvernement; mais celui de trouver la place des mécontents est à coup sûr le plus difficile, et présenter à leur imagination des lointains, des perspectives où puissent se prendre leurs pensées et leurs désirs, est, je crois, une des solutions de cette difficulté sociale. »

Actif, disais-je plus haut, laborieux, c'est une autre affaire. Talleyrand était assez indolent, relativement ignorant, mais passé maître dans l'art de faire travailler les autres pour lui, de se parer de leurs dépouilles[2]. Il prit à H.-C. Guilhe le rapport sur l'instruction publique qu'il lut à l'Assemblée nationale. On affirme que ses discours étaient l'ouvrage de l'abbé Bourlier, depuis évêque d'Évreux; que, plus tard, il fit avec Colmache, l'abbé Desrenaudes[3], le comte d'Hauterive[4], ses rapports, discours,

---

1. Ce mot rappelle celui qu'on a fait sur M. Renan : « Il pense comme un homme, il sent comme une femme, il agit comme un enfant. »

2. Cependant on a vu au ministère des affaires étrangères des rapports écrits et entièrement recopiés de sa main, et il est certain qu'on retrouve sa marque dans tous les travaux qu'il a signés, qu'il savait à merveille choisir, arranger, distribuer ses matériaux, diriger, juger, réformer le travail de ses collaborateurs.

3. Cet abbé Desrenaudes, qu'il avait fait nommer membre du Tribunat par Bonaparte, lui refusait un vote : « Ma conscience s'y oppose, objectait-il. — On ne vous demande pas votre conscience, mais votre vote, » reprit Talleyrand.

4. M. d'Hauterive entre un matin chez lui : « Mon prince, une

pièces diplomatiques, jusqu'à de simples lettres. Sous le Directoire, Rewbell le charge à l'improviste de rédiger, séance tenante, un travail sur les puissances barbaresques. Talleyrand griffonne, rature, n'avance pas, Rewbell s'impatiente, le traite assez cavalièrement. Enfin, le ministre des affaires étrangères dit au directeur : « Un semblable travail ne peut se faire qu'à tête reposée ; il me faut le silence du cabinet. Je vais chez moi et bientôt je vous apporterai ce que vous demandez. » En effet, au bout de quelques heures, il remit au Directoire un rapport excellent.

Un homme qui dut lui fournir plus d'un avis hardi, plus d'un mot décisif, c'est ce Montron, son inséparable confident, son fidèle Achate, celui que les autres familiers avaient surnommé *l'ami du cœur;* grand duelliste, grand viveur, grand joueur ; esprit fin et mordant, caractère entreprenant, cynique, intrépide[1]. Il avait accompagné Talleyrand à Saint-Cloud le 19 brumaire et lui

lettre de l'électeur de... — Eh bien? — Il faudrait répondre. — Quoi ! de ma main ? — Mais oui, mon prince, un électeur... — C'est une tyrannie!... Comment! Composer et écrire en même temps ? — Oui, mon prince. — Eh bien, d'Hauterive, je vais écrire, mais dictez. »

1. Lors de la conspiration de Malet, quand un des complices vint arrêter le ministre de la police, la duchesse de Rovigo, épouvantée, se précipita hors du lit :

... dans le simple appareil
D'une beauté qu'on vient d'arracher au sommeil.

« Le ministre de la police a été faible, observa Montron, mais sa femme *s'est bien montrée.* » Sur Montron, voy. Amédée Pichot, p. 88, 90, 109. Ce livre renferme aussi de curieux détails sur le mariage de l'ex-évêque, en particulier l'anecdote si plaisante de la conversation, réelle ou supposée, de madame de Talleyrand avec le savant Denon (p. 142 et suiv.), qu'elle aurait confondu avec Robinson Cru-

avait servi d'aide de camp. Il avait vu pâlir Bonaparte au moment où on lui apprit qu'il venait d'être mis hors la loi. Ce moment de faiblesse le frappa; et à dîner, et pendant la soirée, il ne cessait de répéter entre ses dents : « Général Bonaparte, cela n'est pas correct... » « Montron, dit Rœderer, était plus aguerri pour certaines choses que Napoléon lui-même; c'était un Talleyrand à cheval¹. »

On prétend que le premier jour de la Fédération, au moment où l'évêque d'Autun se rendit à l'autel pour célébrer la messe, ayant aperçu La Fayette tout près de lui, il lui dit tout bas : « Ah! çà, je vous en prie, ne me faites pas rire. » Ce n'était guère spirituel, et c'était de si mauvais goût, qu'on peut douter du mot; mais Dumont raconte à ce sujet un trait de rouerie qui, malheureuse-

soé, lui demandant des nouvelles de son naufrage de Vendredi... Voir aussi *Mémoires de madame de Rémusat*, t. II, p. 176 et suiv. Sous la Restauration, on fit courir ce quatrain :

> Au diable soient les mœurs! disait Chateaubriand :
> Il faut auprès de moi que ma femme revienne.
> — Je rends grâces aux mœurs, répliquait Talleyrand :
> Je puis enfin répudier la mienne.

« Les affaires publiques le servirent et l'occupèrent; il livra au jeu le temps qu'elles lui laissaient. Toujours environné d'une cour nombreuse, donnant aux affaires ses matinées, à la représentation le soir, et la nuit aux cartes, jamais il ne s'exposait au tête-à-tête fastidieux de sa femme ni aux dangers d'une solitude qui lui eût inspiré de trop sérieuses réflexions. Toujours attentif à se distraire de lui-même, il ne venait chercher le sommeil que lorsqu'il était sûr que l'extrême fatigue lui permettrait de l'obtenir. » Lui qui appelait Napoléon l'*inamusable*, méritait bien un peu l'épithète.

1. Madame Hamelin lui reprochant de trop aimer Talleyrand : « Eh, madame, qui ne l'aimerait ? Il est si vicieux ! — Savez-vous, reprenait Talleyrand, pourquoi j'aime assez Montron ? c'est qu'il n'a pas beaucoup de préjugés. — Et savez-vous, ripostait Montron,

ment, paraît plus authentique. Quand il s'agit de consacrer les membres du nouveau clergé constitutionnel, il fallait trois évêques pour consommer le sacre. Des deux associés de l'évêque d'Autun, l'un au moins, Miroudot, évêque de Babylone, hésita jusqu'au dernier moment ; l'ayant appris de Gobel, évêque de Lydda, Talleyrand se rend chez l'évêque de Babylone et lui fait une fausse confidence. Il lui dit que leur confrère Gobel est lui-même sur le point de les abandonner, que, pour lui, il sait trop à quoi cela les expose, que sa résolution est prise, et qu'au lieu de risquer d'être lapidé par la populace, il aime encore mieux se tuer si l'un des deux vient à le lâcher. Et en même temps, il tournait nonchalamment entre ses doigts un petit pistolet qu'il avait tiré de sa poche. Ce joujou fit son effet, une peur chassa l'autre, et les coopérateurs furent à leur poste. L'évêque d'Autun savait, lui aussi, jouer, quand il le fallait, du bréviaire du coadjuteur ou des burettes de l'abbé Maury.

La proposition de Mathieu de Montmorency aux états généraux, sur l'abolition des titres de noblesse, avait donné lieu à des scènes assez comiques. Un gentilhomme de province s'écriait avec une naïveté charmante : « Mais s'il n'y a plus de gentilshommes, qui donc passera la

---

pourquoi j'aime tant M. de Talleyrand ? c'est qu'il n'en a pas du tout. » Pendant une traversée, son bâtiment fut capturé par un Anglais qui ne laissait échapper aucune occasion de le molester. Un jour, à table, un officier porta un toast aux Français, et comme le prisonnier se levait pour saluer, le capitaine s'écria brutalement : « Ce sont tous des polissons, je ne fais pas d'exceptions. » Montron se rassit froidement, remplit son verre, se leva de nouveau, fit une révérence au capitaine, et, lui rendant raison : « Je bois aux Anglais, ce sont tous des *gentlemen*, mais je fais des exceptions. »

chemise au roi ? » Un autre qui avait acheté peu avant une baronnie, disait : « Voyez comme c'est désagréable, et surtout pour moi ; car enfin si les barons de France s'étaient mis en cercle, j'aurais eu l'honneur de donner la main à M. de Montmorency. » Quoi qu'il en soit, l'évêque d'Autun, ayant rencontré celui-ci le soir même de cette fameuse séance, l'aborda avec ces mots : « Comment se porte Mathieu Bouchard ? — Bouchard ! mais je m'appelle toujours Montmorency ; il ne dépend pas de moi de renier mes aïeux ; car enfin je descends du grand connétable qui contribua si puissamment au gain de la bataille de Bouvines ; je descends de cet autre connétable de Montmorency qui trouva la mort sur le champ de bataille de Saint-Denis ; je descends... — Oui, oui, mon cher Mathieu, interrompit l'évêque, et vous êtes le premier de votre maison qui ayez mis bas les armes. » Il avait, à un haut degré, la morgue du rang et la laissait parfois éclater, peignant d'un mot cette sorte de gaucherie qu'on reproche aux parvenus : « On voit qu'il n'y a pas longtemps qu'ils marchent sur du parquet. »

A l'une des premières séances de la Constituante, comme il s'agissait d'élire le président, Mirabeau prit la parole pour indiquer à ses collègues les conditions de caractère, de talent que devait offrir le candidat, et s'exprima de telle sorte qu'il était impossible de ne pas le reconnaître dans le portrait qu'il venait de tracer. « Il ne manque qu'un trait à ce que vient de dire M. de Mirabeau, observa Talleyrand, c'est que le président doit être marqué de la petite vérole[1]. »

1. A la veille de quitter la France pendant la Terreur, il avait confié à l'honnêteté de plusieurs dames de la halle son argenterie,

On raconte que le directeur Rewbell, dans un accès de colère, jeta un encrier à la tête de Talleyrand, en s'écriant : « Vil émigré, tu n'as pas le sens plus droit que le pied. » Mais le malin boiteux prit bientôt sa revanche, car Rewbell, qui louchait, lui ayant demandé comment allaient les choses, il répondit : « De travers, monsieur, comme vous les voyez. »

En 1797, un autre directeur, Larevellière-Lépeaux, venait de lire un mémoire sur la théophilanthropie et les formes qu'il prétendait donner à ce nouveau culte : « Je n'ai qu'une observation à vous faire, dit Talleyrand. Jésus-Christ, pour fonder sa religion, a été crucifié et est ressuscité ; vous devriez tâcher d'en faire autant. »

Après avoir contribué à la chute du Directoire, il concourut à concentrer l'autorité entre les mains du premier

que son valet de chambre leur avait distribuée par petits paquets. Lorsque, sur la recommandation de Joseph Chénier et de madame de Staël, il rentra en France, tous les dépôts furent restitués fidèlement sans qu'il y manquât une petite cuiller. — Au moment de partir pour l'Amérique, il avertit son valet de chambre, l'invite à faire ses adieux à sa famille et à le rejoindre par le premier paquebot. « Non, non, réplique Courtiade, vous ne partirez pas seul ; je vous suivrai ; seulement attendez jusqu'à demain soir. — Cela est impossible ; ce retard me perdrait peut-être et il ne paraîtrait pas assez long à votre femme. — Bah! c'est bien de cela qu'il s'agit! s'écrie le fidèle serviteur fondant en larmes ; c'est de cette maudite blanchisseuse qui a emporté toutes vos chemises fines et vos cravates de mousseline. Sans elles, mon cher maître, quelle figure ferez-vous dans un pays étranger? » A la fin Courtiade n'avait plus d'autre emploi que celui de *conservateur* des décorations de son maître. — Talleyrand accordait à ses principaux domestiques une confiance extraordinaire. Souvent même, des questions importantes, qui eussent été traitées avec le plus grand secret dans les bureaux du ministère, furent discutées et résolues sans aucune réserve en présence de son valet de chambre.

consul[1]. « Lorsqu'une société, pensait-il, est impuissante à créer un gouvernement, il faut que le gouvernement crée une société. » Il n'était pas non plus insensible au plaisir de culbuter le château de cartes métaphysique de Sieyès qui mettait partout *des ombres*, et, selon l'expression même de Bonaparte, prétendait le réduire au rôle d'un cochon à l'engrais. Et comme quelqu'un soutenait qu'après tout Sieyès avait un esprit bien profond, Talleyrand répliqua : « Profond! hein? Vous voulez dire creux! »

Il estime que les constitutions ne doivent pas tout dire, mais laisser une marge au hasard, à l'extraordinaire, l'x dont il faut dégager l'inconnue. Bonaparte ayant chargé Rœderer de rédiger ses idées pour la constitution cisalpine, celui-ci présenta deux projets, l'un très court, l'autre très détaillé, et pria Talleyrand de se prononcer pour le premier, disant : « Il faut qu'une constitution soit courte et... » — Il allait ajouter : *claire*. Le ministre lui coupa la parole et reprit : « Oui, courte et obscure. »

Ses mots sous l'Empire, sous la Restauration, ont, comme ceux de la Révolution, soutenu l'épreuve du temps, la meilleure pierre de touche qui fût jamais. « Le bon goût, disait-il de Napoléon, est son ennemi personnel; s'il le pouvait, il le détruirait à coups de canon. — Il finira par me dégoûter des formes rondes pour lesquelles j'ai eu toute ma vie une si grande prédilection. — Pour-

---

[1]. Cette manière d'agir était bien conforme au scepticisme qu'il affichait devant miss Burney : « Pour prendre un parti, il faut d'abord savoir si celui qui nous conviendrait sera assez fort pour justifier l'espérance du succès; sans quoi il y aurait folie à se mêler de la partie. »

quoi donc? — A cause des boulets de canon. » A un moment de l'Empire, il pensa que c'était assez de guerres : « Je ne veux plus être bourreau. » Le mot doit lui être compté[1].

Beugnot et madame de Rémusat affirment qu'il se prononça très vivement contre la guerre d'Espagne, mais sa brouille avec l'empereur n'empêchait pas celui-ci de le consulter dans les circonstances graves.

Croyant sans doute le mettre dans l'embarras, l'empereur lui demande comment il est devenu si riche. « Rien n'est plus simple, répondit-il, j'ai acheté beaucoup de rentes la veille du 18 Brumaire et je les ai revendues le lendemain. » Flatterie d'autant plus délicate, qu'elle exprimait une grande vérité. Comme le tiers consolidé avant le 18 Brumaire était tombé à 7 pour 100, rien de plus aisé pour les initiés que de tripler ou quadrupler leurs capitaux. La spéculation avait eu lieu en effet.

« Quand M. de Talleyrand ne conspire pas, il trafique, » a dit Chateaubriand. Dépensant beaucoup, recevant avec magnificence (il passait pour avoir le meilleur cuisinier de Paris), le diplomate considérait sa haute situation comme une mine d'or, et faisait payer ses complaisances, non en tabatières ou en brillants, suivant l'usage, mais en argent comptant. Napoléon, écrit M. de Gagern, avait connaissance de cet état de choses et le souffrait.

---

[1]. Napoléon prenait sa revanche en l'appelant à Sainte-Hélène : le plus vil des hommes. « Il traite ses ennemis comme s'ils devaient être un jour ses amis et ses amis comme s'ils devaient être un jour ses ennemis. » Dans une scène formidable, il avait lâché cette grossièreté : « Tenez, monsieur, vous n'êtes que de la m.... dans un bas de soie. » D'autres attribuent l'expression à lord Granville, à Lannes, ou Lassalle.

A Mayence, il demanda à un prince : « Combien Talleyrand vous a-t-il coûté ? » Il évaluait lui-même à soixante millions ce qu'il pouvait avoir reçu des puissances, et préférait ces aubaines aux spéculations de Bourse. « Ne jouez pas, conseillait-il à un de ses protégés, j'ai toujours joué sur des nouvelles sûres et cela m'a coûté *tant de millions*[1]. » Et il disait un chiffre de perte, oubliant sans doute un peu le chiffre des gains.

Sous l'empire, il avait pris en grippe Maret, duc de Bassano, et ne lui épargnait point les épigrammes : « Je ne connais au monde qu'un homme plus bête que Maret. — Et qui donc, monseigneur ? — C'est le duc de Bassano. » Lorsqu'arriva le fatal bulletin annonçant le désastre de la campagne de Russie, le prince, en sa qualité de vice-grand-électeur, fut mandé aux Tuileries par l'impératrice. On ne connaissait pas les détails, on savait seulement que l'armée entière était détruite, hommes, chevaux, bagages. Sur ces entrefaites, l'impératrice apprend l'arrivée du duc de Bassano. « Voyez comme on

---

1. Quelqu'un venant lui annoncer une faillite où il perdait deux millions, il dit avec le plus beau sang-froid : « Mon pauvre P***, voyez-vous, le bon Dieu nous a mis des yeux dans le front, afin que nous regardions devant nous et jamais derrière. » Un spéculateur indiscret lui demandant si la nouvelle de la mort de George III était exacte, cette nouvelle devant avoir une grande influence sur la Bourse, il répondit de l'air le plus sérieux : « Les uns disent que le roi d'Angleterre est mort, les autres disent qu'il n'est pas mort ; pour moi je ne crois ni les uns ni les autres ; mais surtout ne me compromettez pas ! » (Sur la vénalité de Talleyrand, voy. Sainte-Beuve, p. 228-229.) Lord Palmerston disait que quand Talleyrand venait le voir pour affaire, il avait presque toujours dans sa voiture Montron, afin de lui expédier vite les indications utiles pour jouer et agioter.

exagère, fit Talleyrand, Maret s'est sauvé et l'on disait que tout le matériel était perdu ! »

C'est lui qui adressa ce compliment ironique au chambellan d'une princesse, ancien duc et pair, que l'empereur venait de faire comte : « Je vous félicite bien sincèment, car il faut espérer qu'à la première promotion, vous serez baron. »

Ne faisait-il pas un retour involontaire sur lui-même, lorsqu'il émettait ce paradoxe : « Pour faire un bon secrétaire d'État à Rome, il faut prendre un mauvais cardinal »? lorsqu'il s'écriait : « Mais quelle latitude énorme! » en entendant Sidney Smith parler de toutes les bassesses dont les prêtres sont capables? Il les mesurait sans doute à son aune.

Lorsque M. de Champagny lui succéda comme ministre des affaires étrangères, Talleyrand lui présenta en ces termes son personnel : « Monsieur, voici des gens recommandables dont vous serez content, fidèles, habiles, exacts, mais, grâce à mes soins, *nullement zélés.* » Mouvement de surprise du nouveau ministre. — « Oui, monsieur, continua Talleyrand, hors quelques petits expéditionnaires, qui font, je pense, leurs enveloppes avec un peu de précipitation, tous ici ont le plus grand calme, et se sont déshabitués de l'empressement. Quand vous aurez eu à traiter un peu de temps des intérêts de l'Europe avec l'empereur, vous verrez combien il est important de ne se point hâter de sceller et d'expédier trop vite ses volontés. » Et Talleyrand ne manqua pas de régaler l'empereur de cette histoire.

Fouché, ministre de Napoléon, racontait une discussion qu'il avait eue avec Robespierre, au comité de Salut public : « Il me dit : — Permettez, monsieur le duc d'Otrante... — Ah! Ah! duc... déjà! » fait Talleyrand. — Sous la Restauration, le même Fouché, exilé sous le titre d'ambassadeur à Dresde, ne pouvait comprendre qu'un régicide ne dût pas rester longtemps ministre de Louis XVIII : « Ainsi donc, dit-il à Talleyrand, tu me renvoies, coquin? — Oui, imbécile!... »

Si sa morale est celle d'un roué, il estime que sa politique est nationale, française et surtout raisonnable[1]. « J'ai toujours été fidèle aux personnes, disait-il à Montalivet, aussi longtemps qu'elles ont obéi au sens commun. Si vous jugez toutes mes actions à la lumière de cette règle, vous verrez que j'ai toujours été conséquent. » Quant à se montrer le courtisan du malheur, une telle conduite lui eût paru le comble de la niaiserie, surtout vis-à-vis de Napoléon qui depuis nombre d'années le tenait dans un état voisin de la disgrâce. « Il ne convient pas à tout le monde, remarquait-il, de se faire écraser par les ruines d'un édifice qui va crouler. » Son rôle prépondé-

---

1. Il confessa dans son âge mûr qu'il n'avait échappé au désespoir d'une enfance reléguée, sans charme et sans tendresse, d'une jeunesse décolorée, maladive et mélancolique, d'une carrière subie comme une disgrâce et détestée, qu'en essayant de s'engourdir dans l'indifférence : « Je n'ai point assez aimé les autres, disait-il à madame de Rémusat, mais je ne me suis guère aimé non plus et je n'ai pas pris assez d'intérêt à moi... La Révolution attaquait des principes et des usages dont j'avais été victime; elle me paraissait faite pour rompre mes chaînes; elle plaisait à mon esprit; j'embrassai vivement sa cause, et depuis, les événements ont disposé de moi. » Voy. *Mémoires de madame de Rémusat*, t. III. « Bon Dieu, lui disait celle-ci, quel dommage que vous vous soyez gâté à plaisir! Car enfin, il me semble que vous valez mieux que vous. »

rant en 1814 a été proclamé par l'empereur Alexandre en ces termes : « Lorsque j'arrivai à Paris, je n'avais aucun plan, je m'en rapportai à Talleyrand ; il avait dans une main la famille de Napoléon et dans l'autre celle des Bourbons, j'ai pris celle qu'il me présenta. »

Vers la fin de 1815, un solliciteur[1] demande sa protection pour un emploi, et fait valoir qu'il est allé à Gand. « A Gand, en êtes-vous bien sûr ? — Comment ! — Oui, dites-moi franchement si vous y êtes allé ou si vous n'avez fait qu'en revenir... car, voyez-vous, j'y étais, moi ;... nous y étions sept ou huit cents et, à ma connaissance, il en est revenu plus de cinquante mille. »

Il prenait volontiers pour cible Sémonville, un des hommes de cette époque qui surent le mieux changer leur fusil d'épaule et pratiquer la politique de leurs affaires. « Comment se porte Sémonville, demandait-il à un ami commun ? — Mais très bien, monseigneur, il engraisse même un peu. — Sémonville engraisse ?... je ne comprends pas... — Quoi donc, monseigneur ? — Non, je ne comprends pas quel intérêt Sémonville peut avoir à engraisser. » — Une autre fois, quelqu'un lui faisant cette observation : « Au moins dans la Chambre haute, il y a des consciences. — Oui, répondit-il, beaucoup de consciences. Il y a même Sémonville qui en a deux. »

J'en passe et des meilleurs, car il faut se borner. Je

---

1. Un autre solliciteur, à qui il avait promis sa protection, lui annonce qu'une place est vacante. « Vacante ! Eh bien, que voulez-vous que j'y fasse ? Sachez, monsieur, que, quand une place est vacante, elle est déjà donnée. » On lui recommandait un candidat : « Il faut bien que tout le monde vive. — Je n'en vois pas la nécessité, » dit-il. Cette dernière réponse avait déjà été faite par d'Argenson à l'abbé Desfontaines, et Piron l'avait mise en vers.

voudrais cependant rappeler son mot sur les doctrinaires : « Des gens qui demeurent entre cour et jardin ; ils ne voient jamais dans la rue » ; cette jolie distinction entre l'Empire et la Restauration, un jour que, dans le salon de madame de Luynes, on disputait sur le mérite des deux régimes : « Sous l'Empire, on était fort en retard ; on ne faisait que des merveilles, tandis qu'actuellement on fait des miracles » ; l'apostrophe au général Lamarque qui avait écrit aux journaux pour donner quelques explications de sa conduite : « Général, je vous croyais de l'esprit » ; sa riposte à une vieille duchesse qui le voyant entrer chez le prince de Condé, dit assez haut : « Ah ! le voilà donc encore, ce vieux drôle ! — Je croyais, madame, que le mot drôle comme celui de drôlesse était rayé du langage de la bonne compagnie » ; son compliment à madame de Staël qui dans le roman de *Delphine*, passait pour s'être peinte sous les traits de Delphine, et pour avoir peint Talleyrand sous ceux de madame de Vernon[1] femme avide, coquette et artificieuse. « On m'assure que

---

1. Talleyrand était assis entre mesdames de Staël et Récamier, empressé, galant auprès de l'une et l'autre, avec une nuance assez prononcée toutefois en faveur de la seconde. « Enfin, voyons, dit madame de Staël un peu dépitée, si nous tombions à l'eau toutes les deux, à laquelle porteriez-vous secours d'abord ? — Oh ! baronne, répondit-il, je suis sûr que vous nagez comme un ange. » La réplique est charmante, mais ne vaut pas celle d'un comte bavarois à la belle madame V***, dont il était fort épris. Comme elle lui demandait : « Si votre mère et moi, nous tombions dans cette rivière, au secours de laquelle vous précipiteriez-vous d'abord ? — Au secours de ma mère ! » mais, regardant madame V***, avec émotion, il ajouta aussitôt : « Vous sauver d'abord, vous, ce serait me sauver moi-même. » On sait d'ailleurs que Talleyrand se préoccupa beaucoup de l'*éternel féminin*, et que ses amours ne furent.

nous y sommes tous les deux, vous et moi, déguisés en femmes¹. »

Dans les dernières années de sa vie, Talleyrand voulut cultiver son voisin de terre, Royer-Collard, qui habitait Château-Vieux, à quatre ou cinq lieues de Valençay. Royer-Collard était un philosophe religieux et le diplomate octogénaire, en se ménageant ses sympathies, se réconciliait à la fois avec la morale et la religion. La duchesse de Dino, sa nièce, le seconda puissamment : le grand doctrinaire capitula, mais il fit ses conditions; il fut stipulé que sa femme et ses filles n'iraient point à Valençay. Quand on songe qu'en ses heures d'austérité, il avait dit ce mot : « Il y a deux êtres dans le monde que je n'ai jamais pu voir sans un soulèvement intérieur; c'est un régicide et un prêtre marié »; on conviendra qu'il dut y mettre du sien. La première fois que Talleyrand fit sa visite à Château-Vieux, à travers un pays fort accidenté, son premier mot à Royer-Collard en entrant dans le salon, fut : « Monsieur, vous avez des abords bien sévères. »

pas toujours diplomatiques ni lucratives; son mariage avec madame Grand parut plus qu'un crime, une faute, une lourde maladresse, dont il eut mainte occasion de se repentir. « Une femme spirituelle compromet souvent son mari, tandis qu'une femme bête ne compromet qu'elle-même, » disait-il pour justifier ce choix. On fit courir le bruit que cette belle créole avait répondu à quelqu'un qui l'interrogeait sur son pays d'origine : « Je suis d'Inde. »

1. Le mot sur Charles X qui prétendait qu'un roi qu'on menace n'a de choix qu'entre le trône et l'échafaud : « Sa Majesté oublie la chaise de poste! » Cette réponse à quelqu'un qui prétendait connaître son opinion : « Moi, j'en ai une le matin, j'en ai une autre l'après-midi, mais le soir je n'en ai plus du tout! » Le trait sur Fox qui pendant un dîner ne cessait de s'entretenir par signes avec son enfant muet. « N'est-ce pas étrange de dîner avec le plus grand orateur de l'Europe et de le voir parler exclusivement avec ses doigts? »

On peut croire que la conversation ne chôma point entre ces deux illustres échantillons de races disparues aujourd'hui ; Royer-Collard, vers la fin, disait de son voisin : « M. de Talleyrand n'invente plus, il se raconte¹ ». C'était encore quelque chose, car le prince aurait pu, comme Metternich, se comparer à un gros dictionnaire qu'il y avait profit à feuilleter.

La duchesse de Dino voulait qu'il fît une fin religieuse : elle-même, étant tombée malade à la campagne, demanda à recevoir les sacrements, et, comme il était accouru : « Que voulez-vous, dit-elle, c'est d'un bon effet pour les gens ! » Après un instant de réflexion, il reprit : « Il est vrai qu'il n'y a pas de sentiment moins aristocratique que celui de l'incrédulité. »

« Je sens, avait-il dit à plusieurs reprises, que je devrais me mettre mieux avec l'Église... Je n'ai qu'une peur, celle des inconvenances ; je ne crains pour moi-même qu'un

---

1. Talleyrand et Royer-Collard affectaient tous deux, dans la manière de s'exprimer, la brièveté concise et la formule ; tous deux étaient volontiers sentencieux, ils avaient le mot qui grave. Mais chez Talleyrand cette formule s'appliquait plus volontiers aux choses, aux situations, et chez Royer-Collard aux personnes. (Sainte-Beuve.) A la fin de son volume, Sainte-Beuve compare Talleyrand à Retz avec lequel il offre plus d'un trait de ressemblance. Il avait pour livres de chevet les *Mémoires de Retz* et les *Odes d'Horace*. Le whist était sa récréation la plus agréable. « Quelle triste vieillesse vous vous préparez ! » disait-il à un jeune diplomate qui se vantait de l'ignorer. Et encore : « Le jeu occupe sans préoccuper et dispense de toute conversation suivie. » Il avait en Angleterre la réputation de tricher quelquefois, et on lui appliquait le vers de Pope :

A youth of plotting, and old age of cards.

(L'intrigue quand il était jeune, les cartes quand il fut vieux.)

En 1814, le gouvernement provisoire était appelé *la table de whist* de Talleyrand.

scandale pareil à celui qui est arrivé à la mort du duc de Liancourt. » On connaît sa conversion par l'abbé Dupanloup, sa rétractation, sa dernière maladie, la visite du roi Louis-Philippe, le salon voisin de la chambre du mourant encombré par l'élite de la société parisienne, venue par convenance, par curiosité, quelques-uns par attachement, parlant de choses étrangères, attendant avec insouciance, avec ennui, le dénouement. Il eut le courage de faire de l'esprit devant la mort. Monseigneur de Quélen ayant dit qu'il aurait donné sa vie pour la réconciliation de M. de Talleyrand avec l'Église : « Sa vie ! murmura-t-il, monseigneur a un bien meilleur usage à en faire. » Après la visite du prince de Foix, son parent : « Il me laisse contrarié, car son visage mélancolique et son lugubre costume donneraient à penser qu'il m'a été envoyé par l'entrepreneur des pompes funèbres. » — « Cet homme, écrit Colmache, eût trompé la mort, si elle l'eût traité par ambassadeur. »

Les propos de chacun, en sortant de la chambre mortuaire, étaient curieux à noter. Les légitimistes disaient : « Il est mort en bon gentilhomme. » Une dame de vieille cour eut le meilleur mot : « Enfin, il est mort en homme qui sait vivre. » Un plus osé, M. de Blancm... raillait la conversion : « Après avoir roué tout le monde, il a voulu finir par rouer le bon Dieu. » Le représentant d'une cour du Nord vint gaiement annoncer la nouvelle à M. Guizot : « Eh bien, vous savez ? le prince de Talleyrand a fait son entrée triomphale aux enfers. Il y a été fort bien reçu, Satan lui a rendu de grands honneurs, tout en lui disant : « Prince, vous avez un peu dépassé » mes instructions. » Talleyrand avait-il donc oublié sa propre recommandation : — Surtout, pas de zèle !

Écoutons enfin quelques fines appréciations, satires mordantes et railleries qu'inspira ce maître railleur, cet humoriste unique en son genre. On peut ranger ceux qui ont parlé de lui en trois groupes : ennemis ou persifleurs, apologistes, impartiaux. D'abord les ennemis.

Chateaubriand : « Supposez M. de Talleyrand plébéien, pauvre et obscur, n'ayant avec son immoralité que son incontestable esprit de salon ; certes, l'on n'aurait jamais entendu parler de lui. Otez de M. de Talleyrand le grand seigneur avili, le prêtre marié, l'évêque dégradé, que lui reste-t-il ? Sa réputation et ses succès ont tenu à ces trois dépravations. »

Mirabeau : « Pour de l'argent il vendrait son âme, et il aurait raison, car il troquerait son fumier contre de l'or. »

Le comte Rostopchine écrivit à un de ses amis, « qu'il venait à Paris pour y voir les deux plus grands farceurs de l'Europe : Potier et Talleyrand. »

Carnot : « Talleyrand méprise les hommes parce qu'il s'est beaucoup étudié ».

Madame de Staël : « En vérité, le bon Maurice ressemble à ces petits bonshommes que l'on donne aux enfants, dont la tête est en liège et les jambes en plomb, on a beau les jeter, les renverser, ils se retrouvent toujours sur leurs pieds. »

Eugène Sue, à propos de son éloge du fromage de Brie : « C'est peut-être la seule royauté à laquelle M. de Talleyrand soit resté fidèle », et Emile Barateau ajoutait : « A la vérité il n'avait pas prêté serment à cette royauté-là[1]. »

---

1. « Le serment, disait Talleyrand, est une contremarque qu'on prend à la porte d'une salle de spectacle afin de pouvoir y rentrer. »
« On vous dit, observait lady Morgan, que c'est un grand homme

Marie-Joseph Chénier :

> L'adroit Maurice, en boitant avec grâce,
> Au plus dispos pouvant donner leçons,
> A front d'airain unissant cœur de glace,
> Fait, comme on dit, son thème en deux façons.
> Dans le parti du pouvoir arbitraire
> Furtivement il glisse un pied honteux,
> L'autre est toujours dans le parti contraire,
> Mais c'est le pied dont Maurice est boiteux.

« Il a vendu tous ceux qui l'ont acheté. » (ANONYME.)

En 1814, à la rentrée de Louis XVIII et le lendemain de la présentation du prince de Bénévent, le *Nain jaune* publiait l'entrefilet suivant : « Hier, M. l'évêque d'Autun a eu l'honneur de présenter sa femme au roi Très Chrétien. »

Donnons maintenant la parole aux apologistes.

« Il fut pour les penseurs un vrai sage de l'école sensualiste, » dit Amédée Pichot, qui ajoute que sa famille, ses intimes[1], ses domestiques l'aimèrent tendrement. Il y avait donc là une sorte de dédoublement de la personne morale, plus fréquent qu'on ne croit chez les hommes d'État. M. Pichot approuve cet axiome que le ciel ne

parce qu'il a toujours su se relever après ses chutes. Il a cela de commun avec les chats qui retombent toujours sur leurs pattes. Le chat ne suit pas ses maîtres quand ils s'en vont ; il reste fidèle... à la maison. »

1. « Les femmes l'ont *beaucoup gâté*; plusieurs furent pour lui de fidèles amies : parmi ces dernières, la duchesse de Luynes, la princesse de Vaudemont, la vicomtesse de Laval, cette spirituelle excentrique, qui, ayant parlé d'aller à un bal auquel on ne l'avait pas invitée, se fit enfermer dans un clavecin d'où elle sortit toute parée de fleurs au moment où les musiciens jouèrent leur premier menuet; madame de Rémusat, etc... »

saurait avoir fait une même conscience pour ceux-ci et pour l'obscur bourgeois, et il rappelle cette caricature anglaise représentant après 1830 les aveugles conduits par un boiteux. Les aveugles étaient les rois de l'Europe, un bandeau sur les yeux, le boiteux M. de Talleyrand, qui armé de sa seule béquille, les menait en laisse avec un ruban.

« Amène à ces formes enchanteresses... qui embellissent même les vertus... il arrivera à tout, parce qu'il saisira les occasions qui s'offrent en foule à celui qui ne violente pas la fortune... Le premier instrument de ses succès est un excellent esprit : jugeant les hommes avec indulgence, les événements avec sang-froid, il a cette modération, le vrai caractère du sage. » (*Galerie des états généraux*, 1789.)

Montron le vit très affecté lorsqu'il perdit sa vieille amie, la princesse de Vaudemont. Il est vrai qu'il ajoutait : « C'est la première fois que je lui ai vu verser des larmes. » Le duc de Wellington ayant pris sa défense à la Chambre des lords, un visiteur surprit M. Talleyrand lisant les débats les larmes aux yeux, et l'on voit par ses lettres à M. de Choiseul-Gouffier, par le témoignage de Moreau Saint-Méry, qu'il inspirait et éprouvait lui-même très vivement le sentiment de l'amitié.

Dans son *Cours familier de littérature*, Lamartine fait de Talleyrand l'héritier du génie de Mirabeau, et l'oracle infaillible qui eût sauvé le premier Empire, si Napoléon l'avait toujours écouté.

Bœrne : « Il ne les a pas trahis, il les a seulement laissés là quand ils étaient morts. Il était assis auprès du lit du malade de chaque temps, de chaque gouvernement, avait toujours les doigts sur le pouls, et s'apercevait le premier que le cœur avait cessé de battre. Il se hâtait alors d'aller du mort à l'héritier, tandis que les autres continuaient encore quelque temps à servir le cadavre... Je voudrais avoir cet homme dans ma chambre : je le suspendrais au mur comme un baromètre, et je voudrais, sans lire une gazette, sans ouvrir la fenêtre, savoir tous les jours quel temps il fait dans le monde. »

Mignet : « Napoléon avait le génie de l'action, Talleyrand celui du conseil. L'un projetait ce qu'il y avait de grand, l'autre évitait tout ce qu'il y avait de dangereux, et la fougue créatrice de l'un pouvait être heureusement tempérée par la lenteur circonspecte de l'autre... Aussi disait-il, avec une exagération spirituelle dans la forme, mais non sans vérité : « L'empereur a été compromis le » jour où il a pu faire un quart d'heure plus tôt ce que » j'obtenais qu'il fît un quart d'heure plus tard. »

Thiers[1] : « M. de Talleyrand avait un mérite moral, c'était d'aimer la paix sous un maître qui aimait la guerre, et de le laisser voir. Doué d'un goût exquis, d'un tact sûr, même d'une paresse utile, il pouvait rendre de véritables services, seulement en opposant à l'abondance de paroles, de plume et d'action du premier consul, sa parfaite mesure, son penchant même à ne rien faire. »

Sainte-Beuve : « Le problème moral que soulève le personnage de Talleyrand, en ce qu'il a d'extraordinaire et d'original, consiste tout entier dans l'assemblage, assurément singulier et unique à ce degré, d'un esprit supérieur, d'un bon sens net, d'un goût exquis et d'une

---

1. M. Thiers ne faisait que payer de retour celui qui avait dit de lui : « Il n'est point *parvenu*, il est arrivé. »

corruption consommée, recouverte de dédain, de laisser-aller et de nonchalance. » Ailleurs, Sainte-Beuve se montre fort sévère et compare cette vie à une partie de whist où l'on gagne en calculant, Talleyrand lui-même à un diminutif de Mazarin ; « il n'est qu'une meilleure édition, ajoute-t-il, plus élégante et relevée avec goût de l'abbé Dubois ».

Au congrès de Vienne, ses sanglants sarcasmes mirent tous les penseurs et les rieurs de son côté. (*Mémoires de Metternich.*)

« Les affaires ne le fatiguent point parce qu'il ne les prend guère complètement ; il est rare qu'il entre avec son âme dans quelque chose. Son esprit est supérieur, souvent juste ; il *voit vrai*, mais il agit faiblement. Il a de la mollesse et ce qu'on appelle du *décousu;* il échappe à toutes les espérances ; il plaît beaucoup, ne satisfait jamais et finit par inspirer une sorte de pitié à laquelle se mêle, quand on le voit souvent, un réel attachement... Il est bien certain qu'une funeste insouciance du bien et du mal fut le fondement de sa nature, mais on lui doit cette justice qu'il se garda bien d'ériger en principe aucune immoralité. Il sent le prix de la vertu chez les autres, il la loue bien, il la considère et ne cherche jamais à la corrompre par aucun système vicieux... Il ne se livrait à personne, impénétrable sur les affaires dont il était chargé et sur l'opinion qu'il avait du maître qu'il servait ; et, pour achever de le peindre, affectant une sorte de nonchalance, ne négligeant aucune de ses aises, soigné dans sa toilette, parfumé, amateur de bonne chère et de toutes les jouissances du luxe, jamais empressé auprès de Bonaparte, sachant se faire souhaiter par lui, ne le flattant point en public, et comme sûr de lui demeurer constamment nécessaire. » (Madame de Rémusat).

« Son malheur auprès de ses contemporains fut d'avoir énormément de bon sens à une époque où l'on en avait fort peu. » (Marquis de Castellane.)

Enfin les impartiaux, tels que M. Guizot, voient en lui un homme de cour et de diplomatie, non de gouvernement libre, courtisan consommé dans l'art de plaire et de servir sans scrupules, habile et puissant dans une crise ou un congrès, indifférent aux moyens et presque aussi au but, pourvu qu'il y trouvât son intérêt personnel; mais ils lui refusent l'autorité du caractère, la fécondité de l'esprit, la promptitude de la résolution, la puissance de la parole, l'intelligence sympathique des idées générales et des passions publiques. Et Villemain, qu'on pourrait aussi classer parmi les admirateurs, rapporte ces préceptes du diplomate, préceptes qui de tout temps ont eu leurs dévots. « Il faut, en politique comme ailleurs, ne pas engager tout son cœur, ne pas trop aimer ; cela embrouille, cela nuit à la clarté des vues, et n'est pas toujours compté à bien. Cette excessive préoccupation d'autrui, ce dévouement qui s'oublie trop soi-même, nuit souvent à l'objet aimé et toujours à l'objet aimant, qu'il rend moins mesuré, moins adroit et moins persuasif[1]. »

Talleyrand excellait à maximer ses principes ou plutôt

---

1. « Défions-nous de notre premier mouvement et n'y cédons jamais sans examen, car il est presque toujours bon. » Autre axiome de l'égoïsme transcendant. — Ce n'est malheureusement pas à Talleyrand qu'on peut appliquer la circonstance atténuante si finement invoquée par l'abbé de Broglie en faveur des nouveaux

son absence de principes. Ce qui lui manqua en effet, c'est l'amour du vrai, du beau, du bien, plus nécessaire aux politiques qu'on n'imagine, l'amour de la patrie, l'amour du peuple, sentiments qui transportent les grandes âmes, les âmes immodérées à la Richelieu, comme les appelait Saint-Évremond, et les élèvent à des hauteurs sublimes dans la conscience de l'humanité. Personne n'a jamais mieux su les convenances, la forme des choses, mieux calculé les circonstances, les devoirs et les vertus, mais une politique tout arithmétique et matérialiste ne suffit pas aux nations qui vivent, non seulement de pain, mais encore de nourriture idéale, de foi, d'espérance, d'enthousiasme. Une nation est autre chose qu'un phalanstère, une usine, un comptoir; elle est aussi une église, un rayon de Dieu. « Un tube digestif et un insondable mystère, voilà l'homme, » dit Carlyle. Les sceptiques comme Talleyrand se trompent dans leur mépris de l'humanité, comme Pangloss se trompait dans son optimisme : si le cœur d'un homme d'État doit être dans sa tête, il faut que cette tête regarde en haut aussi souvent qu'en bas, que le cœur conserve son logement indépendant, que le locataire ne demeure pas à la merci du propriétaire, mais fasse sentir son influence en obtenant les réparations indispensables.

ministres : « Pour si sage, pour si réservé, pour si vertueux que le roi puisse le choisir, dès qu'un d'eux est nommé, il part, il fait en route de bons projets, il arrive à Versailles avec sa belle âme; mais à l'entrée du château, un petit diable se trouve là qui lui seringue dans le corps une âme de ministre, et le lendemain il ne vaut pas mieux que les autres. »

X

BOUFFLERS, TILLY, LES DEUX SÉGUR

Épître du chevalier de Bonnard à Boufflers. — Voyage en Suisse, à Ferney. — Vers sur le père Adam. — Le prince héréditaire et le prince Ferdinand. — A une dame très vertueuse. — Correspondance de Boufflers et de madame de Sabran. — Le sentiment de la nature au XVIII⁰ siècle. — Boufflers apprécié par le prince de Ligne. — Voisenon le Grand. — Prophétie de M. de Moré. — Vers de Tilly sur la *Nouvelle Héloïse*. — Sa lettre à Louis XVI. — Un ennuyeux de grand chemin. — Ce n'est pas une bête, c'est un sot. — Favier. — Qui vous a dit que j'étais un évêque? — La perruque du duc de Praslin. — Amorcez, monsieur le baron! — Éloge de la mémoire. — Les deux Ségur. — Ote-toi de là que je m'y mette ! — Réplique du vicomte de Ségur à l'acteur Elleviou. — L'esprit et l'amabilité. — L'habitude. — Je n'ai pas le temps de vous estimer. — Où passerai-je mes après-dînées ? — L'esprit et le goût. — Le voyage du Temps. — Ségur le Cérémonieux et Ségur sans cérémonie. — Le comte d'Aranda. — La jeune noblesse sous Louis XV. — Réponse de Ségur à Frédéric II. — Kaunitz. — Louis le Suffragant. — Un embarras de rois. — L'abbé Sabatier et son enfant.

I. — LE MARQUIS DE BOUFFLERS[1]

C'est, avec Voltaire, le dieu du madrigal, du couplet badin, des contes en vers et en prose; il charma la cour

1. Né en 1738, mort en 1815. — *Œuvres choisies de Boufflers*,

de Lunéville et celle de Versailles, les bourgeoises de Genève, les grandes dames et les actrices, le prince de Ligne, le prince Henri de Prusse et le patriarche de Ferney; tour à tour abbé, maréchal de camp, peintre, courtisan, diplomate, gouverneur du Sénégal, député à la Constituante, émigré et agriculteur, il fit comme Candide tous les métiers, chansonna tout, se moqua de toutes choses, et phénomène plus admirable, devint sérieux et bon mari.

Il aima la chasse, les chevaux, les femmes[1], les voyages, et c'est à lui que le comte de Tressan dit en le rencontrant sur une grande route : « Chevalier, je suis ravi de vous trouver chez vous », tandis que le chevalier de Bonnard le proclamait remplaçant de Grammont, de Sainte-Aulaire[2] dans cette charmante épître :

> Tes voyages et tes bons mots,
> Tes jolis vers et tes chevaux,
> Sont cités par toute la France :
> On sait par cœur ces jolis riens

2 vol., 1828. — *Contes de Boufflers*, précédés d'une notice, par Eugène Asse, Paris, Jouaust, édit. — *Lettres de madame de Graffigny*, publiées par M. Eugène Asse, 1 vol., Charpentier, 1879. — de Lescure, *Rivarol et la société française*, p. 219 et suiv. — *Correspondance inédite de madame de Sabran et du chevalier de Boufflers*, publiée par E. de Magnieu et Henri Prat, 1 vol., Plon, 1875. — Bardoux, *Madame de Custine*, in-8°, Calmann Lévy, édit., 1888. — Charles Brifaut, *Récits d'un vieux parrain*, p. 213, 318.

1. « Il y aura toujours quelque chose à dire sur les femmes tant qu'il en restera une sur terre. » Il définit la conversation : « Cette chose si superflue et si nécessaire, où les uns ne disent pas toujours ce qu'ils savent et les autres ne savent pas toujours ce qu'ils disent. »

2. M. de Sainte-Aulaire, célèbre par sa liaison avec la marquise

> Que tu produis avec aisance...
> Sois plus amoureux que jamais ;
> Peins en courant toutes les belles,
> Et sois payé de tes portraits
> Entre les bras de tes modèles.

Bonnard faisait allusion à ce voyage en Suisse d'où le chevalier écrivait à sa mère des lettres aussi gaies que spirituelles.

Se donnant pour un peintre, abrité derrière un pseudonyme, il peignait les plus jolies femmes des villes qu'il traversait et ne prenait qu'un petit écu par portrait. Il aime fort les Suisses : leurs lois, remarque-t-il, sont austères, mais ils ont le plaisir de les faire eux-mêmes, et celui qu'on pend pour y avoir manqué, a le plaisir de se voir obéir par le bourreau.

Plus loin, il annonce à l'amie du roi Stanislas qu'il va écrire à celui-ci une lettre où il voudrait bien « lui manquer de respect afin de ne le pas ennuyer. Car les princes ont plus besoin d'être divertis qu'adorés. Il n'y a que Dieu qui ait un assez grand fonds de gaieté pour ne pas s'ennuyer de tous les hommages qu'on lui rend. »

Et puis des compliments à cette trop séduisante mère qui « est aux femmes ce que les séraphins sont aux anges et les cardinaux aux capucins. »

« Adieu, madame, je vous aime comme il faut vous aimer

de Lambert et surtout par ce quatrain à la duchesse du Maine qui l'appelait son Apollon et le pressait de lui confier un secret.

> La divinité qui s'amuse
> A me demander mon secret
> Si j'étais Apollon, ne serait point ma Muse,
> Elle serait Thétis et le jour finirait.

quand on est votre fils et même quand on ne l'est pas.[1] »

Le voici chez Voltaire dont il ragaillardit les vieux ans par ses saillies : « Le chevalier de Boufflers est une des singularités qui soient au monde. Il peint au pastel fort joliment. Tantôt il monte à cheval tout seul, à cinq heures du matin, et s'en va peindre des femmes à Lausanne; il exploite ses modèles; de là il court en faire autant à Genève, et revient chez moi se reposer des fatigues qu'il a essuyées avec des huguenotes. » Au contraire Jean-Jacques se montre peu bienveillant et ne lui reconnaît que beaucoup de demi-talents en tout genre. « Il fait très bien de petits vers, écrit très bien de petites lettres, va jouaillant un peu du sistre, et barbouillant un peu de peinture au pastel. »

Vous jugez, que pendant ce voyage en Suisse, les impromptus ne chôment pas. Boufflers arrive chez une

---

[1]. Elle lance à propos de l'abbé Porquet, précepteur du chevalier, cette boutade assez égrillarde :

> Autrefois j'aimais Porquet,
> Et Porquet m'avait su plaire ;
> Il devenait plus coquet,
> Je devenais moins sévère ;
>
> J'estimais ses rabats,
> J'admirais sa perruque,
> Aujourd'hui j'en rabats,
> Car je le crois eunuque.

Cet abbé Porquet, grand linguiste, avait lui-même composé son épitaphe :

> D'un écrivain soigneux il eut tous les scrupules :
> Il approfondit l'art des points et des virgules,
> Il pesa tout, calcula tout le fond du métier,
> Et, sur le laconisme, il fit un tome entier.

belle dame, crotté, mouillé, et comme elle lui propose les souliers de son mari, il répond vivement :

> De votre mari, belle Iris,
> Je n'accepte point la chaussure ;
> Si je lui donne une coiffure,
> Je veux la lui donner gratis.

Il fait pour madame Cramer un couplet sur le père Adam, jésuite que Voltaire prit pour chapelain, « bien qu'il ne fût pas le premier homme du monde ».

> Il faudrait que père Adam
> Voulût être mon amant,
> Oui, que la peste me crève,
> S'il le veut, je suis son Ève,
> Et je serai, dès demain,
> La mère du genre humain !

En même temps, il décoche à la dame ces quatre vers :

> Pendant que la chanson s'achève,
> Payez-moi le prix qui m'est dû,
> Et si jamais vous êtes Ève,
> Que je sois le fruit défendu.

Quand il était au service, il avait surnommé un de ses chevaux le *Prince Ferdinand*, et un autre le *Prince Héréditaire*. Après les avoir fait étriller, il disait gravement à sa compagnie : « Je les fais étriller tous les matins ; vous voyez que j'en sais plus long que nos maréchaux. » En prose comme en vers, la verve et l'esprit l'accompagnent toujours : quelque temps avant son élection à l'Académie française, madame de Staël lui ayant demandé pourquoi il n'était pas des *Quarante*, reçoit aussitôt cette réponse :

> Je vois l'Académie où vous êtes présente ;
> Si vous m'y recevez, mon sort est assez beau ;
> Nous aurons à nous deux de l'esprit pour quarante,
> Vous comme quatre, et moi comme zéro.

Il a de charmantes réflexions sur le plaisir et le bonheur; « ce dernier, dit-il finement, n'est que le plaisir fixé »; l'un ressemble à la goutte d'eau et l'autre au diamant. Le bonheur est un état, le plaisir n'est qu'une situation :

>Plaisir est le bonheur des fous,
>Bonheur est le plaisir des sages.

A côté de poésies fort légères, *le Cœur, la Chanoinesse, Mon rêve, la Bergère, Chanson pour madame D****[1], des vers pleins de grâce, de délicatesse, comme ceux-ci à une dame très vertueuse :

>Jamais il (l'amour) n'aura tous les charmes
>   Que vous prêtez à la vertu.
>On la voit dans vos yeux. Et qu'elle y paraît belle !
>Lorsque vous nous parlez, c'est elle qu'on entend;
>Vous lui prêtez toujours une forme nouvelle,
>   Tantôt c'est de l'esprit, tantôt du sentiment.

1. Voici la *Chanson pour madame D...*, une des plus décentes :

>Dimanche je fus aimable;
>Lundi je fus autrement:
>Mardi je pris l'air capable,
>Mercredi je fis l'enfant,
>Jeudi je fus raisonnable,
>Vendredi j'eus un amant;
>Samedi je fus coupable,
>Dimanche il fut inconstant.

L'Histoire de Loth :

>Il but
>Il devint tendre
>Et puis il fut
>Son gendre.

Citons encore, dans un genre plus sérieux, *les Trois Jours de la vie*, hier, aujourd'hui et demain :

>Toujours ma condition
>En expirant est de renaître,
>Et pour me donner mon nom,
>On attend que je cesse d'être :

Enfin elle est si naturelle,
Elle a si bien vos traits, que nous ignorons tous,
Si c'est vous que l'on aime en elle,
Ou bien elle qu'on aime en vous.

Et cet éloge des cheveux blancs, terminé par une pensée gracieuse :

Et l'on joint sous les cheveux blancs
Au charme de s'aimer le droit de se le dire.

Ou bien encore ce distique en l'honneur de l'amitié :

En vain pour la matière un esprit fort réclame.
L'amitié nous apprend que nous avons une âme[1].

Au fond Boufflers avait autant de solidité que d'agré-

Mon successeur est aujourd'hui,
Hier je m'appelais comme lui ;
Mais à son tour il est certain
Qu'il portera mon nom demain.

Du temps qui vient et qui fuit,
Je coupe l'intervalle immense ;
Pour moi le passé finit,
Et par moi l'avenir commence :
Malheureux mortel, saisis-moi,
De tes jours je suis seul à toi ;
Hier n'est plus rien à tes yeux
Et demain ne vaut guère mieux.

Demain est un jour qui fuit
Lorsque nous croyons qu'il s'avance ;
Au milieu de chaque nuit.
Il perd son nom dès sa naissance ;
Dès qu'on croit s'assurer de lui,
On trouve que c'est aujourd'hui ;
Jamais encore aucun humain
N'a pu voir arriver demain.

1. On lui attribua ce quatrain sur *Celle que j'aime* :

J'ai plusieurs maîtresses en elle,
Et je jouis à chaque instant
Du mérite d'être constant,
Et du plaisir d'être infidèle.

ment, mais il réservait la raison pour l'âge mûr : la passion le touchera de son aile, le transformant en amant fidèle, lui inspirant les plus délicats dévouements, la plus noble ambition. Il aime la comtesse de Sabran[1], tous deux s'aiment d'un amour profond, bien différent des liaisons à la mode, tel que nous le concevons, nous hommes du XIXe siècle, disciples de Chateaubriand, de Lamartine, et comme embelli par ce culte de la nature, cette pénétration intime des choses, cette prise de possession du paysage dont Diderot et Rousseau furent les initiateurs. C'est pour elle qu'il se sépare d'elle, qu'il sollicite le gouvernement du Sénégal, dans l'espoir d'arriver à une situation qui lui permette de renoncer à ses bénéfices de l'ordre de Malte, jusque-là sa seule fortune, et d'épouser la comtesse : il veut que la gloire soit sa dot et sa parure, qu'elle fasse oublier son âge et sa pauvreté. Elle n'en demande pas tant, elle ressemble au pigeon sédentaire de la fable, elle pense que l'amour est la pierre philosophale, et qu'on peut aisément se passer de tout quand on possède tout ; cependant elle se résigne, et alors s'engage cette correspondance si originale, où les deux amants échangent leurs impressions et leurs tendresses, leurs regrets et leurs mélancolies, avec une éloquente simplicité, avec un sentiment exquis du pittoresque, avec des élans de passion qui détonnent à cette époque, comme un Rembrandt, un

---

1. L'esprit les avait rapprochés d'abord, et plus tard madame de Sabran, devenue marquise de Boufflers, racontait en quatre vers cette poétique histoire.

> De plaire un jour, sans aimer, j'eus envie ;
> Je ne cherchais qu'un simple amusement.
> L'amusement devint un sentiment,
> Le sentiment, le bonheur de ma vie.

Michel-Ange au milieu d'une collection de Greuze, de Falconet. Leurs âmes, leurs intelligences sont à l'unisson et s'emboîtent en quelque sorte l'une dans l'autre. Quel charme dans ces lettres où madame de Sabran raconte les réceptions de Bagatelle chez M. le comte d'Artois, son séjour à Saint-Amand, le mariage de sa fille, sa présentation à la cour! Il y a autre chose, il n'y a rien de pareil dans les lettres de madame de Sévigné : de son temps on n'avait pas découvert la nature. Voici, par exemple, le récit d'une fête qu'offre à la comtesse son oncle, monseigneur de Sabran.

« Si tu te rappelles les contes de fées, tu pourras avoir une idée de la fête charmante que l'évêque de Laon vient de nous donner à Bartais. Je n'ai rien vu de ma vie qui fût aussi agréable. M. Le Clerc avait illuminé tout ce charmant Élysée avec des lampions couverts comme à Trianon, qui donnaient une lumière si douce et des ombres si légères, que l'eau, les arbres, les personnes, tout paraissait aérien. La lune avait voulu être aussi de la fête, quoiqu'on ne l'en eût pas priée ; mais son éclat argenté et incertain, loin de la ternir, lui prêtait des charmes, et elle se réfléchissait tout entière dans l'immensité d'eau que tu connais. Elle aurait donné à rêver aux plus indifférents et pénétré dans l'âme les plus endurcis. De la musique, des chansons ; une foule de paysans, bien gaie et bien contente, suivait nos pas, se répandait çà et là pour le plaisir des yeux. Au fond du bois, dans l'endroit le plus solitaire, était une petite cabane, humble et chaste maison ; la curiosité nous y porta et nous y trouvâmes Philémon et Baucis, courbés sous le poids des ans et se prêtant encore un appui mutuel pour venir à nous. Ils donnèrent d'excellentes leçons à nos jeunes gens, et la meilleure fut leur exemple... Si tu connais l'âme de ta veuve, son imagination, son amour, tu dois savoir ce qui se passait en elle en ce moment, et tout ce qu'elle devait souffrir... Adieu, mon époux, mon amant, mon ami, mon univers, mon âme, mon Dieu ! »

« Adieu, répondait Boufflers, la plus aimable, la plus aimée, la plus désirée de toutes les créatures de Dieu !... Ce matin une bonne négresse est venue me dire : « Comment portes-tu toi sa matine ? — Je lui ai dit : Assez bien, mais je n'ai pu dormir. — Tu l'o pas doremi... non... c'est que tu penses loin. » Elle avait raison, la pauvre femme ! Adieu, toi qui m'empêches de dormir, toi qui me fais *penser loin*... » Et ailleurs : « — Pour toi, je ne t'apporte que moi, *moi, dis-je*, et c'est à toi d'achever.[1] »

Et n'est-ce pas aussi un Boufflers tout nouveau, celui qui écrit cette lettre, aussi parfaite en son genre que le conte d'Aline, reine de Golconde, qui avait commencé sa réputation :

« Je suis un barbare, ma fille ; je viens d'une chasse aux petits oiseaux. J'en ai pris une douzaine dans mes filets ; ils sont absolument comme les tiens. Je me reproche de les tenir en captivité jusqu'à ce que je les

---

1. Le chevalier avait l'humeur assez inégale ; madame de Sabran lui écrit un jour : « Ce n'est pas non plus tes manières de Huron, ton air distrait et bourru, tes saillies piquantes et vraies, ton grand appétit et ton profond sommeil quand on veut causer avec toi, qui m'ont fait t'aimer à la folie : c'est un je ne sais quoi, une certaine sympathie qui me fait penser et sentir comme toi ; car, sous cette enveloppe sauvage, tu caches l'esprit d'un ange et le cœur d'une femme. »

envoie en France au péril de leur vie. Mais ce n'est pas là ce que j'ai fait de pis : j'ai tiré un grand coup de fusil, et du même coup j'ai tué deux charmantes tourterelles. Elles étaient sur le même arbre, se regardant, se parlant, se baisant, ne pensant qu'à l'amour ; et la mort est venue au milieu de leurs doux jeux. Elles sont tombées ensemble sans mouvement et sans vie, la tête penchée avec une certaine grâce triste et touchante qui aurait presque fait penser qu'elles aimaient encore après leur mort ; tout en les plaignant, je les enviais. Elles n'ont point souffert ; leur existence n'a point fini par la douleur. Leur amour n'a point fini par le refroidissement ; leurs pauvres petites âmes voltigent peut-être et se caressent dans les airs ; elles n'ont plus de mort à craindre ; mais peut-être craignent-elles d'être un jour condamnées à naître à des époques éloignées l'une de l'autre, et par conséquent à vivre l'une sans l'autre. Tout cela donne beaucoup à penser, surtout à toi qui aimes tant à te perdre dans les systèmes et dans les sentiments. Adieu, mon enfant. »

Élu député aux états généraux, Boufflers joue un rôle assez effacé à la Constituante, fonde avec Malouet, Virieu, La Rochefoucauld-Liancourt, le club des Impartiaux, se décourage d'assez bonne heure et va rejoindre la comtesse de Sabran qui avait émigré en même temps que les Polignac : le prince Henri de Prusse les reçoit dans son château de Reinsberg, mais de fâcheuses influences ayant altéré son amitié, ils durent le quitter. Le roi de Prusse Frédéric-Guillaume se montra plus généreux, en accordant à Boufflers sur les limites de la Pologne une concession de terrain.

Devenu marquis de Boufflers, marié à Breslau en 1797 avec son amie, il rentra en France en 1800, obtint une pension de Napoléon, et vécut modestement jusqu'en 1815, l'hiver à Paris, l'été dans un cottage voisin de Saint-Germain.

Lui-même avait deux fois composé son épitaphe : la première est presque un trait de génie : *Mes amis, croyez que je dors !*

CI-GIT UN CHEVALIER QUI SANS CESSE COURUT,
QUI SUR LES GRANDS CHEMINS NAQUIT, VÉCUT, MOURUT,
POUR PROUVER CE QU'A DIT LE SAGE,
QUE NOTRE VIE EST UN VOYAGE.

Le prince de Ligne a tracé de Boufflers un joli portrait qui aurait besoin de quelques ratures et de quelques additions. « On voudrait pouvoir ramasser toutes les idées qu'il a perdues sur les grands chemins avec son temps et son argent... Il fallait que cet esprit fît tout de lui-même et maîtrisât son maître : aussi a-t-il brillé d'abord avec tous les caprices d'un feu follet, et l'âge seul pouvait lui donner la sagesse d'un fanal.

» Une sagacité sans bornes, une profonde finesse, une légèreté qui n'est jamais frivole, le talent d'aiguiser les idées par le contraste des mots, voilà les qualités distinctives de son esprit, à qui rien n'est étranger... La base de son caractère est une bonté sans mesure ; il ne saurait supporter l'idée d'un être souffrant, et donnerait jusqu'à son strict nécessaire pour s'en délivrer[1]. Il se priverait de pain pour nourrir même un méchant, et sur-

---

1. « L'homme opulent, disait Boufflers, se fait tort à lui-même de tout le superflu qu'il ne partage point. »

tout son ennemi. « *Ce pauvre méchant!* » disait-il. Il avait dans sa terre une servante que tout le monde lui dénonçait comme voleuse. Malgré cela il la gardait toujours; et quand on lui demanda pourquoi, il répondit : « *Qui la prendrait?...* » Il est impossible d'être meilleur ni plus spirituel; mais chez lui ces deux qualités ont peu de communication entre elles; et si son esprit n'a pas toujours de la bonté, quelquefois aussi sa bonté pourrait manquer d'esprit... On rend sans peine justice à son talent qui est unique dans quelques pièces de vers, dans ses couplets : chaque mot est un trait; il est surtout admirable quand on ne le croit que négligé... Enfin, après avoir eu tous les mécomptes d'un esprit supérieur et d'un cœur ami du bien, on dit qu'il s'occupe d'agriculture[1]... »

Ne vous semble-t-il point que le prince de Ligne juge à merveille l'ami de Voltaire, le bel esprit, le Boufflers des contes et des impromptus, mais qu'il est resté sur ses impressions d'autrefois et ne sait rien de l'autre Boufflers, de celui que l'expérience, le dévouement, l'amour ont si délicieusement révélé ?

II. — TILLY[2]

Inconstant et passionné, aimant les femmes et surtout aimé d'elles à la folie, causeur mordant, prompt à la

1. Un des auteurs de la *Galerie des états généraux*, Laclos, sans doute, l'a traité bien plus sévèrement, et Rivarol résumait sa vie en une formule piquante : « Abbé libertin, militaire philosophe, diplomate chansonnier, émigré patriote, républicain courtisan. » Saint-Lambert avait dit de Boufflers à ses débuts : « C'est *Voisenon le Grand.* » Chamfort comparait ses petits vers à des *meringues.*

2. Né en 1764, mort en 1816. — Tilly, *Mémoires, Œuvres variées.*

riposte, capable de donner la réplique à ses amis Rivarol, Chamfort, le prince de Ligne, portraitiste pénétrant, mais injuste et amer, écrivain cynique, racontant avec la même désinvolture ses succès mondains et ses impressions sur son époque, gaspillant comme à plaisir sa brillante intelligence, enfant gâté de la fortune qu'il lasse et dégoûte enfin par son incurable frivolité, tel parut à ses contemporains, tel se montre le comte Alexandre de Tilly, le beau Tilly, comme on l'appelait en France et en Allemagne, l'ancien page de Marie-Antoinette, collaborateur des *Actes des Apôtres* et de la *Feuille du jour*, serviteur fidèle et conseiller hardi de Louis XVI, devenu un instant le favori de l'empereur Paul, puis chambellan du roi de Prusse, et qui termina ses jours par le suicide, triste expiation d'une existence toute consacrée à la galanterie et au jeu. Dans ses *Mémoires* si scandaleux, dont il faudrait retrancher une moitié au moins, éclatent des fusées d'esprit, des traits rapides, des études de caractères qui contiennent le germe d'un historien ; le tout assaisonné d'une certaine grâce impertinente qui leur communique une saveur étrange. — Tilly se déshabille devant nous ; et, par malheur, il déshabille aussi ses contemporains, sans aucun souci de la pudeur, indiscret comme une portière, inconscient de son immoralité, et ne reconnaissant d'autre loi que sa fantaisie : il pourrait servir de modèle aux chroniqueurs de la presse pornographique.

Malgré tous ses défauts, son livre jette quelques clartés sur la fin du xviiie siècle : tant de fumier anacréontique renferme mainte perle littéraire et politique, certains chapitres nous arrêtent par des aperçus prophétiques comme ceux de M. de Moré, ce vieux gentilhomme qui, longtemps à l'avance, voyait venir la Révolution : « Monsieur, disait-il à Tilly, ouvrez nos fastes; nous sommes une nation à tragédies; depuis longtemps nous n'en avons que sur nos théâtres; la Fronde, les guerres de religion, la Saint-Barthelemy même, tout cela est pâle auprès de ce qui nous attend. Vous m'en direz des nouvelles de l'autre côté de la tombe, si l'on s'y revoit.. Vous avez les premiers théâtres de l'Europe, de petits poëtes, de grandes danseuses, et vos courtisanes seraient les plus séduisantes sirènes du monde, si vos femmes n'en savaient pas plus qu'elles : toutes ces belles choses-là, des coiffeurs et des cuisiniers, sont les successeurs un peu dégénérés du premier peuple du monde dans ce premier des siècles, l'âge de Louis le Grand; ce ne sont pas là des éléments de vie pour un empire. La France périra, monsieur, et de votre temps... »

Tilly se souvint sans doute de cet avis le jour où il dit à Calonne en présence de Burke : « Le roi aurait dû vous donner une place de *causeur* dans ses cabinets, plutôt qu'une place de ministre dans son conseil; il aurait dû vous *noter* pour que vous ne fussiez jamais dans le cas de lui parler de *vos notables*. » Et il ajoute finement : « Il riait! il aurait dû pleurer en larmes de sang;... mais personne ne voulait avoir fait le mal; il accusait M. Necker, qui se consolait à son tour en pensant à lui. Il accusait l'archevêque de Sens. A les entendre l'un après l'autre, aucun n'aurait certainement été coupable; mais chacun rendait à l'autre une justice que la postérité rendra à tous. Elle ne sera qu'équitable dans tout état de cause; car, en politique et en administration, on est aussi coupable du mal qu'on n'empêche pas que de celui qu'on autorise par impéritie ; et l'inflexible histoire [1], ne fait pas plus de grâce à ceux qui ont déshonoré une place par des crimes, qu'à ceux qui ont été déshonorés par leur sottise et leur impuissance à la remplir. »

Un homme comme Tilly, qui avait rompu en visière au duc d'Orléans, n'était pas pour se laisser intimider ni enguirlander par la Révolution. Mirabeau, l'ayant entendu chez le duc de Biron causer avec éloquence, l'invita à suivre sa fortune, lui promettant richesse et gloire : « Me sauverez-vous, demanda-t-il, du remords et de la potence ? »

Une autre fois, il voit M. de Montesquiou perdre cent mille écus au jeu, chez la Vaupalière, et n'en sortir que pour aller faire à l'Assemblée un rapport sur les finances du royaume : « C'est, remarque-t-il, l'Arétin parlant de la chasteté. »

Il conte agréablement l'anecdote. Certain lord, ennuyeux de grand chemin, avait l'habitude de parler les yeux fermés : un jour donc il pérore fort à son aise, et après deux heures d'arguments incontestés, se résume en offrant ses remerciements à la Chambre, pour l'attention qu'il ne se dissimule pas qu'on ne lui a pas toujours accordée, au grand détriment de l'État. Ce disant, il ferme la bouche, ouvre les yeux et n'aperçoit qu'un auditeur dans la salle : celui qui la balayait.

Le jour du départ du roi, il rencontre, aux Tuileries, un député de la gauche : « Eh bien, monsieur, s'écrie celui-

---

1. Tilly, *Mémoires*, t. III, p. 8. — Ailleurs il appelle l'histoire « une fable convenue. »

ci, vous triomphez, mais attendons deux jours ; au reste si vous avez les as jusqu'au bout et que nous ne soyons pas tous pendus, je m'en vais achever de vivre à la Nouvelle-Angleterre. — Ne craignez rien, dit Tilly en riant, je veillerai sur vous ; nous autres aristocrates, nous avons un fonds de générosité inépuisable. » La nouvelle de l'arrestation du roi arrivée, il le revit. Quelle différence dans ses traits et dans tout son maintien ! « Allons, dit-il, ne vous laissez pas abattre, je vous promets la vie. » Il riait, je n'en avais aucune envie. Nous ne nous sommes jamais revus. »

Il termine une fort spirituelle lettre à Rivarol[1], par cette pointe contre l'abbé Raynal : « Mais j'écris un volume pour ne rien vous apprendre, si ce n'est peut-être que l'abbé Raynal était *un âne à la ceinture*... Adieu, mon cher Tacite... Vous avez vaincu toutes les difficultés

---

1. Voici comment il demande à Rivarol un exemplaire de la *Nouvelle Héloïse*.

> Je voudrais consulter cet ouvrage enchanteur
> Où l'amant n'est pourtant qu'un triste suborneur.
> Et la maîtresse une douce infidèle,
> Le père un brave radoteur,
> La cousine une péronnelle,
> L'époux un ennuyeux et vieux prédicateur,
> Et l'ami le mauvais modèle
> De nos philosophes du jour :
> Où tout le monde parle amour
> Sans le définir et l'entendre...
> Ce livre qu'à vingt ans nous savions tous par cœur,
> Et qu'à quarante ans l'on oublie,
> Où tout est faux, vain et sophistiqueur,
> Où tout est vrai, grâce à la magie
> D'un style unique et séducteur.

Il avait entendu dire à un des coryphées de la Révolution : « Je ne sais pas où nous allons : nous ferons le grand tour, mais cela nous approchera de la liberté. »

et tous vos rivaux, puisque vous avez vaincu la paresse. »

C'est lui qui fit sur Louis XVI le distique connu,

> Il ne sut que mourir, aimer et pardonner!
> S'il avait su punir, il aurait su régner.

Lui qui, en 1792, écrit cette lettre si forte, si courageuse, où il lui demande de faire le roi et de sortir de lui-même, c'est-à-dire l'impossible, où il traite ses ministres d'*huissiers d'une assemblée factieuse,* et l'invite à opposer les sujets fidèles à la nation révoltée, son épée aux piques, ses droits aux factions, et le prestige de la royauté expirante aux séductions salariées du faubourg Saint-Antoine et du Palais-Royal. « Peut-être d'ailleurs ne faudra-t-il pas répandre de sang. J'augure tout de votre présence. Vous retomberez le soir même dans vos vertus. Vous avez le besoin de la clémence; eh bien, vous ne punirez qu'un instant, et vous pardonnerez toujours... Vous avez plusieurs vertus que n'eurent ni Henri IV, ni Louis XIV : Sire, ayez toutes celles qui les illustrèrent... De tous les rois de France, dont, avec un sens exquis et droit, vous êtes le plus vertueux, aucun n'est descendu si près de l'abîme sans fond où vous allez tomber... Enfin, Sire, vous vous montrerez à votre armée; car les rois ne sont pas comme Dieu qu'on aime sans le connaître... »

L'excellente mémoire de Tilly nous vaut nombre de mots charmants dont il parsème son récit; celui de la maréchale de Luxembourg sur la marquise de C*** : « Elle a toujours les yeux comme nous avons tant de plaisir à les avoir quelquefois »; cet autre sur une princesse : « Elle a de la Vénus dans un œil et de la sainte Vierge dans l'autre »; cette réflexion à propos de

Bezenval : « Ce n'est parbleu pas une bête que le baron ; c'est un sot » ; une réplique acérée de madame de Matignon à M. de Lambesc qui, étant à Bruxelles, où il s'essayait à jouer le prince étranger, parce qu'il commençait à désespérer de la France, eut le mauvais goût de dire : « *Votre roi !* — Qu'appelez-vous *votre roi !* s'écrie madame de Matignon, il était presque plus le vôtre, que celui de qui que ce soit ! Vous aviez une assez belle place et étiez assez bien payé pour le croire » ; la réponse du comte d'Estaing, à qui le chevalier d'Oraison disait : « Nous voulons la mort des abus. — Vous êtes donc las de vivre, car vous êtes un abus vous-même[1] » ;

---

[1]. N'oublions pas le mot si plaisant de M. Favier fixé par un quidam : « Suis-je connu de vous ? Et quelles sont vos raisons pour me regarder ainsi ? — Un chien regarde bien un évêque. — Qui vous a dit que j'étais un évêque ? » Favier était une sorte d'irrégulier de la diplomatie, homme de plaisir et d'étude, doué de talents qu'il ne cultiva pas assez, manquant d'esprit de conduite, composant pour les ministres de savants mémoires sur les affaires du temps, chargé de missions secrètes dans divers pays. Il vivait en épicurien, ne songeait qu'à l'heure présente, était cher à ses amis qui l'admiraient et l'écoutaient comme un oracle. Vers la fin de sa vie, menacé à chaque instant d'apoplexie, il disait en se levant, surpris et charmé d'avoir encore un jour à vivre : « Voilà une gratification extraordinaire. » Il se trouvait à l'audience de M. de Malesherbes, où l'on parla du livre de l'*Esprit*. — « Il est temps d'éclairer le monde, » dit Malesherbes d'un ton enthousiaste. — Alors Favier, se retournant vers un de ses amis : « Ce n'est pas avec un bout de chandelle. » Il était né railleur et ne pouvait arrêter sa langue, même en face de ceux dont il avait le plus besoin. Un jour, à l'audience du duc de Praslin, il voit le valet de chambre qui met une perruque dans un étui et la renferme dans une armoire : « Nous ne verrons pas le ministre aujourd'hui, dit Favier aux autres solliciteurs, le voilà qui rentre dans son cabinet. » — Le baron de ***, ambassadeur à Saint-Pétersbourg lui dit dans une explosion d'ambition : « Quand, dans mon

cette parole sublime de madame Élisabeth, prise pour la reine, par les envahisseurs du 20 juin : « Ne les désabusez pas ! »

On voit que la mémoire a du bon, et qu'il ne faut pas prendre trop au sérieux cette boutade de Rivarol : « C'est un bonheur pour la plupart des écrivains d'aujourd'hui d'avoir de la mémoire, comme c'est un malheur pour leurs lecteurs. » Tilly, d'ailleurs, a excellemment défini cette qualité : « Une aptitude à retenir ce qui nous frappe, ce que nous concevons bien, ce qui nous plaît, et surtout ce qui a de l'analogie avec nos idées et nos notions. C'est en quelque sorte une superfétation d'idées que nous sentons sur les nôtres. Un sot peut aussi bien qu'une personne d'esprit, se ressouvenir que, tel jour, à telle heure, il a vu tomber quelqu'un de cheval, etc...; mais je n'ai encore rencontré de ma vie, je ne dis pas un sot, mais un homme médiocre qui ait lu avec fruit, qui ait des souvenirs justes, utiles, nourris et classés. C'est avoir de l'esprit que d'entendre celui des autres, c'est en avoir déjà un très bon que de discerner ce qui mérite d'en être retenu ; c'est avoir beaucoup de goût que d'en conserver un profond sentiment qui est tout l'artifice de la mémoire ; enfin c'est montrer de la pénétration, de la justesse et de la mesure, que de faire jouir les autres, dans une conversation tour à tour gaie et solide, des richesses

métier, on n'est pas parvenu à quarante ans à être ministre, d'État, il faut se brûler la cervelle.» Le lendemain, pendant un dîner diplomatique, on parla d'âge, chaque ambassadeur dit le sien, et le baron de ***, interrogé à son tour, répondit qu'il avait quarante ans moins trois mois. Favier, du bout de la table, lui crie brusquement : « Amorcez, monsieur le baron ! » (Sénac de Meilhan, *Œuvres choisies*, p. 439 et suiv.)

acquises qu'on a mêlées avec son propre fonds. En un mot, une mémoire qui n'est pas un simple répertoire de perroquet, est un des premiers présents de la nature : elle ne le fait qu'à ses favoris et à ceux auxquels elle avait donné auparavant davantage. »

Des mémoires célèbres, celles de Rivarol, de Macaulay, Méry, Villemain confirment la justesse de ces observations, montrant que ce don si précieux, loin de devenir l'écueil de l'originalité dans le talent, en est l'auxiliaire le plus puissant.

III. — LES DEUX SÉGUR[1]

Vers la fin de 1786, le vicomte de Ségur arrivant de Versailles pour souper chez le comte de Berchini, on l'entoure, on lui demande des nouvelles. Lui, prenant un air mystérieux, dit à mi-voix :

— Une très grande, très importante, et que vous aurez peine à croire

— Quoi donc?

— Le roi vient de donner sa démission.

On rit, on veut savoir la fin de cette plaisanterie.

---

1. Le comte Louis-Philippe de Ségur, né en 1753, mort en 1830 ; le vicomte Joseph-Alexandre de Ségur, né en 1756, mort en 1805. — *Mémoires du comte Louis-Philippe de Ségur.* — *Galerie morale et politique*, 3 vol. in-8. — Michaud, *Biographie universelle.* — Sainte-Beuve, *Portraits littéraires*, t. XI. — D'Allonville, *Mémoires*, t. Ier. — Discours de réception de M. Viennet à l'Académie française, 5 mai 1831. — Vicomte Joseph-Alexandre de Ségur, *Comédies, proverbes et chansons*, 1 vol. — Vicomte de Ségur, *Œuvres diverses*, 1 vol. — *Morceaux de littérature.* — *Correspondance secrète entre Ninon de Lenclos, le marquis de Villarceaux et madame de Maintenon.* — *L'Histoire de l'épingle.*

— Ce n'en est pas une, poursuit-il, et il annonce l'arrêt du conseil qui convoque une assemblée de notables.

Le propos fut répété au roi qui ordonna au vicomte de ne paraître ni à Paris, ni à la cour[1]. Plus tard, lorsque la prophétie fut devenue une dramatique réalité, M. de Ségur qui regrettait ces belles années du règne de Louis XVI où, avec son frère, Narbonne, Lauzun, Bouf-flers, Fronsac, il figurait parmi les princes de la jeunesse dans ces salons qu'on a si bien appelés des écoles brillantes de civilisation, pestait plaisamment contre cette Révolution qui lui avait gâté son Paris : « Tandis qu'elle se vante d'une philosophie chimérique, d'un grand amour du bien public, d'une abnégation absolue de tout intérêt privé, elle ne fait qu'étendre à tous l'ambition de quelques-uns; on pourrait la peindre en deux mots : *Ote-toi de là que je m'y mette*[2] *!* Au reste je n'accuse personne des torts de cette Révolution, car tout le monde d'abord en a voulu; chacun a essayé d'en prendre sa part, suivant sa force et sa mesure; et, depuis le roi jusqu'au plus petit particulier de son royaume, tous y ont plus ou moins travaillé; l'un lui permettait d'avancer jusqu'à la boucle de son soulier; l'autre jusqu'à sa jarretière; celui-là jusqu'à la ceinture; celui-ci jusqu'à

---

1. Lorsque les revenus furent imposés d'un quart, le vicomte fit ce distique :

> Moi, j'ai payé mon quart et dis avec Voltaire :
> A tous les cœurs bien nés que la patrie est chère !

2. C'est lui qui répond aux impertinences de l'acteur Elleviou : « Apprenez que nous vivons en République et que je suis votre égal. »

l'estomac; enfin j'en vois qui ne seront contents que lorsqu'ils en auront par-dessus la tête. Je leur souhaite toutes sortes de prospérités, mais je leur reprocherai toujours de m'avoir gâté mon Paris; car de tous les torts, celui que je leur pardonne le moins, c'est celui d'avoir changé la capitale des plaisirs en un foyer de disputes et d'ennui. »

Personne mieux que lui n'avait conservé la tradition de l'esprit de cour, personne ne disserta plus délicieusement sur le goût dont il était un arbitre incomparable; ses morceaux littéraires sur l'esprit et l'amabilité, les conteurs, le naturel, la persuasion et la séduction, l'*Histoire d'une épingle* sont en leur genre de petits chefs-d'œuvre, qui soutiennent la comparaison avec sa fameuse chanson : *Le Voyage du temps*[1]. A chaque ins-

---

1. Alexandre de Ségur avait, avec son frère, de Piis, Désaugiers, Barré, Radet, Despréaux, et quelques autres, fondé, en l'an V, la seconde société du Caveau qui marcha sur les traces de la première. (Voy. leurs chansons dans le recueil intitulé : *Les Diners du Vaudeville*, 10 vol.). C'est là qu'il lut un jour cette aimable poésie :

> A voyager passant sa vie,
> Certain vieillard nommé le Tems,
> Près d'un fleuve arrive et s'écrie :
> « Ayez pitié de mes vieux ans !
> Eh quoi ! sur ces bords on m'oublie,
> Moi, qui compte tous les instants !
> Mes bons amis, je vous supplie,
> Venez, venez passer le Tems. »

> De l'autre côté, sur la plage,
> Plus d'une fille regardait,
> Et voulait aider au passage,
> Sur un bateau qu'Amour guidait;
> Mais une d'elles, bien plus sage,
> Leur répétait ces mots prudents :
> « Ah ! souvent on a fait naufrage,
> En cherchant à passer le Tems. »

tant il les parsème d'anecdotes ingénieuses qui projettent une lumière pénétrante sur le récit. *Je n'ai pas le temps de vous estimer,* disait une femme un peu légère à un honnête homme ennuyeux; *si vous pouviez me plaire, ce serait plus tôt fait.* En vain l'amoureux vantait-il ses qualités, ses vertus... « J'en suis fâchée, monsieur, répondait la coquette; *l'honnêteté sans grâce, sans piquant, n'est bonne qu'en famille.* » Ce qui prouve que, dans le monde, l'amabilité veut dire non la réunion des qualités, mais celle des agréments.

L'habitude, on l'a dit, est une seconde nature, et M. de Ségur développe ingénieusement cette vérité que l'âme, l'esprit, le corps ont des habitudes qui les dominent : « Certain mari avait *l'habitude* de se coucher tous les soirs à *dix heures.* L'amant de sa femme, le président de S***, retenu toute la journée par des devoirs graves, n'était libre qu'à cette même heure. Il en résultait que l'arrivée de l'amant était toujours le signal du départ du mari, beaucoup plus occupé de sa santé que de sa femme. Enfin il eût été difficile de décider lequel était plus exact,

L'amour, gaiement, pousse au rivage,
Il aborde tout près du Tems ;
Il lui propose le voyage,
L'embarque et s'abandonne aux vents.
Agitant ses rames légères,
Il dit et redit, dans ses chants :
« Vous voyez bien, jeunes bergères,
Que l'amour fait passer le Tems. »

Mais tout à coup l'amour se lasse,
Ce fut toujours là son défaut ;
Le Tems prend la rame à sa place
Et lui dit : « Quoi ! Céder sitôt !
Pauvre enfant, quelle est ta faiblesse !
Tu dors, et je chante, à mon tour,
Ce vieux refrain de la sagesse :
Ah ! le Tems fait passer l'amour. »

de la pendule à sonner, de l'amant à arriver ou de l'époux à s'en aller. Un jour, l'amant ayant par hasard quelque chose d'important à dire à la dame, vint, contre son ordinaire, *à six heures*. C'était l'hiver. Les bougies allumées, la pendule arrêtée, tout servait à tromper l'époux. « *Quoi*, se disait-il, *déjà si tard?* cependant je n'ai pas envie de dormir. N'importe, le président est exact; le voilà... je vais me coucher. »

La naïveté de la réponse d'un nouveau marié doit trouver ici sa place. Il aimait beaucoup une femme depuis dix ans. Tous les jours, il sortait à cinq heures précises. Il passait ses après-dînées chez sa maîtresse; point de spectacles, point de visites, il n'allait que chez elle. Là seulement il était heureux. Tout à coup le mari de cette femme meurt. L'amant attend avec impatience que l'année soit révolue; le deuil finit, et l'hymen unit l'amant à sa maîtresse. La journée se termine gaîment : on sort de table. Le nouveau marié s'attriste. « Pourquoi ce visage sombre, lui dit un de ses amis? N'es-tu pas au comble du bonheur? — Oui, sans doute, je vais être heureux ; j'aime ma femme à la folie !... Elle va loger chez moi... Ce sera bien doux!... Mais une chose m'inquiète, je l'avoue... Je n'y avais pas pensé d'abord. — Quoi donc? — Où passerai-je mes après-dînées ? »

Dans son parallèle entre l'esprit et le goût, M. de Ségur rencontre cette définition charmante : « Le goût n'est que l'art de mettre chaque chose à sa place... Il est à l'esprit ce que la grâce est à la beauté... Un berger fatigué de ses courses disait un jour en soupirant : « Ah ! que ne suis-je roi pour garder mes moutons à cheval ! » Ce mot est applicable en plus d'une occasion. Il est des gens qui, sous tous les rapports, ne passent jamais l'horizon de leur sphère. Si le goût n'est pas de tous les siècles, il n'est pas non plus à la portée de tout le monde. Comme il est plus le fruit d'un sentiment inné que de l'étude, et qu'il tient presque à un sixième sens dont quelques personnes sont privées, il est inutile de vouloir réparer en elles ce défaut naturel. »

L'écrivain remarque aussi que jamais les règles tacites du goût ne parurent plus généralement convenues que dans les années qui précédèrent la Révolution. « Cet instinct heureux et sûr, s'emparant à la fois de tous les esprits, réunissait par une secrète chaîne les écrits et le langage, tous les talents et tous les arts, les mettait sans cesse en rapport avec l'élégance des formes d'une société choisie qui les jugeait et les professait tour à tour. » Et il cite l'aventure d'un homme d'esprit qui manquait d'usage et qui, frappé de l'éclat d'une jeune personne et de la perfection de ses formes, s'écria dans une sorte d'enthousiasme : « Ah! madame, que vous rappelez bien ce mot d'Aristénète : « Est-elle parée, elle est belle! » est-elle nue!... c'est la beauté!... » A ce mot, un secret murmure, suivi d'un silence général, glace l'assemblée. La mesure et les égards avaient été oubliés, et le goût méconnu. Ainsi, l'esprit sans goût mène au ridicule, comme l'imagination sans raison conduit à la folie. L'esprit et le goût ont un traité secret dont leur intérêt mutuel assure la durée. Quand l'un produit, l'autre perfectionne. C'est un calcul adroit de la nature de les avoir séparés. Si l'esprit avait pu s'épurer lui-même, il eût eu moins de force et d'éclat. Le premier et le poli peuvent rarement se réunir. L'esprit devait étinceler de tout son feu, et le goût charmer et séduire par les finesses de l'art. »

Cette philosophie du vicomte de Ségur, parée de grâces légères et couronnée de roses, digne d'un Montaigne ou d'un Fontenelle, était celle d'une partie de la noblesse de cour, accoutumée à ne vivre que pour les plaisirs, les arts, l'amour et les combats; elle ne suffit pas à donner la mesure entière du comte Louis de Ségur, aussi séduisant mais plus sérieux que son frère, grand admirateur de Voltaire, très libéral [1] dans sa jeunesse, diplomate distingué, ambassadeur de la royauté absolue et de la monarchie constitutionnelle, courtisan accompli, député, sénateur, conseiller d'État, grand maître des cérémonies [2] sous Napoléon, pair de France

---

[1]. Gardons-nous de juger Ségur par le méchant portrait de Sénac de Meilhan, ni par ce couplet de madame de Sabran :

> Ségur, j'ai peu l'art de feindre :
> Cessons donc de nous contraindre.
> En deux mots, je vais te peindre,
> Et te peindre trait pour trait.
> Philosophe à tête vide,
> Céladon faux et perfide,
> Roué pédant et timide,
> Ségur, voilà ton portrait.

[2]. Le vicomte s'était dérobé aux avances de Bonaparte, qui voulait lui donner un régiment, et il appelait son frère, Ségur le *Cérémonieux* : « Et moi, disait-il malicieusement, je suis Ségur *sans cérémonie.*

Un ami de sa famille, le comte d'Aranda, ambassadeur d'Espagne à la cour de France, l'initie en un quart d'heure aux secrets de la diplomatie : « Regardez cette carte; vous y voyez tous les États européens, grands et petits, n'importe leur étendue, leurs limites. Examinez bien : vous verrez qu'aucun de ces pays

sous la Restauration, excellent dans la bonne fortune, supérieur dans la mauvaise, l'homme qui, grâce à sa bienveillance et son exquise éducation, sut le mieux peut-être faire accepter ses métamorphoses politiques. Chose étrange, il se conduit envers la littérature comme il se comporte envers les gouvernements : tous les genres l'attirent, tous, à tour de rôle, tentent ce talent tempéré, nuancé, délicat, mais prolixe et peu énergique. Historien, journaliste, dramaturge, poète, fabuliste, chansonnier, philosophe, moraliste, il a composé une quantité d'ouvrages qui lui assurent une place honorable parmi les grands seigneurs lettrés.

Ce qui frappe surtout en lui, c'est le don de la repartie diplomatique, de l'épigramme adoucie et savamment employée, de la louange raffinée qui flatte l'interlocuteur, sans abaisser la dignité de son auteur, et sauve parfois une situation tendue ou compromise. Il faut saluer ici un des maîtres de cet art qui ne compte plus guère de représentants [1].

ne nous présente une enceinte bien régulière, un carré complet, un parallélogramme régulier, un cercle parfait. On y remarque toujours quelques saillies, quelques renfoncements, quelques brèches, quelques échancrures... Vous sentez bien à présent que toutes ces puissances veulent conserver leurs saillies, remplir leurs échancrures, s'arrondir enfin selon l'occasion. Eh bien, mon cher, une leçon suffit, car voilà toute la politique ! »

1. M. de Ségur explique à merveille l'état d'esprit de la jeune noblesse sous le règne de Louis XVI, son engouement pour les idées nouvelles, le charme incomparable de ces existences privilégiées : « Consacrant tout notre temps à la société, aux fêtes, aux plaisirs, aux devoirs peu assujettissants de la cour et des garnisons, nous jouissions à la fois avec incurie, et des avantages que nous avaient transmis les anciennes institutions, et de la liberté que nous apportaient les nouvelles mœurs : aussi ces deux

Lors de son premier voyage à Berlin, Frédéric lui avait demandé ironiquement :

« Vos jeunes gens de Versailles s'occupent-ils toujours de leurs rubans et de leur poudre?

— De la poudre, sire, nous avons tous hâte d'en

régimes flattaient également, l'un notre vanité, l'autre notre penchant pour les plaisirs. Retrouvant dans nos châteaux, avec nos paysans, nos gardes et nos baillis, quelques vestiges de notre ancien pouvoir féodal, jouissant à la cour et à la ville des distinctions de la naissance, élevés par notre nom seul aux grades supérieurs dans les camps, et libres désormais de nous mêler sans faste et sans entraves à tous nos concitoyens pour goûter les douceurs de l'égalité plébéienne, nous voyions s'écouler ces courtes années de notre printemps dans un cercle d'illusions et dans une sorte de bonheur qui, je crois, en aucun temps, n'avait été destiné qu'à nous. Liberté, royauté, aristocratie, démocratie, préjugés, raison, nouveauté, philosophie, tout se réunissait pour rendre nos jours plus heureux, et jamais réveil plus terrible ne fut précédé par un sommeil plus doux et par des songes plus séduisants. »

Ségur avait aussi l'art de ces jolis riens, madrigaux, couplets qui sont en quelque sorte la petite monnaie du poëte, et voici un échantillon de sa muse badine :

CHANSON MORALE

Quand Dieu noya le genre humain
Il sauva Noé du naufrage,
Et dit, en lui donnant du vin :
« Voilà ce que doit boire un sage. »
Buvons-en donc jusqu'au tombeau,
Car, d'après l'arrêt d'un tel juge,
Tous les méchants sont buveurs d'eau ;
C'est bien prouvé par le déluge !

Un cœur froid qui jamais n'aima,
Du ciel déshonore l'ouvrage ;
Et pour aimer Dieu nous forma,
Puisqu'il fit l'homme à son image.
Il faut aimer, c'est le vrai bien ;
Suivons amis, ces lois divines :
Aimons toujours notre prochain,
En commençant par nos voisines !

brûler encore. » En 1792, quand il se présente à la cour de Prusse, le roi l'interroge brusquement : « Les soldats français continuent-ils à refuser toute discipline ? — Sire, nos ennemis en jugeront. — N'est-ce pas merveilleux d'à-propos ? »

Il sut plaire à Catherine II, à Potemkin, et parvint à leur faire signer, en 1787, un traité de commerce qui assurait à la France tous les avantages dont jusqu'alors les Anglais avaient exclusivement joui. Le prince Potemkin se piquait fort d'érudition, surtout en matière ecclésiastique[1]. Ce faible une fois découvert, M. de Ségur ne manquait pas de le mettre sur son sujet favori, l'origine et les causes du schisme grec, et, l'entendant patiemment disserter pendant des heures entières, il avançait chaque jour dans sa confiance, ce qui ne l'empêchait pas de relever le gant lorsque l'exigeait le sentiment de son honneur. Un jour que Potemkin raillait Louis XVI qui, disait-il, érigeait le royaume de France en archevêché, ajoutant qu'il aurait bien conseillé à l'impératrice de s'allier avec Louis le Gros, saint Louis, l'habile Louis XI, le sage Louis XII, Louis le Grand, même avec Louis le Bien-Aimé, mais non pas avec *Louis le Suffragant* : « Il est vrai, répondit Ségur, que les rois de France ont parfois nommé ministres des évêques et des cardinaux ; mais je ne crois pas qu'ils aient jamais élevé au ministère un

---

1. Il était l'âme des fêtes de l'Ermitage. Un jour M. de Fitz Herbert ayant proposé ces bouts rimés : *Amour, frotte, tambour, note,* Ségur les remplit ainsi :

> De vingt peuples nombreux Catherine est l'*amour* ;
> Craignez de l'attaquer ; malheur à qui s'y *frotte* ;
> La renommée est son *tambour*
> Et l'histoire son garde-*note*.

homme qui ait souvent montré l'envie de se faire moine. »

En 1789, il assiste à Vienne à un dîner chez le prince de Kaunitz qui, tout d'un coup, interpelle le marquis de Noailles : « J'ai reçu, monsieur l'ambassadeur, des nouvelles de France; on y pille, on y égorge plus que jamais; toutes les têtes y sont renversées; c'est un pays attaqué de démence et de frénésie. » L'ambassadeur se tait, estimant sans doute que son silence condamnait assez cette sortie inconvenante. Plus jeune, assez impatient, Ségur ne peut se contenir et réplique très haut : « Il est vrai, mon prince, que la France, dans ce moment, est attaquée d'une fièvre très ardente; on prétend même que cette maladie est contagieuse et qu'elle nous est venue de Bruxelles[1]. »

Napoléon reprochant à son grand maître des cérémonies de se trouver en retard : « Sire, dit-il en s'inclinant, j'ai un million d'excuses sans doute à présenter à Votre Majesté; mais aujourd'hui on n'est pas toujours maître de circuler dans les rues... Je viens d'avoir le malheur de tomber dans *un embarras de rois* dont je n'ai pu sortir plus tôt; voilà, Sire, la cause de ma négligence. » Chacun sourit en songeant qu'il y avait en ce moment six rois à Paris. »

Bussy Rabutin écrivait à madame de Sévigné qu'il voyageait afin d'avoir le plaisir de recevoir ses lettres, Victor Hugo déclarait à Paul de Saint-Victor qu'il écrirait un livre pour avoir une page de lui, Napoléon devait être tenté d'adresser des reproches à Ségur pour entendre d'aussi délicates flatteries.

1. La Belgique s'était révoltée contre la domination autrichienne.

Catherine II l'avait vu partir avec peine : « Vous feriez mieux de rester près de moi, lui disait-elle, et de ne pas aller chercher des orages dont vous ne prévoyez peut-être pas toute l'étendue. Votre penchant pour la nouvelle philosophie et pour la liberté vous portera probablement à soutenir la cause populaire ; j'en serai fâchée, car moi je resterai aristocrate, c'est mon métier ; songez-y, vous allez trouver la France bien enfiévrée et bien malade. »

Rentré en France, il ne tarda pas à sentir la justesse du conseil ; tant de changement dans les lois, les caractères et les mœurs le surprenait au point qu'il se compare au vieil Épiménide sortant de son long sommeil : « Un mouvement extraordinaire régnait partout : j'apercevais dans les rues, sur les places, des groupes d'hommes qui se parlaient avec vivacité ;... — les bourgeois, les ouvriers, les paysans, les femmes même, me montraient dans leur maintien, dans leurs gestes et sur tous leurs traits, quelque chose de vif, de fier, d'indépendant et d'animé que je ne leur avais jamais connu.... »

Il juge avec finesse le *parti aristocratique*, le parti *des patriotes*, et essaye même de prémunir contre ses illusions le général La Fayette, son neveu, auquel il signale le danger de la politique de la table rase : « Songez-y, observe-t-il, quand on renverse un édifice en pierres, ses débris restent sans mouvement couchés sur la terre, mais il n'en est pas de même d'un édifice d'institutions humaines, elles ont donné à une multitude de personnes, à des classes entières, soutenues de nombreux clients, des prérogatives, des jouissances, des honneurs, des prééminences, devenus des droits à leurs yeux, et auxquels chacun tient autant qu'à sa vie... Je partage bien plus vos vœux que vos espérances... »

Il eut avec la reine un touchant entretien qui se termina par ces paroles : « Je vois que, d'après ce qu'on vous a dit, vous me croyez fort éloignée de votre opinion. Mais demain vous aurez de mes nouvelles, et vous verrez que je ne suis pas aussi rétrograde qu'on le suppose. » En effet, ajoute Ségur, le jour suivant, madame Campan m'apporta de sa part un paquet dont cette princesse lui avait laissé ignorer le contenu. Je l'ouvris et, à ma grande surprise, j'y trouvai un écrit de M. Mounier, dont les idées étaient fort analogues aux principes du gouvernement anglais.

On reprochait un jour à l'abbé Sabatier son humeur contre les états généraux, qu'il avait demandés avec chaleur : « Oui, répondit-il, mais on a changé mon enfant en nourrice. » N'est-ce pas là l'histoire en raccourci de ces charmants optimistes qui se lançaient dans la tempête comme don Quichotte marchait à la conquête de son royaume idéal, qui voulaient, comme l'immortel chevalier de la Manche, redresser les abus et prenaient pour devise le cri chevaleresque de madame de Tessé : « Dussé-je y périr, la France aura la constitution ! »

XI

LÉVIS, LAURAGUAIS, LA FAYETTE, NARBONNE

Le cousin de la Vierge et la fille du cardinal. — *Maximes et réflexions*. — Calembours du marquis de Bièvre. — Le duc de Nivernais. — Martin le Cynique : « Ils vous trouvent peut-être jolie aussi ? » — Je vis par curiosité. — Brancas-Lauraguais : sa liaison avec Sophie Arnould ; ses bons mots. — Conversation avec Chamfort. — Le seul moyen d'éviter une révolution est d'en faire une. — Apologue de Frédéric II à La Fayette. — La délicieuse sensation du sourire de la multitude. — Madame de Simiane. — Outragé, impuni. — Captivité de La Fayette. — Où voudrais-tu donc qu'ils fussent ? — Relations avec Bonaparte. — Réflexion d'un député. — Rulhière. — Le comte de Narbonne aide de camp de Napoléon. — Il n'y a pas assez de religion en France pour en faire deux. — L'amour de la patrie.

I. — LE DUC DE LÉVIS[1]

Dans son livre sur la France, lady Morgan rapporte que la maison de Lévis avait la prétention de descendre de la tribu de Lévi, et qu'elle a vu dans son château un tableau consacrant la tradition. Il représente la Vierge

---

1. Né en 1755, mort le 15 février 1830. — *Discours de M. le comte Philippe de Ségur à l'Académie française, 20 juin 1830.*

Marie disant à un personnage qui est devant elle tête nue :
« *Mon cousin*, couvrez-vous. » A quoi celui-ci répond :
« *Ma cousine*, c'est pour ma commodité[1]. »

Si la famille de Lévis put paraître entêtée de gentilhommerie au point de fournir prétexte à cette anecdote plus piquante que vraisemblable, le duc de Lévis, par sa vie entière, appliquée à justifier cette maxime inscrite dans ses *Pensées* : « Noblesse oblige », montra qu'à ses yeux celle-ci prescrivait plus de devoirs qu'elle ne conférait de priviléges. Capitaine des gardes de Monsieur (Louis XVIII), député à la Constituante, où il déploie une grande indépendance d'opinion, bientôt guéri de ses velléités libérales, il émigre en 1792, se rend à l'armée des princes, est dangereusement blessé à Quiberon. Rentré en France après le 18 Brumaire, il se tient à l'écart, et publie divers ouvrages recommandables par la finesse des pensées, surtout par le talent d'observation, le ton d'urbanité élégante que donnait la parfaite connaissance du monde à un homme qui avait recueilli les leçons et les souvenirs du vieux maréchal de Richelieu. Nommé pair de France en 1814, son érudition, ses écrits financiers lui valurent une sérieuse influence

---

1. Lors de la réception du duc de Lévis à l'Académie française, les auteurs de la *Biographie des Quarante* relevèrent l'anecdote dans cette épigramme :

> Tu triomphais, ô chaste Académie,
> Ce jour déjà si loin de nous,
> Où tu reçus dans ta couche endormie
> Le seigneur de Lévis pour quarantième époux.
> Jamais l'éclat dévot d'un cierge,
> A plus sainte union ne servit de fanal.
> Chacun semblait redire : « O pacte virginal!
> Il est juste d'unir le cousin de la Vierge
> A la fille du cardinal. »

politique pendant la Restauration qu'il n'eut pas le chagrin de voir disparaître.

Parmi les livres de cet écrivain polygraphe, deux surtout ont subi victorieusement l'épreuve du temps, les *Maximes et Réflexions*, les *Souvenirs et Portraits*, où il peint avec mesure, avec grâce, l'esprit de la cour, de la haute société au moment de la Révolution. « La confiance que l'auteur inspire au lecteur, dit il, ressemble à celle qui est la base des effets de commerce : une lettre de change est-elle souscrite par un homme obscur et sans crédit, elle est de nulle valeur; revêtue d'un nom connu et considéré, c'est de l'or et elle a cours dans tout l'univers. » Le duc de Lévis, qui parle des gens de cour, des députés de la Constituante, a cet avantage de les avoir connus et fréquentés, de ne pas les étudier de bas en haut, d'écrire en présence de ses contemporains dont il invoque le témoignage : aussi ses portraits charment-ils encore par leur accent de vérité aimable : ceux de madame de Beauvau, par exemple, de Calonne, de la maréchale de Luxembourg, du maréchal de Richelieu, de Maurepas paraissent de tous points accomplis.

Pendant un voyage qu'il a fait à Genève en 1782, on lui montre la rue où, dans une de leurs nombreuses révolutions, les Génevois s'étaient battus pendant deux heures avec des seringues chargées d'eau bouillante. (Ces seringues sont sans doute les précurseurs des pompes du général Lobau.) A Lausanne, il rencontre un batelier philosophe auquel il vante la liberté de sa patrie, et qui répond en montrant d'une main un écu et de l'autre le clocher de son village : « La liberté est dans ma bourse, et l'égalité au cimetière. »

A propos de madame d'Angivilliers, le duc de Lévis nous présente le marquis de Bièvre et ses calembours, qui firent tort à ses qualités plus sérieuses[1]. C'était d'ailleurs un heureux à-propos que la réponse de M. de Bièvre à Louis XV qui lui demandait un calembour : « Sur quel sujet, Sire ? — N'importe ! sur moi si vous voulez. — Votre Majesté n'est pas un sujet. »

Et cette boutade du baron de Breteuil, ministre de la maison du roi, lorsqu'on lui porta la liste des députés aux états généraux ! « Qu'aurait-on dit des ministres du roi s'ils eussent fait de pareils choix ? »

Le duc de Lévis eut un mot bien spirituel avec Laffitte qui, s'étant oublié à lui donner deux ou trois fois son titre, s'en excusait maladroitement : « Sachez que si

---

1. La comédie du *Séducteur* est des plus agréables, et son succès lui donna un instant l'idée de se présenter à l'Académie française, mais il se désista de bonne grâce devant l'abbé Maury en disant. *Omnia vincit Amor, et nos cedamus Amori* (à Mauri). Il se ruinait galamment en faveur d'une actrice qui le trompait et se vengeait de cette Sapho en l'appelant Ingrato Amaranto (à ma rente). « Faisons un *pari*, lui proposait quelqu'un. — Monsieur, répliqua-t-il, songez que *Paris* ne s'est pas fait en un jour. » — Il racontait qu'il avait vu des huîtres traverser le Palais-Royal (le roi manger des huîtres). — En 1785, le ciel du lit de M. de Calonne se détache et lui tombe sur le corps. Lorsque Bièvre apprit cette nouvelle, il s'écria : « Juste ciel ! » — Non content de faire des calembours en prose, M. de Bièvre les mettait en vers et composait par exemple sa tragédie burlesque de *Vercingétorix* où chaque vers repose sur une équivoque.

> Dans ces lieux à *l'Anglaise* où ma voix vous amène...
> Il faut de nos malheurs rompre le cours *la reine*...
> Amis, vous dont l'esprit est plus mûr *mitoyen*...

Dès 1725, l'abbé Chérier avait publié une facétie de ce genre : *l'Homme inconnu*; d'ailleurs, *le Coq à l'Ane* que nous trouvons

je vous ai donné du *Monsieur le Duc*, c'est par pure courtoisie. — Oh! mon Dieu, repart celui-ci, soyez tranquille, je n'ignore pas qu'à vos yeux nous sommes, nous autres, de vieilles médailles effacées; et vous, messieurs, vous n'aimez que les lingots. »

Les *Maximes et Réflexions* forment un recueil d'observations et de portraits à la manière de La Rochefoucauld, de La Bruyère : sans avoir leur profondeur immortelle, elles placent leur auteur au premier rang parmi les moralistes de second ordre et méritent leur succès. Voici quelques-unes de ces pensées :

« L'esprit public est la force des États libres; l'égoïsme est la sauvegarde de la tyrannie.

» Le plus souvent, ce qui fatigue les peuples n'est pas tant la masse de la contribution que l'inégalité de la répartition ou la maladresse de la perception¹.

---

dans Rabelais, remonte aux auteurs latins. Victor Hugo dit fort justement du calembour « qu'il est la fiente de l'esprit ».

Un jour M. de Bièvre propose à un de ses amis de l'accompagner dans une mission auprès du pape. Embarras, hésitations du diplomate, qui finit par objecter que sa passion pour le calembour et le bilboquet ne le rend pas un compagnon assez sérieux. Bièvre promet de se corriger, part, tient parole jusqu'à Lyon; là l'intendant de la province les invite à un grand dîner d'apparat. La première chose que Bièvre aperçoit en entrant, c'est un bilboquet placé sur la cheminée; pour comble de malheur, un des convives prend l'instrument fatal et s'en sert fort maladroitement. Le marquis ne se contient plus, s'élance, enlève le bilboquet des mains du novice, et exécute une série de tours de force qui excitent l'admiration générale. « Oh! monsieur, fait l'un des spectateurs, que je voudrais avoir votre adresse! — Mon adresse, monsieur? place des Terreaux, hôtel des Trois-Rois. »

1. Notons encore en passant quelques réflexions de cet homme de goût et d'excellent jugement : « La morale est la conscience raisonnée. — Il y a des gens pour qui l'honneur est un calcul; ne

» En administration toutes les sottises sont mères.

» Gouverner c'est choisir.

» Les princes et les ministres naviguent entre deux écueils : la paresse et les détails.

» Lorsqu'une insurrection populaire éclate, la faute en est aux chefs du gouvernement qui peuvent toujours prévenir ou du moins arrêter de bonne heure les mouve-

les troublons point, le public est intéressé au succès de cette spéculation. — Il y a tant d'esprits faux qu'il n'y a pas de mauvaises raisons. Dites-les donc toutes lorsqu'il s'agit de persuader : que savez-vous ? C'est peut-être la plus faible qui produira le plus d'effet. — Conduisez-vous avec la fortune comme avec les mauvaises payes : ne dédaignez pas les plus faibles acomptes. — Heureux le pays où les beaux esprits ne font que des livres ! — Les conséquences sont la pierre de touche des principes. — Il n'y a de mérite à être fidèle que lorsqu'on commence à être inconstant. — En général, les princes aiment à donner ; ce qui leur coûte, c'est de récompenser. — Lorsque des ambitieux parviennent aux grandes places, ils s'efforcent d'avoir pour collègues des hommes médiocres, et des hommes forts pour subordonnés. — Une des erreurs les plus communes est de prendre le résultat d'un événement pour sa conséquence nécessaire. — Il y aurait de quoi faire bien des heureux avec tout le bonheur qui se perd dans ce monde. — Tel ne montre quelque dignité que parce qu'il craint de se dégrader sans profit. — Ceux qui connaissent les hommes savent que le regret de n'avoir pas fait une mauvaise action profitable est bien plus commun que le remords. — La plus commune des inconséquences est de ne pas vouloir les moyens de ce que l'on veut. — En général, on ne fait pas une assez grande part à la sottise dans les combinaisons de la prévoyance. — Voulez-vous savoir ce qui fait les bons ménages ? La conformité des goûts et des humeurs, sans doute. Erreur : les sens dans la jeunesse, l'habitude dans l'âge mûr, le besoin réciproque dans la vieillesse. — Celui qui promet, de bonne foi, un éternel amour, et celui qui croit à de pareils serments, sont également dupes, l'un de son cœur, l'autre de sa vanité. — Tout ce que les femmes peuvent raisonnablement promettre, c'est de ne pas chercher les occasions. »

ments séditieux. Mais quand les révolutions arrivent, les causes sont plus profondes, et ce ne sont plus ceux qui administrent, c'est le législateur qu'il faut accuser.

» Au sortir des révolutions, la lassitude est le premier sentiment que les peuples éprouvent; le repos est le besoin de tous; aussi les obstacles que le nouveau gouvernement rencontre pour s'établir viennent-ils communément, moins de l'opposition des gouvernés, que du défaut d'habileté de ceux qui gouvernent.

» Un roi absolu est un mal : qui en doute? Mais le gouvernement populaire n'est autre chose que l'assemblage de plusieurs rois absolus : donc la monarchie absolue vaut encore mieux que le règne de la populace.

» Le prince habile dans l'art de gouverner les hommes se sert de leurs défauts pour réprimer leurs vices.

» La tyrannie ne doit pas plus dégoûter de la monarchie, que l'anarchie ne doit dégoûter de la république. Quelle que soit la forme du gouvernement, l'existence du corps politique est, comme la vie humaine, exposée à mille dangers. »

On voit, par ces réflexions, que le duc de Lévis avait profité des leçons de son maître, Sénac de Meilhan. Il appartient à cette classe d'esprits juste-milieu, que leur bon sens empêche de verser à droite ou à gauche, qui ignorent et les chutes profondes, et les ascensions sublimes dans la région des éclairs. Ils n'ont pas le secret des mots puissants, mais, comme le remarque Sainte-Beuve, ils nous servent la petite monnaie blanche de Montaigne, du Saint-Évremond sans afféterie, du Nivernais[1] excellent.

1. C'est encore un amateur en tous genres que le duc de Nivernais, le gentilhomme lettré par excellence, un des grands charmeurs du xviii° siècle, un de ceux qui connurent le mieux l'art de

vivre avec les autres et avec soi-même, que lord Chesterfield recommandait à son fils de prendre pour exemple : « Lorsque vous voyez qu'un homme est universellement reconnu pour agréable, bien élevé, aimable, en un mot pour un parfait gentilhomme, tel, par exemple, que le duc de Nivernais, examinez-le, suivez-le avec soin, remarquez de quel air il s'adresse à ses supérieurs, sur quel ton il est avec ses égaux, et comment il traite ses inférieurs. Voyez le tour de sa conversation dans les diverses occasions, soit aux visites du matin, soit à table, ou enfin aux amusements du soir. Imitez-le sans le contrefaire et soyez son ombre sans être son singe... » Madame Geoffrin, qui avait ses parties de fausse bonne femme, lançait sur lui cette boutade que lui avait probablement soufflée un de ses fournisseurs d'esprit : « Il est manqué de partout : guerrier manqué, ambassadeur manqué, homme d'affaires manqué et auteur manqué. — Non, répondait Horace Walpole il n'est pas homme de naissance manqué. » Comme écrivain, Sainte-Beuve le place au *sommet du médiocre*, mais dans le le monde, à l'Académie, le *médiocre* de *l'ami de madame de Rochefort* charmait davantage que le *bon* d'un autre. Pourquoi ? Parce qu'à un degré supérieur, il possède la politesse des mœurs, le tact, l'art précieux de tirer le meilleur parti de qualités secondaires, et cette coquetterie d'esprit qui plaît à tous. Parmi deux cent cinquante fables qu'il composa, je n'en vois pas une qu'on puisse citer comme parfaite, et ce qui semble le meilleur de lui, c'est encore, avec quelques chansons, des petits vers à madame de Mirepoix, à mademoiselle de Sivry, l'*Instruction sur l'état de courtisan*, ces couplets à une jolie Janséniste.

> Pour mes tendres réflexions
> Quelle heureuse fortune
> Si de cinq propositions
> Vous en acceptez une !

Cependant, tel est son prestige que Boufflers lui adresse ce quatrain chargé d'annoncer des moutons destinés à son parc de Saint-Ouen :

> Petits moutons, votre fortune est faite :
> Pour vous ce pré vaut le sacré vallon.
> N'enviez pas l'heureux troupeau d'Admète,
> Car vous paissez sous les yeux d'Apollon.

C'est là, qu'afin de gêner le moins possible les oiseaux dans leur liberté, il avait fait entourer en fil de fer un bosquet tout entier

II. — LE DUC DE BRANCAS-LAURAGUAIS[1]

Voici un des plus grands originaux[2] de son temps, enfant terrible de la noblesse, incapable de se plier à une discipline quelconque, mauvais mari, fidèle amant, fort épris des nouveautés de tout genre, disciple de

qui lui servait de cabinet de travail. En 1790, on disait devant l'abbé Barthélemy : « M. de Nivernais perd ses titres. — Oui, répondit-il, il n'est plus duc à la cour, mais il l'est toujours au Parnasse. » François de Neufchâteau compare son salon à celui de l'hôtel de Rambouillet : « On aurait dit, ajoute-t-il, que sa devise était celle de l'oranger, toujours chargé en même temps de feuilles, de fruits et de fleurs. » — Il supporte vaillamment et spirituellement les *incartades* de la Révolution à son égard : ni la prison, ni la ruine, ni le dépouillement complet ne troublent ce gracieux stoïque, qui se délassait de la captivité en traduisant le poème de *Richardet*, de Forteguerri, près de trente mille vers. S'il n'est pas duc au Parnasse, il est duc en philosophie, en vertu, en grandeur d'âme. Il s'éteignit à l'âge de quatre-vingt-deux ans, le 25 février 1798. N'est-il pas vrai que des hommes comme Nivernais meurent quelquefois, mais ne vieillissent jamais, et que leurs contemporains ont bien raison de les mettre sur le pavois, car ils inspirent des sentiments plus rares peut-être que l'admiration : la sympathie, la joie de vivre et l'optimisme? (*Œuvres de Nivernais*, 10 vol. — *Éloge de Nivernais*, par François de Neufchâteau et Dupin, 26 août 1807 et 21 janvier 1810. — Sainte-Beuve, *Causeries du Lundi*, t. XIII.)

1. Né en 1733, mort en 1824. — *Lettres de Lauraguais à madame la duchesse d'Ursel*, an X. — Voy. Grimm, *Correspondance*. — Michaud, *Biographie universelle*. — Arsène Houssaye, *Galerie du XVIIIᵉ siècle*.

2. Un autre original, c'est ce Martin, surnommé le Cynique, homme sans naissance, sans fortune, sans place, sans talent, qui, grâce à un goût exquis en littérature et en musique, était devenu l'oracle de tous les amateurs de spectacles. Sévère jusqu'à la rudesse, mais toujours impartial, il était la terreur des artistes médiocres, refusait toutes les invitations et gardait son franc-

Locke, associé par d'heureuses expériences aux plus illustres chimistes du siècle, Rouelle, Darcet et Lavoisier, auteur d'une tragédie de Jocaste, dont on dit que ce qu'elle présentait de plus clair, c'était l'énigme du sphinx, caractère généreux et magnifique, esprit hardi, parler avec les princes aussi bien qu'avec les simples mortels. Au café Foy, on s'empressait naturellement autour d'un homme qui d'un mot pouvait faire une réputation : « Vous étiez hier à la pièce nouvelle, demandait l'un. On dit que vous avez paru content ? — Oui, quand on a baissé le rideau, répondait-il brusquement. — Vous ne pensez donc pas que cela aille loin ? — Quatre représentations, salle vide. » Et l'arrêt était porté, et rarement le public cassait la décision. — Il était très fort aux échecs; un jour, à propos d'un coup douteux, la galerie l'appelle afin de trancher le débat; un des adversaires croit devoir entr'ouvrir négligemment sa redingote pour laisser voir un cordon bleu. La chose expliquée, M. Martin prononce ces seuls mots : « Vous avez tort, monsieur le duc, reboutonnez-vous. » — Le comte de Clermont d'Amboise, en grande tenue, couvert d'ordres, attendait qu'on vînt lui ouvrir l'orchestre des Français; apercevant M. Martin, il court à lui : « Êtes-vous l'ouvreur, mon cher, demanda-t-il? — Non, et vous? » Un prince du sang, dont il n'avait pas voulu accepter une pension, s'intéressait à une débutante et vantait sa voix : « Cela tient, selon toute apparence, à ce que monseigneur n'a point l'oreille juste, réplique Martin. — Elle est jolie comme les amours. — Il est vrai, mais elle a les cordes hautes détestables. — Enfin, mon cher Martin, je voudrais lui être utile, et j'ai compté sur vous afin de savoir ce que je puis faire pour elle. — Que Votre Altesse lui fasse la rente qu'elle a eu la bonté de m'offrir et la retire du théâtre, car je veux perdre mon nom, si jamais elle parvient à corriger ses cordes hautes. » — Le prince n'insista plus.

La Harpe avait fait contre Dorat une épigramme que celui-ci attribua à Voltaire; quand le véritable auteur fut connu, Martin dit assez gaiement : « Dorat avait pris cela pour un arrêt, et ce n'était qu'une sentence. »

Un matin qu'il déjeunait dans un autre café que le café de Foy, il trouve le chocolat mauvais, en fait la remarque à la limonadière,

curieux, prompt à l'épigramme[1], emprisonné quatre fois, exilé cinq fois pour ses brochures contre les édits de 1766 et 1770, aimant de la liberté jusqu'à ses chimères et frondeur éternel des gouvernements qu'il préfère aussi bien que de ceux qu'il déteste. C'est au retour d'un de ces exils que Louis XV lui demanda : « Qu'avez-vous fait en Angleterre, monsieur de Lauraguais? — Sire, j'ai appris à *penser*. — Les chevaux? » reprit brusquement le roi, et il lui tourna le dos.

Sa liaison avec Sophie Arnould est restée célèbre. Quatre ans de constance réciproque, cela paraissait extraordinaire à une époque où l'on ne se piquait guère d'un tel sentiment, où mademoiselle de Lespinasse se lamentait d'avoir perdu la seule vertu qui lui restât, la vertu de la fidélité. Sophie Arnould s'ennuya la première :

personne fort laide, qui répond que tous ses habitués le déclarent excellent. « Ils vous trouvent peut-être jolie aussi ? » dit Martin, et il sortit.

Ce raffiné de lettres et de musique détesta la Révolution, qui le troublait dans ses habitudes et ses goûts. « Vous verrez, vous verrez, disait-il, jusqu'où cela peut nous conduire. On fermerait un jour les théâtres que je n'en serais pas surpris. — Vendez vos rentes, conseillait-il en 90 à Grétry, tâchons que ces gens-là n'aient plus rien à nous prendre que nos têtes. » C'est alors aussi qu'il dit à Ducis ce mot, répété maintes fois depuis : « *Je vis par curiosité.* » Il voulait savoir combien de temps les Français pourraient tenir à ce régime-là. — Il avait vendu ses 1800 livres de rentes dont le capital était déposé dans un coffre. Tous les premiers de janvier, il prenait dans ce coffre de quoi vivre pendant un an, et, comme s'il avait fait son compte avec la mort, il ne laissa tout juste que la somme nécessaire à son enterrement. (Voy. les *Souvenirs de madame de Bawr*.)

1. N'allant plus chez madame de Beauharnais où on dînait mal, mais en revanche où on médisait beaucoup : « Je suis las, disait-il, de manger mon prochain sur du pain sec. »

pendant une absence du comte, elle se décide à rompre, fait atteler le carrosse, y met ses bijoux, ses dentelles, ses lettres, puis, appelant ses femmes : « Qu'on m'apporte les deux enfants du comte; ils sont bien à lui. » Elle les embrasse. « Tiens, dit-elle à son laquais, porte ces enfants dans le carrosse et mène-les à madame de Lauraguais. » La comtesse accepta les enfants et renvoya les bijoux.

La séparation fit grand bruit, le raccommodement en fit davantage. « Ah! cruelle, dit le comte au retour d'un voyage, vous avez voyagé plus loin que moi. — Pierre qui roule n'amasse pas de mousse, répondit-elle; mais, hélas! mon cœur a amassé bien de l'ennui. Le prince d'Hénin me fera mourir avec ses madrigaux, ses bouquets et ses écus; c'est une vraie pluie d'amour. — Attendez, je vais vous débarrasser de lui! » — Le même jour, il adresse la question suivante à la Faculté de médecine : « Messieurs de la Faculté sont priés de donner en bonne forme leur avis sur toutes les suites possibles de l'ennui sur le corps humain, et jusqu'à quel point la santé peut en être altérée. » La Faculté répond que l'ennui peut rendre les digestions difficiles, empêcher la libre circulation, donner des vapeurs, et même à la longue, produire le marasme et la mort. Muni de cette pièce, Lauraguais va chez un commissaire, le contraint à recevoir sa plainte, par laquelle il se porte dénonciateur envers le prince d'Hénin, comme homicide de Sophie Arnoult, depuis cinq mois qu'il n'a bougé de chez elle. « Je requiers, en conséquence, qu'il soit enjoint au prince de s'abstenir de toute visite chez la chanteuse, jusqu'à ce qu'elle soit hors de la maladie d'ennui dont elle est atteinte, maladie qui la tuerait selon la décision de la Faculté, ce qui serait un malheur public et un malheur privé ». « Voilà ! remarque Grimm, une folie bien neuve, bien originale, qui au moins ne fait de mal à personne. »

S'il se ruinait avec des comédiennes, il n'hésitait pas à prodiguer l'argent pour des expériences scientifiques, pour la réforme de certains abus. Depuis un temps immémorial, les élégants envahissaient la scène du Théâtre-Français, affectant de parler plus haut que les acteurs, de braver les spectateurs : par le payement d'une indemnité considérable aux sociétaires, Lauraguais fit cesser cet usage absurde. Voltaire lui dédia sa comédie de *l'Écossaise* et le remercia en termes magnifiques du service qu'il rendait à l'art dramatique; lui-même disait plaisamment à ce propos : « Je suis le marguillier de cette paroisse. »

Il fut toujours hanté du démon de la saillie, du besoin de lancer son mot sur les événements politiques et littéraires. « On aurait cru voir le monde au lendemain de la création, » disait-il en 1789. Pendant une discussion sur la question de savoir si l'élection des députés se ferait par les trois ordres réunis ou séparés, il interpella Duval d'Espréménil qui commençait à se déclarer pour le maintien des privilèges : « Eh ! monsieur Duval, je ne vous empêche pas d'être noble; ne m'empêchez pas d'être bourgeois de Paris. »

Il disait un jour, en revenant du Palais Royal, qu'il y avait rencontré l'archichancelier Cambacérès qui *s'archipromenait*. Assistant au spectacle dans les derniers jours de l'Empire, il murmure, en entendant jouer l'air *la Victoire est à nous :* « C'était là autrefois un bulletin de triomphe. Aujourd'hui ce n'est plus qu'un billet d'enterrement. »

On a beaucoup ri, en 1815, de la réponse qu'il fit à un appel de la Chambre des pairs, lorsque l'huissier, après avoir prononcé son nom, ajouta : « Il n'est pas encore arrivé. » Lauraguais qui entrait à l'instant, s'écria : « Il est arrivé, mais il n'est pas parvenu. »

Au commencement de la Restauration, il réclama contre la mesure qui ordonnait de faire prendre des lettres d'investiture par tous les pairs, tant anciens que nouveaux : « Nous offrir de nouvelles lettres de pairie, écrivait-il, c'est proposer le baptême aux gens qui ont reçu l'extrême-onction. Cette proposition nous pouvait être faite par un enfant de chœur, peut-être par le sacristain de la paroisse, mais assurément point par son curé. » Ainsi, malgré son humeur frondeuse et son libéralisme, il n'abdique pas les sentiments, ou, si l'on veut, les préjugés de sa naissance et de son rang.

Dans ses lettres à madame d'Ursel, Lauraguais rapporte une très curieuse conversation avec Chamfort, qu'il crayonne tout d'abord avec finesse : « Il n'avait rien de naturel que beaucoup d'esprit; encore paraissait-il naturel, parce qu'au lieu d'être apprêté, il était impétueux et rapide; c'était le dard du serpent et quelquefois sa blessure. Sans la délicatesse et la singularité de son esprit, il eût été peut-être sans goût, parce qu'il était irascible et manquait d'une vraie sensibilité. Enfin, sans l'art qu'il avait acquis à force de travail, on se fût aperçu trop tôt qu'il était né sans talent. Avec tout cela, on ne pouvait guère être plus spirituel, et surtout avoir une conversation plus saillante, soit par ce qui lui passait par la tête, soit par la tournure qui lui était familière, et qui répandait tantôt de la lumière sur des choses obscures et les rendait brillantes, tantôt une sorte d'obscurité sur les choses les plus claires et leur donnait un air de profondeur. »

Chamfort va trouver Lauraguais et lui annonce cette nouvelle : « J'ai fait un ouvrage. — Comment, un livre? — Non pas un livre, je ne suis pas si bête, mais peut-être le meilleur ouvrage qu'on puisse faire dans ce temps, qui fait parler chacun et ne laisse à personne celui de méditer. — Il doit être curieux. — Il doit être utile; car il mettra dans les mains de tout le monde ce qui est dans la bouche de beaucoup de gens, et peut former ainsi l'opinion générale. — Voyons donc le titre de cet ouvrage. — Vous verrez que ce titre est l'ouvrage lui-même, car il contient tout son esprit : aussi en ai-je fait déjà présent à mon puritain Sieyès... Le voici : *Qu'est-ce que le tiers état? Tout. Qu'a-t-il? Rien.* Trouvez-vous là des longueurs? Qu'en pensez-vous? — Qu'en effet il n'est pas possible, en moins de paroles, d'annoncer ou de promettre plus de sottises. — Parbleu, s'il en était ainsi, j'aurais fait un beau présent à mon ami Sieyès. — Et que diriez-vous s'il faisait sa fortune? — Peste! Vous me mettez martel en tête! Ne disiez-vous pas que ce titre qui m'a paru piquant n'annonçait rien de vrai? Prouvez-le-moi vite... — Eh bien, lui dis-je, au lieu de soutenir que le tiers est tout, quoiqu'il n'ait rien, je pense que vous conviendrez qu'il est tout, parce qu'il a tout. La magistrature lui appartient absolument, depuis l'avocat jusqu'au chancelier, et cette longue chaîne embrasse même les ministres secrétaires d'État,

car, pour avoir ces places, il faut être reçu avocat... »
Puis Lauraguais rappelle que le tiers a les intendants, les
maîtres des requêtes, les subdélégués, tout le commerce,
toute la finance, les dignités de l'Église, la littérature...

« De sorte, dit Chamfort en riant de bon cœur, que le
pauvre tiers joignait seulement la puissance de l'autorité
et celle des richesses à l'empire des lumières. Parbleu!
j'aurais donné une belle besogne à faire à l'abbé; j'espère qu'on se moquera bien de lui. — Cela n'est pas sûr,
car ce tiers état, si distingué, à tant d'égards, du peuple,
se confond maintenant avec lui, jusqu'à ce qu'il s'en
sépare encore. Le temps des rieurs est passé, celui des
furieux arrive; il y a longtemps que l'anarchie est préparée... — Nous n'avons plus que la Bastille de barbare,
nous verrons si Sieyès vient à bout de la démolir. — Et
que diriez-vous s'il parvenait même à nous en jeter les
pierres à la tête? — Pauvres diables que nous sommes!
s'écria Chamfort, serait-il donc vrai que nous ne pourrions
éviter le danger d'y être enfermés, sans courir le risque
d'en être écrasés ?... — Et que diriez-vous, repris-je, si
la révolution future[1], avec d'autres effets que les précédentes, avait la même cause? La philosophie, dont on
parlera beaucoup, n'y sera pour rien, et l'amour-propre
dont on ne dira mot, fera tout. Depuis François Ier, le

1. Le 22 avril 1787, Lauraguais écrit au roi : « Le seul moyen
d'éviter une révolution quelconque est d'en faire une. Le sel
moyen d'empêcher une destruction totale est de passer à la constitution d'Angleterre... Il faut en prendre la constitution comme
nous y avons pris l'inoculation... « Il n'aime pas plus le despotisme
populaire que le despotisme royal : « Que m'importe que l'hydre
n'ait qu'une tête ou cent mille, si une tête ou cent mille sont
armées du même nombre de dents?... »

monde a voulu entrer à la cour ; ensuite, la ville a voulu entrer dans le monde : eh bien, le public à présent veut entrer partout. — A merveille, fit Chamfort, et pour entrer dans des édifices trop peu vastes pour le contenir, il en brisera les portes, les fenêtres, les murailles ; mais il aura beau faire ; le lieu dont il se sera emparé ne sera plus la même place ; et l'on pourra écrire, sous les pieds des Troyens et sur la terre natale qu'ils fouleront : *Hic campos, ubi Troja fuit*. Que de sottises l'abbé Sieyès va écrire avec sa plume de fer et mal taillée ! — Consolez-vous ! Vous aurez peut-être fait sa fortune. — Comment ? — J'ignore ce qui arrivera ; mais vous lui avez donné le peuple à vendre au tiers état. — Je m'en pendrai, dit Chamfort. »

C'est Rivarol qui a formulé sur Lauraguais ce jugement pittoresque : « Ses idées ressemblent à des carreaux de vitres entassés dans le panier d'un vitrier ; claires une à une, et obscures toutes ensemble. » Le trait ne s'applique évidemment qu'aux écrits de cet homme singulier dont la conversation se distinguait au contraire par la richesse et la précision des souvenirs, la vigueur et la clarté de l'idée, par ce tour vif et primesautier qui s'empare de la pensée et y porte la lumière. La plume à la main, Lauraguais se ressentait d'avoir beaucoup étudié Locke ; dans un tournoi d'esprit il apparaissait comme un des meilleurs élèves de Voltaire.

III. — LE MARQUIS DE LA FAYETTE[1]

« J'ai connu, disait Frédéric II à La Fayette, un jeune homme qui, après avoir visité des contrées où régnaient la liberté et l'égalité, se mit en tête d'établir tout cela dans son pays. Savez-vous ce qui lui arriva? — Non, Sire. — Monsieur, il fut pendu. » La Fayette rit beaucoup de l'apologue, mais la leçon ne lui servit de rien. Il appartenait, en effet, à cette race de fanatiques décents que la puissance morale d'une idée fixe enchaîne et immobilise dans un symbole inflexible, que l'expérience entame à la surface seulement sans leur enlever une parcelle du dogme auquel ils ont voué leur existence, et qui, regardant les dures réalités comme des ombres vaines, ne voyant jamais l'homme individuel, l'homme du moraliste, mais l'homme des droits, l'homme abstrait, sorte d'entité métaphysique et nuageuse, se transmettent d'âge en âge le flambeau des chimères. Son admirable femme lui répondait ce mot si vrai, un jour qu'il se défendait d'être incrédule : « Oh! non! Vous être fayettiste. » Mettez maintenant dans de tels personnages une grande fermeté d'âme, un fonds de droiture et de vaillance inépuisables, l'amour de l'estime, de la *délicieuse sensation du*

---

1. Né en 1757, mort en 1834. — *Mémoires de La Fayette*, 6 vol. — Regnault Warin, *Mémoires pour servir à l'histoire de La Fayette*, 1824, 2 vol. — Levasseur, *La Fayette en Amérique*, 2 vol. — Chateauneuf, *le général La Fayette*, in-8, 1831. — Sarrans jeune, *La Fayette et la révolution de 1830*, 1834, 2 vol. — Sainte-Beuve, *Portraits littéraires*, t. II. — Michaud, *Biographie universelle*. — De Loménie, *Galerie des contemporains illustres*, t. V. — Saint-Marc Girardin, *Essais de littérature*, t. Ier.

sourire de la multitude, le besoin de l'approbation, vous aurez des héros, des paladins, des enivreurs de foules, d'autant plus dangereux qu'ils se présentent auréolés du prestige de l'esprit, de leurs belles actions, d'une réputation sans tache, qu'ils proposent des absurdités charmantes assorties aux plus nobles sentiments et promettent tout d'abord le paradis à leurs fidèles. « M. de La Fayette et moi, disait Charles X, nous sommes les seuls qui n'ayons pas changé depuis 1789 », et madame de Staël écrivait : « Qui l'avait observé pouvait savoir d'avance avec certitude ce qu'il ferait dans toute occasion. » Bel éloge assurément de l'honnête homme, du chevaleresque parrain des républiques américaines, du prisonnier d'Olmütz, mais condamnation formelle de l'utopiste qui voulait que le dauphin commençât son histoire de France à l'année 1789, de l'inventeur de la garde nationale que ses amis américains jugeaient trop démocrate pour son pays, du conspirateur incorrigible sous la Restauration[1], du brouillon récidiviste ivre de popularité, poursuivant jusqu'au bout la chimère de la monarchie républicaine, une *royauté quelconque,* selon sa propre expression.

Nul, peut-être, ne commit plus de sottises en politique ; nul, peut-être, n'eut plus d'esprit dans le danger, de grâce héroïque dans l'adversité. Un jour qu'il luttait

---

1. « Le duc de Laval, parlant des bonnes fortunes de La Fayette dans sa jeunesse, disait en bégayant et de l'air le plus sérieux : « M. de La Fayette a eu madame de Simiane et madame de Simiane, ce n'était pas chose facile ; ne l'avait pas qui voulait. Il paraissait faire plus de cas de lui pour cette conquête que pour toutes celles de 1789. » (Sainte-Beuve.) C'est madame de Simiane

vainement sur le perron de l'Hôtel-de-Ville pour arracher à la multitude un pauvre prêtre, il voit arriver son jeune fils que lui amenait un de ses amis. Saisissant l'occasion aux cheveux, le général se tourne d'un air gracieux vers cette populace frénétique : « Messieurs, j'ai l'honneur de vous présenter mon fils. » Et il profite d'un instant de surprise pour pousser l'abbé dans l'intérieur de l'hôtel et le mettre en sûreté. On sait qu'à la suite du massacre de Foulon et de Berthier, il donna sa démission, mais le peuple lui ayant promis plus d'obéissance à l'avenir, il consentit à la reprendre. Le charme n'était pas encore détruit; il crut qu'il l'était après le massacre de son ami le duc de La Rochefoucauld; mais il se pipait lui-même, son cœur devait toujours déborder dans son cerveau.

La veille même du voyage de Varennes, La Fayette déclarait à Bailly que les issues des Tuileries étaient tellement gardées qu'une souris n'en pourrait sortir. Le lendemain, Danton demandait aux Jacobins la tête du général qui, d'un mot, apaisa la foule : « Eh bien, de quoi vous plaignez-vous ? Chaque citoyen gagne vingt sous de rente par la suppression de la liste civile. » Quelqu'un lui ayant crié de prendre la place du fugitif, il répondit par un geste et un sarcasme dédaigneux qui reconquirent sa popularité.

---

qui, après une représentation orageuse de la Comédie-Française, envoyait une pomme au général avec ce mot : « Voici, mon cher général, le premier fruit de la Révolution qui soit venu jusqu'à moi. » Elle lui disait aussi : « Les gens très supérieurs dans votre parti le sont aux nôtres; les gens médiocres aussi; mais notre canaille vaut décidément mieux que la vôtre. »

Un solliciteur se prévalait auprès de lui de ses titres de noblesse. « Monsieur, dit-il, cela n'est pas un obstacle. » Voilà son genre d'esprit, toujours au service d'une action ou d'une idée [1], servant d'accessoire, en quelque sorte de toile de fond.

Ses manières envers la reine sont de l'ancienne cour, ses paroles [2] sont de la nouvelle constitution, et son attitude irrite la fille de Marie-Thérèse au point de dire : « M. de La Fayette est sensible pour tout le monde, excepté pour les rois. » Lui, qui ne l'aimait guère non plus, écrit en 1791 : « La reine songe à être belle dans le danger plutôt qu'à le détourner. » Marie-Antoinette se trompait. La Fayette est sensible pour le roi dans les limites de la constitution de 1791 ; mais les femmes ne goûtent que l'absolu.

Pendant ses cinq ans de captivité à Magdebourg, Neisse, Olmütz, La Fayette, par sa patience inébranlable, la trempe exquise de son âme ardente et forte, présente une figure morale d'une beauté achevée. Rebelle à toute concession, il oppose à ses geôliers un dédain persévérant, aiguisé de cette pointe d'ironie aristocratique et de fière gaieté qui ne l'abandonne jamais. Les lettres à

---

1. « M. de La Fayette avait de l'esprit de quoi défrayer trois ou quatre méchants de la première volée ; seulement il était bon... Je m'étais fait l'idée d'un déclamateur sentimental, d'un patriote à grandes phrases ; je trouvai un causeur spirituel plutôt qu'un orateur... et qui, lorsqu'il parlait, parlait pour agir... Sa parole était de l'école de Voltaire. » (Saint-Marc Girardin.)

2. Royer-Collard, faisant allusion à l'affaire Mangin, dit à La Fayette en 1832 : « Vous avez été indignement calomnié par M. Mangin. — J'ai été *outragé*, répondit le général, mais non *calomnié*. — En ce cas, vous avez été *impuni*. »

madame d'Hénin, écrites avec de la suie et un cure-dents, sont légères, sémillantes et gracieusement attendries. Quand on l'invite à donner des conseils contre la France, s'il veut voir s'adoucir son sort : « Le roi de Prusse est bien impertinent, » répondit-il. Lorsque, au sortir de la prison de Magdebourg, on lui confisque *l'Esprit* d'Helvétius, et *le Sens commun*, de Payne, il demande si le gouvernement les regarde comme des objets de contrebande. Lui enlève-t-on couteaux et fourchettes, il observe, en riant, « qu'il n'est pas assez prévenant pour se tuer lui-même », et il mange tranquillement avec ses doigts, en observant qu'il a vu les Iroquois en faire autant. « Quoiqu'on m'ait ôté avec une singulière affectation quelques-uns des moyens de me tuer, je ne compte pas profiter de ceux qui me restent, et je défendrai ma propre constitution aussi constamment, mais vraisemblablement avec aussi peu de succès, que la constitution nationale. » Il a le stoïcisme aimable, il est un martyr de bonne compagnie, et s'il pousse à l'excès ce que madame de Tessé appelle la *faiblesse d'une grande passion*, on ne saurait lui en vouloir de penser que sa retraite « affiche et entretient l'idée que la liberté n'est pas abandonnée sans exception et sans retour[1] ». — Comment s'étonnerait-il d'être à Olmütz au moment où les partisans de la liberté sont partout proscrits ? — Souffrant et persécuté, il pense aux paysans de son village et les prie de rester bons patriotes. « Les abus de

---

1. C'est un sentiment à peu près semblable qui dictait un mot de romaine à madame Périer, à laquelle sa belle-sœur apprenait que leurs maris venaient d'être emprisonnés le 2 décembre 1851 : « Où voudrais-tu donc qu'ils fussent ? »

l'ancien régime, dit-il, étaient bien plus multipliés et la Révolution n'en a pas été moins faite pour le bonheur du peuple. »

Il se dérobe aux avances de Bonaparte, refuse la dignité de sénateur, la légation des États-Unis, s'applique à se conserver comme un exemplaire de la pure doctrine de la liberté, « exemplaire précieux et à peu près unique, sans tache et sans *errata*, avec le *Victrix causa diis placuit* pour épigraphe ». D'ailleurs le génie de Napoléon lui plaît; il l'admire sans l'envier; comme il porte en lui une ambition qu'il croyait plus haute et plus noble, il lui parle d'égal à égal. Napoléon avait deviné que le meilleur moyen de l'empêcher de faire de l'opposition en plein vent était de lui permettre l'opposition du tête-à-tête. Un jour il l'entretenait de ce qu'il faisait pour le clergé. « Je l'interrompis pour lui dire en riant : — « Avouez que cela n'a d'autre objet que de casser la » petite fiole (le sacre). — Vous vous moquez de la petite fiole, et moi aussi, répondit-il, mais, croyez qu'il nous importe au dehors et au dedans de faire déclarer le pape et tous ces gens-là contre la légitimité des Bourbons. » Une autre fois, le premier consul voulut le faire parler sur ses campagnes d'Amérique et tenter ainsi sa vanité : « Ce furent, dit-il en coupant court, les plus grands intérêts de l'univers décidés par des rencontres de patrouilles. » Son esprit était moins en garde contre un autre genre de flatterie, quand le grand enjôleur lui rappelait la haine qu'il inspirait aux rois et à l'aristocratie européenne, et la naïveté incurable du maître des cérémonies de la Révolution reparaissait entière lorsqu'il répétait à Bonaparte : « Un gouvernement libre et

» vous à la tête, voilà ce qu'il me faut. » La liberté, l'ordre et la gloire réunis, quel rêve de perfection idéale ! La Fayette était à demi conquis; il avouait qu'il prenait à ces conversations de Bonaparte plus de goût qu'on ne devrait en avoir pour un despote : elles durèrent trois ans, jusqu'au consulat à vie; alors il se retira dans sa terre de la Grange et se renferma dans un système de désapprobation tacite et inoffensive. Mais Bonaparte ne le perdit pas de l'œil un instant : « Tout le monde est corrigé, disait-il, il n'y a qu'un seul homme qui ne le soit pas, La Fayette ! Il n'a jamais reculé d'une ligne. Vous le croyez tranquille; eh bien, je vous dis, moi, qu'il est tout prêt à recommencer. » — « Le silence de ma retraite, écrivait La Fayette, est le maximum de ma déférence : je suis comme cet enfant qui s'obstinait à ne pas dire A, de peur qu'on ne l'obligeât ensuite à dire B. » Avec Bonaparte, il fallait aller jusqu'au bout de l'alphabet[1].

On sait qu'il usa jusqu'au bout son influence à empêcher la royauté de vivre et la République de renverser la royauté; que l'émeute trouvait toujours en lui un censeur à l'eau de rose, tandis qu'il réservait toutes ses sévérités pour les gouvernements; qu'il prétendit jouer le rôle de maire du palais de Louis-Philippe, garder

---

1. « Bonaparte, écrit La Fayette, a réuni au plus haut degré quatre facultés essentielles : calculer, préparer, hasarder et attendre... Il me disait : « Les adversaires de la Révolution n'ont » rien à me reprocher, je suis pour eux un Solon qui a fait fortune ». (*Mémoires de La Fayette*, t. V.) J'avais de l'attrait pour Bonaparte : j'avoue même que, dans mon aversion de la tyrannie, je suis moins choqué encore de la soumission de tous que de l'usurpation d'un seul. »

l'attitude d'un citoyen roi en face d'un roi citoyen, demeurer sous la monarchie de Juillet une sorte de lord-protecteur, de Polignac populaire, et comment fut déjouée cette prétention. Souscrirons-nous maintenant au jugement de Rivarol qui l'accuse de n'avoir renversé une cour que pour ramper devant les rues, de l'empereur, de Chateaubriand, qui ne voient en lui « qu'un niais sans talents civils ni militaires, un esprit borné auquel l'aveuglement tenait lieu de génie ». Ceux-là ont frappé trop violemment, et n'ont vu qu'un des côtés du personnage. Mais comment ne point approuver cette foudroyante apostrophe de M. de Serre : « Il a dû éprouver plusieurs fois, il a dû sentir, la mort dans l'âme et la rougeur au front, qu'après avoir ébranlé les masses populaires, non seulement on ne peut pas toujours les arrêter quand elles courent au crime, mais qu'on est souvent forcé de les suivre, quelquefois de les conduire! » Henri Heine compare La Fayette à ce gouverneur qui accompagnait son élève dans les maisons de prostitution pour qu'il ne s'y enivrât pas, puis au cabaret pour qu'au moins il ne perdît pas son argent au jeu, et le suivait enfin dans les maisons de jeu pour prévenir les duels qui pouvaient s'ensuivre, mais si le duel arrivait inévitable, le bon vieillard lui-même servait alors de second. La Fayette fut ce débonnaire gouverneur du peuple; *prêtant à celui-ci ses propres vertus,* toujours disposé à s'embarquer pour l'inconnu, à quérir un grand peut-être, oubliant dans son amour brûlant et stérile pour la liberté abstraite les libertés pratiques, contrôlées, garanties, serviteur maladroit de cette maîtresse impérieuse, compromettant ses principes par son zèle même à la défendre, cœur généreux[1], politique plus que médiocre. Rien ne le caractérise mieux que cette parole profonde d'un député à propos de la constitution de 1791 : « Maintenant que nous avons fait des lois pour une nation, il faut s'occuper de faire une nation pour ces lois. » Mais quand donc les utopistes se sont-ils préoccupés d'instituer des lois appropriées au tempérament de leur nation ?

IV. — LE COMTE DE NARBONNE[2]

Un grand seigneur lettré et érudit, ayant appris l'histoire diplomatique avec MM. de Rayneval et de Rulhière[3], fréquenté Barthélemy, Saint-Lambert, Chamfort, Males-

---

1. Madame Récamier rendait hommage à la bonté de La Fayette : « Je suis persuadée, dit-elle, que M. de La Fayette n'a jamais désiré une tête. — Jamais, appuya Béranger; ce n'est pas qu'il n'eût peut-être bien besoin d'en avoir une. »

2. Né en 1775, mort en 1813. — Villemain, *Souvenirs contemporains, M. de Narbonne*. — Sainte-Beuve, *Causeries du Lundi*, t. VI, VIII, X, XI.

3. Rayneval, premier commis aux affaires étrangères pendant vingt ans, la meilleure mémoire et le meilleur jugement de publiciste qu'il y eût alors. Rulhière, ancien secrétaire du baron de Breteuil à Saint-Pétersbourg, confident du maréchal de Richelieu, poëte de la duchesse d'Egmont, secrétaire de Monsieur, écrivain spirituel, savant et habile, narrateur fort redouté de Catherine II, que Sainte-Beuve compare à Rivarol et Chamfort, mais plus diplomatique et plus enveloppé, observateur très subtil, « cherchant partout des sujets d'épigrammes, de comédie, d'histoire et s'y appliquant ensuite sous main, à loisir, avec lenteur, sans s'exposer au public, en se bornant à captiver la société de son temps, et en se ménageant une perspective lointaine vers la postérité ». « M. de Rulhière, dit madame Necker, laissait percer dans sa conversation une nuance de son état d'historien, qui

herbes, Turgot, plus patriote qu'homme de cour, gardant pendant l'exil une dignité d'attitude admirable, indépendant de son parti, supérieur à ses propres souffrances comme à sa fortune, heureux dans sa studieuse retraite de 1800 à 1809 au milieu de ses livres, avec des amis tels que madame de Staël, le duc de Broglie, MM. de Tracy, de Jaucourt, âme délicate, dévouée, chevaleresque, aide de camp favori, ambassadeur et surtout conseiller sagace de

visait à la pédanterie; il mettait une trop grande importance à l'examen d'un petit fait et à toutes ses circonstances ; il ne voulait jamais voir l'opéra que derrière les coulisses. » Un jour, Dusaulx tout bouleversé vient lui faire part d'une lettre de rupture de Jean-Jacques, et demande conseil : « Ce que j'en pense? Peste! Voilà de bons, d'excellents matériaux pour ma comédie. » (La comédie du *Méfiant* qui ne vit jamais le jour.) Cependant Dusaulx insiste et veut répondre à Rousseau : « Gardez-vous-en bien, s'écrie Rulhière, vous le rendriez cent fois plus fou avec votre lettre à la Plutarque. Et puis, il est bon que vous sachiez qu'il n'a jamais plus de force que lorsqu'il a tort... Et, de bonne foi, qu'espérer d'un homme qui en est venu au point (la chose est certaine) de se méfier de son propre chien, et cela parce que les caresses de ce pauvre animal étaient, comme les vôtres, trop fréquentes, et qu'il y avait là-dessous quelque mystère caché?... » Et il détaille, sans doute en l'enjolivant, l'histoire des moineaux que Rousseau nourrissait chaque matin : « J'avais bien le droit, lui fait-il dire, de croire que nous fussions les meilleurs amis du monde! point du tout, ils ne valaient pas mieux que les hommes. Je veux les caresser, et voilà mes étourdis qui s'envolent comme si j'eusse été un oiseau de proie. Ils n'auront pas été, j'en suis sûr, à deux rues de ma maison, qu'ils auront dit pis que pendre de moi. » Rulhière, une fois en train, raconte comment il a pu se maintenir jusqu'ici auprès de Jean-Jacques. Ce n'est point en le flattant, mais plutôt en le brusquant, en lui demandant d'un air délibéré, quand il parle des méchants : « Est-ce que vous croyez aux méchants, vous? C'est avoir peur de son ombre. » Rulhière ne se contente pas d'être fin, il fait profession de finesse. Les regrets qu'il excita montrent assez qu'il ne faut pas prendre au pied de la lettre sa réputation

Napoléon, auquel il avait l'art de dire toute la vérité en la rendant supportable, « de faire épuiser le calice en sachant emmieller le fond comme les bords »; talent souple et fin, apte à tout, capable de rendre les plus grands services à son pays, bref un Ségur plus complet, un homme d'État auquel les circonstances n'ont donné que des heures au lieu d'années, auquel la fortune ne sembla octroyer ses faveurs capricieuses que pour les lui

de méchanceté. « Tout, écrit Sainte-Beuve, semble indiquer en lui l'honnête homme socialement parlant : « Les gens d'esprit », disait-il, « se permettent quelquefois des bons mots, mais il n'y a que les » sots qui fassent des méchancetés. » (Sainte-Beuve, *Causeries du Lundi*, t. IV.) Il avait fait construire dans son jardin une jolie fontaine que surmontait une statue de l'Amour. Un jour que madame d'Egmont l'y était venue visiter, il mit cette inscription au-dessous de la statue :

>Églé parut sur cette rive ;
>Une image de sa beauté
>Se réfléchit dans cette eau fugitive.
>L'image a fui, l'amour seul est resté.

Narbonne appelait M. de Rayneval le plus modeste des faiseurs habiles, et M. de Rulhière le plus sensé des beaux esprits. On attribue à celui-ci de fort malicieuses épigrammes, celle-ci, par exemple, sur madame du Deffand devenue aveugle :

>Elle y voyait dans son enfance :
>C'était alors la médisance.
>Elle a perdu son œil et gardé son génie :
>C'est à présent la calomnie.

Cette autre sur Villette :

>Ce jeune homme a beaucoup acquis,
>Beaucoup acquis, je vous assure :
>Car, en dépit de la nature
>Il s'est fait poëte et marquis.

Diderot, dans une lettre à Maigeon, fournit une preuve curieuse de la sagacité subtile et raffinée de Rulhière. Il avait pour maxime

retirer presque aussitôt; tel se présente à nous, d'après Villemain, le comte de Narbonne. Le portrait est-il flatté? Villemain a-t-il prêté de son éloquence à son héros? On pourrait le croire, si le témoignage de tous ceux qui ont connu Narbonne ne confirmait le jugement de son ancien secrétaire, si Talleyrand, Napoléon, Fontanes, bien d'autres, n'avaient rendu justice au chevalier d'honneur de Madame Adélaïde, au ministre de la guerre de 1792, au généreux défenseur de Louis XVI.

Droz, qui l'avait vu à l'œuvre à Besançon en 1790, alors qu'il était à la fois colonel de son régiment et commandant des gardes nationales du Doubs, exprimait son admiration de sa conduite : « Voyez-vous, disait-il plus tard, pour faire impunément et heureusement une grande révolution, il faudrait des hommes comme cela dans tous les postes difficiles : et où en trouver seulement deux ou trois? » Talleyrand, qui s'habituait aisément à la disgrâce de ses amis, comme à sa propre élévation,

---

que, dans une société, on peut avec un peu d'attention deviner la position, le caractère d'un nouveau-venu :

« Il en fit en ma présence l'application chez mademoiselle Dornais : il survint sur le soir un personnage qu'il ne connaissait pas; mais ce personnage ne parlait pas haut; il avait de l'aisance dans le maintien, de la pureté dans l'expression, et une politesse froide dans les manières. » « C'est, me dit-il à l'oreille, un homme
» qui tient à la cour. » Ensuite il remarqua qu'il avait presque toujours la main droite sur sa poitrine, les doigts fermés et les ongles en dehors : « Ah! ah! ajouta-t-il, c'est un exempt des gardes du
» corps, et il ne manque que sa baguette. » Peu de temps après, cet homme conte une petite histoire : « Nous étions quatre, dit-il,
» madame et monsieur tels, madame de... et moi » ; sur cela mon instituteur continua : « Me voilà entièrement au fait, mon homme
» est marié; la femme qu'il a placée la troisième est sûrement la
» sienne, et il m'a appris son nom en la nommant. »

avait le sentiment le plus vif des talents de Narbonne : « Il a plus d'esprit que moi, observait-il, mais il est moins sage. On l'accusait d'être léger, du temps de l'Assemblée législative ; ces propos-là sont une représaille des esprits lourds ; au fond il n'y a de léger en lui que sa conversation qui est charmante. Il est du reste très sérieux, trop sérieux même. Il s'attache, il se passionne, il a trop de zèle. S'il rentrait dans les affaires, il se dévouerait sans mesure, dans un temps où on n'est que trop porté à le faire et à en abuser... D'ailleurs il ne veut rien, n'a besoin de rien. Il aime l'étude : des livres, des amis, voilà tout. Il ne faut pas s'inquiéter pour lui, qui ne souffre ni ne s'inquiète pour lui-même. » On est toujours philosophe sur ce qui ne vous concerne pas et Talleyrand avait commencé par l'intime raillerie des choses.

Napoléon, bien qu'il reprochât parfois à Narbonne de rester *embabouiné* de libéralisme, prenait un vif plaisir à ses conversations, sollicitait sans cesse ses conseils, et ne songeait à rien moins qu'à lui confier l'éducation du roi de Rome. « On flatte trop autour de moi, s'écriait-il, j'en suis excédé. Le croiriez-vous? Pour n'être pas flatté même au bivouac, il m'a fallu prendre comme aide de camp un courtisan, homme d'esprit de la vieille cour... Narbonne sait par cœur les négociations de l'ancienne Europe, comme Bassano les débats de l'Assemblée constituante ; ce sont deux vieilleries qu'ils font valoir. » Et, plus tard à Sainte-Hélène : « Jusqu'à l'ambassade de M. de Narbonne à Vienne, nous avions été dupes de l'Autriche ; en moins de quinze jours, M. de Narbonne eut tout pénétré, et M. de Metternich se trouva fort gêné de cette nomination. »

L'encens de M. de Narbonne était fin et ne portait pas à la tête. Accueilli devant la cour par cette question : « Eh bien, que disent-ils de Bautzen ? Que disent-ils de Lutzen ? » il répond ingénieusement : « Ah ! Sire, les uns disent que vous êtes un Dieu, les autres que vous êtes un diable ; mais tout le monde convient que vous êtes plus qu'un homme. » La duchesse de Narbonne était demeurée fervente royaliste, l'empereur le sut et ne s'en fâcha pas trop : « Ah çà, mon cher Narbonne, il n'est pas bon pour mon service que vous voyiez trop souvent votre mère ; on m'assure qu'elle ne m'aime pas. — Il est vrai, Sire, elle en est restée à l'admiration. »

Dans l'intimité, il revenait volontiers sur ce goût de l'esprit chez Napoléon. « Mais, enfin, lui demandait-on, l'empereur a-t-il de l'esprit comme Voltaire ? — Ah ! non, il est trop souverain pour cela. — Comme César ? Taisez-vous, mon cher ; il n'a pas été si bien élevé. » Une autre fois, à propos d'une visite de Narbonne à l'École normale : « L'empereur, si puissant, si victorieux, n'est inquiet que d'une chose dans le monde ; des gens qui parlent, et à leur défaut des gens qui pensent ; et, cependant, il les aime assez, ou du moins, il ne peut s'en passer... »

Mais la flatterie délicate de Narbonne n'est le plus souvent que le passeport de ses sages avis, avis provoqués, discutés, répétés sans cesse, et malheureusement inécoutés. Il combat les velléités de schisme, il blâme la conduite de l'empereur envers Pie VII : « Vous le savez, Sire, il n'y a pas assez de religion en France pour en faire deux. » Et comme Napoléon lui cite le cardinal Maury qui « fait fort bien ses fonctions d'archevêque de Paris, même sans avoir ses bulles. — Non, Sire, reprend Narbonne, il trompe Votre Majesté ; c'est un transfuge de Rome qui vous conseille la guerre contre elle, de peur d'avoir à lui rendre des comptes en temps de paix... »

Il se prononce avec la même fermeté contre la campagne de Russie [1], contre cette guerre du temps et de l'espace qu'il prophétise : « On a mesuré les Russes en Italie, en Prusse, en Allemagne; on en a eu raison partout; on ne sait pas encore ce qu'ils peuvent être au fond de la Russie, armés de leur climat, de leur barbarie et de leur fanatique désespoir. » Vainement l'empereur s'efforce de le convaincre, vainement il lui montre sur la place du Kremlin la grande armée paradant comme au Champ de Mars. « Je dis, Sire, qu'elle est déjà reposée, répond Narbonne, et peut se mettre en route pour aller prendre ses cantonnements en Lithuanie et dans la Grande Pologne, en laissant aux Russes leur capitale, comme ils l'ont faite. » Rien n'ébranle cette pénétration profonde; rien ne trouble l'accord de la parole avec la pensée. L'empereur, dans un moment d'impatience, ayant commandé de brûler une voiture qui lui appartenait, lui fait envoyer par le grand maréchal mille louis avec quelques livres de choix, dans une cassette. Narbonne accepta les volumes et distribua l'or aux soldats. Le lendemain, avant l'heure du départ, l'empereur lui dit doucement : « Eh bien, Narbonne [2], l'avarie du bagage

---

1. « Où est le garde-fou de ce génie? murmurait-il devant Villemain. C'est à ne pas y croire. On est entre Bedlam et le Panthéon. »

2. On lit dans les *Mémoires de Bourienne*, « que M. de la Chaise préfet d'Arras, dit à l'empereur dans une harangue : « Dieu fit Bona-

est réparée, vous avez reçu?... — Oui, Sire, avec reconnaissance, mais comme Votre Majesté le permettra sans doute, je n'ai gardé de l'envoi et de la cassette que les livres, entre autres deux traités de Sénèque : *de Beneficiis* et *de Patientia*. En campagne cela est bon à porter avec soi. » L'empereur saisit parfaitement ce latin au passage et ne dit rien.

L'attitude, spirituellement modeste et simplement héroïque de Narbonne, pendant cette campagne de Russie, d'où le capitaine, si longtemps réputé invincible, revenait, tel que le poëte Eschyle a mis en scène le roi de Perse, fugitif et seul, *avec un carquois vide*, rappelle le noble et patriotique langage qu'exilé, décrété d'accusation, mis hors la loi, il tint vingt et un ans auparavant à Pitt, qui le pressait de questions habiles sur l'état intérieur de la France. « L'honneur est encore dans les camps de la République, disait-il ; prenez garde d'unir, malgré eux, tous ceux que vous enveloppez de la même haine. Nous autres bannis et condamnés par contumace, nous sommes de mauvais témoins sur la force et l'esprit de la France; nous ne voyons que les crimes partiels dont nous avons senti l'atteinte ; mais défiez-vous de ce qu'ils peuvent receler derrière eux d'audace et d'énergie!... A la menace de la guerre et de l'invasion, j'ai vu accourir sous le drapeau tricolore des milliers de volontaires; j'ai vu des officiers royalistes devenir républicains sous le feu de l'ennemi, et le point

---

» parle et se reposa. » Ce qui fit dire au comte Louis de Narbonne que Dieu aurait bien fait de se reposer au plus tôt. — Le mot pourrait bien ne pas être de Narbonne, pas plus que les *Mémoires* ne sont de *Bourienne*.

d'honneur de naissance bien moins puissant que la consigne... Personne ne vous livrera le secret et la force de la France. Ce secret et cette force sont partout. »

Narbonne considérait avec raison que les hommes qui ont touché au gouvernement ont contracté une autre dette encore que celle de la fidélité commune; qu'ils sont engagés à leur pays, comme dans la religion le prêtre l'est à l'homme dont il a reçu la confession; qu'il y a là un secret que rien ne permet de révéler, ni le malheur, ni même le crime de ceux qui l'ont confié. Il a compris, défini, pratiqué dans les circonstances les plus délicates le patriotisme tel que nous l'entendons aujourd'hui, ce sentiment pur, mystique et exalté, qui ne rapporte pas tout au roi, au chef de l'État, mais à la France, cette auguste personne morale, quels que soient ses gouvernants, bons ou mauvais, sentiment qui nous fait chérir cette France comme une mère aime son enfant, comme le paysan aime son champ, le soldat son drapeau, sentiment connu de Jeanne d'Arc, de l'Hôpital, de Richelieu, mais qui, depuis un siècle surtout, s'est *fait peuple*, s'est enraciné dans l'âme de chacun, et qui, parfois assoupi aux heures de tranquillité, se réveille et sonne — comme une fanfare aux jours de péril et d'angoisse.

XII

BEUGNOT, RŒDERER, FIÉVÉE, PORTALIS, ARNAULT, LEMIERRE, MICHAUD

Caractère de Beugnot. — Les cahiers des états généraux. — Présence d'esprit de Dupont de Nemours. — Conservateurs ou conservés. — M. de Sémonville. — Jean Bon, le conventionnel. — La foi et la philosophie du charbonnier. — Le courage d'ignorer et la sagesse de croire. — Une constitution démontrée par la chiromancie. — *Ludovico reduce, Henricus redivivus*. — Les Bouleux. — Une étude à faire sur les larcins littéraires. — Réplique de Beugnot au comte de Marcellus. — Les « incroyables » du Directoire. — La démagogie parisienne de 1792. — Apologue. — Un nouvel hôtel de Rambouillet. — Un moraliste politique : Fiévée ; sa correspondance avec Bonaparte. — La séance du 9 Thermidor. — Les nations qui finissent dans les bureaux ou les couloirs. — L'opinion publique est celle qui se tait. — Souvenirs d'un sexagénaire. — La Feuille. — Il faut aussi des proclamations pour les halles. — Musson le mystificateur. — Les vers solitaires de Lemierre. — Polémique de Michaud contre Joseph Chénier. — Sa réponse à madame de Staël. — Le jacobinisme royalisé. — Trois mots onéreux. — Il m'a presque parlé. — Ceux qui confondent la fin d'un acte avec la fin d'une pièce.

I. — LE COMTE BEUGNOT [1]

Le plus spirituel des fonctionnaires, le plus ingénieux faiseur de mots politiques après Talleyrand, prompt à

1. Né en 1761, mort en 1835. — *Mémoires du comte Beugnot,*

saisir les ridicules des situations et des hommes, intelligence vive et fine, ayant la clairvoyance des petites choses, obstinément fermé aux grandes, tiraillé sans cesse entre sa verve et son ambition, et tenté sans doute de brider celle-là au profit de celle-ci, assidu au travail, instruit, partisan décidé de la politique de Sosie, admirateur intrépide de l'amphytrion chez qui l'on dîne, c'est-à-dire de celui qui accorde le conseil d'État, les préfectures, les directions générales, les ministères. Au demeurant le meilleur fils du monde, né chambellan, avec une clef dans le dos, adorant la bureaucratie, épris du dossier administratif, fidèle au succès, arrière-petit-neveu de ce courtisan qui conseillait de tenir le pot aux ministres en place, et de le verser sur leur tête quand ils étaient disgraciés. De là ces enthousiasmes foudroyants, lorsque le chef de l'État lui sourit, ces conversions miraculeuses, quand un gouvernement nouveau s'installe. Rudoyé par l'empereur, il est au comble de la joie, parce que celui-ci finit par lui pincer l'oreille en ajoutant avec sa brusquerie familière : « Eh bien, grand imbécile, avez-vous retrouvé votre tête ? » Sous les Bourbons, il s'exalte après une conversation avec le comte d'Artois. « Ce tête-à-tête qu'autrefois je n'aurais pas osé rêver, cette présence si douce et si aimable, m'attendrirent jusqu'aux larmes. Je n'avais rien éprouvé de pareil avec Napoléon. Il n'était pas le fils de saint Louis. » Ailleurs, il lui trouve « je ne sais quoi de céleste ».

Ayant reçu une faveur de Louis XVIII, il tombe « dans

2 vol., Dentu. — Sainte-Beuve, *Nouveaux Lundis*, t. II, Calmann Lévy, édit. — Imbert de Saint-Amand, *Revue des Deux Mondes*, 1er mai 1867.

l'extase où était madame de Sévigné devant Louis XIV, qu'elle regardait comme le plus grand des rois au sortir du bal où il lui avait fait *l'honneur* de danser avec elle ». D'ailleurs il lui en coûte peu de révéler ses petitesses, de se persifler lui même. Un bon gouvernement est celui qui le distingue, un mauvais gouvernement celui qui lui tient rigueur : une telle politique, hélas! compte ses dévots par millions, et dissout les nations en leur enlevant la foi, la grandeur morale. Ici du moins peut-on plaider les circonstances atténuantes. Ses ennemis, raillant la pusillanimité de Beugnot, son manque de stoïcisme, disaient avec exagération que « c'était l'âme d'Arlequin dans le corps d'Alcide ». Pendant la Terreur, il avait été enfermé comme suspect à la Conciergerie, et sa détention, qui nous a valu de bien curieuses pages, lui inspira sans doute l'horreur du sacrifice et du martyre : son âme en reçut un pli ineffaçable, elle se recourba comme le corps d'un vieux paysan voûté par le travail de la terre, et ne put se relever.

Peu de livres sont aussi piquants que ses *Mémoires*. Quelle variété de personnages! Que d'attrayantes anecdotes! L'affaire du Collier, les élections des états généraux, les premiers temps de la Révolution, la Terreur, les missions dans le grand-duché de Berg, l'empereur, Talleyrand, Jean Bon Saint-André, la Restauration, les Cent-Jours à Gand, tant et de si dramatiques événements, tant d'hommes de génie ou de talent ne pouvaient manquer de fournir d'excellents traits à cet habile observateur. Je voudrais dès maintenant en noter quelques-uns; d'autres auront leur tour.

A propos des élections du bailliage de Clermont, on apprend que la plupart des cahiers des communes étaient copiés sur des cahiers imprimés qui circulaient alors, avec quelques additions suggérées par le praticien de l'endroit, et qui formaient parfois d'étranges contrastes avec le reste. Ainsi, après avoir demandé la séparation sévère des pouvoirs législatif, exécutif et judiciaire, la liberté de la presse, le jugement du jury, l'abolition de toutes les servitudes, les habitants insistaient pour que leurs chiens de basse-cour fussent délivrés du *billot*, espèce de piquet fort lourd qu'on suspendait, par ordre du seigneur, au col de ces pauvres bêtes, pour les empêcher de saisir un lièvre, si, par hasard, il s'offrait à leur portée. Plus loin, après avoir voté pour toutes les libertés échappées du cerveau de l'abbé Sieyès, les habitants demandaient encore qu'il leur fût permis d'avoir des fusils chez eux pour se défendre contre les loups. Beugnot remarqua le cahier d'une commune voisine de Chavillain qui se terminait par cette formule prophétique : « Donnons pouvoir à nos députés de solliciter du seigneur-roi son consentement aux demandes ci-dessus; dans le cas où il l'accorderait, de l'en remercier; et dans le cas où il le refuserait, de le *déroiter*. »

Pour avoir proposé qu'on supprimât les parlements, Beugnot se voit (première leçon de prudence) poursuivi par ses collègues qui veulent l'assommer. Pareille mésaventure faillit être le partage de Dupont de Nemours, et pour le même motif. Mais il s'en tira par sa présence d'esprit : il s'élança sur un gros homme fort replet et le serra éperdument à bras le corps, sans qu'on pût l'en arracher. « Mais que voulez-vous donc, s'écriait le gros homme ? — Ma foi, monsieur, répond Dupont, sauve qui peut ! On va me jeter par la fenêtre et je prétends que vous me serviez de matelas. » Cet à-propos tourna la fureur en rires.

Beugnot ne fut pas élu député, et à ce propos il raconte un mot de son beau-père qui contient toute une philosophie de nos révolutions : « Ils voulaient me nommer aussi électeur à l'assemblée de Langres, mais ils me donnaient pour acolytes trois manants que je fais manger à ma cuisine ; je les ai envoyés à tous les diables. Il n'y a rien que je ne fasse pour le bien ; mais chacun sa place. — Oui, lui répliquai-je, pourvu que chacun y puisse rester. — Oh ! vous avez toujours peur. Est-ce que le roi n'a pas cent cinquante mille hommes ? » — Les conservateurs d'alors méritaient déjà qu'on les appelât les conservés, et ressemblaient au savant qui répondit, comme on lui annonçait que le feu était à la maison : « Prévenez madame, je ne me mêle pas des affaires du ménage. » Souvent madame est absente et la maison brûle.

Lorsqu'il part pour le grand-duché de Berg, l'archichancelier Cambacérès, gourmet émérite, lui donne une singulière instruction : lui envoyer tous les ans, à titre gracieux, deux douzaines de jambons. Avec Talleyrand il n'est nullement question de cuisine : Beugnot admire surtout « ces mots enveloppés dont il a le secret pour faire des dupes sans se compromettre, il le montre écoutant les gens si bien qu'il les renvoyait convaincus qu'il les avait approuvés », fidèle « aussi à la règle de proportionner le nombre de mots qu'il emploie à la gravité de la détermination qu'il annonce. Plus cette détermination est importante, plus il est concis. »

Voici en passant, une jolie silhouette de M. de Sémonville, Célimène politique de premier ordre : « Averti par son instinct de la continuelle mobilité des gouvernements qui ont depuis un demi-siècle exploité la France, il est toujours pour une moitié de lui-même dans celui qui est, et pour l'autre moitié dans celui qui va venir. Il a grand soin d'avoir un pied dans toutes les cabales et quelle que soit celle qu'il aborde, il s'écrie en entrant : « J'en suis ! » Quoiqu'il ait la vue basse, il regarde à la fois à droite, à gauche, et devant lui ; on serait encore tenté de croire qu'il a des yeux par derrière... En tout et pour tout, il s'occupe d'abord de lui, ce qui est tout simple, et jamais en ce point on ne l'accusa de la plus petite distraction. Le grand maître des sentences de ce siècle, Talleyrand, l'a parfaitement caractérisé, lorsque, répondant à quelqu'un qui lui annonçait que Sémonville était malade, il dit : « Comment ! Sémonville a la fièvre ! et à quoi cela lui sert-il ? » Au reste son égoïsme est collectif, il s'étend à tous les Sémonville : enfants, petits-enfants, cousins et cousines. La famille à laquelle il lui faut pourvoir est grande, et Sémonville y adjoint encore, comme cousins ou comme devant l'être, tous les individus qui peuvent le servir de près ou de loin. » C'est un membre de l'innombrable tribu des Sémonville, qui, montant à la tribune pour défendre un projet ministériel, est arrêté par un opposant : « A quoi bon ? Vous êtes placé, vos six enfants sont pourvus ! — Oui, riposte-t-il en se dégageant, mais ma femme est grosse[1]. »

1. Aux Cent-Jours, M. de Blacas ayant lu au roi la liste des membres de la nouvelle Chambre des pairs instituée par Napoléon,

Plus loin, c'est Jean Bon le conventionnel, celui que désignait l'inévitable calembour : *Jean Bon de Mayence*, l'ancien collègue de Robespierre au comité de Salut public, devenu préfet de Mayence, travailleur infatigable, administrateur modèle, sujet à des ruades de franchise qui stupéfient Beugnot. Un jour, devant les chambellans et officiers d'ordonnance de Napoléon, il fait l'éloge de la Convention et rabroue son auditoire empanaché[1] ; une autre fois, tandis qu'il se promène en barque avec l'empereur sur le Rhin, il se penche vers Beugnot et lui dit, pas trop bas : « Quelle étrange position ! le sort du monde dépend d'un coup de pied de plus ou de moins. » Et Beugnot de frémir de tous ses membres, et cet Alceste de poursuivre : « Soyez tranquille, les gens de résolution sont rares. » En rentrant au palais, Beugnot murmure à son compagnon : « Savez-vous que vous m'avez furieusement effrayé? — Parbleu ! je le sais ! Ce qui m'étonne, c'est que vous ayez retrouvé vos jambes pour marcher ; mais tenez-vous pour dit que nous pleurerons des larmes de sang de ce que sa promenade de ce jour n'ait pas été la dernière. — Vous êtes un insensé. — Et vous un imbécile, sauf le respect que je dois à Votre Excellence[2]. »

Louis XVIII fit cette observation : « Pour moi je trouve cette liste fort bonne, car je n'y vois pas le nom de Sémonville ; cela ne durera pas. »

1. Sur Jean Bon Saint-André, voy. Sainte-Beuve, *Nouveaux Lundis*, t. VIII. — *Vie et écrits de Jean Bon*, par M. Michel Nicolas.

2. « En 1807, Portalis, ministre des cultes, entre un jour chez l'empereur, la figure défaite et les yeux pleins de larmes. « Qu'avez-» vous donc, Portalis, lui dit Napoléon, êtes-vous malade? — Non, » Sire, mais je suis bien malheureux, l'archevêque de Tours, ce » pauvre Boisgelin, mon camarade et mon ami d'enfance... — Eh

L'abbé Sieyès lui inspire ce croquis humoristique. « C'eût été chose plaisante, si la plaisanterie était per-

» bien ! que lui est-il arrivé ? — Hélas ! Sire, il vient de mourir. — » Cela m'est égal, il ne m'était plus bon à rien. — Puisque l'em- » pereur le prend de la sorte, me voilà tout consolé... » Et en effet, le sourire reparut sur les lèvres du ministre dont la douleur venait de se calmer si facilement. » Beugnot n'a-t-il pas embelli ou plutôt enlaidi le trait ? On sait qu'il avait intérêt à ne pas se faire une idée trop élevée de l'humanité. Il semble bien qu'on doive, avec Sainte-Beuve, saluer en Portalis une des figures les plus pures parmi les hommes de gouvernement de cette époque, qui rappelle les jurisconsultes romains et cet Aristide qu'Étienne Pasquier définit : « le grand prudhomme entre les Athéniens, caractère généreux et conciliant, esprit tempéré, doué d'une immense mémoire, orateur fleuri et disert, dont les écrits et les discours ne manquent ni de finesse, ni d'une certaine grâce d'ironie ». Après la proscription de Fructidor, il s'étonne qu'on veuille former un *nouveau ciel* et une *nouvelle terre* et qu'on ait l'ambition de faire un peuple de philosophes, lorsqu'on n'eût dû s'occuper qu'à faire un peuple d'heureux. A propos des disputes philosophiques auxquelles prenait part le public allemand sans les comprendre : « On parlait jadis *de la foi du charbonnier;* je crains bien qu'on ne puisse parler aujourd'hui de la *philosophie du charbonnier.* » — Il a surtout sa précision et sa force quand il exprime des idées de probité et de morale sociale : « Nos finances, dira-t-il, ne doivent point être arrosées de sang innocent... Avec la facilité que l'on a, on peut à chaque instant faire de nouvelles émissions d'émigrés... Si la boussole ouvrit l'univers, le christianisme le rendit sociable... Il n'est plus question de détruire, il est temps de gouverner. Il faut faire en temps de paix le plus de bien, et en temps de guerre, le moins de mal qu'il est possible... — On a de lui deux lettres écrites à Mallet du Pan en août et septembre 1799, lettres admirables de prévision et de prophétie : « On n'a jamais vu ni connu de République en France, remarque-t-il. Il n'y a point de républicains. Tout le monde y est fatigué du régime révolutionnaire. La lassitude qui termine toutes les révolutions, a ramené tous les esprits et tous les cœurs à la monarchie. Je ne parle point des jacobins qui sont une poignée d'hommes que l'apparence même de la justice peut faire disparaître... » Ses discours sur le code civil et le concordat renferment

mise en pareille matière, que de contempler ce métaphysicien sauvage expliquant son système de constitution à l'aide des lignes qui sillonnaient la paume de sa main; puis le jeu des différents pouvoirs par l'extension ou le déploiement des doigts; que si on lui demandait une division par chapitres, par articles, quelque chose de plus substantiel enfin que les signes d'un prestidigitateur, le grand homme de sourire de pitié et de hausser les épaules. Ces tours de passe-passe furent pourtant interprétés par la patience et la rare habileté de Daunou, en tribuns qui devaient toujours parler, en députés qui devaient toujours se taire, en grand électeur qui devait tout élire et en sénat qui devait tout conserver... »

Au commencement de la Restauration[1], Beugnot devient le rédacteur officiel ou officieux des tirades les mieux réussies en l'honneur du trône et de l'autel. C'est de lui le mot fameux du comte d'Artois, après son entrée à Paris. « Plus de divisions! la paix et la France; je la revois enfin! et rien n'y est changé si ce n'est qu'il

---

de belles et éternelles maximes d'État : il montre que le philosophe lui-même a besoin, autant que la multitude, du courage d'ignorer et de la sagesse de croire, que le concordat a été en quelque sorte l'édit de Nantes du XIXᵉ siècle, a *réconcilié la Révolution avec le Ciel*. « Baptisez l'héroïne sauvage, s'écriait le père Ventura, parlant de la démocratie moderne. » (Sainte-Beuve, *Causeries du Lundi*, t. V. — *Discours et rapports de Portalis*, publiés par son petit-fils, 2 vol. in-8.)

1. Il joue alors un rôle actif, mais garde peu de temps le ministère de l'intérieur. Le faubourg Saint-Germain le jugeait trop bourgeois : « C'était bon du temps de Bonaparte, disait madame de Simiane : aujourd'hui il faut mettre dans les ministères des gens de qualité, ayant à leurs ordres de bons travailleurs qui font les affaires, ce qu'on appelle des *bouleux.* »

s'y trouve un Français de plus ! » de lui l'idée d'avertir Blücher que s'il persistait à vouloir faire sauter le pont d'Iéna, le roi s'y ferait porter pour sauter de compagnie; de lui l'inscription si ingénieuse : *Ludovico reduce, Henricus redivivus*, gravée sous la statue de Henri IV : « Je me cassai la tête toute la matinée; j'essayai vingt versions sur le papier; je ne lisais pas sitôt ce que j'avais écrit, que je le rayais comme trop long, comme trop court, comme inintelligible, comme niais. Enfin, à force d'essayer des versions en français, j'accouchai du mot latin *resurrexit* (il est ressuscité). Il était bon, mais il était usé, je me rappelai qu'on l'avait affiché au piédestal de la statue de Henri IV, à l'avènement au trône d'un prince qui valait cent fois mieux que lui, de Louis XVI, et il y resta jusqu'à ce qu'un plaisant s'avisât de mettre au bas :

D'Henri ressuscité j'approuve le bon mot;
Mais, pour me le prouver, il faut la poule au pot.

» Je ne pouvais plus songer à mon *resurrexit*, et puis, le même plaisant, s'il n'était pas mort, serait revenu nous redemander sa poule au pot, et les Cosaques y avaient mis bon ordre. J'avisai, dans ma perplexité, de consulter la classe des inscriptions et des belles-lettres de l'Institut, qui voulut bien m'adresser quatre versions qui avaient leur mérite, mais dont aucune ne me satisfaisait complétement. Enfin je jetai un dernier coup d'œil sur la feuille couverte de mes essais et de mes ratures et j'y démêlai cette version : le retour de l'un fait revivre l'autre... J'essayai de la traduire en latin par ces mots : *Ludovico reduce, Henricus redivivus*. A l'instant même je fus frappé du bonheur de ma traduction, et je m'adjugeai sans façon le prix. » Mais voilà que Beugnot apprend qu'on l'attribue à Lally-Tollendal ; et de se lamenter ! Que les princes s'emparent de ses mots, rien de plus naturel, mais en laisser l'honneur et le profit à de simples particuliers, c'était affreux. Louis XVIII en ayant parlé à Lally, celui-ci prouva disertement à Sa Majesté que, dans un royaume comme le sien, si abondant en beaux-esprits, il n'était pas étonnant qu'il leur arrivât quelquefois de se rencontrer.

Il y aurait une très intéressante étude à écrire sur les larcins littéraires, les mensonges de l'histoire, les erreurs du public au sujet des véritables auteurs de mots ou de belles actions[1]. Par exemple, ce n'est pas trois cents hommes que Léonidas commandait aux Thermopyles, c'est sept mille selon Diodore, douze mille selon Pausanias. La lettre de Philippe à Aristote pour le charger de l'éducation d'Alexandre ; Hippocrate refusant les présents d'Artaxercès ; la lanterne de Diogène ; l'héroïsme de Mucius Scævola, de Regulus ; la victoire de Camille sur Brennus ; le combat des trois Horaces emprunté à l'histoire grecque ; l'aspic de Cléopâtre ; le mot d'Archimède « Donnez-moi un point d'appui, et avec un levier je remuerai le monde »; son fameux *Euréka* prononcé non à propos de la vis qui porte son nom, mais lorsqu'il eut découvert la *gravité spécifique* à l'occasion de la couronne de Hiéron ; le « Pourquoi craindre, tu portes César »; au pilote effrayé pendant la tempête ; l'aveuglement de Bélisaire ; Porcia se tuant en avalant du charbon ; le « Tu as vaincu, Galiléen ! » de

---

[1]. Les bases de ce travail se trouvent dans le livre d'Édouard Fournier : *l'Esprit dans l'histoire*.

Julien blessé à mort; l'incendie de la bibliothèque d'Alexandrie par Omar, alors que celle-ci avait cessé d'exister depuis plus de deux siècles; la phrase de Galilée *E pur si muove*, l'épisode de sa prison; le médecin Procida dans les Vêpres siciliennes; l'œuf de Christophe Colomb, ses trois jours d'attente et d'angoisse au milieu de l'équipage menaçant, auquel il a promis un nouveau continent; l'histoire de Guillaume Tell; le tonneau de Malvoisie du duc de Clarence; Milton dictant à ses filles son *Paradis perdu;* le mot du paysan à Louis XIV « Vous aurez beau agrandir votre parc de Versailles, vous aurez toujours des voisins », mot copié tout simplement dans Apulée; cette jolie paillardise « Il est bien difficile de garder un trésor dont tous les hommes ont la clef », attribuée faussement à Bassompierre; l'anecdote du chien de Montargis, qui courait le monde bien avant Charles V; l'aventure de Pépin abattant d'un coup de sabre la tête d'un lion furieux; la prédiction de Charlemagne au sujet des pirates normands dans la Méditerranée; le cri de Philippe VI après Crécy « Ouvrez, ouvrez chastelain, c'est l'infortuné roi de France », travesti magnifiquement en « Ouvrez, c'est la fortune de la France »; Artevelde, le brasseur-roi, qui ne fut ni brasseur ni roi; le « Cette terre me désire », d'Édouard débarquant sur le rivage de France; les cages-prisons de Louis XI, inventées en réalité bien avant lui; le courage des dames de Beauvais faussement personnifié dans Jeanne Hachette; l'amour de François Ier pour Diane de Poitiers; la belle Ferronnière; la cruauté de Richelieu envers Cinq-Mars et de Thou; la scène de Louis XIV entrant au parlement un fouet à la main; les béquilles de Sixte-Quint; les vers de Marie Stuart au plaisant pays de France; les magnifiques alexandrins de Charles IX à Ronsard remaniés sans doute par de Prades : que de récits apocryphes, ou aux trois quarts faux; que de romans dans l'histoire, que de fictions parfois utiles et charmantes, *fleurs héroïques d'une époque dont elles transmettent couleur et parfum*, selon l'heureuse expression d'Édouard Fournier. Il serait piquant de restituer à chacun son bien, par exemple ce cri sublime: « A moi Auvergne, voilà l'ennemi ! » lancé en réalité par le sergent Dubois, non par le chevalier d'Assas; le rapport de l'Être suprême lu à la Convention, le 7 mai 1794, par Robespierre, mais composé par l'abbé Porquet, ancien aumônier du roi Stanislas; le mot de l'abbé Edgeworth à Louis XVI: « Fils de saint Louis, montez au ciel ! » imaginé par Charles His; Cambronne niant toujours le fameux mot naturaliste que tout le monde lui attribue; Kosciusko n'acceptant pas davantage l'exclamation: *Finis Poloniæ;* Rougemont vendant ou prêtant ces mots : « Il est bon que de chez lui un souverain puisse voir la maison du pauvre! » — « Plus de hallebardes! » — la réplique du duc de Berry à un vieux grognard: « Parbleu, c'est bien extraordinaire, avec des bougres comme vous! » Et tant d'autres anecdotes, tant de légendes que les foules acceptent et répètent, sans souci de la vérité, sans se laisser ébranler par les témoignages les plus authentiques. Les romans ont toujours plu et plairont davantage que l'histoire.

Il y a après tout des inventions plus vraies que l'histoire, qui font partie du trésor moral de l'humanité, et, sans prétendre que le vrai soit le sublime des sots, on peut admettre avec Rousseau que la morale de beaucoup de ces fables est très appropriée au cœur humain.

Louis XVIII eut le tort de se priver des services de Beugnot. Élu député de la Haute-Marne, celui-ci brilla davantage dans les commissions et les couloirs qu'à la tribune. Le 27 janvier 1830, il obtint enfin le titre de pair héréditaire, que la révolution de Juillet allait lui enlever.

Un jour, sous la Restauration, le comte de Marcellus proposait à la Chambre des députés de placer au-dessus de la tribune l'image du Christ comme témoignage de justice, de respect et de foi. Le comte Beugnot se leva et prit la parole : « Je viens appuyer la proposition de notre pieux et honorable collègue, mais je me permettrai d'y ajouter un amendement qui sera toujours de circonstance. Je prie la Chambre de faire inscrire en lettres d'or, aux pieds du Christ, ces paroles de grâce et d'oubli que Jésus mourant adresse à Dieu : « Mon père, pardonnez-leur, car ils ne savent ce qu'ils font ! »

De tels mots valent de longs discours. On raconte qu'un politicien assez médiocre s'avisant de contester les talents de Lamartine, quelqu'un répliqua : « Il est possible qu'il laisse à désirer comme homme d'État, mais il est le premier de nos poètes, et il y a tant de gens qui ne sont ni hommes d'Etat, ni poètes ! » Beugnot n'est ni un écrivain, ni un orateur, ni un grand caractère, mais combien nombreux sont ceux qui ne possédèrent ni les qualités qui lui manquèrent, ni celles qu'il eut en partage !

II. — ROEDERER[1]

« Économiste plus vigoureux qu'original, historien plus original que sûr, Rœderer a été, dit M. Mignet, un organisateur du premier ordre, comme l'atteste la part qu'il a prise au système de contributions sous la Constituante, à l'établissement administratif sous le Consulat, à la régénération financière du royaume de Naples, à l'acte constitutif de la Suisse. Dans les temps de violence, humain ; dans le maniement des deniers publics, honnête ; dans l'action, inventif ; dans la retraite, digne ; dans le commerce de la vie, aimable ; il a de plus uni le mérite des idées à la célébrité des actes. » Rœderer est aussi un journaliste hardi, fertile, paradoxal, grand remueur d'idées, qui, sauf la *Chronique de cinquante jours* et le livre sur l'*Influence de la Société polie*, a écrit ses meilleures pages dans les gazettes[2], un homme du XVIIIe siècle, hanté

---

1. Né en 1754, mort en 1835. — Sainte-Beuve, *Causeries du Lundi*, t. VIII. — Mignet, *Revue des Deux Mondes*, janvier 1836. — Édouard Bergounioux, *Revue de Paris*, 1845. — *Œuvres complètes du comte Rœderer*, 8 vol. in-8.

2. Par exemple cette humoristique fantaisie contre les incroyables du Directoire : « ... Mais le diagnostic le plus caractérisé est la paralysie commencée de l'organe de la parole. Les jeunes infortunés qui en sont atteints évitent les consonnes avec une attention extrême, et sont, pour ainsi dire, réduits à la nécessité de se désosser la langue. Les articulations fortes, les touches vigoureuses de la prononciation, les réflexions accentuées qui sont le charme de la voix leur sont interdites. Les lèvres paraissent à peine se mouvoir et du frottement léger qu'elles exercent l'une contre l'autre résulte un bourdonnement confus qui ne ressemble pas mal au pz-pz-pz, par lequel on appelle un petit chien de dame. Rien de moins intelligible que les entretiens des malades. Les seuls mots qu'on distingue dans cette série de voyelles monotones et de sons inarticulés sont

jusqu'au bout des préjugés philosophiques, qui considère Chateaubriand « comme un esprit romanesque et à rebours » et n'admet guère le pouvoir de l'imagination sur les Français, un cerveau retors et subtil que la métaphysique et la science juridique ont marqué de leur empreinte. Son rôle équivoque le 20 Juin et le 10 Août comme procureur général syndic du département de la Seine, ses sautes d'idées, donnèrent à penser « qu'il serpentait au travers des orages et des partis ». Il fut en grande sympathie de pensée avec Sieyès, mais trouva sa voie véritable avec Bonaparte ; ce qu'il avait d'utopie politique disparut

ceux de *ma paole supême*, *d'incoyable*, *d'hoïble*, et autres mots ainsi défigurés. Un homme doué d'une sagacité peu commune a voulu traduire en français ce qu'il croyait former des phrases ; mais l'insignifiance de ce qu'il a deviné l'a dégoûté de continuer un travail aussi stérile. » Cet article du *Journal de Paris* publié le 23 messidor an III, est intitulé : d'une nouvelle maladie de jeunesse nommée le *Semsa* ou *Secsa* : Ce mot est une abréviation de : « Qu'est que c'est que ça? » Ne prenons donc pas au sérieux l'épigramme de *Joseph Chénier* :

Je lisais Rœderer et bâillais en silence.

La tirade de Rœderer me fournit l'occasion de citer un agréable sonnet de M. Emmanuel des Essarts sur *les Incroyables*.

  Fantoches à la mode, automates mondains,
  Submergés dans des flots de cravate, lunettes
  En arrêt, et pareils à des marionnettes,
  Les étranges galants que tous ces muscadins !

  Engeance hermaphrodite, à travers les jardins
  Ils vont en zézayant d'enfantines sornettes,
  Portent chignon de femme et molles cadenettes,
  Et brandissent avec fracas d'affreux gourdins.

  C'est en habit vert pomme, en chapeau qui gondole,
  En pantalon nankin qu'auprès de leur idole,
  Copistes des marquis, ils font aussi leur cour.

  Mais cet accoutrement, dont le seul ministère
  Semble d'effaroucher les oiseaux de l'amour,
  Leur prête l'air vainqueur de Jocrisse à Cythère.

bien vite, après le 18 Brumaire, pas assez cependant au gré du maître, puisque celui-ci avait coutume de lui demander: « Comment va la métaphysique ? » En réalité, il est domestiqué, mais l'empereur voulait asservir les volontés, les pensées et les arrière-pensées, il exigeait l'adoration sans phrases, le fanatisme sans réserve : un métaphysicien, pour lui, c'était celui qui avait des idées en propre et y tenait. Rœderer crut voir poindre l'ombre effrayante de la disgrâce lorsqu'il passa du conseil d'État, où tout se faisait, au Sénat, où tout se conservait. Le premier consul lui ayant dit en riant : « Eh bien ! nous vous avons envoyé parmi nos pères conscrits. — Oui, répliqua gaiement Rœderer, vous m'avez envoyé *ad patres*. » Il en fut quitte pour la peur, car les sénateurs étaient aptes à de hautes missions actives et on ne l'oublia point : on peut croire aussi qu'il n'était point de ceux qui se laissent oublier. Avec Talleyrand et Sieyès, il joue un rôle important dans les préparatifs du 18 Brumaire[1] : plus tard il répétait avec orgueil ce mot qui résume les deux instants décisifs de sa vie historique : « J'ai passé auprès de Louis XVI la dernière nuit de son règne, j'ai passé auprès de Bonaparte la première nuit du sien. » Aussi quand Bonaparte lui demanda s'il ne voyait pas de difficultés à ce que le 18 Brumaire se fît : « Ce que je crois difficile, même impossible, répondit-il, c'est que la chose ne se fasse pas, car elle est aux trois quarts faite. »

1. On sait le mot très spirituel de Napoléon III à un illustre académicien qui avait vanté le Consulat : « J'espère, monsieur le duc, que vous direz un jour de mon 18 Brumaire ce que vous avez dit du 2 Décembre de mon oncle. » La réplique ne se fit pas attendre et fut digne de la question : « Sire, l'histoire décidera. »

Il a écrit une belle page sur la démagogie parisienne de 1792, puissance formidable que l'Assemblée constituante, à force de démanteler le pouvoir, avait laissé grandir autour d'elle. « Il s'était élevé en France une multitude d'hommes d'une éloquence forte et barbare, tels que notre fabuliste nous représente le *paysan du Danube*, qui avaient bien mieux découvert que les orateurs des assemblées nationales les voies de la persuasion et de l'entraînement, qui entraient bien plus avant dans les pensées, dans les passions, dans les préjugés, dans les intérêts imaginaires ou réels des dernières classes du peuple qui sont les plus nombreuses. Ils montraient aux prolétaires la France comme une proie qui leur était assurée s'ils voulaient la saisir. Ils promettaient l'égalité absolue, l'égalité de fait, les magistratures, les pouvoirs... *Les orateurs n'avaient qu'à s'adresser à la faim pour avoir la cruauté*, ils étaient sûrs de la réponse... Et Rœderer terminait en citant une pensée de Hobbes : « Dans la démocratie, il peut y avoir autant de Nérons qu'il y a d'orateurs qui flattent le populaire ; il y en a plusieurs à la fois, et tous les jours il en sort de nouveaux de dessous terre. »

Son premier article dans le *Journal de Paris* contient un piquant apologue : « On causait hier chez un libraire au Palais-Égalité ; on parlait sans ménagement de Barère et des jacobins ; on était unanime, lorsque entre un homme assez mal vêtu, la figure hâve, les cheveux à la jacobine. Aussitôt un des interlocuteurs change de ton, essaie de se rétracter, d'atténuer ses paroles.

« On le regarde, on se regarde, on ne sait d'où vient un changement si subit. Cependant la conversation continue et l'homme aux cheveux noirs prend avec chaleur la cause de la liberté contre celui qui paraît hésiter à la défendre; celui-ci s'étonne, se rassure et se met à rire en disant : « Ma foi, je croyais que ce citoyen était un jacobin » et je n'étais pas à mon aise !... » Cela prouve que sans la *sécurité* il n'y a point de *liberté*. Il ne suffit pas d'avoir ouvert les prisons à un grand nombre de patriotes; il faut maintenant délivrer *ceux qui sont prisonniers en eux-mêmes sous les verrous de la peur.* »

Après la seconde Restauration, Rœderer fut éliminé de l'Institut et de la Chambre des pairs. Retiré dans sa propriété de Bois-Roussel (Orne), il se consacra aux lettres et eut l'idée singulière de renouveler l'hôtel de Rambouillet. Son salon fut disposé, décoré, meublé de manière qu'il parût en tout semblable au grand cabinet décrit par mademoiselle de Scudéry dans le roman de *Cyrus*. On causait, on faisait des lectures, on rimait absolument comme si l'on se fût trouvé chez la mère de Julie d'Angennes. Il y eut des sujets de conversation annoncés d'avance et pour lesquels on se préparait comme pour une discussion à la Chambre : on affectait de ne point parler des questions littéraires à l'ordre du jour, de Victor Hugo, des romantiques. Il pleuvait des quatrains et des madrigaux. Un juge accompagna de ces vers son bonnet carré qu'il expédiait à un ami, lequel, devant jouer la comédie à Bois-Roussel, n'avait pu se faire prêter un costume d'audience par le juge de paix du canton :

> En te refusant leur rabat
> Les Perrins de la ville ont eu l'âme cruelle,
> Il me semble pourtant, quand je prête ma selle,
> Qu'ils pourraient bien prêter leur bât.

Rœderer[1] écrivit l'*Histoire de l'hôtel de Rambouillet* et charma ses loisirs en composant des comédies. Il disait en plaisantant qu'il n'était pas très sûr qu'on dût mourir, quoiqu'il y eût beaucoup d'exemples contraires à ce doute, mais donnés par des gens qui n'avaient pas su vivre. Il se piquait de le savoir; en tout cas, il ne sut pas bien mourir, si j'en crois le mot attribué à Talleyrand : « Il a pu au moins mourir en paix, dans la vérité, dans le matérialisme. »

III. — FIÉVÉE[2]

« Publiciste, moraliste, observateur, écrivain froid aiguisé et mordant..., sans fraîcheur d'imagination, mais avec une sorte de grâce quelquefois, à force d'esprit fin, de ces hommes secondaires qui ont de l'influence, conseillers-nés, mêlés à bien des choses, à trop de choses, meilleurs que   réputation, échappant au mal trop grand et à la corruption extrême par l'amour de l'indépendance, une certaine modération relative de désirs et

---

1. « La conversation, écrivait-il, a embrassé en France toutes les connaissances humaines. Par l'introduction des femmes sur un pied de parfaite égalité, par le mélange des sexes qui n'est nulle part aussi complet, tous les intérêts se sont trouvés, dans la société française, placés entre toutes les inégalités... La conversation française commune aux deux moitiés de la société, éveillée, modérée, mesurée par les femmes, est seule une conversation nationale, sociale; c'est, si on peut le dire, la conversation humaine, puisque tout y rentre et que tout y prend part. »

2. Né en 1767, mort en 1839. — Sainte-Beuve, *Causeries du Lundi*, t. V. — Œuvres de Fiévée : *La dot de Suzette.* — *Frédéric.* — *Du 18 Brumaire opposé au système de la Terreur.* — *Lettres sur l'Angleterre.* — *Correspondance avec Bonaparte*, 3 vol., etc. Charles Brifaut, *Récits d'un vieux parrain*, p. 285 et suiv.

de la paresse; — Machiavels modérés, dignes de ce nom pourtant par leur vue froide, ferme et fine; assez libéraux dans leurs résultats plutôt que généreux dans leurs principes... n'ayant rien des anciens, ni les études classiques, ni le goût de la forme, de la beauté dans le style, ni la morale grandiose, ni le souci de la gloire ; rien de cela, mais l'entente des choses, la vue nette, précise, positive, l'observation sensée, utile et piquante, le tour d'idées spirituel et applicable; non l'amour du vrai, mais une certaine justesse et un plaisir à voir les choses comme elles sont et à en faire part... gens précieux, avec qui tout gouvernement devrait aimer causer ou correspondre pour entendre leur avis après ou avant chaque crise. »

Fiévée, comme l'indique ce portrait savamment nuancé, est avant tout un spectateur et un critique : ne rien admirer, ne rien aimer, mais comparer, juger, analyser, résumer une situation dans une formule ironique à double sens, assaisonner la vérité d'un ragoût piquant, fournir à un chef d'État ou au public leur provision quotidienne de conseils spirituellement sensés, voilà son rôle, sa devise, son programme. On dirait presque d'un astronome qui étudie avec un merveilleux instrument de précision la marche d'une planète, tant il semble froid en présence des drames les plus poignants, tant lui font défaut l'émotion intime, le frisson sacré; il n'ignore pas la puissance des sentiments et des passions, et les pèse, dans sa balance, avec les intérêts, et les autres principes des actions humaines. La balance fonctionne admirablement, Fiévée fait sa part exacte à chaque principe, il a très souvent raison, mais on lui en veut presque d'avoir raison de cette manière.

Le 9 Thermidor, il décide sa section à se prononcer

contre Robespierre, arrive à la barre de la Convention, qu'il trouve dans le trouble qu'on sait, et raconte qu'un gros et joyeux conventionnel lui dit en le voyant sortir : « Prenez le plus long pour retourner vers vos commettants, et, toutes les fois que vous passerez devant une section, entrez; parlez de la mission que vous venez de remplir et de l'accueil que vous avez reçu... Vantez surtout l'assurance que vous avez vue parmi nous. — Sans doute, lui répondis-je, cela me formera si je veux un jour écrire l'histoire. » Voilà l'homme tout entier : il risque sa vie ironiquement, se montre le 13 Vendémiaire et avant le 18 Fructidor[1] « un factieux de sang-froid et en toute connaissance de cause ». N'est-ce pas cette séance du 9 Thermidor qui lui aurait inspiré ces jolies définitions? « La politique, même dans les gouvernements représentatifs, est ce qu'on ne dit pas... Les masses vont mieux par surprise que par délibération. »

Il ne tarda pas à donner des gages au premier consul : « Les États en révolution, disait-il dans une brochure de 1802, ne se sauvent point par des constitutions, mais par des hommes... » Plus tard il citait volontiers le mot de Bonald : « Les nations finissent dans les boudoirs, elles recommencent dans les camps, » et il ajoutait : « Il en sera de même des nations qui s'obstinent à finir dans les bureaux[2]. »

---

1. Après le 18 Fructidor, il va se faire oublier en province : « Une seule observation me rappelait à la politique; tout paysan que je rencontrais dans les champs, les vignes ou les bois, m'abordait pour me demander si on avait des nouvelles du général Bonaparte, et pourquoi il ne revenait pas en France; jamais aucun ne s'informait du Directoire. »

2. Sainte-Beuve remarque à propos des nations qui s'obstinent

Bonaparte n'oublia point un homme qui traduisait si bien sa pensée, et commença par l'envoyer en Angleterre avec la mission d'observer ce pays. Dans ses *Lettres sur l'Angleterre*, Fiévée combat l'anglomanie, et ne se gêne guère pour dire leur fait aux philosophes du xviiie siècle : « Heureux, écrivait-il, heureux ceux qui n'ont pas fermé les yeux sur les événements pour ne les ouvrir que sur les livres ! » Frédéric et Catherine n'eussent pas autrement parlé.

Ses notes à Bonaparte témoignent d'une rare pénétration et d'une certaine indépendance de caractère. J'y trouve bien des aperçus que l'on pourrait méditer encore avec profit : « On peut dire des peuples qui sont entrés dans la carrière des révolutions, qu'après s'être fatigués d'idées et d'espérances, ils retombent lourdement sous le joug de leurs besoins... La Révolution ayant exagéré toutes les espérances populaires et n'ayant rien produit qu'un plus grand malaise, le peuple, toujours dupe de ceux qui l'exaltent, attendait tant de ses flatteurs qu'on ne peut rien faire pour lui qui approche de ce qu'on lui avait promis... La liberté n'est véritablement pour les peuples que le droit de vivre selon leurs habitudes... La grande folie de ceux qui ont conduit la Révolution est d'avoir voulu tout renouveler à la fois, et d'avoir traité comme une résistance calculée des usages qu'eux-mêmes conservaient dans leur intimité... »

Il demande au premier consul d'accomplir toute sa destinée, afin « que l'homme de nos jours ne ressemble pa aux intrigues parlementaires, qu'il y a pour elles une manière de « *finir dans les couloirs* ».

aux hommes fameux de l'antiquité qui n'ont fait que donner au monde une grande secousse dont le monde s'est ensuite tiré comme il a pu ». Il lui conseille de rallier les anciens conventionnels, mais en les réduisant à l'inaction : « Qu'on puisse dire du premier consul que, s'il engraisse les vieux philosophes et les vieux révolutionnaires, c'est pour les mettre hors de cause, à peu près comme les athlètes dans la Grèce étaient forcés de renoncer aux combats quand ils avaient trop d'embonpoint[1]. »

Il est né mentor, peu admirateur, fort difficile à déconcerter. L'empereur, qui s'amusait à le railler sur son ancien dévouement aux Bourbons, lui dit un jour : « Fiévée, vous devez être riche, vous ! — Moi, Sire, et pourquoi ?

---

[1]. A propos du scandale de Saint-Roch : « Les honneurs accordés aux morts sont une leçon pour les vivants... Pline assure qu'après une république, rien n'est plus difficile à gouverner qu'une troupe de comédiens... Il avait appris dans son métier d'histrion, comment on devient un factieux... » Ailleurs des traits de moraliste dignes des plus grands penseurs : « L'envie et l'opinion publique sont toujours du côté des faibles contre les forts... Quand le peuple ne se croit pas tout, il s'accoutume volontiers à n'être rien... L'opinion publique est celle qui se tait... Le seul établissement qui se retrouve après chaque catastrophe et toujours plus puissant, est la monarchie fiscale... On avait surnommé Robespierre : l'*incorruptible*. Il l'était en effet comme ceux qui veulent tout prendre à la fois. Cette probité en détail séduit toujours le peuple... Le meilleur fondement de l'égalité aujourd'hui, c'est qu'il n'est personne qui ne soit apte à recevoir de l'argent... Les constitutions ne créent pas, mais elles arrangent ce qui est créé... C'est une chose remarquable de notre Révolution qu'elle trouve son point d'unité dans les craintes et ne se divise que par les succès... On se lasse d'avoir raison comme de toute autre chose... La liberté dans une monarchie est le contraire de l'esprit de révolution... L'esprit de Paris est de sa nature contraire à toutes les institutions monarchiques; il est républicain avec des mœurs qui exigeraient les verges du despotisme, mélange

— Le comte de Lille vous a sans doute comblé. — Jugez-en par ce que Votre Majesté me donne ! » Napoléon renonça à le plaisanter.

Fiévée ne croit pas que le ridicule tue encore en France : « Est-ce qu'il y a du ridicule, en effet, quand il n'y a plus de mœurs fixées ? Le ridicule serait aujourd'hui un moyen de succès s'il aidait un homme à sortir de la foule. »

Plus on étudie ces hommes qui vécurent dans la seconde partie du XVIIIe siècle et dans la première partie du XIXe, plus on remarque de profonds et continuels changements dans leurs positions et leurs idées, changements qui reflètent en général les immenses bouleversements des choses. Correspondant de Bonaparte, maître des requêtes,

bizarre dont la Révolution nous a montré les dangers et les résultats. — Je ne suis pas de l'avis de Montesquieu donnant la *vertu* pour base aux républiques, et l'*honneur* aux monarchies ; je crois que l'*ambition* est fondamentale dans les républiques et la *vanité* dans les monarchies. — La force comprime, la force fait des révoltes, mais les opinions font des révolutions. — On a trop longtemps oublié que si l'autorité peut quelquefois taire la vérité, elle ne doit jamais la déguiser. — La politique n'est que la conciliation des intérêts ; lorsqu'elle veut concilier des opinions, elle s'égare. — Il est plus facile encore de gouverner les Français que de les changer. — L'ordre, comme le bon sens, est une qualité qui s'applique à tout. — Nul mieux que Fiévée n'a démasqué l'orgueil, les projets des vieux révolutionnaires devenus barons, comtes et ducs : « Ils ne sont ni corrigés, ni effrayés de la Révolution ; ils trouvent que c'est un bon métier qui rapporte beaucoup ; ils prévoient de nouvelles circonstances et ne s'en cachent pas. Ils s'unissent au pouvoir comme les moines s'unissaient à Charlemagne, pour le pousser à convertir les Saxons les armes à la main ; cela faisait ériger de nouveaux évêchés, fonder de nouveaux couvents. Les prêtres n'en ont pas moins ôté deux fois la couronne à son fils. » Plus loin il démontre que la Révolution ne s'est pas faite uniquement par les livres, que les idées ne viennent jamais qu'à la suite des circons-

préfet, correspondant du comte de Blacas, constitutionnel libéral, collaborateur du *Temps* avec M. Coste, du *National* avec Carrel, Fiévée pensait sans doute, avec le cardinal de Retz, qu'il faut souvent changer d'opinion pour rester de son parti. Il avait fini par se détacher entièrement des personnes, et affectait de ne se soucier plus que des peuples : « Les peuples vont, non parce qu'on les gouverne, mais malgré qu'on les gouverne. » Avait-il entièrement tort pour la France où les vertus privées tiennent lieu de vertus publiques et remplacent les hommes d'État ?

tances politiques et administratives qui dominent, que c'est lorsqu'il n'y a plus de liberté dans les institutions que toutes les libertés se sont réfugiées dans les esprits. Il admire l'Angleterre, il a des poussées de libéralisme idéal, qui retombent bien vite quand il se trouve en présence des faits. « L'Angleterre, dira-t-il, n'a pas de constitution écrite et c'est le seul pays qui soit constitué. » Mais, lorsque le comte Regnault lui demande quel plaisir il éprouve à aller à Hambourg : « C'est, répond-il, que je n'entendrai plus délibérer. » Après la conspiration Malet, il écrit à l'empereur : « On peut comparer la France à un clavier musical; en posant le doigt sur telle touche, on sait d'avance le son qu'elle doit rendre; de même quiconque a vécu au milieu de nos longs troubles civils et a réfléchi, n'a pas besoin d'interroger les hommes pour savoir le parti qu'ils prendront dans telle ou telle circonstance. Il suffit d'amener la circonstance, les hommes répondront.... Depuis l'Assemblée constituante, la Révolution n'a été qu'une transformation continuelle du pouvoir à tout prix, et à des conditions si sanglantes que l'histoire n'offre rien qu'on puisse leur comparer... Dans un État ainsi constitué, parler au peuple d'attachement à ses lois, à son gouvernement, c'est ressembler aux pères qui interdisent en paroles à leurs enfants les actions dont ils leur donnent l'exemple... » -- En 1812, il écrit à l'empereur : « Sire, il n'y a pas de monarchie en France, il n'y a que le nom de Votre Majesté. »

IV. — ARNAULT [1]

On a oublié les tragédies d'Arnault, *Marius à Minturnes*, *Germanicus*, *les Vénitiens*; on se souvient encore de ses *Mémoires*, livre agréablement écrit, finement observé, plein de curieux détails sur les littérateurs et les hommes de la Révolution. En le composant, l'auteur a dû rentrer un peu ses griffes, car ses contemporains et son successeur à l'Académie française, M. Scribe, le dépeignent comme un homme qui avait au plus haut point la reconnaissance *des mauvais* et des bons procédés, sensible et irritable, très franc, incapable de retenir un bon mot.

Cette verve caustique se retrouve plutôt dans ses fables et ses chansons. C'est Juvénal fabuliste, a-t-on dit [2].

---

1. Né en 1766, mort en 1834. — *Souvenirs d'un sexagénaire*, 4 vol. — *Marius à Minturnes*. — *Les Vénitiens*. — *Germanicus*. — *Vie politique et militaire de Napoléon*. — *Mon portefeuille*. — *Fables*, etc. — Sainte-Beuve, *Causeries du Lundi*, t. VII.

2. Aux premiers jours de son exil à Bruxelles, après le retour des Bourbons, Arnault écrivit sa jolie pièce allégorique de *la Feuille*, la seule de ses poésies qui ait volé jusqu'à nous, et dont les derniers vers se citeront toujours.

> De ta tige détachée,
> Pauvre feuille desséchée,
> Où vas-tu ? « Je n'en sais rien.
> L'orage a frappé le chêne
> Qui seul était mon soutien.
> De son inconstante haleine
> Le zéphyr ou l'aquilon
> Depuis ce jour me promène
> De la forêt à la plaine,
> De la montagne au vallon ;
> Je vais où le vent me mène,
> Sans me plaindre ou m'effrayer,
> Je vais où va toute chose,
> Où va la feuille de rose
> Et la feuille de laurier.

M. de Thiard reprochait à Florian d'avoir mis dans ses bergeries trop de moutons; peut-être dans les fables d'Arnault y a-t-il trop de loups[1].

L'agrément de ses *Souvenirs* ne se dément pas un instant; il semble s'accroître quand l'écrivain raconte ses

---

[1]. On ne s'écrie pas, en lisant ces fables un peu satiriques : « Ah ! le bonhomme ! » mais on dira toujours : « L'honnête homme ! » *Le Riche et le Pauvre, les Taches et les Paillettes, le Secret de Polichinelle, le Chêne et les Buissons, le Colimaçon*, méritent de rester gravées dans toutes les mémoires. Il a su non seulement glaner, mais récolter dans un champ déjà moissonné. Forcé de choisir, je donnerai la dernière de ces pièces.

LE COLIMAÇON

Sans amis, comme sans famille,
Ici-bas vivre en étranger;
Se retirer dans sa coquille,
Au signal du moindre danger;
S'aimer d'une amitié sans bornes;
De soi seul emplir la maison;
En sortir, suivant la saison,
Pour faire à son prochain les cornes;
Signaler ses pas destructeurs
Par les traces les plus impures;
Outrager les plus tendres fleurs
Par ses baisers ou ses morsures;
Enfin, chez soi, comme en prison,
Vieillir de jour en jour plus triste,
C'est l'histoire de l'égoïste
Et celle du Colimaçon.

Il excelle à condenser une sentence dans une image rapide.

...Au milieu du discours le plus sot,
On peut rencontrer un bon mot
Comme une perle dans une huître...
...Si quelque étincelle m'échappe,
La faute n'en est pas à moi,
Elle est à celui qui me frappe...

Presque toujours, Arnault cherche dans ses apologues l'occasion d'un trait acéré, c'est là la marque distinctive de cet esprit armé jusqu'aux dents, et, dès l'enfance, prompt à la riposte. *A bon chat*

conversations familières avec Bonaparte, les préliminaires du 18 Brumaire, et nous introduit dans les coulisses du théâtre politique. Le héros l'avait pris en goût, l'emmenait en Égypte, jouait avec lui au jeu de l'oie : « Faisons une tragédie ensemble, me dit-il un jour. — Volontiers, général, mais quand nous aurons fait ensemble un plan de campagne. — Il me regarda en riant, me tira l'oreille et parla d'autre chose. » Plus tard il lui confie d'importantes missions, le nomme secrétaire général de l'Université : au 18 Brumaire, Arnault est confident et complice à sa façon ; la rédaction des proclamations revint à Regnauld qui l'associa à ce travail en lui commandant une chanson ; car il *faut des proclamations aussi pour les halles et c'est sous cette forme surtout qu'on se fait comprendre de la population qui fourmille là et dans les rues.* Le trait n'a pas vieilli.

C'est à Arnault que nous devons le récit d'une très curieuse conversation entre madame de Staël et le vain-

---

bon rat, était sa devise. Un de ses professeurs de Juilly l'ayant interpellé au milieu de ses camarades : « Eh bien, vous cherchez un sujet d'épigramme ? — Je l'ai rencontré, » repart Arnault en le fixant. Plus tard, son ami le général Leclerc l'aborde fort cavalièrement dans un salon : « Te voilà donc, toi qui te crois un poète après Racine et Corneille ! — Te voilà donc, réplique Arnault, toi qui te crois un général après Turenne et Condé ! » Il dit assez cavalièrement de Louis XVIII, son ancien maître, qui le bannit en 1815 : « Monsieur, à tout prendre était un garçon d'esprit, mais il le prouvait moins par des mots qui lui fussent propres que par l'emploi qu'il faisait des mots d'autrui. » Peut-être son exil eut-il pour cause cette épigramme qui courut sous son nom :

> Quoi qu'on pense et qu'on puisse dire,
> Le règne des Bourbons me cause de l'effroi.
> J'ai vu le roi : le pauvre Sire !
> J'ai vu Monsieur : vive le roi !

queur des Pyramides, chez Talleyrand : « ... On croyait voir Talestris avec Alexandre, ou la reine de Saba avec Salomon. Madame de Staël accabla d'abord de compliments assez emphatiques Bonaparte, qui répondit par des propos assez froids, mais très polis. Une autre personne n'eût pas été plus avant. Sans faire attention à la contrariété qui se manifestait dans ses traits et dans son accent, madame de Staël, déterminée à engager une discussion en règle, le poursuit cependant de questions, et tout en lui faisant entendre qu'il est pour elle le premier des hommes : « Général, lui dit-elle, quelle est la femme que vous aimeriez le plus? — La mienne. — C'est tout simple, mais quelle est celle que vous estimeriez le plus? — Celle qui sait le mieux s'occuper de son ménage. — Je le conçois encore. Mais enfin quelle serait pour vous la première des femmes? — Celle qui fait le plus d'enfants, madame. » Et il se retira en la laissant au milieu d'un cercle plus égayé qu'elle de cette boutade. — Toute déconcertée d'un résultat qui répondait si mal à son attente : « Votre grand homme, me dit-elle, est un homme bien singulier... La manie de madame de Staël était de gouverner tout le monde et celle de Bonaparte de n'être gouverné par personne. »

Mots incisifs, tirades pleines de verve, silhouettes humoristiques abondent dans les *Souvenirs*. On l'eût pris pour un grenadier déguisé en séminariste, pensait-il de Maury, qui lui aurait tenu ce propos cynique : « Vous pouvez m'en croire, je ne mens qu'en chaire. » Venant demander au peintre David des dessins pour les décors d'une tragédie, et celui-ci le recevant fort mal parce que son gilet et ses gants sont semés de fleurs de lis : « Monsieur David, riposte-t-il, nous ne rougissons pas de ces marques-là dans notre parti; nous aimons même à les montrer, tandis que, dans le vôtre, les gens qui les portent, et il y en a plus d'un, se gardent bien de s'en vanter, et pour cause. »

Un joli crayon d'Anacharsis Clootz, *Canard-six*, comme l'appelait le peuple : « Aussi extravagant en morale qu'en politique, Anacharsis Clootz professait ouvertement l'athéisme. Ainsi que tout gouvernement, toute religion lui était insupportable, mais surtout la chrétienne. Au seul nom de son fondateur, il entrait en convulsion comme un romantique au nom de Racine, comme un hydrophobe à l'aspect d'un verre d'eau : c'était l'ennemi personnel de Jésus-Christ... »

Le rasoir national ne fonctionna point un jour de fête de l'Être suprême : « Dirai-je quel reproche des animaux firent aux hommes ce jour-là? Quand les douze bœufs qui promenaient je ne sais quelle déesse dont Robespierre suivait le char, approchèrent de cette place imprégnée de meurtre; bien qu'elle eût été lavée, bien qu'elle eût été recouverte d'un sable épais, ils s'arrêtèrent paralysés d'horreur, et ce n'est qu'à coups d'aiguillon qu'on les força à passer outre... »

« Lorsque Le Brun mourut, le secrétaire perpétuel de l'Académie demanda quels étaient ceux d'entre nous qui voulaient assister à ses obsèques. Silence universel d'abord, puis le cardinal Maury, dans un élan de charité chrétienne : « Moi, quoiqu'il ait fait des épigrammes contre moi. — Et moi aussi, malgré cela, dirent successivement les autres membres. — Et moi aussi, à cause de cela, » dis-je, quand vint mon tour.

Arnault nous fournit un frappant exemple de la dépréciation des assignats. Après dix ou douze représentations d'*Oscar*, le caissier du théâtre lui remet treize ou quatorze cent mille francs pour ses droits d'auteur. « La France est plus pauvre que jamais, dis-je à ma mère qui me demandait comment allaient les affaires. — Et pourquoi, mon ami ? — C'est que me voilà millionnaire. » En effet, ces assignats lui donnèrent sept cents et quelques francs de produit net.

Pendant le Directoire, certains politiques ne sortaient pas sans avoir la perruque brune dans une poche et la boîte à poudre dans l'autre, pour pouvoir se coiffer, avant d'entrer, de l'opinion qui régnait dans la maison. De là, ce quatrain :

> Au gré de l'intérêt passant du blanc au noir,
> Le matin royaliste et jacobin le soir,
> Ce qu'il blâmait hier, demain prêt à l'absoudre,
> Il prit, quitta, reprit la perruque et la poudre.

Gracieuse, abondante et parée d'ironie légère, la verve d'Arnault se joue à travers les sujets les plus variés : comme le Diable Boiteux, elle promène un peu partout le lecteur, sur mer et sur terre, à Paris et à l'étranger, dans les assemblées, les coulisses des théâtres, les salons et la rue, recueillant avec empressement ces détails intimes qui forment en quelque sorte la menue monnaie de l'histoire. En passant, elle donne un coup de patte à la Société des bêtes fondée par Barré, Radet, Despréaux, etc..., afin de parodier l'Institut : les adeptes ne devaient rien dire qui eût apparence de sens ou du moins de raison ; cette règle qui avait l'amusement pour but, produisit un effet tout contraire. Elle saute de Talleyrand à

Julie Talma, de Bonaparte à Musson : Musson, le mystificateur par excellence, le boute-en-train des salons du directoire, le roi de la gaieté, le précurseur d'Henri Monnier, Musson qui, jusqu'à son dernier moment, conserva le don de faire rire tout le monde et le don de rire de tout. Une fois, sur le boulevard, s'amusant de la bonté d'un provincial aux soins duquel il s'était fait confier, et qui le prenait pour un imbécile dont la manie était de se croire un enfant, s'arrêtant à toutes les boutiques et demandant dans la langue de l'enfance tout ce qu'il voyait, il se fit acheter par lui des gâteaux, un pantin, et quand la foule que cette singulière farce avait réunie fut assez nombreuse, il exigea de son mentor improvisé la complaisance la plus grande qu'un marmot puisse obtenir de sa bonne. Heureusement pour le mystifié, Lenoir qui lui avait confié cette tutelle et qui observait de loin la scène, vint le tirer d'embarras, sans toutefois le désabuser.

Une autre fois Musson se fait passer pour un gentilhomme campagnard dans une société où se trouvait Picard, tonne contre les théâtres et exaspère violemment l'auteur contre ce *sot provincial*, si bien que le maître de la maison crut devoir intervenir. « Monsieur Musson, dit-il, vous enverrai-je du macaroni? » La fureur de Picard fit place à un rire inextinguible.

Un des premiers, Arnault rendit justice à Lemierre, poëte rocailleux, incorrect, dont les tragédies éclatent parfois en traits de dialogues dignes des grands maîtres[1]. C'est de lui cette réponse de Barnevelt à son fils qui lui conseillait de se soustraire par une mort volontaire à un supplice ignominieux.

1. Lemierre, *Œuvres*, 3 vol., René Perrin, 1830.

... Mon fils, qu'avez-vous dit ? —
Caton se la donna. — Socrate l'attendit.

De lui, ce vers qu'il appelait *modestement* le vers du siècle :

Le trident de Neptune est le sceptre du monde.

Toujours de lui, ce vers du poëme des *Fastes :*

Même quand l'oiseau marche, on sent qu'il a des ailes:

Cet autre du poëme de *la Peinture :*

L'Allégorie habite un palais diaphane

Ceux-ci dans la pièce *sur l'Utilité des découvertes :*

Croire tout découvert est une erreur profonde
C'est prendre l'horizon pour les bornes du monde.

C'est le Guillaume Tell de la tragédie de Lemierre qui a dit en vers ce que Vergniaud répéta en prose dans son Discours sur les massacres de Septembre :

Que la Suisse soit libre et que nos noms périssent !

L'orateur citait le poëte en croyant citer le héros.

M. Émile Deschamps lui attribue encore ce magnifique alexandrin :

Les bûchers sont dans l'Inde et partout les victimes.

Arnault raconte que seul, à minuit, en habit de taffetas, le chapeau sous le bras et la brette au côté, Lemierre revenait de souper en ville, lorsqu'un homme à la mine suspecte, venant droit à lui sous les piliers des halles, lui demande d'un ton assez arrogant quelle heure il est à sa montre : « Regardes-y, voici l'aiguille ! » répond Lemierre en lui présentant la pointe de son épée.

Déjà sur le retour, il avait épousé une femme jeune et jolie. Il exprimait avec grâce l'impression que lui causait sa beauté :

« Tous les jours, je passe ma main sur ses épaules pour sentir s'il ne lui vient pas des plumes [1]. »

Quand on lui demanda après 89 pourquoi il ne faisait plus de tragédies, il répondit : « La tragédie court les rues [2]. » De tels mots excusent cet orgueil naïf qui lui faisait dire : « Je n'ai point de prôneur, il faut bien que je fasse mon affaire tout seul. » A la mort de Voltaire, il réclama son fauteuil, prétendant « qu'Ajax devait hériter des armes d'Achille ». Et, malgré La Harpe, malgré Rivarol, malgré les épigrammes et les critiques de ses rivaux, l'Académie française finit par couronner son talent. Il entra, le 25 janvier 1781, dans cette illustre compagnie, où, selon sa propre expression, les pertes ne doivent être que des échanges.

V. — MICHAUD [3]

La Révolution le fit journaliste, l'exil le rendit poète, une préface de roman le mit sur les voies de l'histoire, la

---

1. Il écrivit un jour sur l'éventail d'une dame ce joli quatrain qui fut longtemps attribué à Louis XVIII :

> Dans le temps des chaleurs extrêmes,
> Heureux d'amuser vos loisirs,
> Je saurai près de vous amener les zéphyrs,
> Les amours y viendront d'eux-mêmes.

2. Le mot est aussi dans une lettre de Ducis et on le trouve déjà dans une *Mazarinade* :

> Comédiens, c'est un mauvais temps ;
> La Tragédie est par les champs !

3. Né en 1767, mort en 1839. — *Histoire des croisades*, 5 vol,

nature le créa causeur. Emprisonné onze fois, condamné deux fois à mort, exécuté en effigie sur la place de Grève, rien ne put réduire au silence le royaliste passionné, absolu, le publiciste incisif et courageux, qui fonda et pendant trente ans dirigea la *Quotidienne*. Ayant à comparaître devant un jury, il se préparait à récuser les jurés qui n'étaient pas de son opinion : « Gardez-vous-en bien dit un jacobin qui se trouvait là aussi en qualité d'accusé, prenez les miens et récusez plutôt les vôtres, car soyez sûr qu'ils ne manqueraient pas de vous condamner par peur. » M. Michaud aimait ces petits récits qu'il terminait par une morale pratique et fine comme une fable de La Fontaine. Il y avait en lui du Bonhomme, et il le prônait fort. Un jour qu'on parlait devant lui de Machiavel : « Sans aller si loin, observa-t-il, il y a quelqu'un que vous devriez plutôt étudier, c'est La Fontaine ; on l'appelle un fabuliste ; on devrait plutôt l'appeler un publiciste. »

Il eut quelques dévergondages de plume et de parole, (qui donc n'en eut pas dans ce temps de sens dessus dessous universel), mit la déclaration des droits de l'homme en vers, flirta un instant avec Jean-Jacques, avec Napoléon. Son tort le plus grave fut son pamphlet contre Marie-Joseph Chénier qu'il accusa d'avoir laissé assassiner son frère. S'il se fût contenté de lui dire, à lui et à ses amis : « Soyez les *oies* perpétuelles du Capitole et les *dindons* éternels de la Révolution », on n'aurait

Correspondance d'Orient ; — *le Printemps d'un proscrit*. — Sainte-Beuve, *Causeries du Lundi*, t. VII. — Charles Labitte, *Études critiques*, t. II. — Discours de réception de MM. Flourens et Mignet à l'Académie française, 5 décembre 1840. — *Biographie universelle*. — Articles de MM. Merle et Laurentie dans la *Quotidienne*, octobre 1839.

pas à protester. Mais il l'appelle Caïn Chénier, et voit dans *Timoléon* une fausse justification.

> Le grand Timoléon vint apprendre aux Français
> Que la fraternité n'était qu'une chimère,
> Et qu'on pouvait sans crime assassiner son frère.

Il osait même dire :

> Je sais bien que Chénier, fidèle à Melpomène [1],
> Peut tuer ses héros ailleurs que sur la scène.

Voilà où la polémique peut entraîner un homme d'une nature bienveillante et douce qui, dans ses derniers jours, se félicitait de ne garder pas une rancune, pas un ressentiment, et se flattait de n'avoir pas un ennemi. Il avait aussi attaqué madame de Staël avec beaucoup de vivacité ; l'ayant rencontrée ensuite chez madame Suard, il se tira de sa fausse position en disant : « Que voulez-vous, madame ? nous combattions dans la mêlée et dans les ténèbres ; je n'ai pas la fatuité de me comparer à un des héros de l'*Iliade* ; il m'est pourtant arrivé le même malheur qu'à Diomède ; j'ai blessé dans la nuit une déesse. » Madame de Staël sourit et pardonna. — M. Thiers a dit plus tard dans le même sens : « La politique est un combat de nuit ; quand l'aurore paraît, on regrette souvent les coups qu'on a portés. »

Après le 18 Brumaire, il publie ses *Adieux à Bonaparte*, ils firent grand bruit et renferment des mots frappants : « Je crains qu'on ne dise un jour que notre Ré-

---

[1]. Un jour que Ginguené en causait avec lui, il convint qu'il n'y avait eu là qu'une stratégie de presse et ajouta sans fard : « Il fallait bien le démonétiser ; après tout, c'est un fameux chat que nous lui avons jeté dans les jambes. »

publique s'est faite homme... Ce gentilhomme d'Ajaccio... c'est le jacobinisme royalisé... N'oubliez pas que les Tuileries sont devenues comme un caravansérail placé sur la route de l'échafaud... » Un autre écrit le fit renfermer au Temple pendant quelque temps. Plus tard, M. de Fontanes chercha à le séduire et lui cita l'exemple de l'abbé Delille : « Il a la chaire de poésie latine du Collège de France ; il a pris cinq mille francs. — Mon Dieu, c'est un peureux, répliquait Michaud, il en aurait même pris cent mille. »

Les avances ne le séduisaient pas ; il se comparait à ces oiseaux qui sont assez apprivoisés pour se laisser approcher, pas assez pour se laisser prendre. Un ministre de Charles X voulut obtenir le silence de la *Quotidienne* et lui offrit... tout ce qu'un ministre peut offrir. « Il n'y a qu'une chose, lui dit Michaud, pour laquelle je pourrais vous faire quelque sacrifice ; ce serait si vous pouviez me donner la santé. » Il voulait qu'il fût permis aux journaux de faire l'office de réverbères. « Ces gens-là sont des niais, prétendait-il ; ils s'imaginent qu'en achetant un journal ils achètent une opinion ; un journal n'a de valeur que quand il est l'organe d'un parti ; et dès qu'il n'est plus l'organe d'un parti il n'est plus qu'une feuille de papier barbouillée. » Quand il se décida à guerroyer contre le ministère Villèle, il disait en souriant à ses alliés : « Nous autres, nous tirons par les fenêtres de la sacristie. » C'était fort spirituel, mais...!!!

L'Académie française ayant protesté auprès du roi en faveur de la presse menacée, Michaud n'hésita pas à signer, ajoutant seulement « qu'une prière n'était pas une sédition ». On lui enleva le lendemain sa place de lecteur du roi, seule récompense de ses services. Quelques jours après, ses collègues sollicitent son avis sur une autre question : « Messieurs, la semaine passée je n'ai dit que trois mots, chacun de ces mots m'a coûté mille francs, je ne suis pas assez riche pour parler à ce prix-là. »

Nommé député en 1815, il avait voulu monter à la tribune et était resté court. Il se crut perdu. Mais, en avouant sa déconvenue, il ajoutait : « J'avais tort... — Bon, s'écrièrent les autres, celui-ci ne parlera pas, et c'est de ce jour que data mon crédit. » Et faisant bon marché de lui-même, il reprenait : « Les ministres ont été effrayés quand ils m'ont vu entrer à la Chambre, mais en me voyant descendre de la tribune, ils ont été bientôt rassurés. »

La *Gazette de France*, qui ne lui pardonnait pas son opposition au ministère Villèle, exhuma contre lui quelques vers républicains. Charles X étonné lui en parla et il répondit avec fierté : « Les choses iraient bien mieux si le roi était aussi au courant de ses affaires que Sa Majesté paraît l'être des miennes. » Le mot a-t-il été prononcé devant ou derrière le roi ? J'inclinerais vers la seconde version. Un ministériel qui lui disait : « Ah ! mon cher Michaud, vous êtes un grand coupable ! » s'attira cette riposte : « Je ne suis pas aussi coupable que vous êtes innocent. » « Eh bien, que vous a dit le roi », lui demandait Laurentie, lorsqu'il revint des Tuileries où il avait porté à Louis XVIII, son dernier volume de l'*Histoire des Croisades*. Il le regarda avec son sourire malin : « Il m'a presque parlé. »

Sa conversation rappelait celle de Fontenelle, abondant en traits fins, délicats, un peu ciselés et toujours de bonne compagnie : « J'ai eu souvent envie de faire un livre sur les choses qui se sont faites toutes seules, car j'ai remarqué que tout ce qui s'est fait de bien depuis quarante ans n'est l'ouvrage de personne; on pourrait dire que le bien n'a ni père, ni mère... Dans toute opposition il y a une vipère... Être malade est un métier qu'on apprend comme un autre, et je dois le savoir, car il y a quarante ans que je l'étudie. » (Il était né *tué* comme Voltaire et dura soixante-douze ans.) Quand ses amis lui rappelaient qu'il était au régime : « Ah ! le régime, ne m'en parlez pas, c'est pis que la maladie. » — Un jour qu'il revenait de faire dresser un certificat de vie pour toucher sa pension : « Je me sentais si malade, dit-il à Laurentie, qu'en entrant chez le notaire, je réfléchissais que ma demande était bien hasardée, qu'on faisait bien de ne pas s'en rapporter à moi et d'exiger deux témoins. » Puis il ajouta gaiement, en prenant sa prise de tabac : « Je m'aperçois que je ne vis plus que par-devant notaire. » Il était timide et ne montrait son esprit qu'en petit comité : « Mon esprit est comme mon amitié, je n'en ai pas pour tout le monde... Le plus mauvais pays est, selon je ne sais quel proverbe, celui où on n'a pas d'amis; je ne suis point de ce pays-là. »

Il disait d'un personnage bavard mais parfois intéressant : « C'est un homme qui s'est échappé des mains de la nature, sans lui laisser le temps de l'achever »; d'un autre, très littéraire et très vide : « Ses phrases sont comme ces jolies petites boîtes que l'on fait sans savoir ce qu'on mettra dedans. » A l'Académie française, il succéda à Cailhava, et ne prononça point de harangue; plus tard il lui enviait cette chance : « Je n'aurai pas le bonheur de

Cailhava et je serai mal loué sans doute. » Le jour où Girodet termina sa *Galatée*, Michaud le complimenta avec cette bonhomie gracieuse qu'il avait gardée d'un autre temps : « On n'a rien vu de plus beau depuis le *Déluge*. »

Lors du blocus continental, on emplissait certains bateaux de livres sans prix qu'on jetait ensuite à la mer et qu'on remplaçait par quelque cargaison anglaise; un certain M. de Saint-Victor avait épuisé de la sorte un de ses ouvrages, il s'avisa de le faire réimprimer, et Michaud appelait malicieusement la première édition : l'édition *ad usum Delphini*. Un jeune homme, fanatique jacobin, lui crie dans une discussion : « Monsieur, Robespierre n'est pas encore jugé. — Heureusement, il est exécuté, » réplique le vieux publiciste.

On a rapporté ses dernières paroles : « Un pressentiment de déroute générale est dans les esprits; le gouvernement du monde est bien fatigué... comme moi... » Oui, sans doute, le monde est fatigué, le trouble est dans les âmes, nous sommes de grands inquiets, mais, après chaque crise, la vie, la force, le printemps renaissent comme la nature après l'hiver. Les vieillards, les absolutistes ont de tout temps confondu la ruine de leurs espérances avec la ruine de la société, la fin d'un acte avec la fin d'une pièce. Michaud passa sa vie à se tromper avec infiniment d'esprit : historien consciencieux et grave, poëte aimable, conteur exquis, il répandait le plus pur de son talent dans la causerie; son style d'écrivain n'a pas la trempe, il lui manque ces expressions qui font feu et qui illuminent; mais, après une conversation, on le quittait plus aiguisé chaque fois et plus nourri. Il avait conservé les habitudes d'un temps où tout le monde perdait de l'esprit et personne n'en ramassait. Heureusement pour sa mémoire, ses amis ont ramassé ce charmant esprit et collectionné ses diamants. Ajoutons à sa louange qu'il traversa la Révolution entre des proscriptions et des arrêts de mort, passant par l'exil et les cachots, qu'entre les deux partis qui divisaient la France, l'un ayant pour lui la force, l'éclat, le succès, l'autre n'ayant que le malheur, il n'hésita pas à embrasser le second.

XIII

ANDRIEUX, LEMERCIER, SUARD, DUCIS

Les *Contes* d'Andrieux; *le Meunier de Sans-Souci.* — Appelez-vous messieurs et soyez citoyens. — On ne s'appuie que sur ce qui résiste. — Un dîner chez madame Legouvé. — Le cours d'Andrieux au Collège de France. — Corneille et Racine. — Pons (de Verdun) : l'épigramme du bibliomane. — Lemercier aux séances de la Convention. — Un âne a bien porté Jésus-Christ. — Épousez Vendémiaire. — Lettre de Lemercier à Napoléon. — Sire, j'attends! — Pourquoi M. Suard jouissait d'une légitime influence. — De l'utilité des talents moyens. — J'ose à peine me taire. — Ducis a fait une révolution sans le vouloir. — Sa nature morale exquise. — Correspondance de Ducis. — Lettre à Vallier. — Réponse au premier consul. — La fête patronale de Shakespeare. — Le XVIII° siècle méconnu et calomnié.

I. — ANDRIEUX[1]

Si les comédies d'Andrieux, et je n'excepte pas *les Étourdis*, manquent des qualités essentielles qui cons-

---

1. Né en 1759, mort en 1833. — *Œuvres choisies d'Andrieux*, par Charles Rozan, 1 vol. in-8, Ducrocq, 1878. — Andrieux, *Œuvres choisies*, préface de Berville, Ducrocq, 1862. — Discours de réception de M. Thiers à l'Académie française et réponse de M. Viennet, 15 décembre 1831. — Sainte-Beuve, *Portraits littéraires*, t. I°. —

tituent les œuvres dramatiques vraiment fortes, ses *Contes* sont des modèles de grâce et de bon langage. On relit encore avec plaisir *le Doyen de Badajoz*; *l'Enfance de Louis XII*; *le Procès du Sénat de Capoue*; *les Deux Rats* et surtout *le Meunier de Sans-Souci*, un petit chef-d'œuvre qui a les vertus décisives du genre : le naturel, la justesse, le sentiment des nuances, la finesse et le badinage élégant. Qui ne sait l'histoire de ce meunier qui refusa de vendre son moulin à Frédéric II et, menacé de confiscation, répondit avec à-propos :

> Oui, si nous n'avions pas des juges à Berlin !

Le roi, paraît-il, se conduisit loyalement avec les petits propriétaires qui entouraient son parc, et le comte de Héditz aurait observé à ce sujet : « Ah ! Sire, je vois bien qu'il fait bon être votre voisin en petit. » Joli mot qui sans doute inspirait à Andrieux la morale de son conte,

> ... Il mit l'Europe en feu, ce sont là jeux de prince :
> On respecte un moulin, on vole une province.

Tandis qu'au commencement, il plaisante fort agréablement sur les contradictions du cœur humain.

> L'homme est dans ses écarts, un étrange problème.
> Qui de nous, en tout temps, est fidèle à soi-même ?
> Le commun caractère est de n'en point avoir ;
> L'homme est bien variable, et ces malheureux rois...
> Dont on dit tant de mal, ont du bon quelquefois...

Andrieux ne se contente pas de donner de l'esprit à la bonté, il est aussi un philosophe, un citoyen, règle sa vie

Geruzez, *Histoire de la littérature pendant la Révolution.* — *Souvenirs de M. Legouvé, membre de l'Académie française*; 2 vol. in-8, Hachette.

avec probité, la conduit avec adresse et courage. Disciple de Voltaire, déiste convaincu, mais n'ayant rien gardé de la foi chrétienne, partisan des principes modérés de 1789, il maintient doucement ses opinions, fait tête à ses puissants adversaires auxquels il décoche une malice souriante qui met les rieurs de son côté. Tout ce qui est excessif, violent, énorme, agace cet esprit délicat, minutieux, fermé aux grands horizons, à l'imprévu grandiose. Le mot *citoyen*, si cher aux jacobins, l'horripile, et, le 15 nivôse an VI, il lit à la séance publique de l'Institut, son dialogue entre deux journalistes, qui se termine par ce trait charmant[1] :

Appelez-vous messieurs et soyez citoyens !

Après le 18 Brumaire, il entra au Tribunat, dont les velléités d'indépendance ne tardèrent pas à irriter le premier consul. Comme il s'en plaignait devant Andrieux, celui-ci répliqua : « Vous êtes à l'Institut, général, de la section de mécanique ; vous devez donc savoir qu'on ne s'appuie que sur ce qui résiste. » Mot aussi profond que spirituel, souvent et toujours inutilement répété. A vrai dire, cet aimable homme confondait les dates, et faisait de la politique géométrique ; Bonaparte aurait pu répondre avec Frédéric II et Henri IV que s'il voulait ruiner une province, il en confierait le gouvernement à un philosophe, que lui, premier consul, se donnait un mal infini pour que les lettrés pussent écrire, disserter et même le critiquer en paix. Mais avec Ginguené, Cabanis, Joseph

---

1. M. Dupin le lui emprunta le 6 octobre 1849, en ripostant au *citoyen* Thouret qui trouvait mauvais que le *Moniteur* l'eût appelé *monsieur*.

Chénier, ses collaborateurs de la *Décade philosophique*, il gardait le tour d'esprit du xviii° siècle, ne voyait dans le concordat qu'un sacrifice malencontreux aux vieux préjugés, dans le code qu'une compilation de vieilles lois[1]. Les nouvelles tendances littéraires devaient rencontrer en lui un censeur décidé, d'ailleurs plein de mesure et d'urbanité. Non qu'il condamnât la hardiesse d'esprit; il admirait beaucoup le théâtre anglais et Shakespeare en particulier, auquel il reprochait toutefois, d'être, suivant l'expression d'un ancien, *nimius in veritate*, trop dans la réalité, pas assez dans l'art; surtout il se défiait des gens qui prétendent renouveler la langue; c'est, disait-il, qu'ils cherchent à produire avec des mots des effets qu'ils ne savent pas produire avec des idées; jamais un grand penseur ne s'est plaint de la langue comme d'un lien qu'il fallût briser. Il citait Villemain comme étant du petit nombre des hommes qui écrivent encore en français : de son côté Villemain rappelait que chez les Grecs, Thalie était à la fois Muse et Grâce, que personne n'avait mieux qu'Andrieux entendu cet avis; et faisant allusion à cette chaire du Collège de France, qu'il occupa pendant dix-neuf ans avec un succès si complet, malgré sa voix faible et cassée, il ajoutait : « Il se fait entendre à force de se faire écouter[2]. »

1. Le ministre de la police Fouché lui ayant offert à plusieurs reprises une place de censeur : « Tenez, citoyen ministre, dit Andrieux, mon rôle est d'être pendu et non d'être bourreau. » Il ne courait pas au-devant de la fortune, mais elle vint à lui; plusieurs fois il lui tourna le dos, elle s'obstina, il finit par l'accepter.

2. Le mot n'aurait-il pas été inspiré par cette pensée de Beaumarchais dans *les Deux Amis*. « Une actrice se fait toujours entendre, lorsqu'elle a le talent de se faire écouter. »

Ce cours était moins une école de science littéraire qu'une école de raison et de bonnes mœurs, moins une leçon qu'une conversation ingénieuse et variée, rappelant tour à tour « le laisser aller de Montaigne, la douceur paternelle de Rollin, la piquante bonhomie de La Fontaine[1] ». Presque toujours Andrieux terminait par une

[1]. Voici une anecdote un peu salée que j'emprunte aux spirituels *Souvenirs de M. Legouvé.*
« C'était chez mon père, à un grand dîner où figuraient quelques hauts dignitaires de l'Empire, des hommes de lettres et plusieurs artistes distingués. Tout à coup, une odeur fétide, venant d'un tuyau de descente, se répand dans la salle à manger. Chacun de dire, tout bas d'abord, puis tout haut : « La singulière odeur! Qu'est-ce que cela peut être? » Ma mère était au supplice. Son dîner était manqué! Tout à coup Andrieux, avec cette petite voix éraillée qui ne semblait pas une voix d'homme : « Madame Legouvé, je crois que ça sent la... » et il lâche le *mot propre !...* ajoutant aussitôt d'un ton ingénu : « Je ne sais si je me fais comprendre. » On avait tressauté au premier mot, on éclata de rire au second : le rire emporta tout : embarras, gêne, contrariété, on ouvrit la fenêtre, l'odeur se dissipa, et le dîner s'acheva en pleine gaîté : ma mère appelait Andrieux son sauveur. » M. Legouvé ajoute de piquants détails sur le cours d'Andrieux : « Le jour où j'y allai, il arriva un peu en retard et nous conta comme quoi la faute en était à sa gouvernante. Elle avait laissé monter le lait de son café et elle avait mis un quart d'heure à aller en chercher d'autre. Là-dessus le voilà qui se lance dans mille détails d'intérieur, de ménage, de cuisine, d'armoires à linge, le tout mêlé à la peinture des vertus domestiques, à la façon des *Économiques* de Xénophon. Il nous entretint longtemps de sa chatte, et, à propos de sa chatte, d'Aristote, et à propos d'Aristote, de l'histoire naturelle. Les faits amenaient les réflexions, les réflexions se liaient aux récits et les récits étaient délicieux... J'ai entendu de grands lecteurs dans ma vie, mais d'égal à M. Andrieux, jamais! car il lisait admirablement *sans voix.* Je ne puis mieux comparer ce qui sortait de sa bouche qu'à ce qu'on appelle une *pratique.* C'était quelque chose d'enroué, de fêlé, de criard, de sourd, d'où il tirait des effets prodigieux. Comment? Par l'accent, par l'articulation, par l'expression, par l'esprit. »

lecture, faite avec un art exquis, des vers ou de la prose d'un grand écrivain. Un jour, au plus fort de la dispute entre romantiques et classiques, il avait étudié Racine et Corneille, blâmant ceux qui cherchaient à donner à l'un la prééminence sur l'autre, s'attachant à démontrer qu'ils avaient des titres égaux à l'admiration publique. Et voici comment il conclut : « On doit dire : *J'aime Corneille et j'aime Racine, comme on dit : j'aime papa et j'aime maman.* » La leçon était finie, les applaudissements éclataient de toutes parts, lorsque le professeur qui venait de quitter la tribune s'arrêta préoccupé et remonta quelques marches pour ajouter : « Cependant *je crois que Corneille serait maman.* »

Il était aimé de la jeunesse, adoré de ses amis, Picard, Collin d'Harleville, Ducis, tous reconnaissaient en lui leur conseiller, « leur Despréaux familier et charmant, l'arbitre des grâces et des élégances dans cette petite réunion, héritière des traditions du grand siècle et des souvenirs du souper d'Auteuil ». D'autres intimes renforçaient ce groupe d'élite, cette petite académie de l'Idéal; Pons de Verdun[1], Droz, Cabanis, Casti, Daru, François de

---

1. Président du Tribunat, Andrieux avait eu pendant trois mois une voiture à sa disposition; il y monta *une fois,* pour une visite d'étiquette au premier consul. Pons de Verdun, ayant eu aussi la sienne, n'y monta pas du tout. Pendant la moitié du trimestre, il disait : « Je ne veux pas m'accoutumer à aller en équipage; » et pendant l'autre moitié : « Je me déshabitue d'aller en voiture. »
Avant de se lancer dans la Révolution, d'être membre de la Convention, procureur général à la cour de cassation sous l'Empire, Pons de Verdun avait fourni les almanachs d'épigrammes, de contes en vers, de madrigaux, bouquets à Chloris, historiettes et satires. Rivarol l'appelait « la providence des Almanachs » ou « l'Hercule littéraire », pour avoir signé plus de dix mille pièces. Souvent Pons

Nantes, Lémontey, Campenon, Roger, madame Constance de Salm, Alexandre Duval : aucune de ces liaisons ne se rompit que par la mort. Quand le Consulat fit place à l'empire, Joseph Bonaparte, qui appréciait Andrieux, le

de Verdun se contente de mettre en vers des mots connus, et ses poésies ont les défauts communs à cette littérature fugitive : pauvreté des rimes, style prosaïque, mièvrerie et fadeur, mais il en est aussi d'excellentes, d'un tour spirituel et mordant, d'un jet franc et vigoureux, qu'on cite sans penser à leur auteur. Telle l'épigramme du bibliomane :

> C'est elle... Dieu que je suis aise !
> Oui... c'est... la bonne édition ;
> Voilà bien, pages neuf et seize,
> Les deux fautes d'impression
> Qui ne sont pas dans la mauvaise.

Ce quatrain sur ce thème que le caractère ne change guère :

> Ce qu'on fut jeune, on l'est aussi barbon ;
> Témoin Lourdis : qui naît buse meurt buse,
> Dorsan vieillit ; croire qu'il devient bon
> C'est une erreur ; sa méchanceté s'use.

Cette inscription pour un drapeau :

> Sur le champ de bataille où l'honneur vous conduit
> La mort fuit qui la brave et cherche qui la fuit !

A un finaud :

> De m'avoir confessé ne te vante pas tant ;
> Tel se croit confesseur qui n'est que pénitent.

Ce quatrain :

> Entre l'esprit et le génie,
> Malgré ce qu'ils ont de pareil,
> La différence est infinie :
> Un éclair n'est pas le soleil.

Une épigramme imitée de Martial :

> Les Arabes ! les Juifs ! Ouf ! ouf ! Je n'en puis plus !
> Ose-t-on écorcher les gens de cette sorte !
> Pour enterrer ma femme exiger vingt écus !
> J'aimerais presqu'autant qu'elle ne fût pas morte.

nomma son bibliothécaire avec six mille francs d'appointements : « Il me tombe sur les bras une grande fortune, dit-il, il faut que mes amis m'aident à en faire un bon usage. » Ce seul mot peint le caractère de celui qui l'a prononcé, le choix de ses amis l'avait déjà révélé.

II. — NÉPOMUCÈNE LEMERCIER[1]

En 1793, au plus fort de la Terreur, Lemercier suivait avec assiduité les séances de la Convention nationale : tous les jours il venait se placer à côté des Tricoteuses,

Un conseil utile :

> De l'argent qui t'échut quand le ciel te fit naître,
> Ne sois point possédé ; sois-en le possesseur :
> L'argent, disait Bacon, est un bon serviteur,
> Mais c'est toujours un mauvais maître.

La réponse trop vraie :

> « Je suis pauvre et pour moi l'on n'a que du mépris, »
> S'écriait l'autre jour le malheureux Fabrice.
> Quelqu'un lui dit : « Mon cher, pauvreté n'est pas vice ! »
> « Ah ! répondit-il, c'est bien pis ! »

Ou bien encore :

> Si vous êtes dans la détresse,
> Mes chers amis, cachez-le bien ;
> Car l'homme est bon et s'intéresse
> A ceux qui n'ont besoin de rien.

J'aurais voulu citer encore, mais l'espace me manque, les jolis morceaux intitulés : *le Diplomate, l'Oubli volontaire, l'Observateur, l'Enseigne du poète, le Prodige, le Souper fin, l'Acheteur de lunettes, l'Erreur de calcul.* Voy. le recueil des poésies de Pons de Verdun.

1. Né en 1779, mort en 1840. — Ernest Legouvé, *Soixante ans de souvenirs*, t. Ier. — Charles Labitte, *Études littéraires*, t. II. — Discours de réception de Victor Hugo à l'Académie française, réponse de M. de Salvandy. — *Œuvres de Lemercier.*

et là, muet, anxieux, l'œil fixe, et comme enchaîné aux lèvres des orateurs, il voyait mettre les lois hors la loi. Frappées de son attitude, les mégères l'avaient surnommé l'*Idiot*, et, un jour qu'il arrivait un peu en retard, il entendait l'une d'elles dire à sa voisine : « Ne te mets pas là, c'est la place de l'*Idiot!* » Or, cet idiot, à l'âge de quinze ans, étonnait les acteurs de la Comédie française, le public et la cour par sa tragédie de *Méléagre*, et faisant de l'opposition contre lui-même, retirait sa pièce après la première représentation, parce qu'il jugeait ce succès de mauvais aloi ; l'Idiot donnait, pendant la Révolution, *Clarisse Harlowe, le Lévite d'Ephraïm, le Tartufe révolutionnaire, Agamemnon;* l'Idiot avait la sympathie et l'estime du premier consul, de Talleyrand qui le proclamait le plus brillant causeur de Paris.

C'était un novateur original, dispersant sa force dans la variété et le nombre, étudiant avec la même ardeur les lettres, la peinture, l'anatomie, et, selon la définition de M. Legouvé, un homme du XIXe siècle égaré à la fin du XVIIIe : il a le génie de l'invention, il lui manque le génie de la forme, qui seul achève les grands écrivains et les recommande à la postérité. La sobriété, le goût, la proportion lui font défaut.

Agamemnon, Pinto, la Panhypocrisiade, Plaute, Frédégonde abondent en traits inspirés, en scènes saisissantes, mais aucune de ses tragédies, aucun de ses poèmes ne présente un tout harmonieux, il n'a que des fragments et son caractère bien plus que son talent le sauve de l'oubli.

Un jour, au Théâtre-Français, un officier vient se planter devant Lemercier qui le prie de se ranger. L'officier toise le poète et ne bouge. « Monsieur, reprend Lemercier, je vous ai dit que vous m'empêchiez de voir, et je vous ordonne de vous retirer de devant moi. — Vous m'ordonnez! savez-vous à qui vous parlez? A un homme qui a rapporté les drapeaux de l'armée d'Italie. — C'est possible, un âne a bien porté Jésus-Christ. » Un duel s'ensuivit, l'officier eut le bras cassé. Voilà pour le courage. Et quant au sang-froid, il suffit de rappeler le mot à cet ami qui ne pouvait retenir un tressaillement, lorsqu'on sifflait une de ses pièces : « Calmez-vous, vous en entendrez bien d'autres tout à l'heure. » Comme les critiques mettaient en doute la sincérité de son calme : « Faisons un pari, dit-il; je donnerai une nouvelle tragédie dans quelques mois. Or, ou je me trompe fort, ou le cinquième acte sera très sifflé. Eh bien! que le médecin du théâtre me tâte le pouls avant la représentation, puis qu'il me le tâte encore pendant la tempête, et il n'y trouvera pas une pulsation de plus après qu'avant! » Infirme d'un pied et d'une main, il affrontait gaiement les fatigues de l'escrime, de l'équitation, traversait le détroit d'Abydos à la nage, ressentait et inspirait des passions : il représentait Richard III bossu, paralysé d'un bras, donnait à Talma des leçons de difformité et lui montrait, par son exemple, comment l'élégance et la grâce peuvent s'allier à l'infirmité du corps. Le jour où il eut une attaque de paralysie, il lisait une de ses comédies dans une séance particulière de l'Académie. Tout à coup il s'arrête : « Excusez-moi, messieurs, dit-il tranquillement, je ne puis achever, je viens de perdre la vue. »

Il aima Bonaparte général et premier consul, devina son génie et poussa Joséphine à l'épouser : « Ma chère amie, croyez-moi, épousez Vendémiaire. » (On disait Lemercier-Méléagre au même instant où l'on disait le général Vendémiaire.) Sous le Consulat, la liaison devint de l'amitié. A Saint-Cloud, à la Malmaison, Bonaparte lut avec le poète de longs morceaux d'*Homère* et d'*Alexandre*. Quand il monta sur le trône, Lemercier, qui ne voulait rien sacrifier de son austère amour pour la liberté, lui adressa la lettre suivante :

« Bonaparte, car le nom que vous vous êtes fait est plus mémorable que les titres qu'on vous fait; vous m'avez permis d'approcher assez près de votre personne pour qu'une sincère affection pour vous se mêlât souvent à mon admiration pour vos qualités : je suis donc profondément affligé de ce qu'ayant pu vous placer dans l'histoire au rang des fondateurs, vous préfériez être imitateur. Mes sentiments particuliers, plus que votre autorité, me font, à dater de ce jour, une obligation de me taire. Les vertus de la France parleront pour sa liberté de siècle en siècle. Je fais passer à M. de Lacépède mon brevet de la Légion d'honneur, ne pouvant m'engager par serment à rien de plus qu'à me soumettre aux lois, quelles qu'elles soient, qu'adoptera mon pays. Mon dévouement pour lui ne cessera qu'avec ma vie. » Il avait joui modestement de l'amitié de Bonaparte[1], de même il affronta l'inimitié de Napoléon.

---

1. Au retour d'Égypte, Bonaparte voulut lui faire accepter dix mille francs, il refusa, et comme madame Tallien lui reprochait de se ruiner follement pour la liberté.

La Liberté, c'est ma coquine...

répondit-il malignement. On sait la suite du madrigal.

L'empereur avait été blessé des mots de Lemercier à sa dernière visite : « Vous vous amusez à refaire le lit des Bourbons ; eh bien, je vous prédis que vous n'y coucherez pas dix ans. » La brouille éclata, Napoléon l'appelait le fanatique[1], jetait l'interdit sur ses pièces[2], l'expropriait et lui faisait attendre une indemnité pendant plusieurs années; des amis dévoués, Duroc, Junot, Marmont, Lannes, Thénard, Dupuytren, Ducis, la princesse Dolgorowka, madame de Staël, s'empressent à le consoler. Lemercier se tait, demeure impassible, ne sort de son silence que par quelque réplique digne de Corneille. En 1812, il dut, comme membre de l'Institut, se rendre aux Tuileries. Dès que l'empereur l'aperçoit, il va droit à lui : « Eh bien ! Lemercier, quand nous donnerez-vous une belle tragédie? — Sire, j'attends. » La veille de la campagne de Russie, cette réponse sonnait comme une prophétie.

L'empire tombé, Lemercier va trouver Talleyrand et lui adresse cette requête : « Vous me pressiez de vous demander quelque chose. Le moment est venu : nous avons souvent pensé ensemble que la cause des proscriptions sanglantes de l'histoire, c'est la confiscation. Dans la charte que vous préparez, abolissez-la. » Et quelques jours après, M. de Talleyrand lui disant : « Êtes-vous

---

1. En 1839, il lit dans un journal que « le général Bertrand irait chercher l'empereur son maître à Sainte-Hélène ». « Et moi, s'écriat-il, si j'allais chercher mon ami le premier consul ! »

2. Piqué dans son orgueil, l'écrivain riposta par ce quatrain :

> Un despote persan appelait fanatique
> Un sage Athénien soumis au seul devoir.
> « Qui de nous l'est le plus ? dit l'homme de l'Attique ;
> J'aime la liberté comme toi le pouvoir ! »

content de moi? — Oui, car l'honneur ne sera qu'à vous et la joie intérieure est à nous deux. » — Les héros de Plutarque ont-ils jamais mieux pensé, mieux agi?

III. — SUARD[1]

Le monde s'étonne parfois de l'influence de certains hommes que ne soutiennent ni de grands talents, ni la puissance, ni la richesse : c'est un spectateur qui ne va jamais dans les coulisses, un lecteur qui ne lit jamais entre les lignes et ne voit que ce qu'on lui montre à grand fracas. Il ignore l'utilité de ces esprits mixtes qui, jouant le rôle de papier de soie entre des porcelaines de prix, doublent au besoin les chefs d'emploi et remplacent les envolées du génie par la mesure, la proportion, le jugement, par un équilibre supérieur de facultés moyennes,

---

1. Né en 1737, mort en 1817. — *Mélanges de littérature*, 5 vol. — D.-J. Garat, *Mémoires historiques sur Suard.* — Michaud, *Biographie universelle.* — Madame Suard, *Essai de Mémoires sur Suard.* — On affirme que le *Petit ménage*, comme on disait dans l'intimité des Suard, après avoir été fort uni, se refroidit, que madame Suard ayant eu la *franchise* d'annoncer à son mari qu'elle avait cessé de l'aimer, il répondit froidement : — *Cela reviendra.* Et comme elle ajoutait : — *C'est que j'en aime un autre.* Il reprit avec le même sang-froid : — *Cela se passera.* Il vivait avant 1789 dans la société de madame Geoffrin, des d'Holbach, d'Helvétius, de madame du Marchais, des Necker; il y rencontrait Buffon, d'Alembert, Diderot, Marmontel, Condorcet, Hume, Sterne, Garrick, le duc de Bragance, milord Stermont, le comte de Kreutz, le baron de Gleichen; ses amis de prédilection étaient Arnault et l'avocat Gerbier. C'est à madame Suard que Voltaire répondait délicieusement, lorsqu'elle l'assurait que tous ses ouvrages étaient gravés dans sa mémoire : « Ils sont donc corrigés! » — Madame Suard, dans son salon, cherchait à rendre la conversation générale, à empêcher, autant que

lesquelles, vues de loin, séparées les unes des autres, ne forcent point l'admiration, mais qui, réunies, commandent la sympathie, inspirent la confiance. Le bonheur en ménage se compose de mille petits faits répétés, de mille délicatesses charmantes, bien plus que d'actes héroïques ; il en va de même dans les cercles plus étendus : l'art de plaire, un bon sens orné de grâces, une âme saine, un caractère généreux y sont plus appréciés qu'un talent fougueux qui fait payer ses puissantes ivresses par des écarts de conduite.

Sauf son *Éloge de La Bruyère*, M. Suard n'a rien laissé de vraiment remarquable, et cependant l'Académie française lui avait de bonne heure, et à juste titre, ouvert ses

---

possible, les petits apartés, les entretiens oiseux et parasites. Voulait-on dire un mot tout bas à son voisin, elle vous demandait gracieusement : « Nous serions charmés de savoir de quoi vous parlez. » En un mot, elle gouvernait ses causeurs. Une femme d'infiniment d'esprit, madame Aubernon de Nerville, applique avec succès depuis vingt ans le même principe à ses dîners : elle veut que chacun s'intéresse aux autres, et j'ai vu dans sa maison les plus brillants causeurs de ce temps, MM. Dumas, Jules Simon, Pailleron, Boissier, Renan, Cherbuliez, Gaston Paris, Caro, Labiche, Barbey d'Aurévilly, Becque, Jules Lemaître, Lamy, Brunetière, Anatole France, Hugues Le Roux, Lavoix, Louis Ganderax, Bardoux, de Guerle, de Rémusat, etc..., se sentant mieux écoutés qu'ailleurs, se montrer supérieurs, en quelque sorte, à eux-mêmes, et, pendant plusieurs heures, faire assaut de verve, d'improvisation éloquente, d'anecdotes inédites. On se croirait transporté au xviiie siècle, en présence de Galiani, de Diderot, de Rivarol. Mais, dit-on, il y a des esprits qui ne s'épanouissent que dans le tête-à-tête, sur un canapé, qui redoutent la mise en scène, comme un novice craint la tribune. Ceux-là aussi ont leur heure, l'heure de l'intimité, lorsque la maîtresse de maison rompt le cercle enchanté, et, après le dîner, laisse la causerie s'éparpiller et s'égrener en pleine fantaisie.

portes. La science du monde, une bienveillance et un tact parfaits, des connaissances très variées en littérature et en art, l'agrément de son salon, ses journaux, un langage dont l'élégance se faisait toujours sentir sans se montrer jamais, qui laissait plus remarquer les choses que la manière de les dire, voilà le secret de ses succès si prompts et si prolongés : ajoutez-y le culte de l'amitié (on inspire toujours les sentiments qu'on ressent), la fermeté des convictions, et ces mœurs chevaleresques qui lui faisaient refuser des places pour qu'on les donnât à d'autres qu'il croyait plus dignes. Madame Geoffrin le grondait parce qu'il ne voulait plus retourner chez un personnage qui l'avait reçu un peu cavalièrement : « Quand on n'a pas de chemises, il ne faut pas avoir de fierté. — Au contraire, répliquait-il, c'est alors qu'il faut en avoir, afin d'avoir quelque chose. » — Marmontel, ayant été enfermé à la Bastille pendant quelques jours, lui contait cette aventure avec force détails, et comme Suard semblait peu ému, il ajouta : « Mais c'est que vous ne pouvez pas vous faire une idée de l'horreur dont on est saisi lorsqu'on entend de gros verrous fermant sur vous des portes de fer. — Mais, si fait, je puis m'en faire une idée. J'ai passé treize mois sous les gros verrous du fort Sainte-Marguerite (à propos d'un duel à Besançon). — Comment, s'écria Marmontel honteux, vous avez été en prison treize mois et vous me laissez parler de ma prison de la Bastille! » Suard n'avait jamais raconté à ses amis cet épisode de sa jeunesse.

Il était royaliste de sentiment par son éducation, royaliste de principe par sa raison ; comme tel il fut persécuté pendant la Révolution et disgracié sous l'Empire. Pendant la Terreur, il comparut[1] devant le président de la municipalité de Fontenay-aux-Roses, et comme il représentait qu'il n'y avait point de décret qui défendît la chose sur laquelle on le questionnait, celui-ci dit avec bonhomie : « Citoyen, nous sommes des gens rustiques, c'est aux personnes intelligentes comme toi à nous redresser si nous nous égarons. » Et il partait après avoir bu à la santé de Suard. — Les membres du Tribunal révolutionnaire à Paris n'avaient pas cette modestie, et madame Suard rapporte qu'un de ses amis auquel on demandait : « Que pensez-vous de tout ceci ? » fit cette réponse significative : « *Ce que je pense, mais j'ose à peine me taire.* »

Suard osa ne pas se taire devant Bonaparte. « Votre Tacite, lui avait dit ce dernier, n'est qu'un déclamateur, un imposteur qui a calomnié Néron... Oui, calomnié, car, enfin, Néron fut regretté du peuple. Quel malheur pour des princes qu'il y ait de tels historiens ! — Cela peut être, répliqua Suard, mais quel malheur pour les peuples, s'il n'y avait de tels historiens pour retenir et effrayer les mauvais princes ! » On essaya vainement de l'apprivoiser, d'obtenir qu'il écrivît des articles dans le *Publiciste*, pour ramener l'opinion *égarée* sur la mort du duc d'Enghien[2] et le procès du général Moreau. Voici la réponse de Suard : « J'ai soixante-treize ans ; mon caractère ne

---

1. « On vient de donner une déclaration des droits à la nation, dit-il en 89, cela suppose une déclaration des devoirs par laquelle il eût été plus prudent de commencer. » Rivarol définissait cette déclaration : « La préface criminelle d'un livre impossible. »

2. H. Welschinger, *le Duc d'Enghien*, 1 vol. Plon, 1888. — Madame Suard prétend que, peu après le meurtre du prince, les sœurs

s'est pas plus assoupli avec l'âge que mes membres. Je veux achever ma carrière comme je l'ai parcourue. Le premier objet sur laquel vous m'invitez à écrire est un coup d'État qui m'a profondément affligé, comme un acte de violence qui blesse toutes mes idées d'équité et de justice politique. Le second motif du mécontentement public porte sur l'intervention notoire du gouvernement dans une procédure régulière soumise à une cour de justice. J'avoue encore que je ne connais aucun acte de pouvoir qui doive exciter plus naturellement l'inquiétude de chaque citoyen pour sa sûreté personnelle... Vous voyez, monsieur, que je ne puis redresser un sentiment général que je partage. »

Le cardinal de Beausset regardait Suard comme le dépositaire et le conservateur de toutes les bonnes traditions en morale, en politique, en littérature. Cet homme rare savait en effet que l'âme n'a point de secret que la conduite ne révèle, il aurait pu, lui aussi, se vanter de n'avoir jamais donné le plus petit ridicule à la plus petite vertu, ni au plus petit plaisir : il possédait l'art de la vertu ajouté à la vertu, l'art du courage ajouté au courage.

IV. — DUCIS[1]

Ducis ne savait pas l'anglais, et jamais l'idée ne lui vint de l'apprendre, mais une traduction de Shakespeare

---

de l'empereur, sortant du spectacle, firent appeler leur voiture sous le nom de leur nouvelle dignité, et que le peuple répéta comme un écho accusateur « princesses du sang d'Enghien ».

1. Né en 1733, mort en 1816. — Villemain, *Tableau de la littérature française*, t. III. — Sainte-Beuve, *Causeries du Lundi*, t. VI ; *Nouveaux*

suffit pour soumettre son âme au grand tragique, au *barbare de génie* ; armé de cette traduction, il tenta de faire partager son admiration, il l'imita, l'appropria au goût du public français, il fut le premier initiateur. On a comparé la poésie traduite à un clair de lune empaillé ; Ducis servait à ses contemporains un Shakespeare ramolli, décoloré, sentimentalisé ; il avait affaire à une nation « qui demande bien des ménagements quand on veut la conduire par les routes sanglantes de la terreur ». Ils lui en surent bon gré, et poussés par le besoin de marquer d'un nom les événements qui les menaient, lui attribuèrent cette révolution littéraire. Il a fait toute une révolution sans le vouloir, observait Nestor Roqueplan, comme cela est arrivé quelquefois à la garde nationale[1]. Aussi fut-il choisi pour remplacer Voltaire à l'Académie française, mais cet honneur ne l'enivra pas un instant, et il le dit à merveille dans la première phrase de son discours de réception : « Il est des grands hommes à qui l'on succède, et que personne ne remplace[2]. »

Ce que Ducis a bien en propre, ce qu'il n'emprunte à personne, c'est sa nature morale exquise, ses vertus chrétiennes qui font de lui une sorte de saint laïque,

---

Lundis, t. IV. — Œuvres de Ducis. — Campenon, *Lettres sur Ducis*, 1824. — Jeanrod, *Nouvelle Histoire de la littérature française*. — Souvenirs de madame de Bawr. — Discours de réception de M. de Sèze à l'Académie française. Réponse de Fontanes.

1. « Si M. Ducis faisait une pièce comme il fait une scène, il serait notre premier tragique. » (La Harpe.)

2. « Lorsqu'enfin je fus nommé pour succéder à M. de Voltaire, disait-il, les quatre pieds de mon fauteuil entrèrent dans l'estomac de ce pauvre M. Dorat, dont les prétentions m'avaient un moment barré le chemin, et qui, j'en conviens, était bien plus aimable que moi et avait dix fois plus d'esprit. »

désintéressé, indépendant, père de famille et ami incomparable, sans aucune défaillance dans les mœurs, ayant dès sa jeunesse un registre secret où il écrivait tout son examen de conscience, avec ce titre : *Ma grande affaire,* c'est-à-dire, l'affaire du salut. Dans sa correspondance avec Sedaine, Deleyre, Thomas, Lemercier, Florian, Bitaubé, Bernardin de Saint Pierre, Talma, Garrick, de Rochefort, etc., il se montre spirituel avec grâce, original sans prétention, éloquent avec simplicité ; on dirait parfois d'un Montaigne chrétien ; « pour certains accents religieux, grandioses et doux, il est un parent de Chateaubriand, de même qu'il fut un de nos pères et de nos aïeux en rêverie. » On sait l'histoire de son petit logement de Versailles, véritable galetas, d'où il croyait voir le parc, dont il vantait l'agrément et le confortable : et en effet il voyait tout au travers de son âme, car il portait le bonheur avec lui.

Il pense continuellement à son ami Thomas dont l'âme délicate, jumelle de la sienne, le captivait, et remarque tristement que les âmes douces habitent dans des corps douloureux où elles supportent leur détention sans murmure et sans emportement : « Notre bonheur, ajoute-t-il ailleurs, n'est qu'un malheur plus ou moins consolé. » Thomas, voulant exprimer ce que le talent de Ducis avait d'inculte, d'âpre, de populaire, le comparait au père Bridaine : « Vous êtes le missionnaire du théâtre, vous faites la tragédie comme le père Bridaine faisait ses sermons, criant, pleurant, effrayant l'auditoire comme on effraye des enfants par des contes terribles. » Thomas appelait sa tragédie de *Macbeth :* un traité de remords ; lui-même convient que sa muse est une véritable Allobroge; mais, reprend-il, laissons lui son vêtement des montagnes[1].

Lorsque la vieillesse commence, il se prend d'un grand amour pour la solitude et ne songe qu'à cacher sa vie : « La solitude est plus que jamais pour mon âme ce que les cheveux de Samson étaient pour sa force corporelle... Je ne vis plus, j'assiste à la vie... Oui, mon ami, j'ai épousé le désert comme le doge de Venise épousait la mer Adriatique; j'ai jeté mon anneau dans les forêts.... Je travaille innocemment et avec plaisir comme un bûcheron qui chante dans ses bois en faisant ses fagots... » Après une promenade en Sologne : « J'ai fait une lieue ce matin dans des plaines de bruyères et quelquefois entre des buissons qui sont couverts de fleurs et qui chantent. »

Quels sentiments délicats, quelle saveur parfumée dans les lettres à Bernardin de Saint-Pierre : « Je ne suis plus qu'une ruine couverte d'un peu de mousse et de quelques petites fleurs qui me consolent et me déguisent les outrages du temps. Je vous assure que mon âme, autrefois si avide d'impressions, actuellement s'y dérobe par faiblesse, et ne peut supporter ce qui l'émeut trop et ce qui l'agite. Je songe douloureusement au passé, au présent, et doucement à l'avenir..... Et vous, mon ami, vous regardez le berceau de votre petit enfant, et sa mère, et

---

[1]. Après la première représentation d'*Abufar*, qui n'avait pas eu de succès, son neveu le ramenait en silence : « Ne te chagrine pas autant pour moi, fit Ducis, j'aime mieux avoir fait une mauvaise tragédie qu'une mauvaise action. » Comme il le disait à son évêque, il croyait fermement que ses pièces étaient des sermons en cinq points. « Je n'ai jamais reçu qu'une faveur de la destinée, observait-il modestement, celle d'avoir été le contemporain de Talma. »

sa grand'mère, et vos deux aînés, Paul et Virginie; votre cœur s'attendrit et jouit. La Providence est visiblement sur les berceaux. »

Il fut, pendant la Révolution, républicain idéaliste : c'est au nom de la liberté qu'il flétrit la Terreur[1], dans une lettre vraiment superbe d'indignation : « Que me parles-tu, de m'occuper à faire des tragédies ? *La tragédie court les rues !* Si je mets le pied hors de chez moi, j'ai du sang jusqu'à la cheville. J'ai beau secouer en rentrant la poussière de mes souliers, je me dis comme Macbeth : *Ce sang ne s'effacera pas !* Adieu donc la tragédie ! J'ai vu trop d'Atrées en sabots pour oser jamais en mettre sur la scène. C'est un rude drame que celui où le peuple joue le tyran. Mon ami, ce drame là ne peut se dénouer qu'aux Enfers. Crois-moi, Vallier, je donnerais la moitié de ce qui me reste à vivre pour passer l'autre dans quelque coin du monde où la liberté ne fût point une furie sanglante. »

Le premier consul lui offrit la Légion d'honneur, le Sénat; il refusa[2]; comme le tentateur insistait, Ducis

---

[1]. Un ministre lui écrit : le *premier jour du deuxième mois de l'an second de la République une et indivisible...* On lit ces mots en tête de la réponse : « Paris, jeudi 21 octobre de l'ère chrétienne. » Quand Louis XVIII rentra en France, Ducis qui avait été son secrétaire, se fit présenter à lui; le roi lui récita une vingtaine de vers d'*Œdipe chez Admète*, ce qui le toucha tellement qu'il mourut fervent royaliste.

[2]. Campenon raconte une anecdote qui peint bien la bonhomie pieuse de l'innocent profanateur de Shakespeare : « Je n'oublierai jamais qu'étant allé le voir à Versailles par une assez froide journée de janvier, je le trouvai dans sa chambre à coucher, monté sur une chaise et tout occupé à disposer, avec une certaine pompe, autour de la tête de l'Eschyle anglais, une énorme touffe de buis

lui prend le bras et l'interrogeant : « Général, aimez-vous la chasse? » Étonnement, embarras du héros qui n'était accoutumé ni aux questions, ni aux résistances. « Eh bien, si vous aimez la chasse, avez-vous quelquefois chassé aux canards sauvages? C'est une chasse difficile, une proie qu'on n'attrape guère et qui flaire de loin le fusil du chasseur. Moi je suis un de ces oiseaux, je me suis fait canard sauvage ! »

Peu après il écrivait à Bernardin de Saint-Pierre : « Je suis catholique, poëte, républicain et solitaire, voilà les éléments qui me composent et qui ne peuvent s'arranger avec les hommes en société et avec les places... Il y a dans mon âme naturellement douce quelque chose d'indompté qui brise avec fureur, et à leur seule idée, les chaînes misérables de nos institutions humaines...

qu'on venait de lui apporter : « Je suis à vous tout à l'heure, » me dit-il comme j'entrais, et sans se déranger; et, remarquant que j'étais un peu surpris : « Vous ne voyez donc pas que c'est demain la Saint-Guillaume, fête patronale de mon Shakespeare? » Puis, s'appuyant sur mon épaule pour descendre et m'ayant consulté sur l'effet de son bouquet, le seul sans doute que la saison eût pu lui offrir. « Mon ami, ajouta-t-il avec une figure dont l'expression m'est encore présente, les anciens couronnaient de fleurs les sources où ils avaient puisé. » Un jour un homme qui passait pour irréligieux va le voir de grand matin et insiste pour être reçu : « Dites-lui, répond Ducis, qu'il attende que j'aie fini ma prière. »

Ducis, quelque temps auparavant, avait dîné à la Malmaison avec Bonaparte qui lui fit patte de velours, tout en parlant de ses projets : « Je ferai toutes les guerres nécessaires, dans l'unique but de la paix; je vous donnerai des institutions fortes; je les mettrai en harmonie avec vos besoins et vos habitudes; je protégerai la religion; je veux que ses ministres soient à l'abri du besoin. — Et après cela, général? interrompit doucement Ducis. — Après cela! reprit Bonaparte un peu étonné! — après cela, bonhomme Ducis, si vous êtes content, vous me nommerez juge de paix dans quelque village! »

Mais j'entends qu'on se plaint, qu'on gémit, qu'on m'accuse. Qu'on s'en prenne au potier qui a ainsi façonné mon argile. »

« Il vaut mieux porter des haillons que des chaînes, » disait-il à Campenon[1].

Les politiques de profession n'auront sans doute que dédain pour une telle conduite, mais ils savent qu'ils n'ont pas à craindre la contagion de l'exemple.

Aussi bien, il est beau, il est utile pour la société de conserver toujours au milieu d'elle quelques représentants de ces vertus intraitables : ils jouent le rôle des stoïciens dans le tableau des Romains de la décadence.

---

1. « C'est un vrai Romain, s'écria madame de Boufflers. — Pas du temps des empereurs, » reprit Boufflers. — Le bonhomme a parfois de brutales apostrophes, des mots qui emportent la pièce : d'officieux maladroits le pressent-ils d'accepter la dignité de sénateur, prolongeant outre mesure leur visite : « Léonard, s'écrie-t-il, qu'on mette mon lit dans la rue! » — Il accueille par cette boutade un ancien ami devenu comte de l'Empire et sénateur : « Quand je songe à la bassesse des hommes,... il me prend des envies de me sauver dans la lune, d'en ouvrir la fenêtre et de cracher sur le genre humain. » — « Que voulez-vous, observait-il, ces gens-là ne peuvent faire que la politique d'en bas; ils ne se doutent pas seulement qu'il y ait une politique d'en haut qui peut, d'un jour à l'autre, souffler sur leurs châteaux de cartes. » Malheureusement, sous couleur de politique d'en haut, les poètes, les rêveurs nous servent trop souvent un plat de chimères, comme, sous prétexte de politique positive, leurs adversaires écartent le sentiment, la générosité, la grandeur, et réduisent la science du gouvernement au rôle d'un vulgaire métier. Quelquefois en politique la vérité n'est pas dans la raison, mais dans l'imagination, quelquefois il faut savoir concéder aux peuples que deux et deux font cinq, et paraître abandonner les lois du bon sens pour marcher vers les règles de l'éternelle justice. Les pouvoirs se diminuent, tombent par excès de sagesse aussi bien que par excès de fantaisie.

ou plutôt ils sont comme ces soldats qui, placés derrière le char du vainqueur, raillaient tout haut ses défauts et tempéraient l'orgueil du triomphe.

Et n'êtes-vous pas charmés aussi de découvrir, que ce XVIIIe siècle, tant méconnu, n'appartient pas seulement à la grâce, à l'esprit, mais donne, lui aussi, sa moisson de fortes âmes, de nobles caractères ?

FIN

TABLE

I. — RIVAROL

Le grand causeur de la Révolution. — Entrevue de Chênedollé avec Rivarol. — Discours sur l'universalité de la langue française. — *Journal politique national*. — Conseils à Louis XVI. — *Préface du Dictionnaire*. — Le Saint-Georges de l'épigramme. — Rivarol et Mirabeau. — Orateurs et improvisateurs. — Lally-Tollendal, le plus gras des hommes sensibles. — Cérutti, Lebrun, Condorcet. — Pourquoi ne nous avez-vous pas sauvés? — Le clair de lune de Rivarol. — Les incendiaires qui s'offrent pour être pompiers. — Véritable cause de la Révolution. — Rivarol moraliste politique, précurseur de Joseph de Maistre et de Bonald. — Dans cette Révolution tout a été mauvais, jusqu'aux assassins. — Ou le roi aura une armée, ou l'armée aura un roi. — Pourquoi les modérés devaient succomber. — Les rois de France ont toujours péri ou se sont conservés par la *partie forte* de leur temps. — Rivarol journaliste et pamphlétaire. — Vers à Manette. — Erreurs des philosophes. — Une page sur la Terreur. — Rivarol ambassadeur *in partibus* de Louis XVIII. — La princesse Dolgorowka..... 1

II. — LES ACTES DES APOTRES

Le journal-type de la contre-révolution. — Une absurdité courageuse. — Les Apôtres n'épargnent personne, ni leurs amis, ni leurs ennemis. — Ce que vaut le Sénat, ce qu'il coûte. — Les députés à l'entreprise. — Journée bien employée. — L'auguste cohue. — Les ci-devant. — La *Targetade.* — Un acompte. — Une définition. — Serment civique à double face. — Surenchère de violence. — L'oraison funèbre de la Commune. — Le trictrac national............ 32

III. — LES ALMANACHS DE LA RÉVOLUTION

L'influence de l'almanach. — L'almanach pendant la Révolution. — Rivarol, Marchant, Villiers, Richer-Sérisy. — Almanachs révolutionnaires. — Almanachs royalistes. — *L'habit d'été.* — Pourquoi dater? — Facéties testamentaires. — *Les Lubies d'un aristocrate.* — La *Constitution en vaudevilles.* — *L'Almanach des gens de bien.* — Le *Croquis des Croqueurs.* — Les pères du peuple français. — Dialogue entre le président du Comité des recherches et la Vérité. — La Révolution définie par Suard. — *Prières civiques.* — L'appel nominal. — La sonnette du président. — Parodie de la *Marseillaise.* — Les droits de la femme. — *Le marchand de bois des Tuileries.* — Calembours. — Billet de faire part... 48

IV. — L'ABBÉ MAURY

Prophétie à rebours. — Maury, Treilhard et Portal. — Un mot de Louis XVI. — Vous me prenez la mesure d'un éloge. — Réflexion de Voltaire sur l'Académie française. — Caractère de Maury, sa mémoire : défauts et qualités. — L'anecdote des trois pommes. — Maury, orateur à la Constituante. — Une spirituelle sottise. — Vous allez donc m'embrasser! — Mirabeau-Tonneau : son courage, son esprit, ses pamphlets; la *Lanterne magique,* généalogie burlesque de la Constitution. — *Voyage national.* — La race d'Atrée et de Thyeste. — Y verrez-vous plus clair? — Les burettes de l'abbé Maury. — Réplique à Regnault de Saint-Jean d'Angely. — Discours à la Constituante. — Une définition de la liberté. — Les deux pots de tabac. — L'éloquence de la chaire... 74

V. — L'ABBÉ DELILLE. — LINGUET SÉNAC DE MEILHAN. — MONTLOSIER

Épigrammes de Joseph Chénier et Lebrun contre l'abbé Virgile. — La nièce adoptive de Delille. — *Dialogue du Chou et du Navet.* — Rivarol et Delille chez la marquise de Verthamy. — Tremblez, tyrans, vous êtes immortels! — Le géant de l'Arioste et l'apologue du Sicilien. — Le doigt de Dieu et le doigt des hommes. — Ils mettent de l'eau dans le sang. — Linguet. — L'adversaire du philosophisme. — Ses paradoxes. — Vous auriez bien dû la raser. — Réponse au maréchal de Broglie. — Naturel cynique et frondeur. — *L'Anti-Carré.* — Lettre de Linguet au maréchal de Duras. — Il brûle, mais il éclaire. — Bonnets à la Linguet. — Sénac de Meilhan. — Son roman de *l'Émigré.* — Sénac, moraliste des femmes et de l'amour au XVIIIe siècle. — Portrait de la duchesse de Chaulnes. — Son amitié avec le prince de Ligne. — Les clubs ne sont pas une plante monarchique. — Le moyen du duc de Saint-Simon. — Réflexions sur la Révolution. — Ce qui dégoûtait Sénac de lire l'histoire. — Montlosier. — C'est une croix de bois qui a sauvé le monde. — Un vrai baron de la « grande charte ». — Les émigrés à Coblentz. — La révolution du monde. — Pamphlets de Montlosier contre la Congrégation. — Féodalité du XIXe siècle.................................... 94

§ 1. — L'ABBÉ DELILLE................................ 94
§ 2. — LINGUET.. 101
§ 3. — SÉNAC DE MEILHAN........................... 106
§ 4. — LE COMTE DE MONTLOSIER................. 113

VI. — MALLET DU PAN. — MALOUET. — MOUNIER

Grandeur d'âme et courage de Mallet du Pan. — Un historien à la journée. — Le paysan du Danube de l'émigration. — La démocratie ne meurt pas d'elle-même, le désordre s'accroît de ses propres ravages. — Dans les temps de crise les têtes ardentes sont les têtes sages. — Impertinence des faiseurs de systèmes et de constitutions. — La vérité sur les débats de la Convention. — Faiblesse individuelle, force collective des conventionnels. — Le patriotisme des intérêts. — Prestige de la Révolution. — Ce qu'on devrait faire, ce qu'on ne fait point. — Il n'y a plus d'Europe! — L'empire de l'expérience : plus d'ouvriers que d'architectes. — Définition des ultras. — Les Marats à cocarde blanche. — Pelletier et sa petite guillotine. — Mot de Thurlow à Pitt. — Les vieilles gazettes de Louis XIV. — Têtes noyées dans l'océan des sottises imprimées. — La Révolution : une suite de coups de main. — Le caractère national. — Les équipées à la Quiberon, les extravagances à la Coblentz. — Cri de désespoir.

Malouet. — On est toujours le Jacobin ou le réactionnaire de quelqu'un. — La reine Marie-Antoinette et Malouet. — L'abbé Raynal. — Où Frédéric II voyait le despotisme. — L'à-propos est la nymphe Égérie des hommes d'État. — Impartialité de Malouet. — Sauver la cité aux dépens d'une portion des faubourgs. — La magie de la Révolution. — Fautes de la Constituante. — Il fallait une révolution contre les abus, non contre les personnes.

Mounier et l'assemblée de Vizille. — L'archevêque d'Embrun et le comte de la Blache. — Illusions de Mounier. — Comment sont gouvernés les peuples. — Les deux Chambres. — Mot de Lally-Tollendal. — Mirabeau et Mounier. — Émigration forcée. — Le livre de l'abbé Barruel. — Éloge de la modération 123

§ 1. — MALLET DU PAN 124
§ 2. — MALOUET.............................. 141
§ 3. — MOUNIER.............................. 152

VII. — MARMONTEL. — MORELLET

Les talents et les caractères. — Marmontel est de la race des Philintes et des dos voûtés. — Charme de ses *Mémoires*. — Le vieux Boindin. — Rapports de Marmontel avec les Necker. — Conseils de madame de Tencin. — L'ombre de la faveur. — Le lion de la barrière Saint-Victor. — La fameuse conversation avec Chamfort : la nation sait-elle ce qu'elle veut? — Les Démosthènes à un écu par tête. —

Avec un millier de louis on peut faire une jolie sédition. — Des révolutions à l'eau de rose. — Les deux Ménechmes de la littérature. — L'anecdote du *corps saint*. — Algarade de Rousseau à Ruthières. — L'argument des dés pipés. — Le préjugé vaincu : la boucherie nationale. — Les quatre quartiers de noblesse révolutionnaire. — Un trait du caractère de Garat.................................... 163

§ 1. — MARMONTEL.. 163
§ 2. — L'ABBÉ MORELLET..................................... 176

VIII. — MIRABEAU. — SON PÈRE. — SES COLLABORATEURS

Les tristesses de l'histoire. — Le marquis de Mirabeau : quatrain de Rivarol. — Mirabeau enfant, son éducation. — Le démon de la chose impossible. — Gourmandise du marquis de Chamarau. — Le style de Mirabeau jugé par Victor Hugo. — Il est fait pour démontrer son siècle! — La monarchie prussienne. — Le plus grand *avoueur* de l'univers. — Protestation de Mirabeau contre la noblesse de Provence. — Ovations à Aix, à Marseille. — Mirabeau est avec Talleyrand le seul homme politique de la Révolution, jusqu'à Napoléon. — Sa popularité, son amour de la chose publique. — Ce n'est que Monsieur, frère du roi Mirabeau. — Ses mots, ses discours, son influence à l'Assemblée constituante. — Compliment de l'acteur Molé. — Silence aux trente voix! — La véritable apostrophe au marquis de Dreux-Brézé. — Mirabeau à la tribune. — Relations avec la cour. — Il ne se vendait pas, mais il se faisait payer pour être de son avis. — Sa mort. — Mot d'une poissarde. — Les collaborateurs de Mirabeau. — Étienne Dumont. — Comment Mirabeau payait ses ports de lettres............ 185

IX. — TALLEYRAND

Deux classes d'hommes d'État. — Le premier bénéfice de Talleyrand. — Les Oh! et les Ah! — Le paradoxe d'Édouard Fournier. — Ils ont trop d'esprit, je ne vivrai pas. — Collaborateurs de Talleyrand. — L'Inamusable. — Le sacre du clergé constitutionnel. — A propos des titres de no-

blesse. — Conseils à Larevellière-Lépeaux. — Combien
Talleyrand vous a-t-il coûté? — Maret, duc de Bassano. —
Mais quelle latitude énorme! — Le voyage à Gand. —
Les deux consciences de Sémonville. — Un mot sur les doctrinaires. — Visite à Royer-Collard. — Il est mort en
homme qui sait vivre. — Vous avez un peu dépassé mes
instructions. — Quelques jugements sur Talleyrand : ennemis, apologistes, impartiaux............................ 228

X. — BOUFFLERS. — TILLY. — LES DEUX SÉGUR

Épître du chevalier de Bonnard à Boufflers. — Voyage en
Suisse à Ferney. — Vers sur le père Adam. — Le prince héréditaire et le prince Ferdinand. — A une dame très vertueuse. — Correspondance de Boufflers et de madame de
Sabran. — Le sentiment de la nature. — Boufflers apprécié
par le prince de Ligne. — Voisenon le Grand. — Prophétie de M. de Moré. — Vers de Tilly sur la *Nouvelle Héloïse*.
— Sa lettre à Louis XVI. — Un ennuyeux de grand chemin. — Ce n'est pas une bête, c'est un sot. — Favier. —
Qui vous a dit que j'étais un évêque? — La perruque du
duc de Praslin. — Amorcez, monsieur le Baron! — Éloge de
la mémoire. — Les deux Ségur. — Ote-toi de là que je m'y
mette! — Réplique du vicomte de Ségur à l'acteur Elleviou. — L'esprit et l'amabilité. — L'habitude. — Je n'ai pas le
temps de vous estimer. — Où passerai-je mes après-dînées?
— L'esprit et le goût. — Le voyage du Temps. — Ségur le
Cérémonieux et Ségur sans cérémonie. — Le comte d'Aranda.
— La jeune noblesse sous Louis XV. — Réponse de Ségur
à Frédéric II. — Kaunitz. — Louis le Suffragant. — Un
embarras de rois. — L'abbé Sabatier et son enfant........ 259

§ 1. — LE MARQUIS DE BOUFFLERS.... 259
§ 2. — TILLY................................... 271
§ 3. — LES DEUX SÉGUR 278

XI. — LÉVIS. — LAURAGUAIS. — LA FAYETTE. — NARBONNE.

Le cousin de la Vierge et la fille du cardinal. — Maximes et
réflexions. — Calembours du marquis de Bièvre. — Martin

le cynique : Ils vous trouvent peut-être jolie aussi? — Je vis par curiosité. — Brancas-Lauraguais : sa liaison avec Sophie; ses bons mots. — Conversation avec Chamfort. — Le seul moyen d'éviter une révolution est d'en faire une. — Apologue de Frédéric II à La Fayette. — La délicieuse sensation du sourire de la multitude. — Madame de Simiane. — Outragé, impuni. — Captivité de La Fayette. — Où voudrais-tu donc qu'ils fussent? — Relations avec Bonaparte. — Réflexion d'un député. — Rulhière. — Le comte de Narbonne aide de camp de Napoléon. — Il n'y a pas assez de religion en France pour en faire deux. — L'amour de la patrie... 292

§ 1. — LE DUC DE LÉVIS............................. 292
§ 2. — LE DUC DE BRANCAS-LAURAGUAIS 300
§ 3. — LE MARQUIS DE LA FAYETTE................ 309
§ 4. — LE COMTE DE NARBONNE.................... 317

XII. — BEUGNOT. — ROEDERER. — FIÉVÉE. — PORTALIS ARNAULT. — LEMIERRE. — MICHAUD

Caractère de Beugnot. — Les Cahiers des états généraux. — Présence d'esprit de Dupont de Nemours. — Conservateurs ou conservés. — M. de Sémonville. — Jean Bon, le conventionnel. — La foi et la philosophie du charbonnier. — Le courage d'ignorer et la sagesse de croire. — Une constitution démontrée par la chiromancie. — *Ludovico reduce, Henricus redivivus.* — Les Bouleux. — Une étude à faire sur les larcins littéraires. — Réplique de Beugnot au comte de Marcellus. — Les Incroyables du Directoire. — La démagogie parisienne de 1792. — Apologue. — Un nouvel hôtel de Rambouillet. — Un moraliste politique; Fiévée. — Sa correspondance avec Bonaparte. — La séance du 9 Thermidor. — Les nations qui finissent dans les bureaux ou les couloirs. — La véritable opinion publique est celle qui se tait. — Souvenirs d'un sexagénaire. — La Feuille. — Il faut aussi des proclamations pour les halles. — Musson le mystificateur. — Les vers solitaires de Lemierre. — Polémique de Michaud contre Joseph Chénier. — Sa réponse à madame de Staël. — Le Jacobinisme royalisé. — Trois mots onéreux.

— Il m'a presque parlé. — Ceux qui confondent la fin d'un acte avec la fin d'une pièce........................ 326

§ 1. — LE COMTE BEUGNOT........................ 326
§ 2. — ROEDERER................................ 340
§ 3. — FIÉVÉE.................................. 345
§ 4. — ARNAULT................................. 352
§ 5. — MICHAUD................................. 360

XIII. — ANDRIEUX. — LEMERCIER. — SUARD. — DUCIS.

Les *Contes* d'Andrieux. — *Le Meunier de Sans-Souci.* — Appelez-vous messieurs et soyez citoyens. — On ne s'appuie que sur ce qui résiste. — Un dîner chez madame Legouvé. — Le cours d'Andrieux au Collège de France. — Corneille et Racine. — Pons de Verdun : l'épigramme du bibliomane. — Lemercier aux séances de la Convention. — Un âne a bien porté Jésus-Christ. — Épousez Vendémiaire. — Lettre de Lemercier à Napoléon. — Sire, j'attends ! — Pourquoi M. Suard jouissait d'une légitime influence : de l'utilité des talents moyens. — J'ose à peine me taire. — Ducis a fait une révolution sans le vouloir. — Sa nature morale exquise. — Correspondance de Ducis. — Lettre à Vallier. — Réponse au premier consul. — La fête patronale de Shakespeare. — Le XVIIIᵉ siècle méconnu et calomnié.................. 368

§ 1. — ANDRIEUX................................. 368
§ 2. — NÉPOMUCÈNE LEMERCIER..................... 375
§ 3. — SUARD.................................... 380
§ 4. — DUCIS.................................... 384

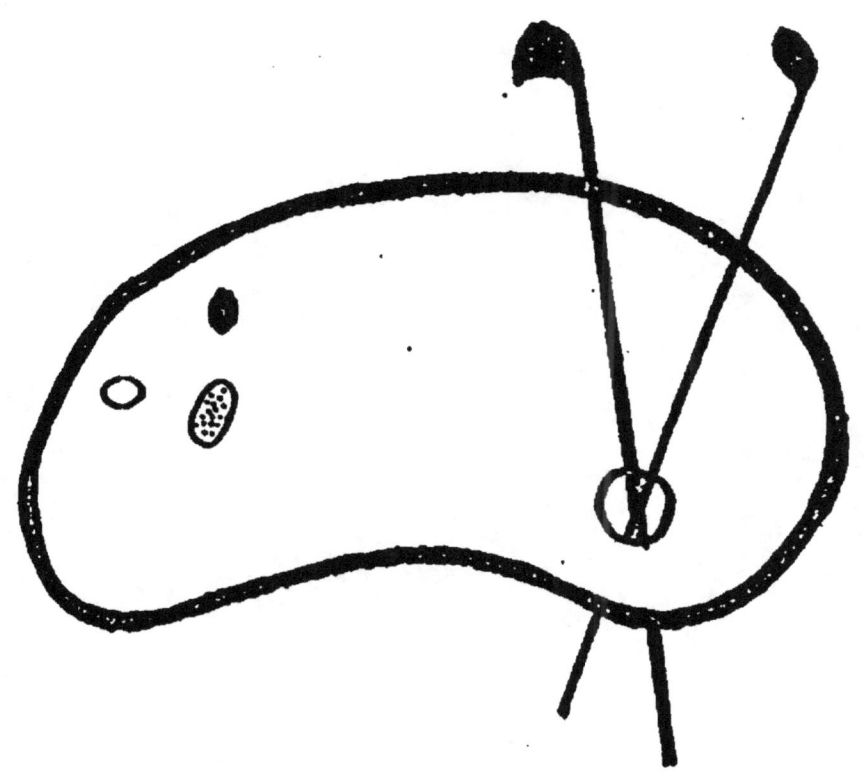

ORIGINAL EN COULEUR
NF Z 43-120-8

www.ingramcontent.com/pod-product-compliance
Lightning Source LLC
Chambersburg PA
CBHW051837230426
43671CB00008B/987